生命科学类专业“6+X”简明教程系列

细胞生物学

（第二版）

康现江　主编

科学出版社
北　京

内 容 简 介

本书由全国13位细胞生物学一线教师编写而成，全书系统而简明地介绍了细胞的结构与功能和细胞的重要生命活动规律。本书在上一版的基础上，在阐述细胞生物学基本知识理论体系的同时，适当增加了学科最新发展前沿，并把原分散在各章的研究方法汇总为一章（第三章），使这方面的知识更加系统。全书共包括14章，结合细胞生物学教学内容整合成3部分：总论、细胞结构与功能、细胞基本生命活动。为了帮助读者全面学习细胞生物学理论知识及了解其应用，提高学习效率，每章前有内容提要，后有复习思考题。在本书的最后，附有主要参考文献，便于读者研读。

本书可作为综合性院校及农、林、师范院校生命科学相关专业本科生、研究生的细胞生物学教材及参考用书，也可供相关专业教师和科研人员参考。

图书在版编目（CIP）数据

细胞生物学 / 康现江主编 .—2 版 .—北京：科学出版社，2020.3

生命科学类专业“6+X”简明教程系列

ISBN 978-7-03-063136-7

Ⅰ. ①细… Ⅱ. ①康… Ⅲ. ①细胞生物学－高等学校－教材 Ⅳ. ① Q2

中国版本图书馆 CIP 数据核字（2019）第 243388 号

责任编辑：刘 丹 / 责任校对：杨 赛
责任印制：张 伟 / 封面设计：铭轩堂

科 学 出 版 社 出版
北京东黄城根北街 16 号
邮政编码：100717
http://www.sciencep.com
天津市新科印刷有限公司印刷
科学出版社发行 各地新华书店经销
*
2011 年 2 月第 一 版 开本：787×1092 1/16
2020 年 3 月第 二 版 印张：20
2022 年11月第八次印刷 字数：512 000

定价：69.80 元

（如有印装质量问题，我社负责调换）

《细胞生物学》（第二版）编写人员

主　　编　康现江（河北大学）

副 主 编　韩　榕（山西师范大学）

欧阳高亮（厦门大学）

张素巧（河北师范大学）

李振秋（河北大学）

编写人员（按姓氏笔画排序）

朱长军（天津师范大学）

李周华（首都师范大学）

李振秋（河北大学）

张　彦（山东农业大学）

张素巧（河北师范大学）

陈慧泽（山西师范大学）

欧阳高亮（厦门大学）

常岩林（河北大学）

康现江（河北大学）

落继先（山西大学）

韩　榕（山西师范大学）

潘延云（河北农业大学）

穆淑梅（河北大学）

前　　言

细胞生物学是现代生命科学的基础学科之一。细胞生物学课程是生物科学类、生物工程类专业教学质量国家标准中规定的专业核心课程。本书第一版于2011年出版，距今已有8年，在此期间，生命科学迅猛发展，细胞生物学及其相关领域也取得了长足进展，第二版修订愈显必要。

在科学出版社的主持下，新的编委会努力工作，第二版修订工作于2018年启动，于2019年完成。

书稿修改的宗旨是使其既能够展现细胞生物学知识体系，体现学科的快速发展，又能够适应学生的学习。第二版保持了第一版“简明”和适合“教与学”的特点，同时又体现了“新、精、清”之风格。

本版更改了编排次序，补充更新了内容，反映了细胞生物学目前发展的成果和水平。结合细胞生物学教学内容，进行了编排和整合，即第一篇总论（第一章至第三章，包括绪论、细胞概述、细胞生物学研究方法）、第二篇细胞结构与功能（第四章至第十章，包括细胞膜与细胞外基质、物质跨膜运输、细胞质基质与内膜系统、线粒体与叶绿体、细胞骨架、细胞核与染色体、核糖体）、第三篇细胞基本生命活动（第十一章至第十四章，包括细胞信号转导、细胞分裂与细胞周期调控、细胞分化、细胞凋亡与细胞衰老）。本次修订工作由河北大学康现江主持，负责大纲修订与审定及全书统稿和修改。全国13位细胞生物学一线教师商讨确定修改大纲后，分为5个修订小组就书稿修订工作的细节进行沟通，这样既能发挥各位教师的优势，又能增加相互间的交流，产生更好的效果。山西师范大学韩榕、陈慧泽负责第一章和第二章；河北大学李振秋、穆淑梅负责第三章和第十四章；河北师范大学张素巧、山东农业大学张彦、河北农业大学潘延云、山西大学落继先负责第五章至第七章、第十章和第十一章；河北大学康现江、常岩林，天津师范大学朱长军负责第八章和第十二章；厦门大学欧阳高亮、首都师范大学李周华负责第四章、第九章和第十三章。

本书编写过程中，科学出版社的编辑在文字编辑、格式核证、图片修正等方面提出了宝贵的修改建议。河北大学细胞生物学专业硕士研究生郭玉波、姜玲玲、李路、马志芳、孙哲等参与了初稿的文字审阅及纠错，在此一并表示诚挚谢意。细胞生物学发展飞速、内容广博、信息量大，由于编者的水平所限，本书难免存在不足或疏漏之处，恳请读者赐教与指正。

康现江

2019年10月

目　录

第一篇　总　论

第二篇　细胞结构与功能

第三篇 细胞基本生命活动

第一篇

总　论

第一章 >>>

绪　论

本章彩图
扫码可见

内容提要

在21世纪，细胞生物学是生命科学前沿的、最活跃的、具有良好发展前景的学科。本章介绍了细胞生物学的基本概念及主要研究内容，突出了细胞生物学以细胞为着眼点，与其他学科的概念和方法相互结合，来阐明生命现象的本质。本章还介绍了细胞生物学的发展历史，了解细胞生物学学科体系的产生和发展历程，有助于人们加深对细胞生物学研究现状及研究趋势的认识。

第一节　细胞生物学的研究内容

细胞生物学（cell biology）是一门研究细胞的结构、功能以及结构和功能之间关系的基础学科，它主要应用现代物理学和化学的技术与分子生物学的概念及方法，以将细胞作为生命活动基本单位的思维为出发点，探索生命活动规律，核心问题是将遗传与发育在细胞水平上结合起来。

细胞生物学是生命科学领域的重要支柱和核心基础学科，与其他相关学科之间存在密切的联系。细胞生物学是一门从显微水平（microscopic level）、亚显微水平（submicroscopic level）和分子水平（molecular level）上研究细胞基本生命活动现象及规律的学科。

细胞是构成自然界生命体的基本单位，每一个细胞都是一个相对独立的、自控的代谢体系，都是遗传发育的基础。细胞生物学学科的发展开始于“细胞”（cell）这一重要结构的发现，迄今为止，细胞生物学这门学科已有300多年的发展历史。当前，细胞生物学的很多研究都已深入到分子或原子水平，意味着人类对生命现象的认识进入了一个前所未有的阶段。

图1-1　著名生物学家E.B. Wilson

细胞是构成有机体的基本单位。除了病毒（virus）以外，所有的生命体都是由一个或者多个细胞组成的，生物体的一切生命现象都是细胞这个基本单位的代谢活动的体现。早在1925年，美国著名生物学家威尔逊（Edmund Beecher Wilson，图1-1）就说：“所有生物学的答案最终都要到细胞中去寻找。因为所有生物体都是，或者曾经是，一个细胞。”可以说，没有细胞就没有完整的生命。

自然界中，构成生物体的细胞分为原核细胞（prokaryotic cell）、古细菌（archaebacteria）、真核细胞（eukaryotic cell）三大类，生物学家相应地将整个生物界分为原核生物（prokaryote）、古核生物（archaea）和真核生物（eukaryote）三大类群。几乎所有的原核生物均为单细胞有机体，由单个原核细胞构成，原核细胞无典型的细胞核（cell nucleus），无结构和功能高度分化的各类细胞器分布，遗传信息结构装置相对简单，如支原体细胞（mycoplasma cell）、细菌细胞（bacterial cell）、蓝藻细胞（cyanobacteria cell）等。古细菌的形态结构和遗传结构特征与原核细胞类似，但分子进化特征更接近真核细胞。目前已发现几百种古细菌，如产甲烷细菌类、嗜盐菌等。真核生物种类繁多，包括多细胞真核生物和单细胞真核生物，真核细胞结构相对复杂，具有由双层膜包被的细胞核，含有大量细胞器，遗传信息量大，DNA 和蛋白质结合形成染色体等。然而，无论结构功能和分布部位有什么不同，所有的细胞几乎都由 4 类基本的生物分子组成，即核酸、蛋白质、糖类和脂类物质。

病毒（如噬菌体，图 1-2）主要是由核酸和蛋白质组成的非细胞形态的生命体，是迄今发现地球上最小、最简单的有机体。病毒不仅没有细胞结构，而且也不能独立生存。由核酸分子（DNA 或 RNA）与蛋白质构成的核酸 - 蛋白质复合体，称为真病毒（euvirus）；仅由一条感染性的 RNA 分子构成的称为亚病毒（viroid）；仅由具有感染性的蛋白质构成的称为朊病毒（prion virus）。这些病毒均可在宿主的活细胞中完成增殖，表现出生命的基本特征。病毒的增殖过程包括吸附（adsorption）、侵入（penetration）、复制（replication）、成熟（maturation）和释放（release）5 个基本步骤。

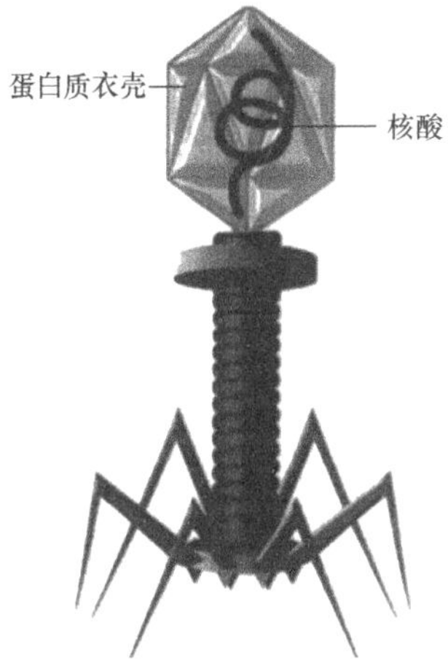

图 1-2 噬菌体结构模式图

（Karp et al.，2016）

随着现代生命科学的迅猛发展，近几年细胞生物学也取得了突破性的进展。目前，对细胞结构、功能及生命活动现象的研究都已深入到了分子水平，部分研究成果甚至深入到了原子领域。而关于细胞的各种生命活动过程是如何有序而精确地被调控的，如细胞信号转导的途径、细胞周期的调控机制，以及细胞凋亡的分子机制和生物大分子的逐级装配途径等，都是当前细胞生物学领域的重点研究内容。

细胞生物学仍是一门发展中的新型学科，与分子生物学（molecular biology）、蛋白质组学（proteomics）、遗传学（genetics）及发育生物学（developmental biology）等相近学科交错发展，人们很难确切地划定其研究范围。但是与其他学科研究重点不同，根据近年来细胞生物学的发展趋势，其研究重点主要集中在：①生物膜与细胞器；②染色体的结构功能与基因表达；③细胞骨架体系；④细胞周期及其调控；⑤细胞分化及其调控；⑥细胞衰老与细胞凋亡的分子机制；⑦细胞的起源和进化问题；⑧细胞信号转导的主要途径及其生物学机制；⑨细胞结构体系的组装和去组装；⑩细胞社会学；⑪细胞免疫学；⑫干细胞工程技术研究等领域。

虽然近几十年来生命科学的发展取得了令人瞩目的成就，但还有很多生命现象无法解释。显然，这些问题的解决要依靠现代细胞生物学技术和方法的进步。而且细胞生物学广泛渗透于生物科学的各个学科并促进其发展，将在后基因组时代具有更大的发展空间。

第二节　细胞生物学的发展简史

迄今为止，细胞生物学学科的发展已有300多年的历史，现代细胞生物学已发展到分子细胞生物学阶段。为进一步加深对细胞生物学基础研究知识和基本原理的理解，有必要了解细胞生物学的发展简史及主要的标志性研究成果。根据其发展历程，细胞生物学学科的发展大致可以划分为以下几个阶段。

1. 细胞的发现时期

图1-3　罗伯特·胡克自制的显微镜和观察到的栎树细胞壁（Karp et al., 2016）

1665年，英国学者罗伯特·胡克（Robert Hooke）利用自制显微镜首次观察栎树软木塞的薄片，描述了植物细胞的结构，提出了“cell”这一术语（图1-3）。此后，1677年，荷兰著名学者安东尼·列文虎克（Antony van Leeuwenhoek）用设计较好的显微镜，又观察到了精子、细菌、纤毛虫等许多动植物的活细胞和原生动物，并且第一次描述了细胞核的结构。此后，对细胞的观察和研究引起了人们的广泛关注。但是，在较长一段时间内，人们对细胞的认识和对细胞与有机体之间的关系的概括没有上升到具有普遍指导意义的高度。

2. 细胞学说的建立

1838年，在前人和自己研究工作的基础上，德国植物学家施莱登（M.J. Schleiden）和动物学家施旺（T. Schwann）共同提出了著名的“细胞学说”（cell theory），指出动植物都是细胞的集合体。细胞学说的主要内容是：①细胞是有机体，所有的动植物都是由细胞和细胞产物构成的；②每个细胞既是一个相对独立的单位，又与其他细胞共同作用形成完整的生命体；③所有的细胞均可以通过已存在的细胞增殖产生。

细胞学说提出了生物同一性的生物学基础，对现代生命科学的发展起到了极大的推动作用，促进了人类对整个自然界的认识。恩格斯将细胞学说、能量转化与守恒定律和达尔文进化论称为19世纪自然科学的“三大发现”。此外，施莱登还肯定了细胞核的重要性，指出细胞的繁殖是通过老的细胞核“分裂”实现的，1858年魏尔肖（R. Virchow）提出的“细胞来自细胞”对此说法做了重要补充。

3. 细胞学的经典时期

细胞学说建立后的100余年，细胞学领域先后取得了一系列重要成果。例如，提出了原生质（protoplasm）理论；发现了细胞的无丝分裂（amitosis）、有丝分裂（mitosis）和减数分裂（meiosis）三种分裂方式；发现了中心体（centrosome）、线粒体（mitochondrion）和高尔基体（Golgi body）等一些重要的细胞器。根据这些研究成果，1925年，美国的E.B. Wilson绘制出了第一个细胞模式图（图1-4）。

4. 实验细胞学和细胞学分支时期

1900～1950年的半个世纪中，人们广泛应用实验的手段与分析方法研究细胞学中的重要问题，这一时期被称为实验细胞学时期（experimental cytology）。在这一时期，细胞学与其他生物学科的渗透发展，形成了一些重要的分支学科，如细胞遗传学（cytogenetics），主要从细胞学角度研究染色体的结构和功能，以及染色体与其他细胞器之间的关系，从而阐明细胞遗传和变异的机制；细胞生理学（cytophysiology），主要研究细胞对周围环境的反应，细胞从环境中摄取营养物质的能力，细胞间的能量传递及获取途径，细胞的生长、发育和繁殖受环境的影响而产生的适应性和运动性等性状；细胞化学（cytochemistry），主要采用化学染色等方法研究细胞结构的化学组成，以及化学分子在生物体中的定位、分布及其生理功能。除此以外，还出现了细胞病理学、细胞社会学、细胞生物化学等学科。

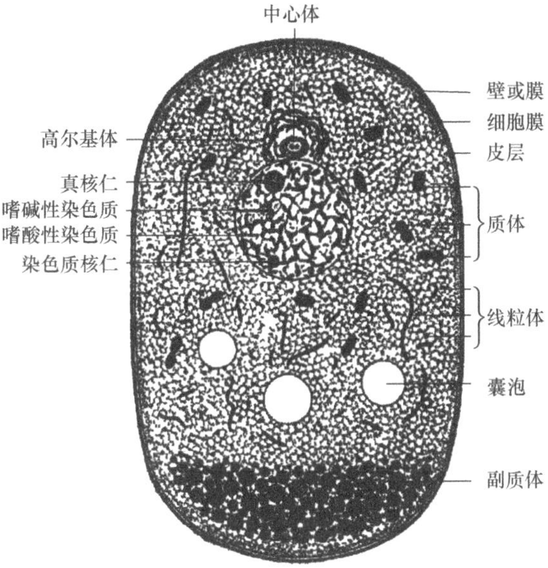

图 1-4 E.B. Wilson 绘制出了第一个细胞模式图

5. 细胞生物学学科的形成

细胞生物学这一名词曾由 E.B. Wilson 于 1896 年提出，而具有现代意义的细胞生物学被认为是伴随着分子生物学的发展兴起和成熟起来的。1953 年，美国科学家沃森和英国科学家克里克提出的 DNA 双螺旋结构（structure of DNA double helix）模型，以及克里克于 1958 年提出的遗传信息传递的“中心法则”（central dogma），标志着分子生物学的诞生，对细胞生物学的形成和发展起到了极为重要的推动作用。

细胞生物学的发展必然要经历从细胞水平、亚细胞水平和分子水平多个层次上研究细胞的结构和功能。于是，20 世纪 80 年代以来，细胞生物学的发展逐渐深入到了分子水平，进而产生了分子细胞生物学。目前，细胞生物学研究总的特点是从静态分析到活细胞的动态综合，这在很大程度上也反映了生命科学的研究趋势。

第三节 细胞生物学的研究进展及发展现状

纵观细胞生物学的发展历程，很多重大发现都对细胞学的发展起到了极大的推动作用。细胞生物学开始于细胞的发现。19 世纪上半叶，细胞学说的创立是细胞生物学发展史上的一次飞跃。1892 年，Hertwing 出版了《细胞与组织》一书，标志着细胞生物学已作为一门独立的学科存在。随着显微技术的发展和切片机的发明，人们对细胞结构的研究更加深入，各种细胞器相继被发现，如 1894 年 Altmann 发现了线粒体的分布，1898 年 Golgi 观察到了网状体的结构，即高尔基体。这段时期的细胞生物学主要处于以在显微镜下的形态描述为主的生物科学时期。

20 世纪 50 年代以来，电子显微镜与超薄切片机技术在生物学领域的应用，使人们对细胞的认识深入到了超微结构领域。特别是五六十年代后，生物化学与细胞生物学相互结合与渗透，首次出现了“细胞生物学”这一概念。

近年来，细胞生物学的研究又取得了一系列重要的突破性进展。例如，1978～1988 年，Lewis、Nüsslein-Volhard 和 Wieschaus 阐明了同源异构基因在控制生物个体发育中的作用，获得了 1995 年的诺贝尔生理学或医学奖。

20 世纪 90 年代，细胞生物学研究更是获得了丰硕的成果。1994 年，Gilman 和 Rodbell 因在 G 蛋白发现过程中的重要贡献而获得了 1994 年的诺贝尔生理学或医学奖；1996 年，苏格兰生物学家 Wilmut 用乳腺细胞同去除染色质的卵细胞融合，完成了首例哺乳动物——绵羊“多莉”的克隆；1997 年，Luger 等用高分辨率的 X 线显示了染色质和组蛋白八聚体的原子水平结构；1998 年，Thomson 和 Gearhart 获得了无限增殖和多分化潜能的人类胚胎干细胞（human embryonic stem cell，hESC），而 Furchgott 等三位美国科学家因发现一氧化氮（NO）作为信号分子而获得了 1998 年的诺贝尔生理学或医学奖；Blobel 提出内质网的蛋白质合成的信号假说，并获得 1999 年的诺贝尔生理学或医学奖。

2000 年，美国、英国、日本、法国、德国、中国六国学者共同完成了人类基因组草图的绘制，2001 年《自然》和《科学》杂志分别报道了人类基因组完整序列的测定完成。人类基因组计划（human genome project，HGP）的完成表明当代生命科学已经发展到一个更高更新的阶段，这项研究成果是人类自然科学史上一个划时代的伟大成就。随后，Brenner、Horvitz 与 Sulston 发现了细胞凋亡的关键基因及调控规律，获得了 2002 年的诺贝尔生理学或医学奖；2007 年以来，对干细胞的研究取得了突破性进展，人类首次人工诱导体细胞获得干细胞；Blackburn、Greider、Szostak 因发现了端粒和端粒酶保护染色体的机制，获得了 2009 年的诺贝尔生理学或医学奖；Edwards 因创立体外受精技术获得了 2010 年的诺贝尔生理学或医学奖；值得一提的是，我国科学家屠呦呦因在研制青蒿素等抗疟药方面的卓越贡献与其他两位科学家共同获得 2015 年的诺贝尔生理学或医学奖；2016 年的诺贝尔生理学或医学奖用于表彰大隅良典发现了细胞自噬机制；2017 年和 2018 年的诺贝尔生理学或医学奖则分别用于表彰对控制昼夜节律分子机制的发现和负性免疫调节治疗癌症疗法的发现。

目前，全球细胞生物学领域研究最热门的五大方向包括：①细胞周期及其调控；②细胞信号转导；③细胞衰老现象；④ DNA 的损伤及其修复；⑤细胞凋亡及其分子机制。这些研究领域要求用分子生物学的新方法和新理论去研究细胞的基本生命活动现象及规律，因此，当前细胞生物学研究的主要方向为分子细胞生物学。

复习思考题

一、名词解释

细胞生物学　细胞遗传学　细胞生理学　细胞化学

二、问答题

1．如何理解细胞学说？简述细胞学说的主要内容。

2．你认为当前细胞生物学发展的总体趋势是什么，会有哪些热点领域？

3．如何理解“所有生物学的答案最终都要到细胞中去寻找”？

第二章 >>>

细胞概述

本章彩图
扫码可见

内容提要

本章重点介绍细胞的基本概念和共性、原核细胞的基本特征、真核细胞的基本结构体系，以及非细胞形态的生命有机体——病毒的基本特征及其在寄主细胞中的增殖过程。通过对原核细胞与真核细胞进行比较，进一步加深对生物界两大类细胞的形态、结构及功能的认识。

第一节 细胞的基本概念

人类、植物和微生物都是生命，虽然这些生命形式不同，但都由细胞组成。细胞是生命活动的基本单位，从基本的化学元素组成到高级的蛋白质合成及细胞分裂活动等方面均有显著的基本共性。同时，细胞又是多样的，表现为种类繁多、形态各异、功能多样等。这些多样性形成了不同的物种或组建了同一生物的不同组织，体现了结构和功能的高度统一。病毒作为非细胞形态的生命体，必须借助细胞才能繁殖并表现出生命活动，进一步加深了人们对细胞和生命概念的理解与认识。

一、细胞是生命活动的基本单位

有机体形态结构的维持、生理功能的实现依赖于细胞。因此，人们提出细胞是生命活动的基本单位。

1．细胞是构成有机体的基本单位

除了病毒是非细胞形态的生命体外，一切有机体均由细胞构成。单细胞生物的有机体仅由一个细胞构成，多细胞生物的有机体根据其复杂程度由数百乃至万、亿计的细胞构成。这些细胞分别构成了不同的组织与器官，执行不同的生物学功能（图 2-1）。成人个体有 200 多种不同类型约 10^{14} 个细胞，而刚出生的婴儿个体约含有 2×10^{12} 个细胞，人的大脑是由 10^{12} 个细胞构成的复杂体系。

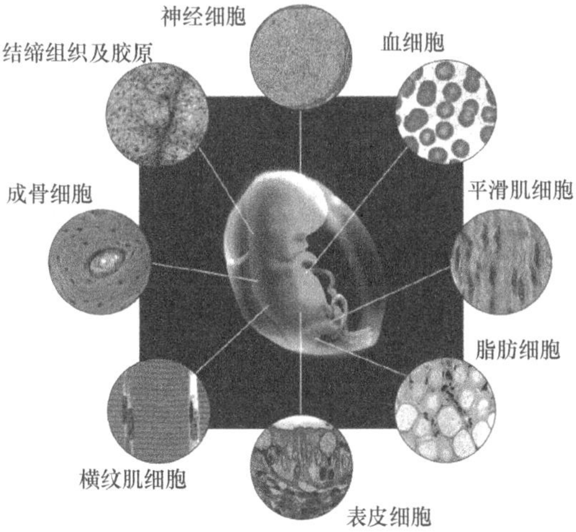

图 2-1　人体由多种不同类型细胞组成（Karp et al.，2016）

但有些极低等的多细胞生物体，如盘藻仅由 4 个、8 个或几十个未分化的相同的细胞组成，细胞之间没有明显分工与协作的关系，它们实际上是单细胞与多细胞生物之间的过渡类型。

2. 细胞是代谢与功能的基本单位

新陈代谢是生命的基本特征，是细胞内全部有序化学变化的总称。构成有机体的每一个细胞都有独立有序的代谢体系，这是由细胞自身结构的装置及其协调性所决定的。代谢是功能的基础，细胞只有进行严格有序的代谢活动，才能完成特定的生物学功能。细胞代谢和结构完整性受到任何破坏，都会导致细胞特定功能的紊乱或丧失。因此，细胞是有机体代谢与执行功能的基本单位。

3. 细胞是有机体生长与发育的基础

有机体的正常生长与发育是依靠细胞的分裂、生长、分化及凋亡来实现的。细胞的分裂可以使细胞数目增多，细胞的生长可以使细胞体积增大，这是生物机体生长的基础；细胞的分化可使受精卵分裂产生形态、结构和功能不同的细胞类群，形成不同的组织和器官，完成不同的生物学功能，这是生物发育的基础；细胞凋亡可以清除个体发育中多余的细胞，清除损伤、突变、感染和衰老的细胞，是生物生长发育不可缺少的平衡因素，与细胞增殖、分化具有互补作用。因此，细胞是生长与发育的基本单位。

4. 细胞是遗传的基本单位，具有遗传的全能性

单个植物生殖细胞或体细胞、未受精的两栖动物卵细胞经人工培养与诱导均可发育为完整的个体，哺乳动物已分化的体细胞克隆在一定条件下可被诱导发育为动物个体，这些都证明细胞具有全能性。可以概括地说，每一种细胞都有发育为个体的潜能，是遗传的基本单位。每一个细胞都包含着本物种的全套遗传信息指导下一代生命的形成，因而具有遗传的全能性。

5. 细胞是生命起源的归宿，同时也是生物进化的起点

地球上生命的诞生经历了极其漫长的化学进化，是由非生命的化学物质形成的。含有遗传物质的原始细胞的形成，标志着生命的正式出现。此后，原始细胞进入生物进化阶段，并最终形成了一个绚丽多彩的生命世界。

6. 细胞是时间、空间精细有序的复杂结构体系

随着人们对细胞亚显微水平认识的不断深化，越来越多的问题不断出现。虽然人们早已知道线粒体和叶绿体是细胞内能量的重要来源，但是仍然困惑于能量的转移过程。细胞能对外界信号做出一定的反应引发一系列的生命活动，但是这一信号转导与细胞结构之间的关系却有待阐明。因此，细胞是物质、能量与信息过程精巧结合的综合体。

在研究细胞起源的过程中，细胞中分子自组装过程的发生引起了人们的广泛关注。本书中涉及的细胞内染色体、核糖体、细胞骨架、核孔复合体等的形成都是生物大分子自组装的结果。因此，细胞是高度有序的自组织体系。

7. 没有细胞就没有完整的生命

病毒是非细胞形态的生命有机体，不能进行独立的代谢活动，其生命活动的完成必须在寄主细胞中进行。也就是说，病毒只有在细胞内才能表现基本的生命特征（繁殖与遗传）。因此，细胞是生命活动的基本单位对病毒而言也是合适的。实验证明，只要破坏细胞结构的完整性，细胞就不能实现完整的生命活动。从细胞分离出来的任何结构，甚至是保存完好的细胞核与含有遗传信息的线粒体和叶绿体，都不能在体外持续培养并作为生命活动的单位而存在。

二、细胞的基本共性

构成不同生命形式的细胞种类繁多，形态结构与功能千差万别，但作为生命活动基本单位的细胞却有着共同的特点。

1. 所有细胞都有相似的化学组成

组成细胞的基本元素有 C、H、O、N、P、S、K、Ca、Mg、Fe 等，这些化学元素构成细胞结构与功能所需要的各种化合物，如核苷酸、氨基酸、脂肪酸、单糖等，它们又进一步构成核酸、蛋白质、脂质与多糖等重要的生物分子。

2. 所有细胞表面均有由磷脂双分子层与蛋白质构成的细胞膜

细胞膜是细胞与周围环境之间的屏障结构，细胞膜使细胞保持相对的独立性，也使细胞代谢等活动具有相对稳定的内部环境，同时通过细胞膜与周围环境进行物质交换和信号传递。真核细胞膜内陷演化为细胞的内膜体系，构建成各种以膜为基础的功能专一的细胞器。生物膜也为细胞能量的转换提供了重要的场地，原核细胞的细胞膜、真核细胞的线粒体内膜和叶绿体类囊体膜都是能量转换的场所。

3. 所有细胞都有两种核酸——DNA 与 RNA

所有的细胞都以 DNA 作为遗传物质，这可能是细胞作为生命活动基本单位稳定存在的重要因素。RNA 参与指导蛋白质的合成。而在非细胞形态的生命体病毒中通常只有一种核酸作为遗传信息的载体。

4. 所有细胞都有蛋白质合成的机器——核糖体

所有细胞蛋白质合成的场所都是核糖体。真核细胞和原核细胞的核糖体不仅功能相同，在结构上也非常相似，都是由大小两个亚基组成的。它们在翻译多肽链时与信使 RNA 形成复合体。最近发现，核糖体 RNA 在多肽合成中具有催化作用。

5. 所有细胞的增殖都以一分为二的方式进行

为了保证新产生的子细胞具有与亲代相同的遗传物质，细胞在分裂之前都要进行遗传物质的复制加倍，在分裂时均匀地分配到两个子细胞内，这是生命繁衍的基础与保证。

第二节 细胞的分类及其特征

一、细胞的分类

在种类繁多的细胞世界中，根据其显微结构的不同，人们将细胞分为原核细胞（prokaryotic cell）与真核细胞（eukaryotic cell）两大类。这是在 20 世纪 60 年代由著名细胞生物学家 H. Ris 提出来的。把细胞划分为原核细胞与真核细胞两大类型，对细胞生物学及整个现代生命科学均具有深远影响。由此延伸把生物界划分为原核生物（prokaryote）与真核生物（eukaryote）。几乎所有的原核生物都由单个原核细胞构成，而真核生物却可以分为多细胞真核生物与单细胞真核生物。

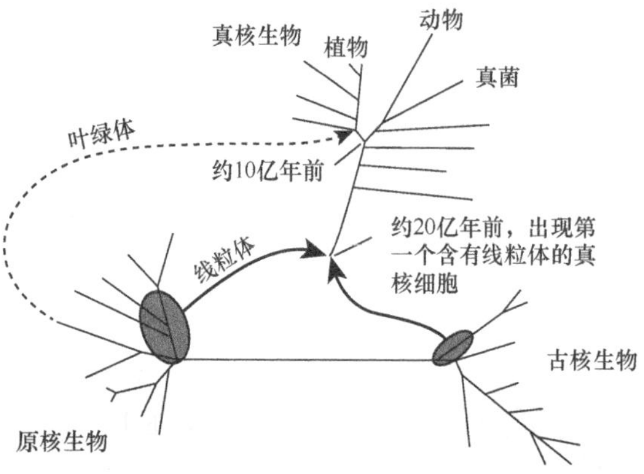

图 2-2　生物界的基本类群（Pollard et al.，2016）

随着分子生物学的发展及应用，人们认识到原来属于原核细胞的一个类群，它们的遗传信息表达系统反而与真核细胞更为接近（如存在重复序列与核小体），人们把这些细胞从原核细胞中分离出来称为古核细胞，也称为古细菌。由此，生物界包括 3 个域，分别为原核生物、古核生物与真核生物（图 2-2）。因此，细胞分为三大类型：原核细胞、古细菌与真核细胞。

二、细胞的基本形态、大小及影响因素

尽管不同生命形式的细胞具有一些基本共性，但由于细胞结构、功能及所处环境的不同，在形态上产生了明显的变化：有球形、椭球形、杆状、纺锤状、多面体等多种形态。

单细胞生物一般有自己固定的形态。例如，细菌细胞有球菌、杆菌和螺旋菌等。单细胞动物或植物的形状略微复杂，如草履虫呈鞋底状；而游捕虫和钟形虫则呈袋状。高等生物是多细胞有机体，各种细胞发生了结构和功能上的分化，细胞的形态和细胞功能密切相关。例如，动物体内具有收缩功能的肌肉细胞呈梭形；红细胞的扁圆形有利于其进行 O_2 和 CO_2 的交换；神经细胞长的轴突与发散的树突有利于其接受并传导兴奋。高等植物细胞的形态也因其行使的功能不同而有很大的差别。例如，植物基部起支持和输导作用的细胞呈柱状；而双子叶植物叶表皮的保卫细胞则呈半月形，便于形成气孔利于呼吸和蒸腾。需要注意的是，以上描述的高等生物的细胞形态是细胞处于体内同其他细胞既分工又协作进行机能活动时的形态。这些细胞在体外培养时形态会发生很大的变化，如平滑肌细胞在体内呈梭形，而在体外培养时呈多角形。

不同类型细胞的直径大小差异很大（表 2-1），典型的原核细胞的直径为 1～10μm，而真核细胞的直径为 3～30μm，一般为 10～20μm。

表 2-1　不同类型细胞直径比较

细胞类型	直径大小 /μm
支原体细胞	0.1～0.3
细菌细胞	1～2
动植物细胞	10～50
原生生物细胞	＞100

在高等多细胞生物中，某些不同来源的同类细胞的大小变化很大。例如，人卵细胞直

径为 200μm，而鸡卵细胞直径为 2～3cm，鸵鸟卵细胞直径为 5cm。但大多数来自不同物种的同类型细胞的体积一般比较相近，不依生物个体的大小而增大或缩小。例如，大象与小鼠的体型大小相差悬殊，但二者相应器官与组织的细胞大小却无明显差异。不仅相应的体细胞大小相似，性细胞的大小也无明显的差异。因此，器官的大小主要取决于细胞的数量，与细胞的数量成正比，而与细胞的大小无关，这就是人们常说的“细胞体积守恒定律”。

细胞本身的体积需要维持相对恒定。哺乳动物细胞的体积受以下几个因素的限制。

第一是体积与相对表面积的关系。细胞的体积与相对表面积成反比，细胞体积越大，其相对表面积就越小，细胞与周围环境交换物质的空间与效率就越低。细胞为了维持最佳的生存条件，必须保持最佳的相对表面积，从而限制了体积的无限增大。对于体积较大的卵细胞而言，其内储存了用于胚胎发育的大量 mRNA、蛋白质与营养物质，且卵细胞与周围环境交换物质很少，其体积大源于细胞质扩增，因而卵细胞表面积与体积的比例关系不受此规律限制。细胞不仅对其自身体积增大有限制，而且对体积减小也有限制。一个活细胞要维持正常的生命活动，最低限度需要 500～1000 种不同类型的酶和蛋白质，这是目前在支原体中所发现的酶和蛋白质的量。而支原体是细胞体积最小的极限。由此可见，细胞体积的最小化受制于维持细胞生命活动所需的酶和蛋白质种类的最低量。

第二是细胞核能够控制细胞质的量有一定的限度。研究发现，不论细胞体积相差多大，细胞核的大小差别却不大。因为一个细胞核内所含的遗传信息量是有一定限度的，控制细胞质的活动范围也是有限度的。在体积较大的原生动物细胞中出现大核与小核的分工，以及动物细胞的多核现象可能与缓冲核质比例有关。

第三是细胞内物质运输的速度与细胞代谢对物质需求之间的关系。细胞内物质从一端向另一端运输或扩散存在时间与空间关系。细胞体积过大势必影响物质传递与交流的速度，细胞内代谢活动的调控也会延迟或失准。一些原生动物细胞的伸缩泡等可能起着细胞内环境的调节作用。

第四是细胞内信号网络的调控作用。从果蝇到哺乳动物，都用一套几乎相同的信号网络调控细胞的大小（图 2-3）。在这一调控网络的中心是称作哺乳动物雷帕霉素靶蛋白（mammalian target of rapamycin，mTOR）的蛋白激酶，果蝇等生物中存在其同源蛋白。该蛋白质的失活导致了小鼠及果蝇细胞体积的变小。在这一信号通路中，mTOR 接受胞外氨基酸、葡萄糖等营养物质以及胰岛素等生长因子的信号并做出反应。在胰岛素调控 mTOR 的信号通路中：胰岛素样生长因子（insulin-like growth factor，IGF）与细胞膜上受体结合后，活化磷脂酰肌

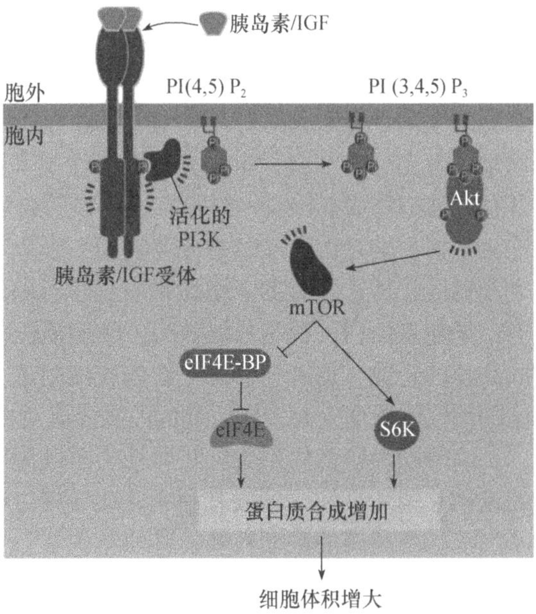

图 2-3　多细胞动物通过 mTOR 通路调控细胞体积
（翟中和等，2011）

醇-3-羟激酶（phosphatidylinositol 3-OH kinase，PI3K），进一步激活肌醇磷脂信号途径，通过蛋白激酶B（PKB/Akt）等最终激活mTOR。激活后的mTOR一方面提高核糖体的翻译效率，使细胞增大；另一方面磷酸化翻译抑制因子真核翻译起始因子4E结合蛋白（eukaryotic initiation factor 4E-binding protein，eIF4E-BP），解除其对真核翻译起始因子4E（eukaryotic initiation factor 4E，eIF4E）的抑制，增强蛋白质翻译过程，细胞体积增加。

总之，细胞体积受到了多种因素的限制。作为生命活动的基本单位，细胞的体积要适应代谢活动的要求。通常认为数百微米直径的细胞是上限。

三、细胞形态结构与功能的关系

细胞的形态结构与功能的相关性及一致性是细胞的共同特点，是生命漫长进化过程的产物。

在原核生物中，能进行光合作用的蓝藻并没有叶绿体，但在其细胞中形成了许多同心环状的膜结构，这为光合色素和相关酶类提供了附着及发挥功能的场所。有些原核细胞在遇到不良环境时，会形成能抵御恶劣环境的芽孢。

在低等的原生动物中，由于细胞体积相对较大，与周围环境进行物质交换的能力较弱，在细胞中就出现了伸缩泡。草履虫伸缩泡有节律地膨大、收缩，排出体内多余的水分等物质，维持细胞内新陈代谢所需的微环境。眼虫的眼点和光感受器有利于其趋向光源吸收光能，进行光合作用。

在进化程度更高的生命体中，细胞的形态结构与功能关系的一致性表现得更为明显。例如，哺乳动物的红细胞呈扁圆形、体积很小、无核，主要由细胞膜包着血红蛋白，是一种高度特化的细胞。这些特点都与红细胞快速进行O_2和CO_2交换的功能密切相关。红细胞具有发达的细胞膜骨架，赋予细胞膜更大的弹性和韧性，有利于红细胞穿过毛细血管时形态的变化。红细胞的形态结构与其进行气体交换和物质运输的功能是高度统一的。又如，动物的各类分泌细胞，虽然分泌物的性质不同，但其形态结构却高度相似。分泌蛋白质的各种腺细胞有如下特点：细胞有极性，一端是近侧端，为吸收表面，与基膜（basal lamina）连接；另一端是游离端，是分泌表面。吸收表面的细胞膜形成大量皱褶，折叠膜内排列有大量的线粒体，这有助于增加物质透膜运输的效率及能量供应。游离端往往形成很多微绒毛，增加表面积，提高分泌效率。细胞质内的糙面内质网与高尔基体很发达，保证了蛋白质高速的合成、加工与修饰。在内质网附近分布的大量线粒体也满足了供能需求。这类细胞的核仁体积也较大，保证了蛋白质合成对核糖体的需求。

高等动物雄性生殖细胞与雌性生殖细胞经过分化及发育，形成非常特化的细胞，它们的结构装置几乎简化到仅有利于完成受精过程与保证卵裂。精子除了携带一套完整的单倍基因组，即高度的浓缩核外，其他结构装置主要是保证其运动和与卵细胞融合。因此形成了后端具有运动能力的鞭毛，前端具有能促进与卵细胞融合的顶体结构。卵细胞则相反，为了保证受精后卵裂与早期胚胎发育，细胞质内预先储存了大量mRNA、蛋白质与营养物质，致使细胞体积骤增，但其细胞核的体积并没有明显变化。

第三节 原核细胞

原核细胞构成了原核生物界。这类细胞没有典型的核结构，存在明显的核区，演化地位较低。分子生物学研究表明，原核生物在极早的时候就演化成了两大类：古细菌（archaebacteria）与真细菌（eubacteria）。

古细菌也称为古核细胞。古细菌的形态结构和原核细胞相似，但遗传信息表达系统更接近真核细胞。古细菌不仅分布在地球上极端特殊环境中，如产甲烷细菌、嗜盐细菌、热原质体等，在温和环境和冷环境中也有分布。它们可能代表了原始地球环境中生命存在与繁衍的特定形式，可能是细胞生存的更为原始的类型。真细菌包括我们所知的绝大部分原核生物，包括支原体、衣原体、立克次氏体、细菌与蓝藻等多种庞大的家族。

原核细胞体积一般很小，直径为 0.2～10.0μm。最基本的特点可以概括为：没有典型的细胞核，无核膜；遗传信息量小，遗传信息载体仅由一个环状 DNA 构成；细胞内没有分化为以膜为基础的具有专门结构与功能的细胞器和细胞结构。原核细胞的进化地位比较原始，大约在 35 亿年前的地球上就出现了。现在在地球上的分布广度与对生态环境的适应性比真核细胞大得多。虽然它们的选择优势明显，却只能占据有限的生态位，导致物种数目远少于真核生物。

一、最小、最简单的细胞——支原体

支原体（mycoplasma）是目前发现的最小、最简单的细胞。虽然它们是极为简单的生命体，却已具备了细胞的基本形态结构，并具有作为生命活动基本单位存在的主要特征。

支原体没有细胞壁，有典型的细胞膜，形态可以随机变化；一个环状的双螺旋 DNA 散布在细胞内，没有像细菌一样的拟核；mRNA 与核糖体结合为多聚核糖体，指导蛋白质的合成，核糖体是在电镜下唯一可见的细胞内结构；以一分为二的方式分裂繁殖。支原体的体积很小（图 2-4），直径一般是 0.1～0.3μm，仅为细菌的 1/10，可通过细菌滤器；支原体能寄生在细胞内生长，因此，是细胞培养中常见且难以去除的污染物。

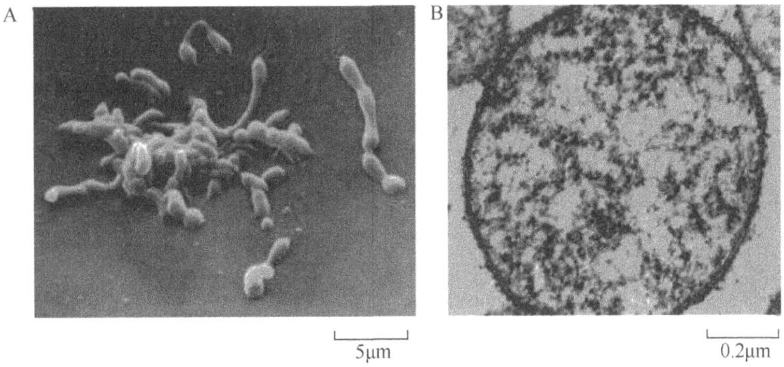

图 2-4 扫描电镜（A）及透射电镜（B）下的支原体（Alberts et al.，2014）

目前没有发现比支原体更小、更简单的细胞，与其体积和结构近似的是立克次氏体与衣原体，但它们是胞内寄生型。支原体除了具有作为细胞必需的结构外，几乎没有什么称得上复杂的结构装置，其基本结构与机能已简单到极限。

一个细胞生存与增殖必须具备的结构装置与机能是：细胞膜、遗传信息载体 DNA 与 RNA、行使蛋白质合成的一定数量的核糖体以及催化主要酶促反应所需要的酶，这些在支原体细胞内已基本具备。从保证一个细胞生命活动运转所必需的条件来看，人们估计维持细胞生存的基本基因应该在 200～300 个，这些基因产物进行酶促反应所必须占有的空间直径约为 50nm，加上核糖体（每个核糖体直径是 10～20nm）、细胞膜与核酸等，这样推算出来，一个细胞的最小极限直径为 140～200nm。现在发现的最小支原体细胞的直径已接近这个极限，所以说支原体应该是最小、最简单的细胞。

二、细菌细胞

细菌是自然界分布最广、个体数量最多、与人类关系极为密切的有机体，在大自然物质循环过程中处于极重要的地位。细菌有三种形态：球状或椭圆形的称为球菌；杆状或圆柱形的称为杆菌；螺旋形或弧形的称为螺旋菌。绝大多数细菌的直径为 0.5～5.0μm，也存在极少的巨型细菌。细菌细胞没有典型的核结构，但绝大多数细菌有明显的核区，称为拟核或类核（nucleoid），主要由一个环状 DNA 分子盘绕而成，拟核周围是较浓密的胞质物质。除了核糖体外，没有类似真核细胞的细胞器。细菌细胞膜是典型的生物膜结构，但它具有多功能性（图 2-5）。

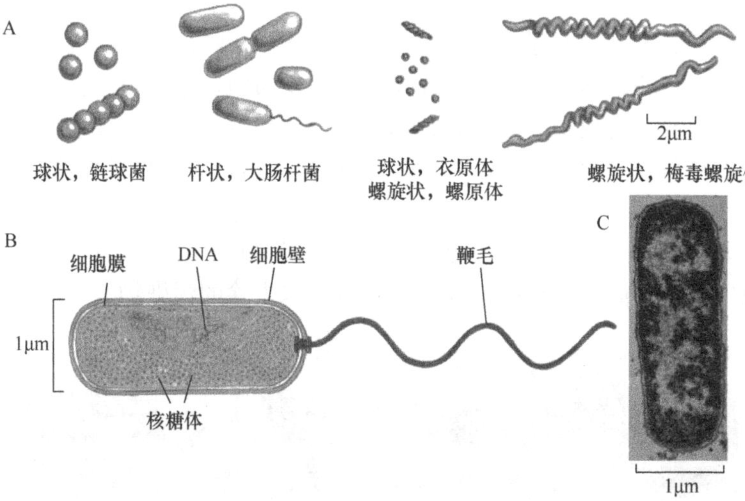

图 2-5 细菌的基本形态（A）、结构模式图（B）及大肠杆菌电镜照片（C）（Alberts et al.，2014）

（一）细菌的基本结构

1. 细胞壁

细胞壁（cell wall）是位于细胞膜外的一层较厚、较坚韧并略具弹性的结构。细胞壁可保护细胞免受机械性损伤或渗透压的破坏，维持细胞的形态，也可作为鞭毛运动的支点。细胞壁还对物质的交换起部分调节作用，细胞壁的成分与抗原性、致病性及对病毒的敏感性均有关系。

所有细菌的细胞壁都具有的共同成分是肽聚糖，肽聚糖是由乙酰氨基葡萄糖、乙酰胞壁酸与四五个氨基酸短肽聚合而成的多层网状大分子结构（图 2-6）。革兰氏阳性菌与阴性菌的细胞壁成分与结构差异很明显，这种差异也是细菌呈革兰氏阳性反应与阴性反应的重要原因。革兰氏阳性菌细胞壁厚 20～80nm，层次不清楚，肽聚糖含量高达 90%；革兰氏阴性菌细胞壁厚约 10nm，层次较分明，肽聚糖含量仅占 5%，但阴性菌细胞壁的其他成分却比阳性菌复杂。

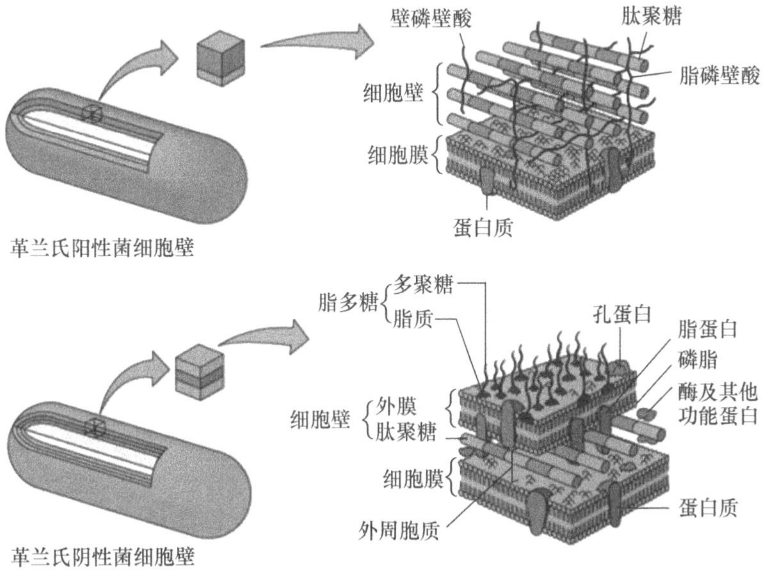

图 2-6 革兰氏阳性菌与阴性菌的细胞壁（Tortora et al.，2003）

青霉素的抑菌作用主要是通过抑制肽聚糖的合成，从而抑制细胞壁的形成。阳性菌因细胞壁的肽聚糖含量极高，故对青霉素很敏感；反之，阴性菌由于肽聚糖含量极少，对青霉素不敏感。

2. 细胞膜

细胞膜（cell membrane）又称细胞质膜（plasma membrane），是包围细菌原生质的典型生物膜，是由磷脂双分子层与蛋白质构成的富有弹性的半透性膜。膜厚 8～10nm，外侧紧贴细胞壁。细胞膜的主要功能是选择性地交换物质，并且有分泌与运输蛋白质的作用。细菌细胞膜的多功能性是区别于其他细胞膜的一个十分显著的特点，细菌细胞膜含有丰富的酶系，执行许多重要的代谢功能。例如，细胞膜内侧含有电子传递与氧化磷酸化的酶系，可进行有氧呼吸；含有一些与核糖体共同执行合成分泌蛋白质功能的酶；还含有细胞色素酶与合成细胞壁成分的酶。因此，细菌细胞膜具有真核细胞内质网、高尔基体和线粒体等细胞器的部分功能。此外，细菌细胞膜外侧分布的受体蛋白，参与了细菌对环境的应答反应。

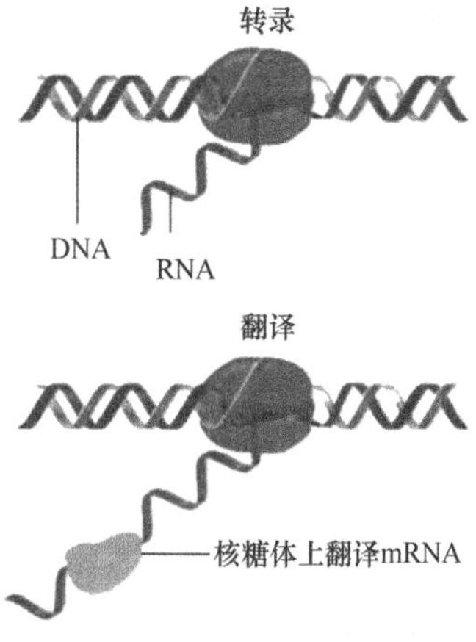

图 2-7 细菌的复制、转录和翻译同时进行（Lewin，2007）

3. 细菌细胞的拟核与基因组

细菌细胞没有核膜，只有由双链环状 DNA 盘绕而成的、位于细胞中央的拟核（核区或类核）。正常情况下，一个细菌细胞内只有一个核区，但在细菌处于生长增殖状态时，由于 DNA 的复制与细胞分裂并不同步，一个细胞内可以同时存在两个以上的 DNA 分子，往往出现几个核区。

细菌基因组仅有一个复制起点，可以看作是一个复制子。DNA 复制为半保留双向复制，DNA 复制、RNA 转录和蛋白质的翻译可以同时进行，无严格的时间上的阶段性与位置上的区域性。这是细菌乃至所有原核细胞与真核细胞最显著的差异之一。电镜图显示，DNA 分子边复制边转录，转录的 mRNA 在没有脱离 DNA 的状态下，又与核糖体结合翻译肽链。基因的复制与表达在时间及空间上是连续进行的（图 2-7）。

4. 细菌细胞核外 DNA

在细菌细胞内除上述的核区 DNA 外，还有存在于细胞质中可进行自主复制的、携带部分遗传信息的质粒（plasmid）。质粒是裸露的环状 DNA 分子，含 2～200 个基因，可进行自我复制并传递给后代，有时质粒能整合到核 DNA 中去。质粒并不是细菌生长所必需的，但其所携带的基因赋予细菌新的性状、抵御外界不利环境因素的能力，如大肠杆菌性因子（*f* 因子）、大肠杆菌素因子（*col* 因子）及抗药因子（*r* 因子）等。质粒 DNA 是基因工程中用作基因重组和基因转移的载体。

5. 细胞质及其内含物

细胞质是细胞膜以内拟核以外的、无色透明、黏稠的胶状物质。细胞质中除了核糖体这种细胞器外，还含有一些颗粒状内含物：异染颗粒、聚 β- 羟基丁酸颗粒、肝糖原和淀粉粒、硫滴、脂肪滴等。

6. 细菌细胞的核糖体

每个细菌细胞含 5000～50 000 个核糖体，部分附着在细胞膜内侧，大部分游离于细胞质中。核糖体是蛋白质合成的场所，其数量与蛋白质合成速率直接相关，往往随菌体生长速率而变化。细菌分裂旺盛时，如在指数生长期，核糖体数量激增，总重量可达细胞干重的百分之几十。而当细菌处于极度“饥饿”状态时，每个细胞内核糖体的数量可减少到几百个。细菌核糖体的沉降系数为 70S，由大亚单位（50S）与小亚单位（30S）组成。大亚单位含有 23S rRNA、5S rRNA 与 30 多种蛋白质，小亚单位含有 16S rRNA 与 20 多种蛋白质。大小亚单位与 mRNA 结合共同完成蛋白质的生物合成。

（二）细菌细胞的特化结构

1. 间体

间体（mesosome）又称中膜体或质膜体，由细胞膜内陷形成。每个细胞内有一个或数个间体，其形状差异较大，在革兰氏阳性菌中更明显。间体常见于分裂期细菌的隔或横壁，与 DNA 有联系，推测可能起 DNA 复制的支点作用。也有学者认为间体上含有细胞色素和琥珀酸脱氢酶，功能类似线粒体。

2. 荚膜

荚膜是某些细菌表面的特殊结构，是细菌分泌到细胞壁表面的一层松散透明、黏度极大、黏液状或胶质状的物质。荚膜的成分因菌种而异，主要是由葡萄糖与葡糖醛酸组成的聚合物，也有的含多肽、蛋白质、脂质以及由它们组成的复合物。含有荚膜的细菌在固体培养基上形成的菌落是光滑型的。荚膜对维持细胞的主要生命活动似无直接作用，失去荚膜的变异株仍然可以正常生长。但荚膜可作为细菌细胞外碳源和能源性储藏物质，在营养缺乏时能被细菌所利用，还能保护细胞免受干燥的影响，保护病原菌免受细胞的吞噬。

3. 鞭毛

鞭毛是某些细菌表面着生或从胞内伸出的、细长且波浪形弯曲的丝状物，是细菌的运动器官。细菌鞭毛的结构与真核生物的鞭毛完全不一样，其结构十分简单，由鞭毛蛋白（flagellin）的弹性蛋白构成，运动机制也不同。

4. 细菌芽孢

某些细菌处于不利的环境或耗尽营养时，会在细胞内形成圆形、椭圆形或圆柱形的芽孢结构，芽孢是对不良环境有强抵抗力的休眠体。细菌芽孢都是在细胞内形成的，所以又称为内生孢子。细菌细胞内的重要物质，特别是 DNA，积聚在细胞的一端，形成一种含水量较丰富的致密体，外被很厚而致密的壁。芽孢折光性很强，不易染色，但通过特殊的染色方法可以看到一个成熟的芽孢具有核心、皮层、芽孢衣和孢外壁等多层结构。芽孢具有很强的抗热、抗干燥、抗辐射、抗化学药物和抗静水压的能力，可以在杀死普通细菌或营养型细菌的条件下存活。

（三）细菌细胞的增殖及调控

细菌的增殖方式极为简单，先是核区 DNA 与间体接触，环状 DNA 以膜为支点按双向复制方式复制为两个 DNA 子环。随着细胞伸长，在一些蛋白质协助下，复制完成的 DNA 分子分开，形成两个核区。细胞膜在两个核区之间凹陷、延伸，将两个子细胞分隔开，最后形成新的细胞壁。这种分裂虽称直接分裂，但很多特征是细菌细胞所特有的。

细菌增殖的速度非常快，在适宜的培养条件下，大肠杆菌每 20min 增殖一代，而其 DNA 复制需要 40min，是细胞周期的 2 倍。这是由于在迅速增殖的细菌中，上一次 DNA 复制尚未完成时，下一次的 DNA 复制就已经开始了。在刚形成的子细胞中，DNA 已经复制完成了一部分。

细菌细胞的分裂受到严格调控。通常，细菌必须长到一定大小后，DNA 才开始复制；细菌必须长到一定长度后，复制的 DNA 才能分开，进而细胞分裂。复制起始点（OriC）结合蛋白 DnaA 携带 ATP 结合于 OriC，ATP 水解导致此处富含 AT 碱基对的区域解链，开始 DNA 复制。复制起始后，OriC 发生甲基化，使得下一轮复制不会立即启动。细菌细胞的分裂依赖于DNA复制完成的信号、DNA是否受损及两个DNA分子是否分离。其中起始DNA分离的关键蛋白是丝状温度敏感蛋白Z（filamentose temperature-sensitive protein Z，FtsZ），其与真核细胞管蛋白（tubulin）同源。在细菌DNA复制完成后，FtsZ聚集在将来细胞要分开的位置，沿着细胞膜装配，形成Z环结构。随着Z环收缩并招募与细胞壁形成相关的蛋白质聚集于此，最终导致细胞分裂。对于Z环的功能还不明确，有人说FtsZ功能类似于动物细胞胞质分裂中的微丝，只是不清楚其马达蛋白是什么。也有人说FtsZ主要功能是招募导致细胞横隔形成的蛋白质，而不是收缩缢裂。虽然人们已经克隆到很多细胞分裂相关的重要基因，但是细菌细胞周期调控的确切机制仍待进一步完善。

三、古细菌

古细菌或称古核细胞，常生长在一些极端特殊环境中。最早发现的是产甲烷细菌（methanogen），后来陆续又发现嗜盐细菌（halobacteria，生长在浓度大的盐水中）、热原体属（*Thermoplasma*）细菌（生长在煤堆中）、硫化叶菌属（*Sulfolobus*）细菌（生长在硫黄温泉中）等几百种古细菌。过去把它们归属为原核生物是因为其形态结构及基本生命活动方式与原核细胞相似。但对产甲烷细菌的16S rRNA核苷酸序列的同源性进行测定分析，发现其与其他原核细胞相差甚远，却与真核细胞更为近似。它们的生活环境使人们设想其可能在细胞起源与进化中扮演过重要角色，因此古核生物引起了越来越多学者的重视。现在已有更多的证据表明真核生物可能起源于古核生物。

1. 细胞壁的成分

古细菌的细胞壁成分不含胞壁酸和肽聚糖，因此抑制肽聚糖前体合成的环丝氨酸、抑制肽聚糖合成的青霉素与万古霉素等对真细菌有强的抑制生长作用，而对古细菌与真核细胞却无作用。

2. DNA与基因结构

真细菌类的细胞DNA不含重复序列和内含子，古细菌DNA中有与真核细胞DNA一样的重复序列，一些古细菌的基因组中有同真核细胞基因组中一样的内含子。

3. 核小体结构

古细菌具有组蛋白，而且能与DNA构建成类似核小体的结构，但与真核细胞典型核小体有差异。

4. 核糖体

真核细胞的核糖体为80S，含有70～84种蛋白质；大部分真细菌的核糖体为70S，含有55种蛋白质；而多数古细菌的核糖体较真细菌有增大趋势，含有60种以上蛋白质，介于真核细胞与真细菌之间。

通常，抗生素的抑菌作用是通过与细菌核糖体的大亚单位或小亚单位结合，从而抑制蛋白质合成，最终达到抑制细菌生长的目的。但这些抗生素不能与真核细胞80S核糖体结合，无法对真核细胞蛋白质合成起抑制作用。令人惊异的是，这些抗生素同样不能抑制古细菌的核糖体行使蛋白质合成的功能。综上，古细菌的核糖体显然与真细菌的差异很大，从对抗生素的反应来看，更类似真核细胞的核糖体。

5. 5S rRNA

应用 5S rRNA 序列分析鉴定物种进化及亲缘关系是目前最可靠的方法之一。

古细菌、真细菌与真核细胞都有 5S rRNA，它们仅含约 120 个核苷酸。Willekens 等根据对 5S rRNA 的分子进化分析，认为古细菌与真核生物同属一类，而真细菌却与之差距甚远。5S rRNA 二级结构的研究也证实了古细菌与真核细胞相似。

除上述各点，DNA 聚合酶分析、氨酰 -tRNA 合成酶的作用分析、起始氨酰 -tRNA 与肽链延长因子等分析的结果，均证实了以上结论。说明古细菌与真核生物在进化上的关系较真细菌更为密切。因此近年来，真核细胞起源于古细菌的观点得到了加强。

真核细胞究竟起源于哪一类古细菌？现在有两种推测：一种推测认为起源于一种依赖于硫的嗜高温古细菌，另一种推测认为起源于与热原质体相似的古细菌。这些只是根据某些更相似的特征而推论，还缺少更多的具有说服力的科学证据。

第四节　真 核 细 胞

原始真核细胞 12 亿～16 亿年前在地球上出现。近年来研究表明，真核细胞的起源和古细菌的关系更密切。现存的真核细胞种类繁多，有些真核细胞极为原始，如涡鞭毛虫（甲藻）等，还保存着原核细胞与真核细胞的一些交叉特征。真核细胞既包括大量的单细胞生物或原生生物（如原生动物与一些单细胞藻类），又包括全部多细胞生物的细胞。凡是真核细胞构成的有机体统称为真核生物。

一、真核细胞的基本结构体系

在亚显微结构水平上，真核细胞可以划分为三大基本结构体系：①以脂质及蛋白质成分为基础的生物膜结构系统；②以核酸（DNA 或 RNA）与蛋白质为主要成分的遗传信息表达系统；③由特异蛋白质分子装配构成的细胞骨架系统。这些由生物大分子构成的基本结构体系，尺度均为 5～20nm。这 3 种基本结构体系构成了细胞内部结构精密、分工明确、职能专一的各种细胞器，并以此为基础而保证了细胞生命活动具有高度程序化与高度自控性。

1. 生物膜系统

真核细胞在进化过程中，细胞体积不断增大，出现了细胞内部结构的分化。最主要的特征是以细胞膜为基础的既独立又相互联系的膜结构体系。这些结构及细胞器包括细胞膜、核膜、内质网、高尔基体、溶酶体、线粒体和叶绿体等，保证各种物质代谢过程互不干扰、有序进行，保持各区域分工明确精细。

这些生物膜都是由磷脂双分子层和蛋白质构成的，厚度基本为 8～10nm。细胞膜和细胞器膜的功能有一定的共同性，即保证物质的交换与跨膜运输、信息与能量的传递和化学反应的进行，同时，为生命的化学反应提供了表面，绝大多数酶定位在膜上，大部分生化反应在膜的表面高效而有序地进行。

2．遗传信息表达结构系统

遗传信息表达体系包括细胞核和核糖体，即由 DNA 与蛋白质复合体和 RNA 与蛋白质复合体形成的遗传信息载体及表达系统。由 DNA 与组蛋白构成了染色质与染色体的基本结构单位——核小体（nucleosome），它们的直径为 10nm，由核小体盘绕、折叠成螺旋化程度不同的异染色质与常染色质，在细胞分裂阶段又进一步包装形成染色体。

核仁主要是由 DNA- 蛋白质与 RNA- 蛋白质组成，其主要功能是 rRNA 的转录与核糖体亚单位的装配。核仁分为丝状区与颗粒区两部分，丝状区包含大量直径为 5～10nm 的纤维。纤维主要是 RNA- 蛋白质丝，其中也含有 DNA- 蛋白质丝（称为核仁染色质——纤维中心）。核仁 DNA 主要为 rDNA，是转录 rRNA 的模板，核仁颗粒区由大量直径为 15～22nm 的颗粒组成，实际上是正在装配的、成熟程度不同的核糖体亚单位，由 rRNA 与蛋白质组成。核糖体是由 rRNA 与数十种蛋白质构成的颗粒结构，其沉降系数为 80S，直径为 15～25nm，是合成蛋白质的细胞器，其功能是将核酸分子中的核苷酸语言翻译为蛋白质分子中的氨基酸语言，即氨基酸根据 mRNA 的指令按一定序列合成肽链。

3．细胞骨架系统

细胞的骨架系统是由一系列特异的结构蛋白装配而成的网架系统，细胞骨架对细胞形态维持与内部结构的合理排布起支架作用，细胞内大分子的运输、细胞的运动与细胞器的位移、细胞信息的传递、基因表达、蛋白质合成、细胞的分裂与分化等重要的生命活动都与细胞骨架关系密切。细胞骨架体系在细胞结构与生命活动中具有全方位的意义。

细胞骨架可分为胞质骨架与核骨架，实际上它们又是相互联系的。胞质骨架是主要由微丝、微管与中间丝等构成的网络体系。微丝的主要成分是肌动蛋白，故又称肌动蛋白丝，直径 5～7nm，它的主要功能可能是信号传递与运动。微管的主要成分是微管蛋白与一些微管结合蛋白，直径为 24nm，其主要功能是对细胞结构起支架作用，对大分子与颗粒结构起运输作用。中间丝成分比较复杂，可分为多种类型，其蛋白质成分的表达与细胞分化关系极为密切。中间丝的直径为 10nm，目前对中间丝的功能还知之甚少，主要是为细胞提供机械强度支持，参与细胞连接，并与细胞核膜的稳定性以及细胞核的定位有关。核骨架的研究在近十多年才有较快的发展，广义的核骨架应包括核纤层（nuclear lamina）与核基质（nuclear matrix）两部分。核纤层的成分是核纤层蛋白（lamin），核基质的蛋白质成分则颇为复杂。现已发现，核骨架与基因表达、染色质构建及排布有关系。

上述 3 种基本结构体系的有机组合，构成了生命活动的基本单位的一种类型——真核细胞。这 3 种结构体系协同作用共同完成真核细胞的生命活动。

二、植物细胞与动物细胞的比较

构成动物与植物机体的细胞均有基本相同的结构体系与功能体系（图 2-8）。很多重要的细胞器与细胞结构，如细胞膜、核膜、染色质、核仁、线粒体、高尔基体、内质网与核糖体、微管与微丝等，在不同细胞中不仅其形态结构与成分相同，功能也一样。

植物细胞有一些动物细胞所没有的细胞结构与细胞器，如细胞壁、液泡与叶绿体及其他质体。植物细胞在有丝分裂以后，普遍有一个体积增大与成熟的过程，这一点比动物细

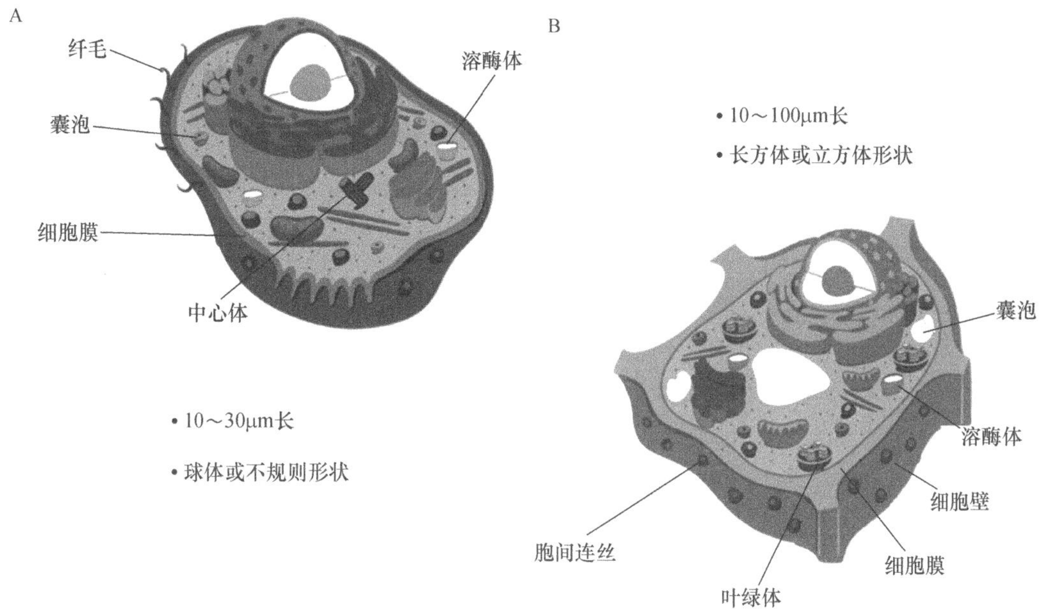

图 2-8 动物细胞（A）和植物细胞（B）模式图（Stabler et al.，2015）

胞表现明显。在这一过程中，细胞的结构要经历一个发育的阶段，如细胞壁的初生壁与次生壁的形成、液泡的形成与增大、有色体的发育等。也有一些动物细胞的结构，如中心体，是植物细胞内不常见到的。现将植物细胞所特有的结构或细胞器简要介绍如下。

1. 细胞壁

细胞壁是由植物细胞分泌到细胞外的多糖类物质构成的大分子复合物，其主要成分是纤维素，还有果胶质、半纤维素与木质素等。植物细胞壁除了给整个植物提供机械强度之外，也保护细胞免遭渗透压引起的损伤及机械损伤，还可以保护植物免受微生物，特别是真菌和细菌的侵染。近年的研究还发现，细胞壁是一个动态的结构，能够进行多种活动。例如，与细胞壁有关的酶能够将细胞外的营养物质转变成能够通过细胞膜进入细胞的小分子化合物。细胞壁也可以作为物质通透的屏障，在细胞的代谢和分泌过程中起作用。

2. 液泡

液泡是植物细胞的代谢库，起调节细胞内环境的作用。它是由单层膜包围的封闭系统，内部是水溶液，溶有无机盐、糖、氨基酸、生物碱与色素等物质，溶液的浓度可以达到很高。液泡随着细胞的生长，可由小液泡合并与增大而成为大液泡。液泡还常作为渗透压计，使细胞保持膨胀状态。此外，液泡中含有的水解酶，能够破坏衰老的细胞器，发挥类似溶酶体的功能。

3. 叶绿体

叶绿体是植物叶肉细胞或绿色组织细胞内最重要、最普遍的质体，它是进行光合作用的细胞器。它将水和 CO_2 转变为糖类等有机物，利用其光合色素吸收光能、传递光能，并将光能转变为化学能储存在有机物中。叶绿体是世界上成本最低、创造物质财富最多的“生物工厂”。

三、原核细胞与真核细胞的比较

原核细胞和真核细胞在基本结构与功能、遗传装置与基因表达方式等方面均存在显著差异（表 2-2）。应更多地从它们的内在联系出发，用进化的观点与动态的观点去分析它们的差异。

表 2-2 原核细胞与真核细胞的比较

特征	原核细胞	真核细胞
细胞大小	1～10μm	10～100μm
细胞核结构	拟核	核膜包裹成的细胞核
细胞膜功能	多功能性	物质交换与信息传递
核糖体	70S	80S
细胞骨架体系	无	微丝、微管、中间丝
细胞壁成分	肽聚糖	动物细胞无、植物细胞细胞壁主要成分是纤维素和果胶质
鞭毛结构	鞭毛蛋白	微管蛋白及其结合蛋白
DNA 量（遗传信息量）	少	多
DNA 分子结构	环状	线状
基因组数	单倍性	多倍性
基因数	几千	几万、十几万
大量“多余”的重复序列	无	有
基因中插入内含子	无	有
DNA 与组蛋白结合	不结合或与少量类组蛋白结合	与 5 种组蛋白结合
构成各级染色质与染色体	否	是
转录与翻译的时空关系	转录与翻译同时进行	核内转录，细胞质内翻译，有严格的阶段性与区域性
转录与翻译后的加工修饰	无	有复杂的加工与修饰
基因表达调控	主要以操纵子方式	复杂性、多层次性
细胞分裂	无丝分裂	有丝分裂、减数分裂

以生物膜系统的分化与演变为基础，首先将细胞分为核与质两个部分，双层核膜将遗传物质及其复制和转录过程局限在一个独立区域与微环境中，而蛋白质合成、能量代谢与供应，以及其他一系列代谢过程均在细胞质内进行。细胞质内又以膜系统为基础分割为结构更精细、功能更专一的各种细胞器。细胞内部结构与功能的区域化和专一化，是细胞进化过程中的一次重大飞跃，导致了遗传装置与基因表达方式的相应变化。随着细胞体积的增大与细胞内部结构的复杂化，细胞内部要有空间上的合理布局，必然需要有一个精密的支架。细胞骨架可能主要扮演了这个角色，这些支架网络保证了细胞形态结构的合理排布与执行功能的有序性。

遗传装置与基因表达的复杂化及多层次化是真核细胞不同于原核细胞的重大标志之一。双层核膜的出现为遗传物质结构的演化提供了一个良好的微环境，使扩增了的遗传信息与高度复杂的遗传装置相对独立、基因表达具有严格的阶段性与区域性。作为遗传信息载体的 DNA 也发生了结构与数量的相应变化，由原核细胞的单倍性变为多倍性。基因数量由几千发展到几万甚至更多，DNA 由游离的裸露的环状分子转变为线状。线状 DNA 分子能与多种组蛋白结合形成核小体，以此为基本结构单位螺旋盘绕形成高度复杂的染色质与染色体。以上这些结构变化对遗传信息的稳定传递有很大好处。真核细胞的遗传物质形成了各种特殊的基因结构，如内含子、重复序列、“无用”序列与假基因等。这些因素都促成了真核细胞能够完成转录水平、转录后水平，以及翻译水平、翻译后水平等多种层次的调控。

与真核细胞相比，原核细胞基因表达的调控则较简单，主要以操纵子模型进行基因表达调控，原核细胞被认为是由几个功能上相关的结构基因与操纵基因、启动基因等构成一个操纵子，共同控制基因的表达，没有像真核细胞那样复杂的调控层次。原核细胞的这种简单的调控方式能适应多种不利环境，并能进行快速调节。而真核细胞基因表达调控的复杂性与多层次性可能对遗传信息传递的严格性、修补能力与无误性更有利，从而保证了遗传信息传递的准确性和稳定性。

由于真核细胞遗传结构装置的复杂性、基因组的多倍性、染色体与染色质高级结构交替存在的形式、基因表达时空关系的严格性与区域性、基因表达调控的多层次性等，给遗传物质的准确复制与均等无误地分配给子细胞增加了“难度”。加之真核细胞内部结构的庞大与复杂性，真核细胞的增殖方式变得比原核细胞繁杂与严格。真核细胞的增殖过程出现明显的周期性，并出现有丝分裂器（mitotic apparatus），使染色体能均等分配给子细胞。原核细胞的增殖也遵循遗传物质均等分配给子细胞的基本规律，但是没有明显的周期性，既没有真核细胞增殖过程的严格阶段性，也没有染色质与染色体结构的交替，更无有丝分裂器——纺锤体的出现，所以将原核细胞的分裂称为二分裂或直接分裂。

原核细胞与真核细胞已经在地球上共存了近 20 亿年。这使两者之间形成了复杂的相互关系，这种关系很多时候对双方都是至关重要的。例如，脊椎动物消化管中存在由数以百计的微生物组成的肠道菌群，宿主为它们提供栖息地和营养物质，而菌群则对寄主免疫系统的正常发育与维持必不可少。

第五节 非细胞形态的生命有机体——病毒

病毒是 19 世纪末通过对疾病的研究发现的非细胞形态的生命体，是迄今发现的最小、最简单的有机体。在光学显微镜下无法观察得到，在电子显微镜下可观察到病毒粒子的大小为 10～100nm。所有的病毒都没有细胞结构，不能进行独立的代谢活动，是彻底的活细胞寄生，必须要在细胞内才能表现出它们的基本生命活动。病毒与细胞在进化上的关系目前也是一个未解决的重要课题，因此学习病毒的知识对于我们学习细胞生物学是重要的，有助于我们加深对生命和细胞概念的理解与认识。

一、病毒的基本知识

病毒（virus）主要是由一个核酸分子（DNA 或 RNA）与蛋白质构成的核酸 - 蛋白质复

合体。没有细胞结构，专性活细胞寄生的生命有机体，又称为真病毒（euvirus）。单独存在时不表现任何的生命现象，只有寄生到活细胞中才具有生命特征。有类似病毒的更简单的生命体，仅由一个有感染性的 RNA 构成，称为类病毒（viroid），如马铃薯纺锤块茎病类病毒（potato spindle tuber viroid，PSTV）。仅由有感染性的蛋白质分子构成的生命体称为朊病毒（prion virus）。这一具有感染性的蛋白质可使正常蛋白质构象发生改变成为 prion，从这个角度来讲，prion 具有复制能力与感染性。朊病毒可侵入哺乳动物神经组织，引发疯牛病、人类克 - 雅脑病等慢性神经系统退行性疾病。

病毒虽然具备了生命活动的最基本特征（复制与遗传），但不具备细胞的形态结构，是不“完全”的生命体。病毒自身没有独立的代谢与能量转化系统，必须利用宿主细胞的结构、“原料”、能量与酶系统进行增殖。它们的主要生命活动必须在细胞内完成，在宿主细胞内复制增殖。病毒的增殖过程，主要是以病毒的核酸为模板进行复制、转录，并翻译成病毒的蛋白质，由这些物质装配成新的子代病毒。因此，一般把病毒的增殖称为复制。

病毒可依据其宿主的不同，分为动物病毒、植物病毒和细菌病毒（噬菌体）。还可依据其核酸类型、形态大小、有无包膜以及理化性质等特征进行分类。根据核酸类型的不同，所有病毒可以分为两大类：DNA 病毒与 RNA 病毒。DNA 病毒所含的 DNA 分子又有双链 DNA 与单链 DNA 的区别，而 RNA 病毒所含的 RNA 分子也有单链 RNA 与双链 RNA 的区别。核酸在整个病毒成分中所占比例虽小，但不论是 DNA 还是 RNA，都是遗传信息的唯一载体。因此，在功能上核酸是病毒最重要的组分。蛋白质在病毒中所占比例很大，它们主要构成病毒的衣壳（capsid），少数病毒还带有酶蛋白与糖蛋白。衣壳与核酸构成病毒的核衣壳（nucleocapsid），病毒的衣壳有保护核酸的作用，而病毒的主要抗原性也是由衣壳蛋白所决定的。衣壳又由更小的形态单位衣壳粒所构成。有些病毒在核衣壳之外还有囊膜（又称包膜，envelop），其主要成分为脂质与蛋白质。在包膜表面具有包膜小体，主要成分为糖蛋白类，有“识别”的功能，并具有一定的抗原性。

病毒的形态多样，有球状病毒、杆状病毒、立体对称型病毒和蝌蚪状病毒等（图 2-9）。动物病毒的形态主要可分为立体对称型与螺旋对称型。立体对称型病毒的衣壳呈正二十面体，每一个面又呈正三角形，核酸折叠在衣壳内。立体对称型的病毒有的有包膜，如疱疹病毒、披盖病毒等；有的无包膜，称为裸露病毒，如腺病毒、呼肠孤病毒、小 DNA 病毒与小 RNA 病毒等。螺旋对称型病毒的核酸不是简单地填充在衣壳内，而是核酸与衣壳的子粒按特殊的结构方式结合在一起形成核衣壳，如烟草花叶病毒。大部分螺旋对称型的病毒均有包膜与包膜小体，黏病毒、副黏病毒、弹状病毒与白血病病毒等均为螺旋对称型病毒。

人类和动物的许多疾病都是由病毒引起的。DNA 病毒中痘病毒科（Poxviridae）的天花病毒曾经给人类带来过极大的灾难；1917～1918 年的西班牙型流感是由正黏病毒科（Orthomyxoviridae）中的流感病毒引起的，近年来流行的 H5N1 型禽流感，其病原体也属于这一科，它们的核酸以 8 段负链 RNA 的形式存在；2003 年暴发于我国的严重急性呼吸综合征（severe acute respiratory syndrome，SARS），是由冠状病毒科（Coronaviridae）的一个成员引起的，它是正链 RNA 病毒；引起人类免疫缺陷综合征（AIDS，也称艾滋病）的人类免疫缺陷病毒（human immunodeficiency virus，HIV），属于反转录病毒科（Retroviridae）。

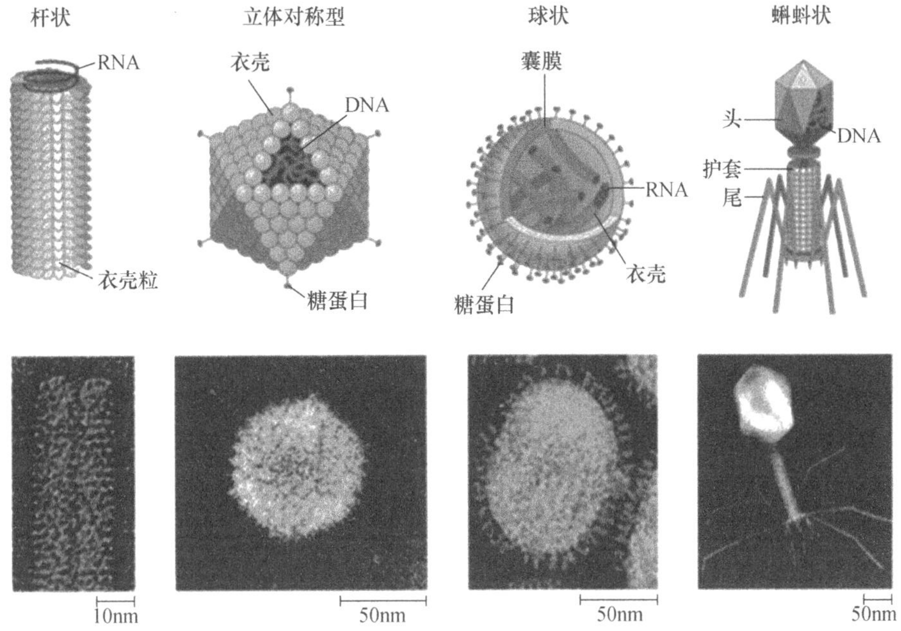

图 2-9 病毒的基本类型（Robert et al.，2008）

二、与人类健康密切相关的几种病毒

1. 人类免疫缺陷病毒

人类免疫缺陷病毒（HIV），又称艾滋病病毒，可诱发人类免疫缺陷综合征。该病毒在分类上属于反转录病毒科慢病毒属中的灵长类免疫缺陷病毒亚属。已发现的 HIV 主要有两种，即 HIV-Ⅰ和 HIV-Ⅱ。HIV-Ⅰ是从欧洲和美洲分离的毒株，其致病能力很强，是引起全球艾滋病流行的主要病原。HIV-Ⅱ毒力较弱，引起艾滋病的病程较长，症状较轻，主要局限于非洲西部。

艾滋病病毒粒子是一种直径约为 100nm 的球状病毒，粒子外包被着由脂质组成的脂膜，这种结合有许多糖蛋白分子的脂质源于宿主细胞的外膜。蛋白质 p24 和 p18 组成其核心，内有基因组 RNA 链，链上附着有反转录酶，其功能是催化病毒 RNA 的反转录。

HIV 依靠血液、血液制品以及人体分泌液，如乳汁和精液等进行传播，它主要感染 T_4 淋巴细胞，也可以感染其他类型的细胞，如 B 淋巴细胞和单核细胞等。HIV 感染后可引起明显病变，形成多核巨细胞，并导致细胞死亡。HIV 可以通过所感染细胞扩散到全身，已在淋巴细胞、脑、胸腺、脾等部位发现了该病毒。不同毒株在试管内感染细胞的能力差异很大，说明自然界广泛存在着突变株。迄今为止，尚缺乏感染 HIV 的动物模型。猩猩感染 HIV 后，会产生抗体和暂时性 T 细胞比例失调，但并不发展成艾滋病病症。

2. 乙型肝炎病毒

病毒性肝炎是严重威胁人类健康的世界性传染病，引起肝炎的病毒称为肝炎病毒（hepatitis virus）。目前已经知道的至少有甲型肝炎病毒（HAV）、乙型肝炎病毒（HBV）、丙型肝炎病毒（HCV）、丁型肝炎病毒（HDV）和戊型肝炎病毒（HEV）这 5 种病毒。这些病毒在基因组结构、传播途径、临床症状和分类地位上很不相同。乙型肝炎病毒属于嗜肝病毒科。1986 年，国际病毒命名委员会正式将乙型肝炎病毒定为嗜肝 DNA 病毒科成员，1990 年又将该科病毒分为正嗜肝病毒属和禽嗜肝病毒属，乙型肝炎病毒是正嗜肝病毒属成员。

乙型肝炎病毒完整粒子的直径为 42nm，称为 Dane 颗粒，由外膜和核衣壳组成，有很强的传染性。其外膜由病毒的表面抗原、多糖和脂质构成；核衣壳直径 27nm，由病毒的核心抗原组成，并含有病毒的基因组 DNA、反转录酶和 DNA 结合蛋白等。在慢性乙型肝炎患者的血清中还有直径为 22nm、长度不等的球状或棒状颗粒，它们只含表面抗原和脂质，不具有基因组 DNA，无侵染性。

3. 严重急性呼吸综合征冠状病毒

严重急性呼吸综合征（SARS）是由 SARS 冠状病毒（SARS-CoV）引起的。SARS-CoV 属冠状病毒科冠状病毒属，一般多呈圆形，病毒粒子直径为 80～160nm，有囊膜，囊膜表面嵌有 12～24nm 的球形梨状或花瓣状纤突，纤突之间有间隙。由于囊膜上的纤突规则排列呈皇冠状，故称为冠状病毒。

M 蛋白（membrane protein）是糖蛋白，横穿囊膜，其 N 端的丝氨酸或苏氨酸残基上可以产生糖基化。M 蛋白的作用是出芽和病毒囊膜的形成。

S 蛋白（spike protein）构成长的杆状包膜突起。S 蛋白突起具有多方面的功能，它负责结合敏感细胞受体，诱导病毒囊膜和细胞膜以及细胞之间的膜融合，作为主要抗原刺激机体产生中和抗体和介导细胞免疫反应。

E 蛋白属囊膜蛋白，是一种小的与囊膜形成相关的蛋白质。

核衣壳蛋白 N（N 蛋白）是一种碱性磷蛋白，具有 3 个结构域，其中央区同基因组 RNA 结合，形成卷曲的核衣壳螺旋。N 蛋白有两个方面的功能：一方面与病毒 RNA 复制有关；另一方面通过与 M 蛋白 C 端相互作用，可引起病毒出芽。

HE 蛋白即血凝素 - 酯酶（hemagglutinin-esterase，HE），HE 蛋白构成包膜的短突起。现在认为 HE 蛋白可能与冠状病毒早期吸附有关。

冠状病毒基因组为（＋）ssRNA，长 27～31kb，其基因组 5′ 端有帽子结构，3′ 端有 poly（A）尾，紧接帽子结构之后是 60～80 个碱基的先导 RNA 序列和 200～500 个碱基的非编码区。

SARS 病毒是一种新型的冠状病毒，目前已发现有十几个变种。病毒感染后潜伏期为 2～7 天。患者通常有高于 38℃的发热，并会伴有寒战，或者其他如头痛、倦怠和肌痛。潜伏期后进入下呼吸道期，患者伴有包括发热、干咳无痰、呼吸困难，甚至低氧血症（呼吸困难、缺氧早期心动过速、血压升高，严重时出现心动过缓、血压下降，甚至休克）等综合征，严重患者通常需要气管插管或者呼吸机维持生命。

三、病毒在细胞内增殖（复制）

病毒的增殖又称病毒的复制。病毒的增殖（复制）必须在细胞内进行。病毒在宿主细胞内分别复制病毒核酸与翻译病毒蛋白质，然后将核酸与蛋白质组装成病毒的基本结构（图 2-10）。

病毒在宿主细胞内的增殖（复制）是病毒生命活动与遗传性的具体表现。病毒的增殖过程首先是病毒侵入细胞，病毒核酸“篡夺”细胞DNA对代谢过程的“指导”地位，利用宿主细胞的全套代谢机构，以病毒核酸为模板，进行病毒核酸的复制与转录，并翻译病毒蛋白质，组装成新一代的病毒粒子，最后从细胞中释放出来，再感染别的细胞，开始下一轮的复制。凡结构组装完整的，并具有感染性的病毒才称为病毒粒子或成熟病毒（virion）。

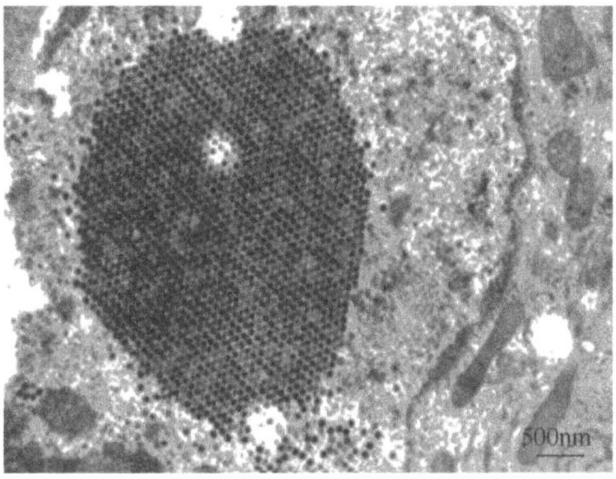

图 2-10 在细胞核内增殖的腺病毒（翟中和等，2011）

人腺病毒（adenovirus）是典型的无囊膜的立体对称型DNA病毒，在细胞核内复制与装配。电镜超薄切片显示出已装配好的腺病毒在细胞核内呈晶格样排列。一个细胞内可繁殖数万个病毒

病毒的增殖过程简要叙述如下。

1. 病毒的吸附

病毒能否侵染细胞，首先取决于病毒表面的识别结构与敏感细胞表面的受体能否互补结合，即能否发生特异性的吸附。受体是宿主细胞膜或细胞壁的正常成分，它使病毒的侵染具有特异性。

2. 病毒的侵入

不同的病毒侵入寄主细胞的方式不同，多数动物病毒进入细胞的主要方式是细胞以“主动吞饮”作用使病毒进入细胞，但有些有囊膜的病毒，以其囊膜与细胞膜融合的方式进入细胞；噬菌体侵染细胞时，仅将核酸注入细胞，衣壳留在细胞外（图 2-11）；植物病毒往往通过伤口或昆虫的口器进入细胞。病毒进入细胞后，在细胞的蛋白酶的作用下，衣壳被裂解，释放出核酸。RNA病毒的核酸在细胞质内复制与转录，多数DNA病毒的核酸转移进入细胞核内进行复制与转录。

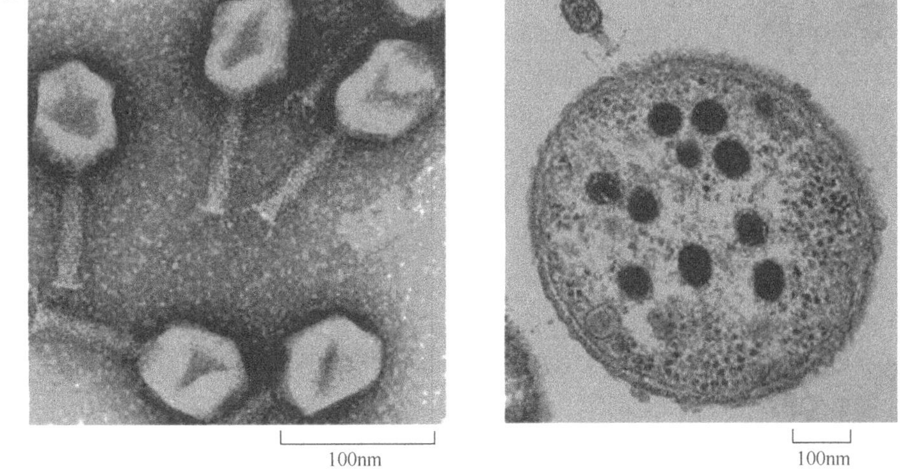

图 2-11 噬菌体向寄主细胞转移DNA的过程（Alberts et al.，2014）

T_4噬菌体电镜照片（A），T_4噬菌体吸附在大肠杆菌表面（B）并注射DNA到大肠杆菌体内（C～E）

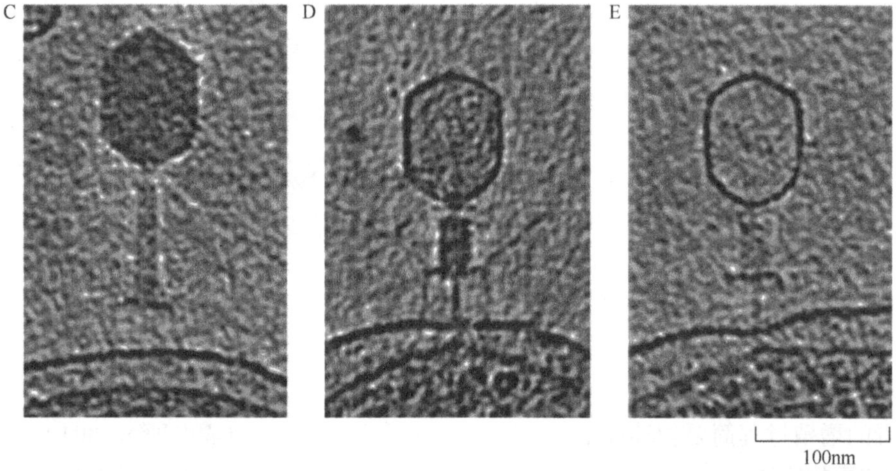

图 2-11 （续）

3. 复制病毒核酸、翻译蛋白质

不同病毒核酸类型及表达方式不同（表 2-3）。最富代表性的双链 DNA 病毒、单链 RNA 病毒与反转录病毒单链 RNA 的复制与翻译过程如下。

表 2-3 病毒的核酸类型及表达

核酸类型	病毒表达方式	病毒种类
双链 DNA	±DNA→+mRNA→蛋白质	疱疹病毒、腺病毒、多瘤病毒、痘病毒
单链 DNA	+DNA→±DNA→+RNA→蛋白质	细小 DNA 病毒
双链 RNA	±RNA→+mRNA→蛋白质	呼肠孤病毒
侵染性单链 RNA	+RNA→−RNA→+RNA→蛋白质	小 RNA 病毒
非侵染性单链 RNA	−RNA→+RNA→蛋白质	黏病毒、副黏病毒、弹状病毒等
反转录病毒单链 RNA	+RNA→DNA→±DNA→+mRNA→蛋白质	反转录病毒

（1）当 DNA 病毒进入细胞后，在宿主细胞蛋白酶的作用下，蛋白质衣壳裂解，释放出 DNA，被释放的 DNA 分子进入细胞核。在病毒 DNA 的指导下，利用宿主细胞的代谢系统首先翻译早期蛋白。早期蛋白的主要功能之一是抑制宿主细胞本身核酸的复制与转录及蛋白质的合成。另一种早期蛋白可能是病毒特异性的聚合酶，在这些酶的催化作用下，以病毒 DNA 为模板复制新的 DNA，并转录带有病毒遗传信息的 mRNA，mRNA 与宿主细胞的核糖体相结合，按病毒的遗传信息翻译病毒的结构蛋白，这样就为子代病毒的组装准备了物质基础。

（2）RNA 病毒粒子进入宿主细胞后，在蛋白酶的作用下，衣壳裂解，释放出 RNA。对于侵染性单链 RNA（又称+RNA）病毒，病毒 RNA 分子本身首先可以作为模板，利用宿主细胞的代谢系统，翻译出早期蛋白。对于非侵染性单链 RNA（又称−RNA）病毒，首先必须以病毒 RNA 为模板，利用病毒本身携带的 RNA 聚合酶合成早期蛋白的 mRNA，翻译早期蛋白。带有病毒遗传信息的 mRNA 与宿主细胞的核糖体相结合，翻译病毒的结构蛋白。新复制的 RNA 与翻译的病毒蛋白组装成子代病毒粒子。以上过程一般都是在细胞质内进行的。

（3）反转录病毒的复制过程与DNA病毒和RNA病毒根本不同。当病毒进入细胞，衣壳裂解与释放RNA后，首先以病毒RNA分子为模板，在自身所携带反转录酶的催化作用下，反转录出病毒的DNA分子。这种病毒DNA能与宿主细胞染色体的DNA链整合，又以整合在细胞DNA上的病毒DNA为模板，转录新的病毒RNA与病毒mRNA，后者与核糖体结合，翻译出各种病毒蛋白，其中包括病毒的结构蛋白与导致宿主细胞转型的蛋白质。其结果或是组装成新的子代病毒，宿主细胞裂解，或是导致细胞发生转型，转化为肿瘤细胞。

4. 病毒的组装与成熟

病毒的核酸与蛋白质在宿主细胞内分别合成，两者组装成核衣壳，形成成熟的病毒粒子。

5. 病毒粒子的释放

不同的病毒粒子离开宿主细胞的方式不同。有囊膜的病毒，当其核酸与衣壳蛋白组装成核衣壳后，以出芽的方式离开宿主细胞（图2-12），这样在核衣壳外包上一层细胞膜而成为病毒的囊膜，实际上是特化的细胞膜。许多无囊膜的病毒如腺病毒、小RNA病毒、小DNA病毒等，释放的速度很快，病毒释放引起细胞崩解。从病毒侵入细胞到子代病毒的成熟释放称为一个增殖周期（或复制周期），不同的病毒，其增殖周期长短不一。小RNA病毒仅需2个多小时，疱疹病毒需10～15h，腺病毒需14～25h。

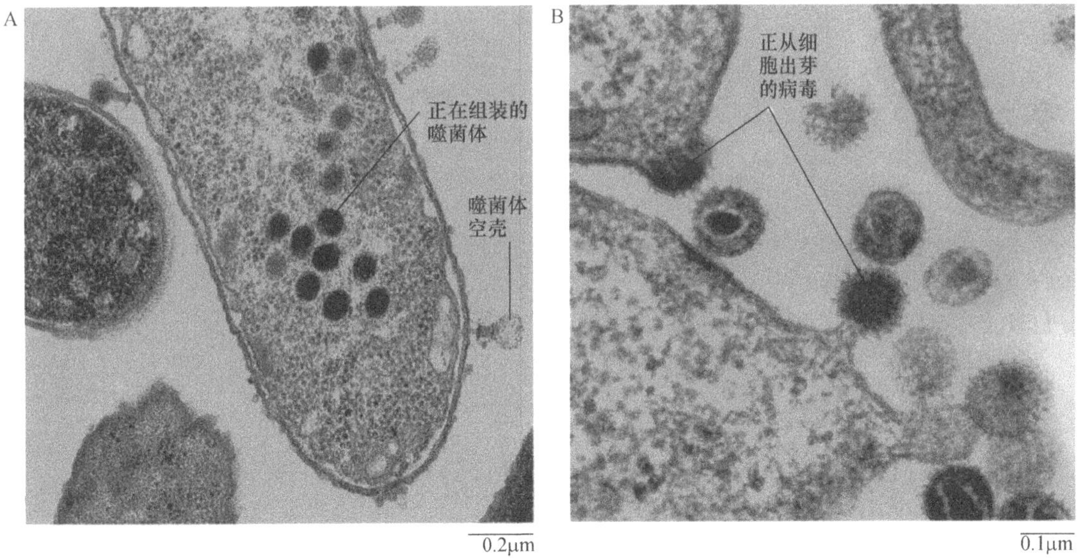

图2-12 被病毒感染后期细胞的电镜照片（Karp et al., 2016）

A. 在细胞中病毒粒子正在装配，噬菌体的空壳仍保留在细胞表面；B. HIV病毒粒子从被感染的淋巴细胞出芽

四、病毒与细胞在起源和进化中的关系

病毒是非细胞形态的生命体，它的主要生命活动必须在细胞内实现。病毒与细胞在起源上的关系是人们很感兴趣的问题，目前存在3种主要观点：①生物大分子→病毒→细胞；②病毒与细胞的起源在时间上没有必然的先后关系；③生物大分子→细胞→病毒。

目前被人们公认的是第三种观点，依据与论点如下。

（1）由于病毒的彻底寄生性，所有病毒毫无例外，必须要在细胞内复制或增殖，才能表达其基本生命现象，没有细胞的存在也就没有病毒繁殖。因此，病毒绝不可能起源在细胞之前，只能先有细胞后有病毒。

（2）已经证明，有些病毒的核酸与哺乳动物细胞 DNA 某些片段的碱基序列十分相似。癌基因的发现及其研究的深入加强了这种观点，因为细胞癌基因（cellular oncogene）与反转录病毒的病毒癌基因（virus oncogene）具有同源序列，从而普遍认为病毒癌基因起源于细胞癌基因。

（3）病毒可以看作是 DNA 与蛋白质或 RNA 与蛋白质的复合大分子，与细胞内核蛋白分子（染色质、核糖体等）有相似之处。

（4）真核生物中，尤其是脊椎动物中普遍存在的第二类反转录转座子（retrotransposon 或 retroposon）的两端含有长末端重复序列（long terminal repeat，LTR），结构与整合于基因组上的反转录病毒十分相似。普遍认为，两者有相同的起源。由此推论：病毒可能是细胞在特定条件下“扔出”的一个“病毒基因组”，或者是具有复制与转录能力的 mRNA。这些游离的基因组，只有回到它们原来的细胞内环境中才能进行复制与转录。

复习思考题

一、名词解释

原核细胞　间体　古细菌　病毒　朊病毒

二、问答题

1．如何理解“细胞是生命活动的基本单位”？

2．在亚细胞结构水平上，真核细胞的结构可归纳为哪三大结构体系？试从这三大结构体系对原核细胞与真核细胞进行比较。

3．为什么说支原体可能是最小、最简单的细胞？

4．为什么说“病毒是非细胞形态的生命体”？

第三章 >>>

细胞生物学研究方法

本章彩图
扫码可见

内容提要

依成像原理的不同，显微放大设备可分为基于光源折射和基于微探针扫描两类。利用光源的干涉和衍射，可制成能够增大反差的特殊显微镜。超分辨率显微镜利用特殊的技术，将光学显微镜的分辨率提高到了25nm。细胞组分分析方法分为破碎分离型和原位分析两种。利用离心技术可将细胞组分分离，而各种标记技术（同位素、抗体、荧光蛋白基因融合等）可以原位分析细胞组分。将细胞从组织中分离取出，给予合适条件，可以在体外进行培养。细胞培养技术是现代细胞生物学研究和细胞工程的一项基本技术。新近出现的单分子技术、基因组编辑和光遗传学技术为细胞生物学的研究提供了更强大的技术基础。

第一节　细胞形态结构的观察方法

一、分辨率

成像系统能够分辨的两点间的最短距离称分辨率（resolution）。人类眼睛这一成像系统在明视距离（25cm）的分辨率为0.2mm。由于组成生物体的细胞大都小于人类眼睛的分辨率，要想观察细胞的形态及结构，需要借助显微放大设备。

依成像原理的不同，显微放大设备可分为两种。第一种为基于光源的折射进行放大的设备。这类设备需要光源和能够使光源发生偏转的对应透镜，如由可见光和玻璃透镜搭配使用的光学显微镜，以及电子束和电磁透镜搭配使用的透射电子显微镜。第二种为基于细微探针逐点扫描进行放大的设备。这类设备需要一个极细的探针以及检测探针和样品间作用的检测器，如扫描电子显微镜、扫描隧道显微镜、原子力显微镜、磁力显微镜、静电力显微镜、近场光学显微镜等。

第一种显微镜的分辨率可依瑞利判据（Rayleigh criterion）推导出计算公式

$$D=\frac{0.61\lambda}{n\sin\left(\dfrac{\alpha}{2}\right)}$$

式中，D为两点间最小距离；λ为光源波长；n为介质折射率；α为镜口角。

光源波长越短，介质折射率和镜口角越大，分辨率越高。可见光为光源的光学显微镜的最大分辨率为0.2μm，以电子束为光源的透射电子显微镜的分辨率可达0.2nm。

第二种显微镜的分辨率与探针的粗细及检测器的灵敏度相关。

二、普通光学显微镜和透射电子显微镜

普通光学显微镜是最常用仪器，在结构上包括光学放大系统、照明系统和机械系统三部分。其分辨率极限为0.2μm，在光学显微镜下所能观察到的结构称为显微结构，包括细胞核、核仁、线粒体、纺锤体，以及植物细胞特有的细胞壁、液泡、叶绿体等。

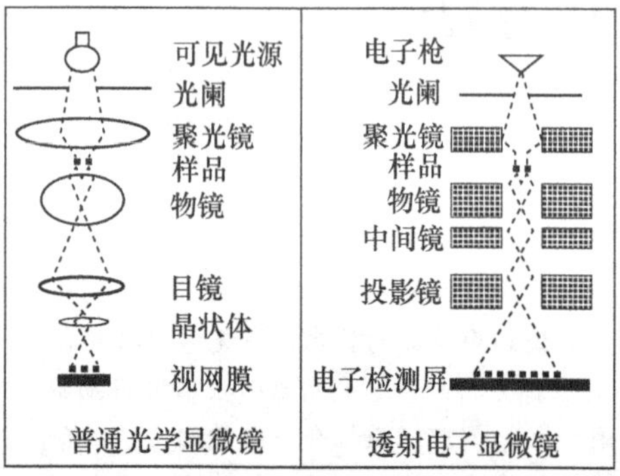

图 3-1 普通光学显微镜和透射电子显微镜的组成结构对比

透射电子显微镜和普通光学显微镜的组成结构类似，成像原理和分辨率公式相同。只是光源和使光源发生偏转的透镜不同。由于其光源（电子束）的波长可以达到0.1nm，其分辨率极限为0.2nm。在透射电子显微镜下观察的细胞结构称为亚显微结构或超微结构。

普通光学显微镜和透射电子显微镜的组成结构对比见图 3-1。

三、特殊光学显微镜

除分辨率外，成像质量还取决于反差（contrast）。视网膜感光神经元接收波长在400～760nm（可见光范围）的电磁波信号，产生神经冲动传递到大脑，进一步处理形成视觉。电磁波的波长对应了颜色，振幅对应了亮度。颜色的对比及亮度的对比称为反差。

活细胞的反差很小，为了增大反差，生物样品显微观察前需要经过染色，使得细胞的不同组分呈现反差，但是大多数染色会杀死细胞。如果不染色，则需要用以下能够提高反差的特殊显微镜观察。

1. 暗视野显微镜

暗视野显微镜（darkfield microscope）通过提高背景和观察样品的亮度反差来观察未染色样品。在普通显微镜的聚光器下添加一环形光阑，入射光经光阑成为环形光，然后经聚光器汇聚，斜向上照射形成一中空光锥，如果环形光阑足够大，那么将无光线射入物镜，使得显微镜视野变暗。在光路中加入样品后，如果环形光照射到样品后产生的散射或反射光能够射入物镜，则在视野里就能看到样品。

2. 相差显微镜

相差显微镜（phase-contrast microscope）由荷兰科学家 Frits Zernike 于 1935 年发明，其因此获得了 1953 年的诺贝尔物理学奖。

可见光经过样品后，会分为继续沿原方向前进的直射光和方向改变的衍射光。衍射光会发生肉眼无法辨别的相位偏移（相位差或光程差），相位差的大小与穿过样品点的折射率和厚度有关。直射光和衍射光的相位不同，所以会发生干涉，但是一般情况下直射光要比衍射光亮很多，所以此干涉几乎无法辨别。当把直射光亮度减小到和衍射光相当时，就会

辨别两种光的干涉。

相差显微镜的聚光器前方有环状光阑，使得射入物镜的直射光成为一环形光锥，在物镜内放入涂有光学材料的相差板，其可以将此直射光的亮度减弱并改变其相位，从而能够和衍射光发生明显的干涉，而样品不同部位的折射率和厚度会影响此干涉，从而产生明暗差别。

3. 微分干涉差显微镜

微分干涉差显微镜（differential interference contrast microscope，DICM）原理比相差显微镜复杂。首先，光源发出的光经过偏振镜片变为偏振光，随后偏振光经过一个石英 Wollaston 棱镜，此棱镜可将一束偏振光分解成偏振方向不同且入射点稍有偏离的两束姐妹光。这两束姐妹光经聚光器汇聚照射到样品的不同部位。然后经物镜放大，两束姐妹光再经过另一个石英 Wollaston 棱镜汇聚，如果两束姐妹光照射的部位密度有差别，相位会发生变化，汇聚时发生干涉效果，产生明暗反差。最后光束穿过第二个偏振镜片，允许特定方向的偏振光通过，进一步增大反差。

4. 荧光显微镜

一些特殊的化学物质受到高能量的光照射，其电子会吸收光的能量跃迁到高能态，在回到基态时会放出热量和具有较低能量的光，此光称为荧光。观察样品发出的荧光的显微镜称为荧光显微镜（fluorescence microscope）。如果将普通显微镜的光源添加激发镜片，获得高能量的光，如紫外线，样品虽然能够发出荧光，但是紫外线也会进入视野，所以，需要在聚光器下方加入环状光阑形成暗视野显微镜或者在物镜后面添加阻断滤色片，这样可以安全地观察到荧光，此种荧光显微镜称透射荧光显微镜。

落射荧光显微镜的光路和透射荧光显微镜不同。光源经激发镜片后由二向色镜反射入物镜，穿过物镜向下落射到标本表面，物镜同时具有聚光器和物镜两种功能。样品所产生的荧光，以及由物镜内部透镜表面、盖玻片表面反射的激发光一并返回物镜，再次照射到二向色镜，使激发光和荧光分开，残余激发光再被阻断滤色片吸收，最后携带样品信息的荧光通过目镜。如果换用不同的激发镜片／二向色镜／阻断滤色片的组合，可满足不同激发光照射的需要。落射荧光显微镜的优点是视野照明均匀，成像清晰，放大倍数越大荧光越强。

只有极少数生物分子能够发出荧光。为了观察不发荧光的物质，可以通过荧光染料或携带有荧光物质的抗体染色来观察荧光染料或抗体特异结合的物质。

5. 激光扫描共焦显微镜

激光扫描共焦显微镜（laser scanning confocal microscopy，LSCM）在传统落射荧光显微镜基础上，用激光扫描装置作为光源，采用共轭聚焦原理和装置，并利用计算机对所收集的信号进行数字图像处理、观察、分析和输出。

其基本原理为：激光束经照明针孔聚焦，再经由二向色镜反射至物镜，并聚焦于样品上，组织样品中如果有可被激发的荧光物质，发出的荧光由物镜向上回到分光镜，通过探测针孔再聚焦，聚焦后的光点被光电倍增管（PMT）探测收集，并将信号输送到计算机，获得样品的一个点的荧光信号。照明针孔和探测针孔为共焦关系，这样就将焦点外的杂散荧光阻挡在外，此为共焦。由于一次成像只获得样品上一个点的信号，需要通过扫描装置改变激光位置获得其他点的荧光信号，此为激光扫描。如果改变焦点的深度，可以对样品进行断层扫描。将多层信号进行叠加，可获得三维信息。

激光扫描共焦显微镜已经成为细胞生物学领域中强有力的研究工具。利用免疫荧光标记和离子荧光标记探针或绿色荧光蛋白标记，激光扫描共焦显微镜结合其他特殊显微镜如微分干涉差显微镜，不仅可观察固定的细胞、组织切片，还可以对活细胞中的特定细胞器、蛋白质、离子进行实时动态观察和检测。

几种特殊光学显微镜观察效果见图 3-2 和图 3-3。

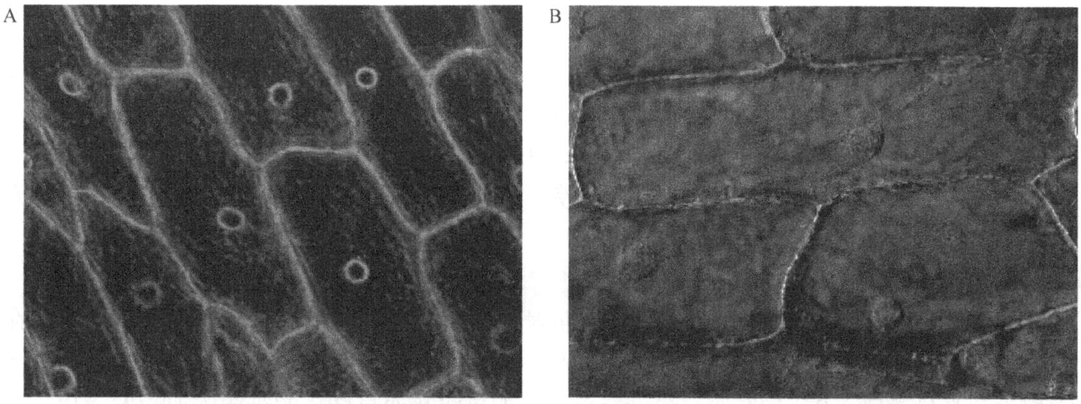

图 3-2　洋葱表皮细胞相差显微镜（A）、微分干涉差显微镜（B）的观察效果

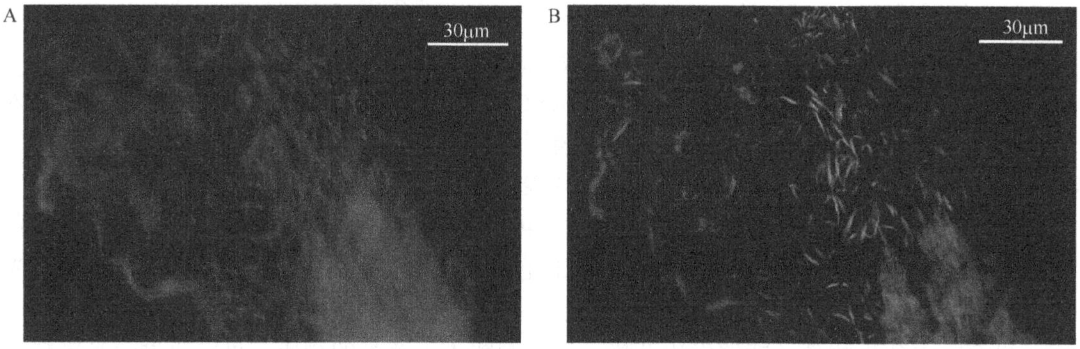

图 3-3　荧光显微镜（A）和激光扫描共焦显微镜（B）观察效果对比

用罗丹明标记的鬼笔环肽染色的一种昆虫 *Gampsocleis gratiosa* 精巢细胞，显示微丝在精细胞和精子中的分布

6．超分辨率显微镜

细胞的超微结构尺度在纳米级别，而光学显微镜的分辨率极限约为 200nm，远无法满足现代生物学研究需求。如何打破分辨率极限，成为显微观察技术的研究重点。

虽然利用电子束作为光源的透射电子显微镜可以达到 0.2nm 的分辨率，但是其复杂的制样过程、对样品厚度的要求及高真空的工作环境限制了其广泛应用，如其几乎无法用于活细胞的实时动态观察。

超分辨率显微镜（super resolution microscopy，SRM）是 21 世纪光学显微成像领域的重大突破，为生命科学研究提供了前所未有的工具。因其超越了光学显微镜的分辨率极限，故称为超分辨光学成像。

目前被广泛地应用于生物科学研究的超分辨光学成像技术主要分为三大类：基于结构光成像（structured illumination microscopy，SIM）的超分辨率技术，基于受激发射损耗（stimulated emission depletion，STED）的技术，基于单分子开关的超高分辨率定位技术［包括光激活定位显微成像（photoactive localization microscopy，PALM）和随机光学重构显微成像（stochastic optical reconstruction microscopy，STORM）］。PALM/STORM 的分辨率最高，可以达到 25nm，STED 的分辨率次之，达到 60nm，而线性 SIM 的分辨率极限也达到 100nm。

结构光成像是根据莫尔效应提出的一种成像技术。其原理为：利用空间有结构的光束作为激发光，此结构光可与样品中通常不可见的高频信息合并，产生可见的低频莫尔效应信息，通过分析此信息以及结构光的结构信息，可以将不可见的信息分解出来。SIM 横向分辨率理论上可达传统光学显微镜的 2 倍。

受激发射损耗成像技术由德国科学家 Stefan W. Hell 于 1994 年提出，在 1999 年由实验证实。其基本原理为：先用激发光束激发样品某一处的电子到高能态，在高能电子回到基态释放普通荧光 A 之前，用另一束不同波长的环形激光照射相同部位的外围，使外围部分高能电子产生受激发射，释放与中心点波长与方向不同的 B 荧光，如果只检测中心点处的 A 荧光，就可以显著提高显微镜的分辨率。STED 原理和观察效果见图 3-4 和图 3-5。

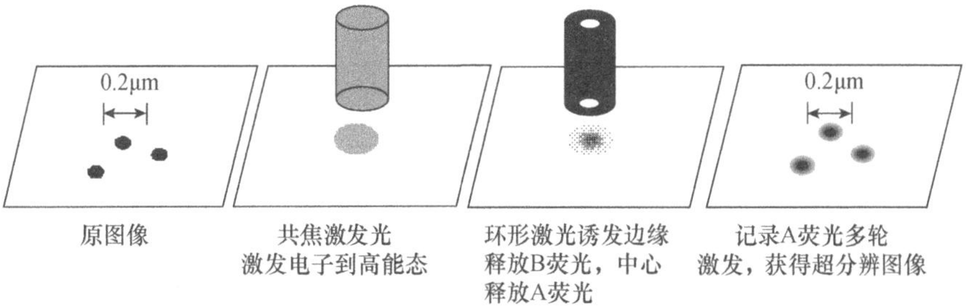

图 3-4　STED 原理图

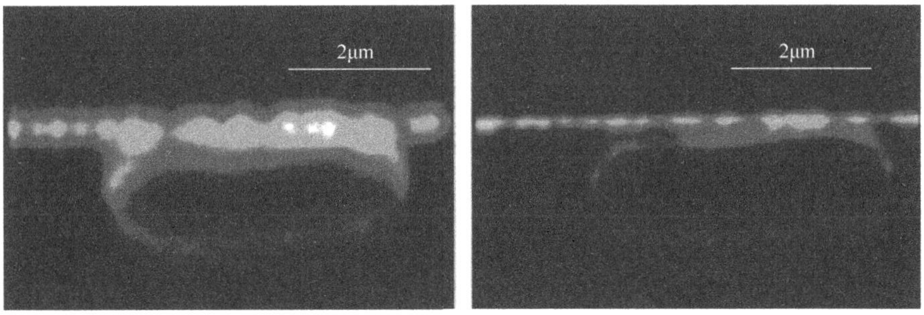

图 3-5　LSCM（左）和 STED（右）图像分辨率对比（Klar et al.，2000）

光激活定位显微成像术和随机光学重构显微成像术均基于单分子荧光开关，其基本原理为：荧光分子是最小发光单元，由于衍射极限的限制，相邻的两个荧光分子同时点亮时，我们只能看到一个光斑，但如果每次只点亮一个分子，就可以通过光斑，利用高斯函数拟合计算得到荧光分子的准确位置，通过软件删除周围荧光后可实现超分辨。虽然一次定位只能得到少数几个分子，但是通过数千张图片定位数十万个单分子，就可以获得一张高分辨率的图像（图 3-6 和图 3-7）。STORM 技术和 PALM 技术的区别仅在于所用的荧光开光分子以及相应的激发光不同，基本原理相同。

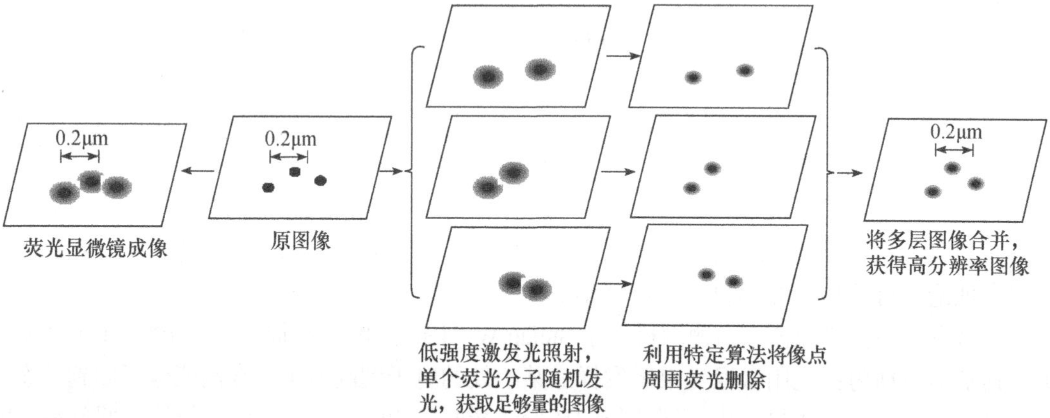

图 3-6　PALM/STORM 显微镜成像原理

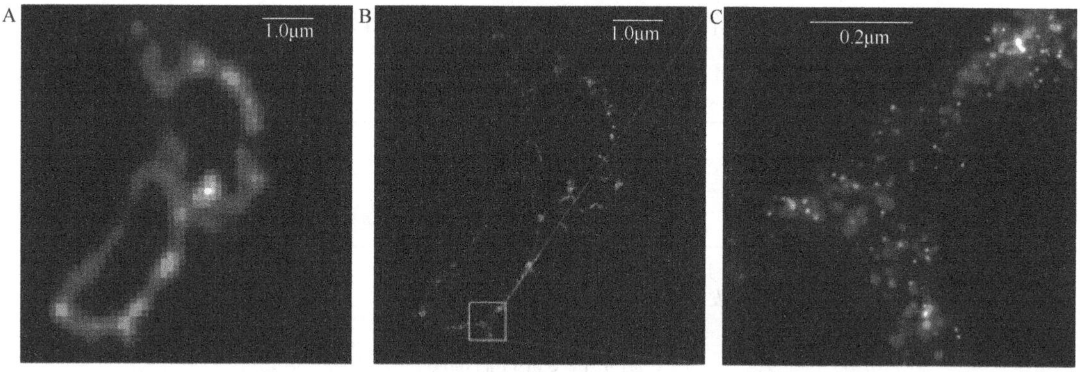

图 3-7　溶酶体膜在 PALM 显微镜下的成像结果（Betzig et al.，2006）

A. 传统光学显微镜成像；B. PALM 显微镜成像；C. 放大的 PALM 显微镜成像

四、扫描探针式显微镜

传统光学显微镜用照明光一次照亮整个成像范围，一次性获得整个成像范围的影像，此种成像方式称为宽场成像。

扫描成像则有所不同，照明光聚焦为极细光束，或者制作极细的探针，光束或探针作用在样品的一个点上，获得一点信息，当我们改变光束或探针的位置，使它依次扫遍整个样品，也就获得了一幅完整的图像。

激光共聚焦显微镜的成像方式即扫描成像方式，但是其成像还是通过透镜在远离样品的地方成像，此种成像方式称远场成像。远场成像受到衍射极限的限制。如果是在样品表面直接获得信息并成像，称为近场成像。扫描探针式显微镜既属于扫描成像，又属于近场成像。

扫描探针式显微镜包括扫描电子显微镜、扫描隧道显微镜、原子力显微镜、磁力显微镜、静电力显微镜、近场光学显微镜等。下面简要介绍扫描电子显微镜、扫描隧道显微镜、原子力显微镜和近场光学显微镜。

扫描电子显微镜是最早出现的扫描探针式显微镜。其基本原理是利用极细的电子束照射样品表面，和样品发生作用，产生出二次电子、背散射电子、X线等。其中二次电子和背散射电子的多少与样品表面的起伏变化相关。将二次电子和背散射电子通过光电转换放大后最终转变为显示屏上一点的光亮度。记录一点的亮度后，电子束继续对样品表面进行逐点扫描，依次记录各点的亮度，即可获得一幅显示各点生成的二次电子数目的二维灰度图像，此图像在一定程度上反映了样品表面的起伏变化。扫描电子显微镜工作需要真空环境，样品需要干燥，最好能够进行金属镀膜处理。扫描电子显微镜的分辨率最高能达到2nm左右。

扫描隧道显微镜（scanning tunneling microscope）的原理为利用一根尖端仅由一个原子组成的探针慢慢地接近要被分析的材料，当二者间距离近到几纳米时，如果探针和材料间有电压，探针和材料间会产生电流，电流和距离相关。驱动探针在表面滑动，通过反馈机制将此电流保持稳定，探针会根据样品的表面形貌发生起伏，记录探针的起伏变化即可获得样品的表面形貌。扫描隧道显微镜要求分析样品能够导电。扫描隧道显微镜的分辨率横向为0.1～0.2nm，纵向可达0.01nm。

原子力显微镜（atomic force microscope）的基本原理是：将一个对微弱力极敏感的微悬臂一端固定，另一端有一微小的针尖，针尖与样品表面轻轻接触，由于针尖尖端原子与样品表面原子间存在极微弱的排斥力，通过在扫描时控制这种力的恒定，带有针尖的微悬臂将对应于针尖与样品表面原子间作用力的等位面而在垂直于样品的表面方向起伏运动。利用光学检测法或隧道电流检测法，可测得微悬臂对应于扫描各点的位置变化，从而可以获得样品表面形貌的信息。原子力显微镜可以分析不导电的样品，弥补了扫描隧道显微镜的不足。原子力显微镜横向分辨率在1nm左右，纵向分辨率在0.1nm左右。

近场光学显微镜（near-field optical microscope）利用直径小于入射光波长的光纤产生极细光束，照射到样品表面，在入射光的作用下，产生包含限制于物体表面的隐失波和传向远处的传播波。隐失波来自于物体中的细微结构，而传播波则来自于物体中粗糙的结构。通过特定方法检测隐失波，即可获得样品表面的高分辨率信息。

五、显微观察制样技术

由于显微镜光源的穿透能力的限制，透射式显微镜观察的样品要足够薄。普通光学显微镜的样品厚度在5～20μm，而透射电子显微镜的样品厚度要在50～100nm。只有通过相应的切片技术，才能获得相应厚度的样品薄片。

生物样品一般较软，无法直接切成薄片。需要进行冷冻或用特定的包埋剂渗入样品后使其固化，才能进一步切割。

冷冻固化后切片称冷冻切片，此种切片方法简单快速，活体样品可直接冷冻并切片，切片中的生命物质能够保持其活性。

利用石蜡作为包埋剂，可以切成厚5～20μm的薄片，满足光学显微镜的要求。利用环氧树脂作为包埋剂，可切出厚50～100nm的薄片，满足透射电子显微镜的样品厚度要求。但是这两种方法包埋前要进行一系列脱水渗透处理，获得的切片中的生命物质已经变性，无法保持其活性。

负染色是透射电子显微镜的一种样品制备方法，适用于大小在几十纳米的样品如病毒粒子等。用重金属盐（如磷钨酸钠、乙酸铀等）对铺展在载网上的样品进行染色，使整个载网都铺上一层重金属盐，而有样品的地方则没有染料沉积。观察时有染料的地方为深色，无染料的地方为浅色。这种方法和暗视野显微镜有异曲同工之处。

冷冻断裂蚀刻复型是透射电子显微镜的一种特殊制样方法。将样品冷冻后用机械力将细胞断裂开，断裂面常为组织或细胞冰点较低的部位，一般是细胞膜或者内膜系统的脂质双分子层的疏水极之间。断裂后将断裂面的冰升华，露出真正表面，此过程称蚀刻。随后通过镀膜技术在表面镀上一层铂和碳，形成金属复型膜，此过程称复型，用次氯酸钠等腐蚀液将组织溶解，取复型膜即可在透射电子显微镜下观察。

冷冻电镜三维重构技术，将样品撕成薄片，冷冻后直接在透射电子显微镜下观察，在观察时将样品翻转，获得一系列翻转不同角度的影像，再通过傅里叶反变换，可将影像重构为三维影像。由于电子显微镜的高分辨率，冷冻电镜三维重构技术对于观察处于细胞内天然状态的细胞器、细胞骨架和生物大分子复合物的三维空间状态有着独特的优势。

第二节　细胞组分分析方法

细胞内部组分的分析方法可分为两类：一类为不破坏细胞的结构进行原位分析；另一类为破坏细胞结构后通过特定分离方法获得各个组分做进一步分析。原位分析需要有细胞结构组分的特异探针，受到很大限制。组分分离方法则限制较少。

一、离心法分离细胞组分

离心法是分离细胞组分的最简单方法。操作流程一般为首先用低渗、超声波、研磨、反复冻融、酶解的方法破碎细胞，将内部组分释放出来。然后通过差速离心或进一步密度梯度离心将组分分开。

差速离心是通过逐步提高离心的速度和时间，使沉降速度不同的颗粒在不同的离心速度和时间下分步分离。低速离心时，沉降速度较大的细胞核等先沉降下来，随着离心速度增大，叶绿体、线粒体、溶酶体与过氧化物酶体、内质网与高尔基体和核蛋白体也依次沉淀下来。

差速离心简单快速，但是收集的组分纯度不够。密度梯度离心可以进一步纯化。密度梯度离心用一定的介质［葡萄糖、氯化铯、Percoll（聚乙烯吡咯烷酮包被的硅胶）等］在离心管内形成一连续或不连续的密度梯度，将细胞混悬液或匀浆置于介质的顶部或与介质混匀，通过重力或离心力场的作用使组分按密度进行分层、分离。

密度梯度离心可分为预置梯度和后成梯度两种方法。预置梯度方法在离心前要将离心介质制备成上部密度小、下部密度大的梯度。将待分离组分置于顶层。采用一个特定的转速和时间离心后，就可将不同的组分分开。后成梯度方法是将待分离组分和特殊介质如氯化铯混合，采用一个特定的转速和时间离心后，氯化铯会在离心过程中形成一个上小下大的密度梯度，而组分也会分布在和其自身密度接近的介质之处。

二、物理、化学方法原位显示细胞成分

放射自显影技术原位显示细胞组分的原理是用放射性同位素（如 ^{14}C 和 ^{3}H）标记的化合物饲喂细胞，经过一段时间后，将标本制成薄片，再在其上涂上卤化银乳胶，在黑暗条件下经一定时间的曝光，组织中的放射性元素释放的射线可使乳胶感光，然后经过显影（感光银颗粒氧化为黑色银颗粒留下来）、定影（未感光的银粒被溶解去除），在显微镜下出现黑色银颗粒的位置即所标记化合物所在位置。放射自显影的切片还可再用染料染色，这样便可在显微镜下对标记上放射性的化合物进行定位或相对定量测定。 此技术与电镜样品处理方法结合，则为电镜放射自显影。

生物大分子放射性标记一般用 ^{3}H、^{14}C、^{32}P、^{35}S 等同位素，如用 ^{3}H- 胸腺嘧啶核苷（^{3}H-TdR）来标记 DNA，用 ^{3}H- 尿嘧啶核苷（^{3}H-U）标记 RNA；用 ^{3}H- 或 ^{35}S- 氨基酸标记蛋白质，研究碳素循环时则用 ^{14}C 标记。图 3-8 显示了用同位素（^{3}H- 亮氨酸）脉冲标记放射自显影技术研究蛋白质合成途径的结果。

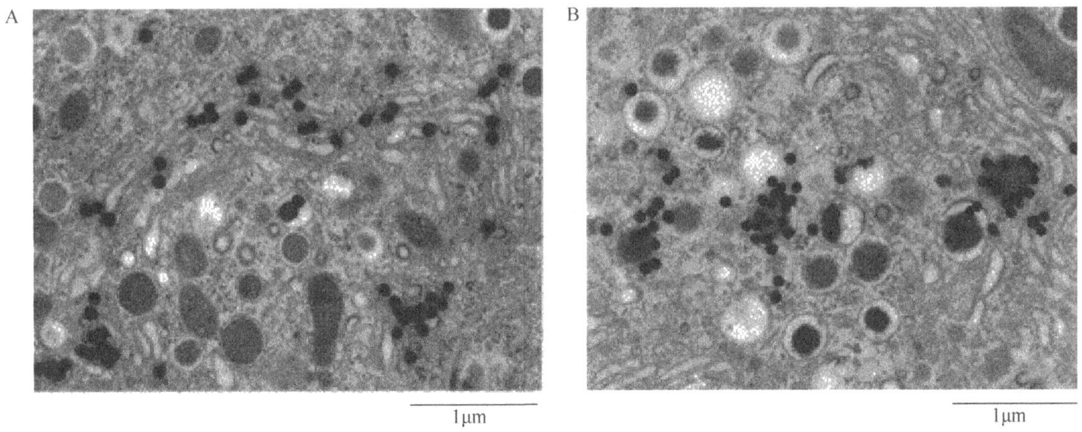

图 3-8　脉冲标记研究蛋白质合成途径（Orci，1982）

A. 标记后 10min，放射性同位素定位在高尔基体；B. 标记后 40min，放射性同位素定位在分泌泡

细胞化学技术是最早的原位显示细胞成分的方法，其利用不同的成分发生特定的化学显色反应，将不同成分显示为不同的颜色，如经典的福尔根反应（Feulgen reaction）可以显示 DNA，过碘酸希夫反应（periodic acid Schiff reaction，PAS 反应）可以显示糖类，米伦反应（Millon reaction）可显示蛋白质等。

由于细胞内的酶能够催化特定的反应，用特定颜色反应显示酶的催化产物可用来定位酶的位置，如格莫瑞反应（Gomori reaction）可以定位碱性磷酸酶。

三、细胞内部特异蛋白质和核酸的定位

细胞内的蛋白质多种多样，DNA 序列更为复杂。放射性同位素标记和细胞化学方法显示的蛋白质及核酸是笼统的成分，其不能显示细胞内特定的蛋白质或 DNA 序列。

1．免疫标记技术

免疫标记技术是基于抗体和抗原之间的特异结合特性开发的定位特定抗原的技术。抗体（antibody）是指脊椎动物的免疫系统在抗原刺激下，由 B 淋巴细胞或记忆细胞增殖分化成的浆细胞所产生的、可与相应抗原发生特异性结合的免疫球蛋白，主要分布在血清中。

当来自于异种生物的、体积足够大的抗原蛋白注射入宿主体内，可刺激宿主产生特异性识别并结合此蛋白质的抗体。将此抗体从血清中纯化后进行处理，使其和检测标记（如同位素、荧光素、酶、胶体金等）相结合，即可作为抗原蛋白的特异“染色剂”。抗体的检测标记如果是同位素，则可用放射自显影技术显示，称放射免疫技术；如标记为荧光素，则可在所有能检测荧光发生的显微镜下观察，称为免疫荧光技术；如标记为酶，可用酶的特定检测方法如酶化学检测；如标记为胶体金，可用电子显微镜检测，称免疫电镜术。

2．间接免疫技术

间接免疫技术是在免疫技术的基础上，利用两次抗原、抗体结合来检测特定抗原。和抗原结合的抗体称第一抗体，而第一抗体又可作为抗原，注射入另一生物产生专一识别第一抗体的抗体，此抗体称第二抗体。例如，当用来自于兔的抗体免疫羊，会得到羊抗兔抗体，此抗体可以识别并结合所有来自兔的抗体蛋白。这样就可以大批量生产带有各种标记羊抗兔抗体。科研工作者只需用兔产生第一抗体，用此抗体去识别抗原，再利用商品化的羊抗兔第二抗体识别第一抗体，即可通过两次抗原抗体结合来定位抗原。由于第二抗体可以大规模商品化生产，能够保证检测标记的成功率，提高了实验的成功率，间接免疫技术已经是免疫标记技术的主流技术。图 3-9 为通过免疫荧光技术显示的细胞骨架纤维。

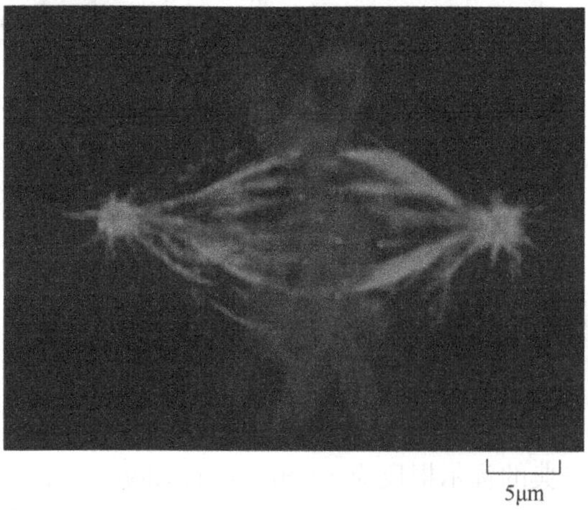

图 3-9　免疫荧光技术显示纺锤丝和 Bub 蛋白（Alberts et al.，2010）

红色．Bub 蛋白；绿色．微管；蓝色．染色体［4′,6- 二脒基 -2- 苯基吲哚（DAPI）染色］

3．荧光蛋白融合技术

绿色荧光蛋白（green fluorescent protein，GFP）是水母中能够自发荧光的蛋白质，现在已经获得了其基因并且开发了可发出不同荧光的突变体。将这些蛋白质的基因和目的蛋白的基因融合后，将基因转入细胞，经转录和翻译，可产生融合蛋白，在荧光类显微镜下检测荧光蛋白的信号，即可定

位目的蛋白。如果融合蛋白还能行使原蛋白的功能，研究者可以实时观察此蛋白质在细胞内的动态变化过程。这种技术的优点是对细胞几乎无毒性，可以在活体细胞对特定蛋白质进行定位研究。

分子原位杂交技术即先合成一段带有标记（常用的是荧光素标记）的核酸探针，利用核苷酸的碱基互补配对原则，将此探针核酸与被检测样品进行杂交，检测相应的标记信号，可以确定和探针序列互补的核酸序列在组织、细胞中的分布特性。如果利用 DNA 荧光探针检测特定基因片段在染色体上的位置，称为 DNA 荧光原位杂交（FISH）。利用标记的 RNA 探针，检测细胞和组织内特定的 RNA 分子的分布，称 RNA 杂交，此方法可直观地分析基因表达的组织特异性。

四、细胞分选、单细胞获得及分析方法

多细胞个体大都由结构和功能上发生分化的细胞组成。研究特定分化的细胞，在现有的研究技术水平下，需获得大量同类的细胞，才能进一步开展工作。细胞分选是将一种细胞从样品中分离出来的技术。分离的策略一般是依据细胞的物理特性如大小和密度、细胞表面的化学特性如特异蛋白的分布、细胞内特异物质的含量如 DNA 的含量等采取相应的分离方法，如离心、亲和吸附、电泳和流式细胞术分选法等。

1. 免疫沉淀技术

如果已经获得某种细胞表面蛋白的抗体，那么可以将抗体结合在一些较重的琼脂糖微珠、硅胶微珠、具有磁性的微磁珠上，结合抗体微珠可以特异结合目标细胞并通过离心或磁场使其沉淀下来。免疫沉淀方法还可以用于分离蛋白质及其复合体、含有特定组蛋白修饰的染色质等。

2. 流式细胞分选仪分选

流式细胞分选仪的基本原理为首先将组织块处理为单细胞群，以微液流方式强迫单细胞逐个通过检测器，检测器依据检测到的信号变化（荧光、电阻）来对流过的液体进行带电处理，随后在电场作用下，携带特定电荷的细胞被分选出来流入特定收集管中。现代流式细胞分选仪均采用荧光检测方法，可以通过荧光染料、免疫荧光、绿色荧光蛋白（GFP）等对特定细胞进行标记。

利用分子生物学手段，将特定的基因导入生物且在它特定的细胞类群中表达，这样就可以对这一类群进行标记。通过标记的识别筛选可以达到细胞分选的目的。例如，特定细胞类型标记的细胞核分离（isolation of nuclei tagged in specific cell type，INTACT）方法可对特定细胞的细胞核进行标记，并利用亲和吸附富集目标细胞核，此种方法仅适用于基因转化技术成熟的模式生物中。

3. 激光显微切割

激光显微切割是在激光共聚焦显微镜的基础上开发出来的切割技术。在显微镜直视的情况下利用激光将样品切片的目标部位切下，收集。现在已经有多种技术可对样品进行切割和收集。激光显微切割对样品无太多要求，只要在显微镜下能够区分目标细胞即可。但是此方法收集大量细胞所需时间较长。

4. 单细胞分析技术

为了克服收集获得足量细胞难度大的缺点，科学家致力于发展单细胞分析技术。现在分析单细胞 DNA 和 RNA 的测序技术已经相对成熟，但分析单细胞代谢物质的质谱技术虽有进展，但是尚未成熟。

第三节 细胞培养与细胞工程

一、细胞培养

细胞培养（cell culture）是指模拟体内环境，在无菌条件下使细胞在体外（*in vitro*）存活、生长、分裂或分化的技术。细胞培养是细胞生物学研究中最基本的实验技术，可分为动物细胞培养、植物细胞培养和微生物细胞培养等。本节只简要介绍动、植物细胞培养技术。

1. 动物细胞培养

体外培养的动物细胞一般不能保持其在体内时的形态，依其生长方式可分为贴附型和悬浮型两种。大多数细胞必须依附于支持物表面贴附生长，少数细胞如白细胞和淋巴细胞以悬浮形式生长。为了使贴附型细胞能够及时贴壁，可在培养皿表面包被多聚赖氨酸等生物活性物质。

贴附型的细胞在生长过程中如果接触到旁边细胞则会停止生长，最终所有细胞仅会在支持物表面生长为单层，不会相互重叠，此现象称接触抑制（contact inhibition）。但是如果细胞发生了癌变等，则会丧失接触抑制特性。

动物细胞培养的生长条件一般为：合适的基本营养物质和生长因子，合适的温度和 pH，95% 的空气和 5% CO_2 的混合气体的气体环境，可保持 pH 稳定在 7.2 左右。

原代培养，是从供体上获得细胞，第一次培养，这种细胞称原代细胞。贴附型原代细胞形成致密单层后发生接触抑制停止生长，需要进行稀释转接，转接后的细胞称传代细胞。传代培养可进行多次。大多数细胞传代约 50 代后会死亡，无法继续传代。但是如果在传代过程中发生了遗传突变，具有癌细胞特性，则会无限传代下去。传代过程中的细胞可称细胞系（cell strain）。

通过选择法或克隆形成法从细胞系中获得具有特殊性质或标志物的单个细胞，由此单细胞继续培养获得的细胞群体称为细胞株（cell line）。

干细胞是一类具有自我复制能力的多潜能细胞。在一定条件下，它可以分化成多种功能细胞。其来源有两种，从生物个体分离或利用诱导技术诱导体细胞变为干细胞。由于干细胞对培养条件变化非常敏感，培养条件稍有改变就会导致细胞分化。为了在培养过程中维持干细胞的多潜能能力，可采取两种方法，饲养层法和无饲养层法。饲养层法是将干细胞培养在特定饲养细胞上面；无饲养层法则分为在铺被有胞外基质的培养器皿中培养和在添加特定生长因子的无血清培养基中培养两种方法。

传统的单层细胞培养很难模拟出细胞的体内生长环境，进而可能造成培养的细胞的结构和组织功能的缺失。现在开发了三维细胞培养技术可以部分解决这一问题。三维细胞培养技术能够更好地模拟生物体内细胞存活的生物环境，细胞对各种刺激的应答更接近于它们在体内的反应。

三维细胞培养技术一般可分为支架型、聚集型和三维培养皿三类。支架型利用各种生物亲和的固态凝胶做成支架，提供细胞生长的三维环境。聚集型利用悬滴法或者低贴附型培养皿使得细胞无法进行贴壁，最终聚集为特定形状。三维培养皿是不基于支架的天然三维细胞培养环境，可最大限度模拟细胞间的相互作用和信号交流。该产品包括多种规格的微组织培养系统，适配标准的 12 孔和 24 孔培养板，可应用于形成球状体、乳腺癌细胞球、胶质瘤细胞球、肝细胞球、软骨细胞球、骨细胞球、神经细胞球、心肌细胞球，以及细胞聚集体和拟胚体等多种细胞培养模式。

2. 植物组织和细胞培养

植物细胞的体外培养要比动物细胞更容易。现在植物的大部分器官、组织甚至是生殖细胞都可以进行体外培养，而且经适当的诱导，可以再分化生成新的植株。体外培养的组织或细胞再分化生成新植株的过程称为离体再生（*in vitro* regeneration）。植物离体再生技术是获得转基因植物的一个重要技术基础。

植物细胞由于细胞壁的限制，无法进行单细胞悬浮培养。用酶将植物的细胞壁消化后可获得植物原生质体。但是原生质体在生长过程中会迅速合成新的细胞壁。在生成新细胞壁之前，可以通过原生质体融合或基因注射方法改变植物细胞的遗传物质。

二、细胞工程

细胞工程是指在细胞水平上，应用细胞生物学、分子生物学的方法，借助工程学的技术，改造生物的遗传特性，获得特定的细胞、组织、器官或新的物种的技术。细胞工程的技术基础是细胞培养和再生。广义地讲，细胞工程可包括：动植物细胞培养、细胞融合、细胞核移植、染色体工程、干细胞与组织工程、胚胎工程和转基因生物等。

1. 细胞融合和单克隆抗体技术

细胞融合（cell fusion）是指采用人工方法使两个或两个以上细胞合并为一个细胞的技术。促进细胞融合的方法有：生物法（仙台病毒介导法）、化学法（聚乙二醇介导法）和电脉冲诱导法。如果合并的细胞为不同类细胞，细胞融合亦称细胞杂交（cell hybridization），获得的细胞称杂种细胞。杂种细胞理论上可具有杂交前两种细胞的特性。但是大多数杂种细胞在继续分裂过程中会发生遗传物质丢失现象，最终丧失杂种细胞具有的杂合特性。

细胞融合技术应用最成功的例子是单克隆抗体（monoclonal antibody）技术。抗原刺激脊椎动物 B 淋巴细胞（简称 B 细胞），可以刺激不同的细胞生成识别不同抗原表位的抗体。一个 B 细胞生成的抗体，只识别一个表位，称为单克隆抗体。但是血清中的抗体是多个细胞生成的各种单克隆抗体的混合物，称多克隆抗体（polyclonal antibody）。

为了持续生产抗体，可提取免疫后的 B 细胞进行培养，但是 B 细胞的连续分裂代数是特定的，无法无限增殖。科学家尝试将能够无限增殖的癌细胞，如小鼠的骨髓瘤细胞和 B 细胞进行融合，最终获得了既具有抗体生成能力又有无限增殖能力的杂种细胞（杂交瘤）。Jerne、Kohler 和 Milstein 因建立 B 细胞杂交瘤技术用于单克隆抗体制备而获得了 1984 年的诺贝尔生理学或医学奖。单克隆抗体可以作为高度特异的探针，检测或定位细胞内特定的抗原分子，是细胞生物学研究以及疾病诊断和诊疗中的有力工具。

2．细胞核移植与克隆动物

利用显微操作技术，将一种动物的细胞核移入同种或异种动物去核的卵母细胞内，此过程称细胞核移植（cell nuclear transfer）。将此卵母细胞进行体外培养或者当培养至特定时期再植入母体内，可获得新的动物个体。此个体没有经过有性生殖过程，是体细胞的无性克隆系。1962 年，获得了非洲爪蟾无性系个体。1996 年，获得了绵羊无性系个体“多莉”。此后，十多种哺乳动物如牛、鼠、猫、狗等的体细胞克隆均获成功。2018 年 1 月，中国科学家发文称首次成功获得了灵长类动物体细胞克隆猴“中中”和“华华”。克隆猴的成功，将为脑疾病、免疫缺陷、肿瘤、代谢异常等疾病的机制研究、干预、诊治带来前所未有的光明前景。

第四节　其他研究方法

一、单分子技术

在探究分子机制过程中传统生物化学手段只能提供一个平均结果，难以探测中间状态以及单个分子机制。单分子技术的出现解决了这一问题，其最大的优点在于直接观察或探测单个分子的反应轨迹或特性，消除平均带来的模糊。单分子技术涉及膜片钳技术、单分子荧光成像和单分子力学操纵（光镊、磁镊等）几个方面。

1．膜片钳

1976 年，德国马普生物物理研究所的 Neher 和 Sakmann 创建了膜片钳技术（patch clamp technique）。这是一种以记录通过离子通道的离子电流来反映细胞膜单一或多个的离子通道分子活动的技术。

膜片钳技术用特制玻璃微电极吸管把只含 1～3 个离子通道、面积为几平方微米的细胞膜通过负压吸引封接起来，由于电极尖端与细胞膜的高阻封接，电极尖端封闭的膜片区与膜的其他部分从电学上隔离，因此，一个极为敏感的电流监视器（膜片钳放大器）测量此片膜区内离子通道开放所产生的电流，代表单一离子通道电流。通过观测单个通道开放和关闭引起的电流变化，可直接得到各种离子通道的各种电学特性参数。

膜片钳技术的建立，对生物科学特别是神经科学具有重大意义。此技术的出现将细胞水平和分子水平的生理学研究联系在一起，使我们在分子水平认识到宏观生理变化的基础。

2．单分子荧光成像

单分子荧光成像是系列技术的总称，包括荧光共振能量转移（fluorescence resonance energy transfer，FRET），以及前文提到的基于单分子开关的超高分辨率定位技术等。荧光共振能量转移是距离很近的两个荧光分子间产生的一种能量转移现象。当供体荧光分子的发射光谱与受体荧光分子的吸收光谱重叠，并且两个分子的距离在 10nm 以内时，就会发生一种非放射性的能量转移，即 FRET 现象，使得供体的荧光强度比它单独存在时要低得多（荧光猝灭），而受体发射的荧光却大大增强（敏化荧光）。FRET 是检测活体中生物大分子纳米级距离和纳米级距离变化的有力工具，在生物大分子相互作用分析、细胞生理研究、免疫分析等方面有着广泛的应用。

3. 光镊技术

光镊是用高度汇聚的激光束形成的三维势阱来俘获、操纵和控制微小颗粒的一项技术。与机械镊子相比，光镊是以非机械接触的方式来完成夹持和操纵物体的，它可以对目标细胞或微米大小的小球进行非接触式的捕获和固定以及精确操作，因此在生命科学研究中，单细胞操作可采用光镊的方式来进行操控。

用光镊操控微米小球作为手柄可以间接操控纳米级别的大分子，如核糖核酸、蛋白质等生物大分子。手柄微球分为结构型和功能型。当利用光镊拉伸核糖核酸或蛋白质微丝时，DNA 或微丝的两端需要结合手柄微球才能被光镊操控，此时微球仅仅起到手柄的作用。而在研究抗体 - 抗原结合力以及分子马达动力学行为时，需要将蛋白质分子修饰在微球表面，此时微球同时也是研究对象的载体。

二、基因组编辑

基因组编辑技术指能够对目标基因进行“编辑”，实现对特定 DNA 碱基突变、敲除或插入等。

基因组编辑的基本思路是构造具有序列特异性的核酸酶，对目标 DNA 进行切割，形成 DNA 切口。细胞内部本身的 DNA 修复机制如非同源性末端接合或同源重组，会将这个切口修复，但是在修复过程中会发生错误，从而产生基因组的精准突变。

基因组编辑技术可总结为三代。第一、二代为锌指核酸酶（zinc-finger nuclease，ZFN）技术和转录激活因子样效应物核酸酶（transcription activator-like effector nuclease，TALEN）技术。此两代技术均采用了 *Fok* I 内切酶，只是在碱基识别结构域采用了不同的模块。ZFN 技术采用了锌指蛋白结构域，TALEN 技术采用了转录激活因子样效应物结构域。

第三代 CRISPR/Cas9 技术的核酸酶为 Cas9 核酸酶，碱基识别工具是单链引导 RNA（sgRNA）。由于第三代技术设计简单，只需依据碱基互补设计原则设计 sgRNA，识别不受基因组甲基化影响，能靶向识别几乎任意细胞任意序列，方便同时编辑多个靶点，切割效率高，现在已经成为基因组编辑的主流技术。基因组编辑在基础研究、基因治疗和遗传改良等方面展示出了巨大的潜力。

三、光遗传学

光遗传学（optogenetics）是一项整合了光学、软件控制、基因操作技术、电生理等多学科和技术的生物工程技术。其主要原理是首先采用基因操作技术将光敏感离子通道、光敏感受体等的基因转入神经系统特定类型的细胞中。在不同波长的光照刺激下激活光感离子通道或受体，引起细胞的离子的选择性通过，从而造成细胞膜两边的膜电位发生变化，或者通过受体激活信号通路，达到对细胞选择性地兴奋或者抑制的目的。

光遗传技术具有独特的高时空分辨率和细胞类型特异性两大特点，克服了传统手段控制细胞或有机体活动的许多缺点，能对神经元进行非侵入式的精准定位刺激操作而彻底改变了神经科学领域的研究状况，为神经科学提供了革命性的研究手段。光遗传技术在将来还有可能发展出一系列中枢神经系统疾病的新疗法。

光遗传技术的应用在 2010 年后得到飞速的发展，应用研究领域涵盖多个经典实验动物种系（果蝇、线虫、小鼠、大鼠及食蟹猴等），并涉及神经科学研究的多个方面，包括神经环路基础研究、学习记忆研究、成瘾性研究、运动障碍和睡眠障碍研究，以及帕金森病模型、抑郁症和焦虑症动物模型等的建立。

复习思考题

一、名词解释

分辨率　相差显微镜　激光扫描共焦显微镜　超分辨显微镜　差速离心　密度梯度离心　放射自显影　免疫荧光技术　原代培养　继代培养　单克隆抗体　膜片钳技术

二、问答题

1．如何提高利用光源折射进行放大的显微镜的分辨率？

2．简述 STED 和 PALM/STORM 超分辨率成像的原理。

3．简述单克隆抗体制作的原理。

4．总结免疫抗体技术在生物学研究中的应用。

第二篇

细胞结构与功能

第四章 >>>

细胞膜与细胞外基质

内 容 提 要

细胞膜亦称为细胞质膜，是指在细胞外围包被的由脂双分子层、蛋白质和糖类组成的生物膜。细胞膜是细胞与外界环境之间的边界，为细胞提供了相对稳定的内环境，同时在细胞与外界环境进行物质运输、能量转换和信息传递中也起着重要作用。

真核细胞内存在由膜围绕而成的内质网、高尔基体、线粒体、叶绿体和细胞核等各种膜性细胞器，这些细胞器的膜与细胞膜统称为生物膜（biomembrane）。生物膜是细胞生命活动的重要结构基础，物质合成与运输、能量转换、信号识别与传递、细胞连接以及细胞运动等均与膜的作用有着密切的关系。

在多细胞生物组织中，细胞与细胞之间、细胞与胞外基质之间主要通过细胞连接（cell junction）进行相互联系和协同作用。细胞外基质（extracellular matrix）与细胞膜上的受体结合，同细胞建立联系，将细胞粘连在一起形成组织。

本章主要介绍细胞膜、细胞表面以及细胞外基质的结构与功能。

第一节　细胞膜与细胞表面特化结构

一、细胞膜的结构模型

（一）双分子片层模型

19 世纪末，人们已经知道非极性物质比极性物质更容易溶解于非极性溶液中。1895 年，Overton 利用植物细胞首次对细胞膜的通透性进行了研究。Overton 将植物的根毛放入上百种含不同物质的溶液中，发现脂溶性越强的物质越容易进入根毛细胞，后来科学家在脑血管中也发现了相似的现象（图 4-1），从而得出细胞膜是由脂类物质组成的推论。1897 年，Crijins 和 Hedin 用红细胞做了类似的实验，亦证明分子穿膜的通透性与其在脂类中的溶解度有关。于是 Overton 等认为在细胞表面有类脂层，并推测其中含有胆固醇、卵磷脂和脂肪油，初步明确了细胞膜的化学性质。

1917 年，Langmuir 设计出脂类单分子膜技术，亦称膜平衡（film balance）技术。该技术可简要概括为：将溶有脂类物质的有机溶剂倾倒在盛有水的浅槽中，脂类分子在水面上铺展开，而有机溶剂会挥发掉。脂类分子的极性基（—COOH）被吸附到小分子上，而非极性的碳氢链竖在水面上。然后将散乱的脂分子挤到水面的一侧，减少水表面积，脂分子被挤成排列紧密的单层。在水面上浮有一灵敏的平衡装置可反映脂分子所占的总面积。根

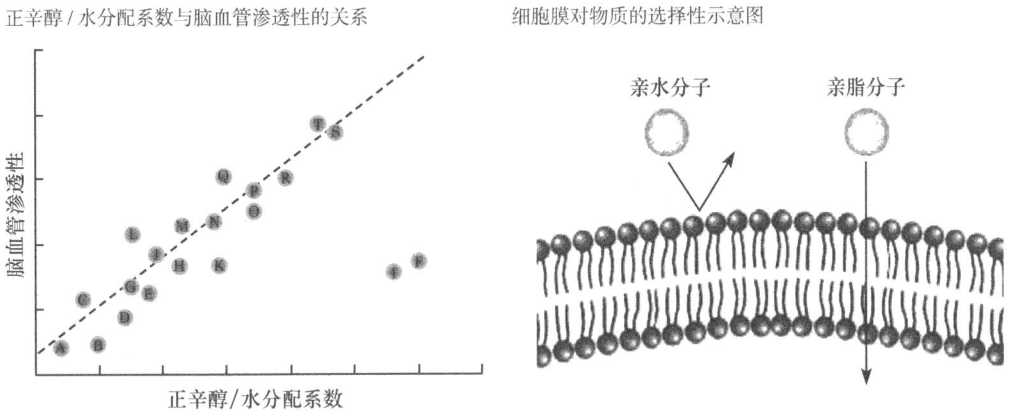

图 4-1　细胞膜对物质的选择性（Karp，2006）

A. 蔗糖；B. 表鬼臼毒素；C. 甘露醇；D. 阿拉伯糖；E. 氨甲蝶呤；F. 长春新碱；G. 尿素；H. 甲酰胺；I. 长春花碱；J. 箭毒；K. 硫脲；L. 甘油；M. 乙二醇；N. 乙酰胺；O. 呋氟尿嘧啶；P. 米索硝唑；Q. 丙卡巴肼；R. 甲硝哒唑；S. 安替比林；T. 咖啡碱

据所投入的脂分子数，即可计算出单个脂分子所占的面积。目前，脂类单分子膜技术仍是研究膜的重要技术。

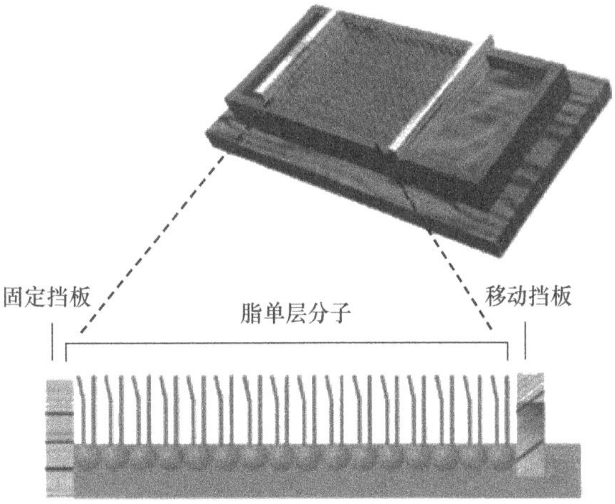

图 4-2　脂类单分子膜技术图解

Goter 和 Grendel（1925）的实验结果支持了 Overton 的推论。他们在显微镜下观察了人血红细胞的形状和大小，计算出红细胞的表面积为 100μm^2，并用有机溶剂抽提人红细胞膜的膜脂成分，按 Langmuir 的方法测量脂单分子层的面积（图 4-2），发现提取的脂单分子层面积与红细胞表面积之比为（1.8～2.2）：1，因此他们认为红细胞膜的基本结构为脂双层（lipid bilayer）（图 4-3），首次提出脂双分子层是细胞膜基本结构的概念。脂双层是对细胞膜认识的重大突破，但它仅仅认识到了膜脂质的存在，并没有将蛋白质与细胞膜联系起来。

后来人们发现细胞膜的表面张力要比油滴低很多，说明膜的构成并非仅由脂类物质构成。如果在油滴中加入蛋白质，可使油滴的表面张力降至与活细胞表面张力相同的水平，因此推想细胞膜中除脂质外，可能还吸附有蛋白质。Danielli 和 Davson（1935）提出了第一个细胞膜结构模型——“双分子片层”模型，也称为 Danielli-Davson 模型。同时 Collander 和 Bärlund（1933）发现，有些小分子（如水、甲醇等）穿入细胞的能力大于根据其脂溶性所应有的穿透能力，如将红细胞移入低渗溶液后，红细胞会很快吸水膨胀而溶血，而水生动物的卵母细胞在低渗溶液中不膨胀。因此推测，细胞膜脂双层分子中一定还有亲水性分子通过的孔道存在。1954 年最后修改的片层结构模型（lamellar structure model）认为，脂双层分子外围的蛋白质以 β 折叠形式与脂类极性端结合形成疏网状结构；细胞膜上

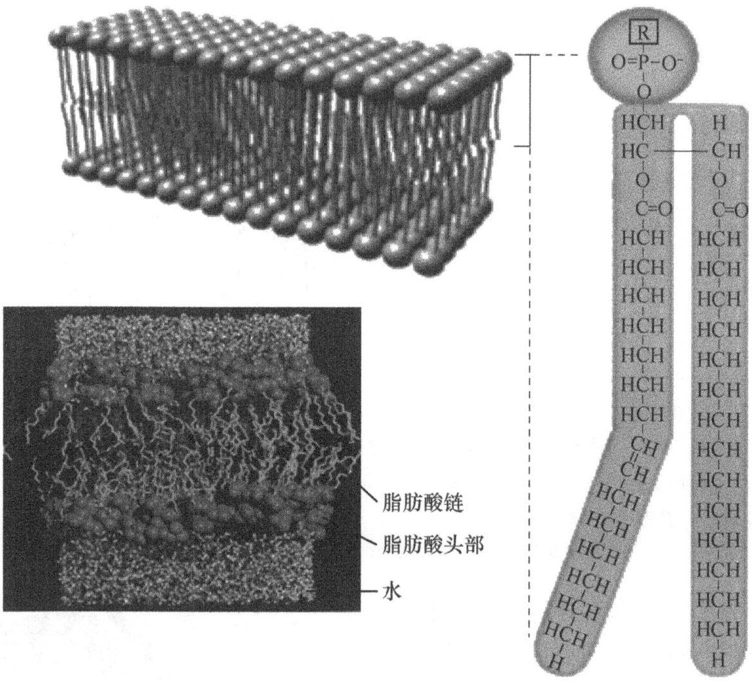

图 4-3　由脂双层构成的细胞膜（Karp，2002；Alberts et al.，2008）

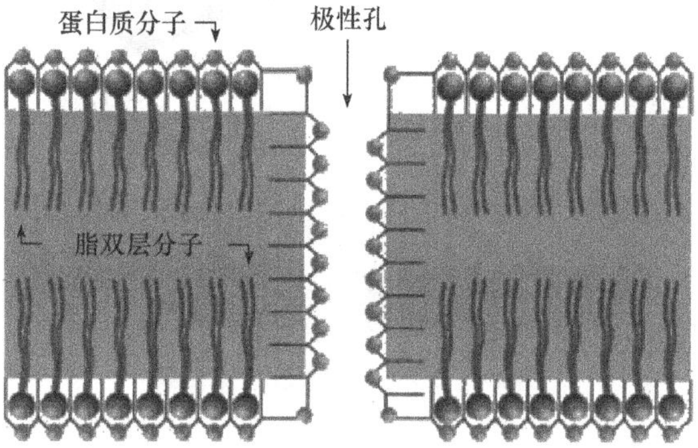

图 4-4　修改后的片层结构模型（Karp，2002）

有小孔穿过脂双层（图 4-4），小孔由蛋白质围成，蛋白质通过静电作用与脂类的极性端结合，孔壁的内表面有亲水基团；水和极性溶质分子可通过小孔穿过细胞膜，而非极性溶质可直接穿过脂双层。水孔蛋白（aquaporin）的发现提供了水分子跨膜通道的直接分子证据。

水孔蛋白是一个 6 次跨膜的膜整合蛋白（图 4-5），只允许水分子自由快速通过，而其他离子和溶质则不能通过。水孔蛋白的存在大大提高了细胞膜对水分子的通透性。目前在动、植物细胞以及微生物的细胞膜上均发现水孔蛋白的存在。水孔蛋白的发现解答了百年来因不能完全解释的水分子迅速跨膜现象而产生的困惑。率先发现水孔蛋白的美国科学家 Peter Agre 由此获得 2003 年的诺贝尔化学奖。

（二）单位膜模型

1959 年，Robertson 利用电镜对动物、植物和微生物的各种细胞的细胞膜及细胞内各种膜进行了广泛的观察，均观察到清晰的暗—亮—暗三层结构（图 4-6），提出了单位膜模型（unit membrane model）。他认为细胞膜的厚度为 7.5nm，中间层为 3.5nm 的明线是膜中央的

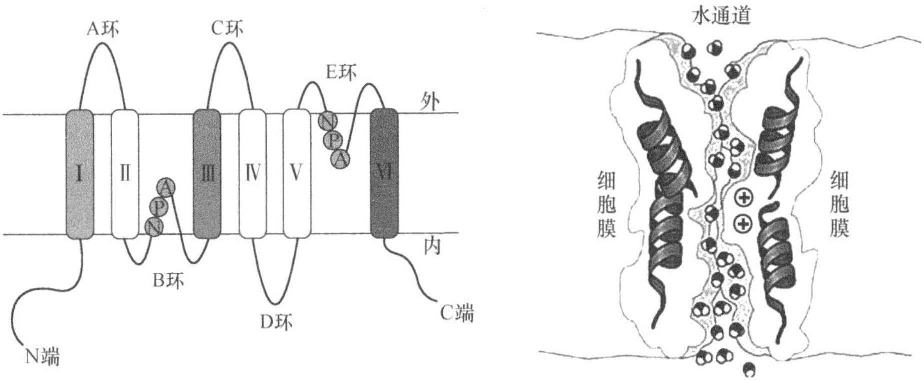

图 4-5　水孔蛋白的结构模型（Kruse et al.，2006）

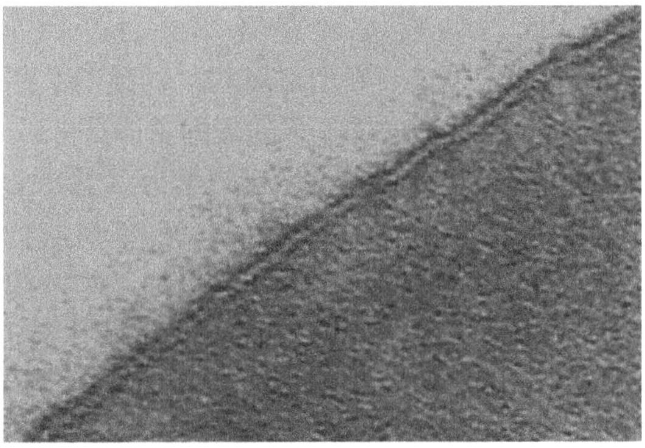

图 4-6　细胞膜的电镜图（Alberts et al.，2002）

脂双层分子，而内外两层厚度均为 2nm 的暗线是蛋白质。由于电镜观察细胞内的各种膜成分均呈现为暗—亮—暗三层结构，因此称为单位膜。单位膜模型体现了各种生物膜在形态结构上的共同特点，很好地反映了膜结构的基本形式，单位膜这一术语也一直沿用至今。Robertson 的单位膜模型的不足之处在于把膜的动态结构描述成静止的，这样的结构无法适应复杂的生命活动；不同膜的厚度不同，并非都是 7.5nm，其变化范围为 5～10nm；另外，该模型无法解释不同膜蛋白的分离难易程度不同等现象。

（三）流动镶嵌模型

后来实验证明，膜蛋白的主要结构是 α 螺旋球形结构，不是 β 折叠结构。冰冻蚀刻电镜观察也显示在脂分子层中有蛋白质颗粒分布。20 世纪 70 年代初，科学家用电子自旋共振光谱（自旋标记）等新技术证明磷脂酰链部分具有流动性，荧光抗体标记的细胞融合实验也证明了膜具有流动性。在此基础上，1972 年，Singer 和 Nicolson 提出了细胞膜的流动镶嵌模型（fluid mosaic model），该模型保留了脂双分子层的概念，认为脂双层以液态形式存在，单个脂分子可以沿着膜平面侧向运动；而球形的膜蛋白分子以各种镶嵌的形式与脂双分子层相结合，有的附在内外表面，有的全部或部分嵌入膜中，有的贯穿膜的全层（图 4-7）。流动镶嵌模型强调了膜的流动性和不对称性，对膜的组成成分之间的相互作用做出了合理解释，也得到许多实验支持，能够真实地反映膜的结构与特征，已被学术界广泛接受。

20 世纪末提出的脂筏模型（lipid raft model）是对细胞膜分子结构新的理解。该模型认为在甘油磷脂为主体的生物膜上，胆固醇、鞘磷脂等富集而形成有序脂相，如同“脂筏”一样载着各种膜蛋白漂浮在脂双分子层上。据推测，一个直径 100nm 的脂筏可载有 600 个

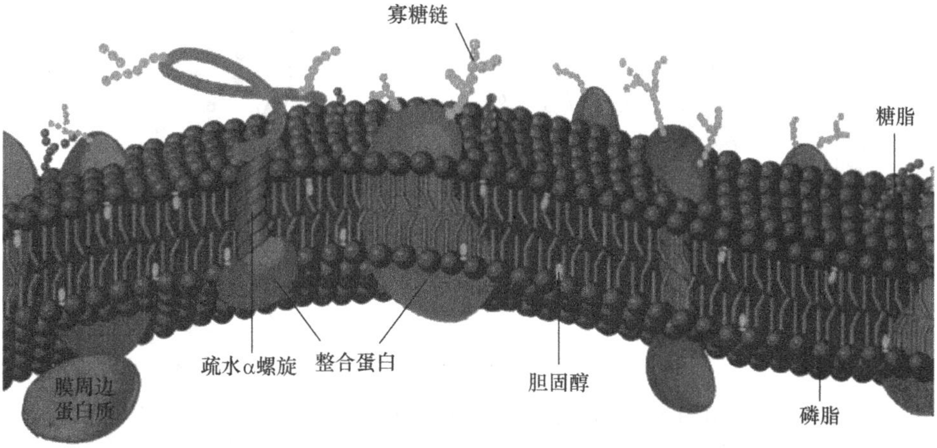

图 4-7 生物膜结构示意图（Karp，2002）

蛋白质分子。这一模型可解释生物膜的某些性质和功能，对流动镶嵌模型有一些重要的补充和修正，但仍需要更多的证据支持。

目前对生物膜的认识可归纳为以下几个方面：①具有极性头部和非极性尾部的磷脂分子在水相中具有自发形成封闭的膜系统的特性，以疏水非极性尾部相对、极性头部朝向水相的磷脂双分子层是组成生物膜的基本结构成分。②蛋白质以不同的方式镶嵌在脂双分子层中或结合在其表面，蛋白质的类型、蛋白质分布的不对称性以及蛋白质与脂分子的协同作用共同赋予生物膜特定的性质与功能。③生物膜可看作蛋白质在脂双分子层中的二维溶液。但膜蛋白与膜脂之间、膜蛋白与膜蛋白之间及其与膜两侧其他生物大分子的相互作用，在不同程度上限制了膜蛋白和膜脂的流动性。

二、细胞膜的化学组成

细胞膜由脂质、蛋白质和糖类组成。膜脂构成膜的基本骨架，膜蛋白是膜功能的主要体现者，糖类主要以糖蛋白和糖脂的形式存在。不同种类膜的组分含量差异较大，膜脂和膜蛋白含量的变化与膜的功能有关，一般膜蛋白含量和种类越多，膜的功能越复杂多样；反之，蛋白质含量和种类越少，膜的功能越简单。

（一）膜脂

1．成分

构成生物膜的脂质统称为膜脂（membrane lipid），有 100 余种。这些分子均具有双亲性（amphipathic），含有极性的头部和非极性的尾部。膜脂分子排列呈连续的双层结构，构成了膜的基本骨架，使生物膜具有屏障作用，大多数极性分子不能自由通过，而亲脂性分子则容易跨膜通过。膜脂主要包括磷脂（phospholipid）、糖脂（glycolipid）和胆固醇（cholesterol）3 种类型。

1）磷脂　磷脂是膜脂的基本成分，构成了膜的基本骨架，占膜脂总量的 55%～

75%。大多数磷脂有两条脂肪酸链，其中一条是饱和脂肪酸（如软脂酸），另一条是不饱和脂肪酸（如油酸）。线粒体内膜和一些细菌细胞膜上的心磷脂（cardiolipin）具有 4 条非极性的尾部。碳链一般含有 14～24 个（偶数）碳原子。脂肪酸的碳链长度和不饱和程度影响磷脂分子的堆积方式，进而影响膜的流动性。

磷脂分为甘油磷脂（glycerophosphatide）和鞘磷脂（sphingolipid）两类。甘油磷脂包括磷脂酰胆碱（phosphatidylcholine，PC，又称卵磷脂）、磷脂酰乙醇胺（phosphatidylethanolamine，PE）、磷脂酰丝氨酸（phosphatidylserine，PS）和磷脂酰肌醇（phosphatidylinositol，PI）等。

甘油磷脂由极性较强的磷脂酰碱基和疏水的脂肪酸链通过甘油基团结合而成（图 4-8），是膜脂的基本成分，占膜脂的 50% 以上。鞘磷脂在膜中的含量较少，是鞘氨醇（sphingosine）的衍生物。由一个脂肪酸链与鞘氨醇的氨基连接形成的鞘磷脂是神经酰胺（ceramide）。各种不同鞘磷脂主要为不同基团连接在鞘氨醇羟基上的衍生物。如果连接到羟基上的基团是糖残基，则为糖脂。

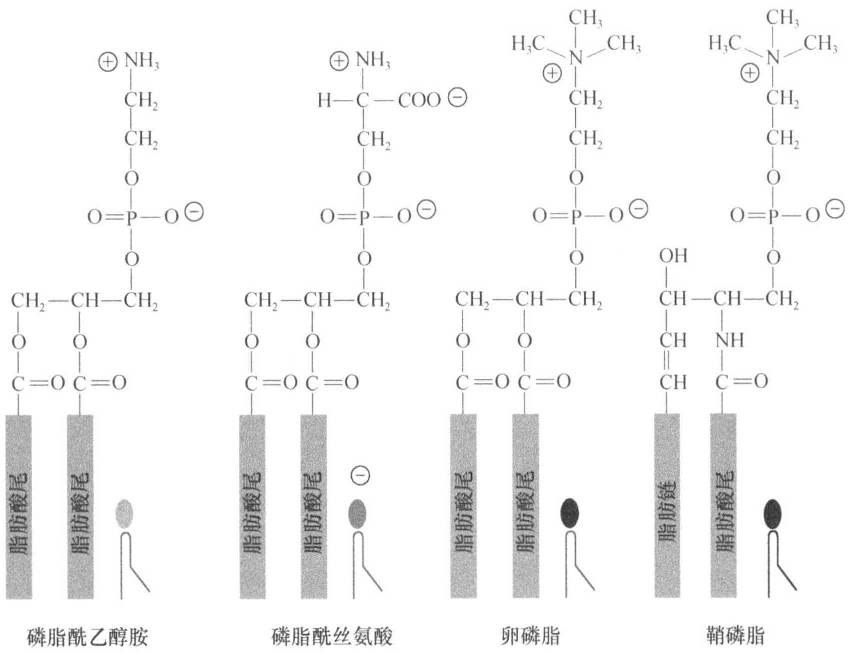

图 4-8 几种常见的磷脂（Alberts et al.，2002）

2）糖脂　糖脂的结构与鞘磷脂很相似，是由一个或多个糖残基取代磷脂酰胆碱而与鞘氨醇的羟基结合形成（图 4-9）。糖脂普遍存在于原核细胞和真核细胞的细胞膜上，其含量约占膜脂总量的 5% 以下，在神经细胞膜上糖脂含量较高，占 5%～10%。目前已发现的糖脂有 40 多种。最简单的糖脂是半乳糖脑苷脂（galactocerebroside），只有一个半乳糖残基为其极性头部。较为复杂的糖脂是神经节苷脂（ganglioside），含有多个糖残基，其中含有不同数目的唾液酸残基。糖脂在细胞与周围环境相互作用中发挥功能，与细胞识别和免疫反应等功能有关。

3）胆固醇　胆固醇分子较其他膜脂分子要小，双亲性也较低，其分子结构主要包括

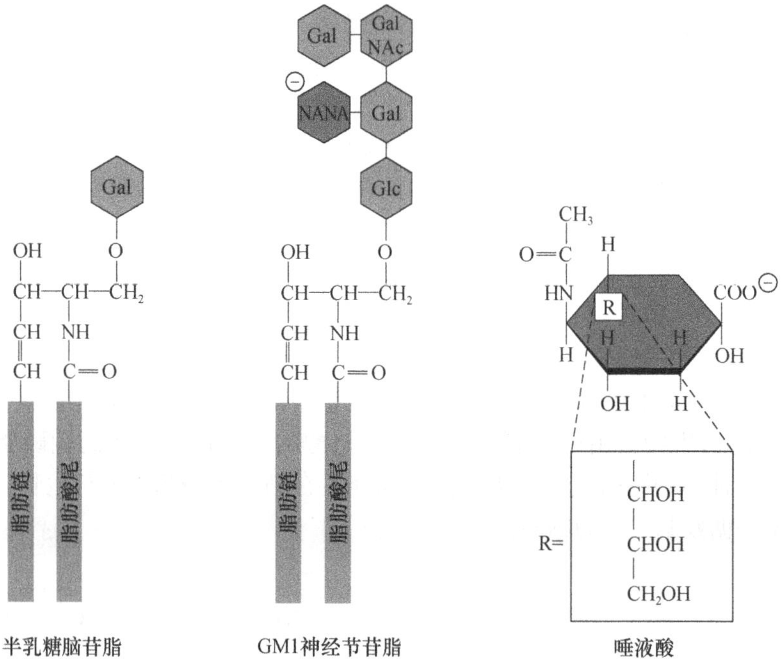

图 4-9 糖脂（Alberts et al.，2002）

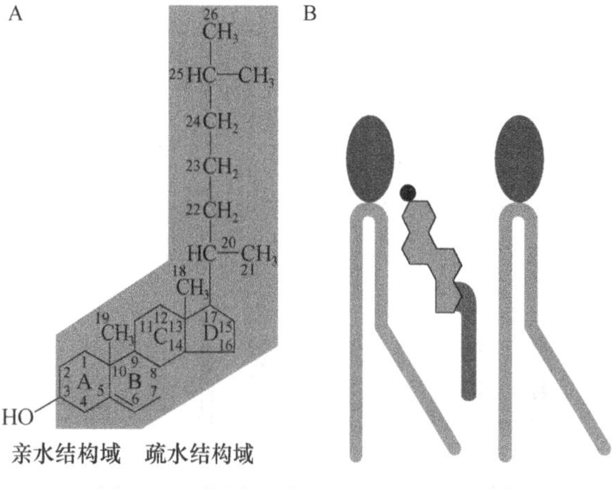

图 4-10 胆固醇（Alberts et al.，2002）

A. 胆固醇的结构；B. 胆固醇在脂间的排列

羟基基团构成的极性头部、碳氢链构成的非极性尾部以及非极性的类固醇环结构三部分（图 4-10）。胆固醇的亲水头部朝向膜的外侧，疏水的尾部埋在脂双层中央，对周围磷脂的运动具有干扰作用，降低脂双层中该区域的可变形性，从而调节膜的流动性，增加膜的稳定性并降低水溶性物质的通透性。

胆固醇仅存在于真核细胞的细胞膜上，在动物细胞膜上的含量可达总膜脂的50%左右，在植物细胞膜上含量较少，多数细菌的细胞膜不含胆固醇，但某些细菌细胞膜中含有甘油酯等中性脂质成分。

2．功能

膜脂对生物膜的结构和功能有着很大的影响。膜脂结构简单，是构成膜的基本骨架，去除膜脂，膜则完全解体。不同的膜脂有着不同的性质和功能。部分脂质能够影响某些膜蛋白的活性，决定膜的物理状态。膜脂一般为膜蛋白的溶剂，为某些膜蛋白维持构象、行使功能提供环境。膜脂（细菌的膜脂除外）一般不直接参与反应，但许多膜蛋白功能的行使依赖于膜脂的存在。一些膜蛋白通过疏水端同膜脂作用，镶嵌在膜上执行特定的功能，而有些膜蛋白只有在特异的磷脂头部基团存在时才有功能。

3. 脂质体

脂质体（liposome）是根据磷脂分子可在水相中形成稳定的脂双层膜的特性而制备的人工膜。当单层脂分子铺展在水面上时，其极性端插入水相，非极性尾部面向空气界面。搅动后可形成极性端朝外而非极性端在内部的脂分子团，或形成双层脂分子的球形脂质体（图 4-11）。如果将脂放在中间有挡板隔开的水中，若挡板有小孔，则在孔的两侧会形成单面脂双层（planar lipid bilayer）。

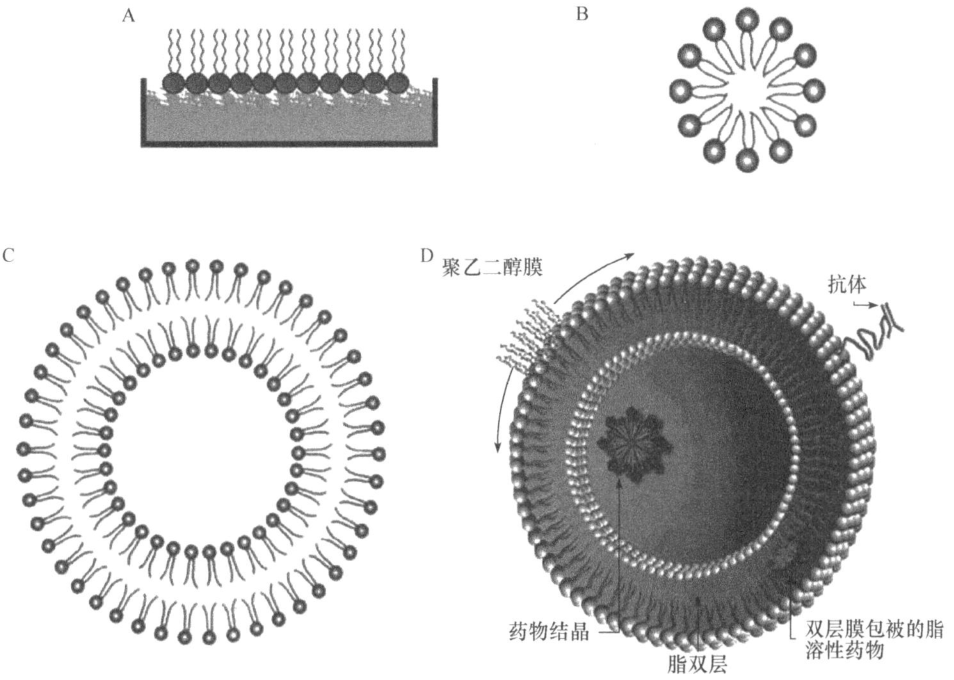

图 4-11 脂质体（Karp，2002）

A. 脂分子在水面铺展；B. 水溶液中的磷脂分子团；C. 球形脂质体；D. 包裹药物的脂质体

脂质体可以嵌入不同的膜蛋白，因此是非常好的生物膜研究模型。目前，脂质体常用于转基因实验，以将其包裹的 DNA 高效地导入细胞中。另外，脂质体可作为载体运载生物大分子或药物进入细胞内，在临床治疗中有着诱人的应用前景。特别是利用细胞识别的功能对脂质体进行表面修饰后，脂质体可特异性地作用于靶细胞，提高作用效率，减少对机体的副作用。

（二）膜蛋白

膜蛋白（membrane protein）是细胞膜的重要组成部分，赋予了生物膜非常重要的生物学功能。不同的生物膜表现出功能的巨大差异，主要取决于生物膜所含蛋白质种类和数量的不同。膜蛋白种类极多，可以以多种形式与膜脂结合，在不同细胞中膜蛋白的种类及含量也有很大的差异。

1. 类型

根据与膜脂的结合方式及其在膜中所处的位置，膜蛋白可分为膜整合蛋白（integral membrane protein）、膜外周蛋白（peripheral membrane protein）和脂锚定蛋白（lipid-anchored protein）三大类型。

膜整合蛋白又称为内在膜蛋白（intrinsic membrane protein）、跨膜蛋白（transmembrane protein）。这类蛋白质均含有跨膜结构域，以疏水氨基酸残基与脂双分子层的非极性疏水区相互作用而结合在膜上，并完全穿过脂双层，其亲水区域暴露在膜两侧。跨膜蛋白可分为单次跨膜蛋白和多次跨膜蛋白，其跨膜域多为 α 螺旋，也有 β 折叠（如线粒体外膜的孔蛋白）。大多数膜整合蛋白在细胞膜外表面结合有寡糖链，从而成为糖蛋白（glycoprotein）。这类膜蛋白与膜脂结合紧密，不易分离，使用去垢剂才能将其从膜上分离下来（图 4-12）。膜整合蛋白占膜蛋白总量的 70%～80%。

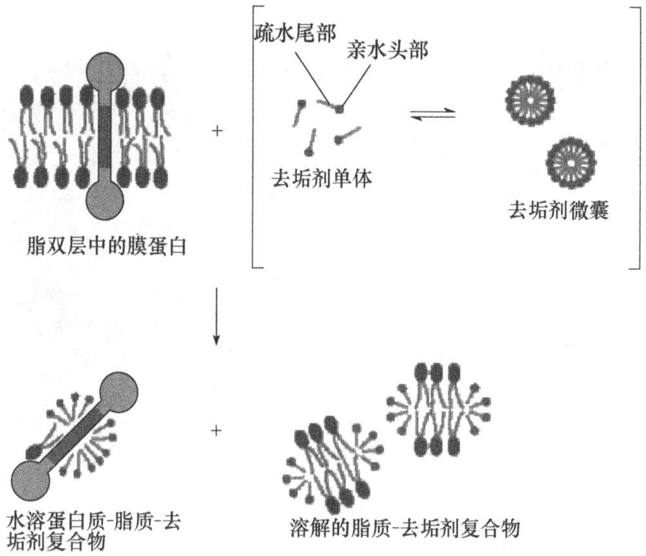

图 4-12 去垢剂分离膜蛋白（Alberts et al.，2002）

膜外周蛋白为水溶性蛋白，分布在膜的内外表面，靠非共价键与膜表面的蛋白质或脂分子结合，并不插入脂双分子层的疏水中央。这类蛋白质较易分离和提纯，只要改变溶液的离子强度甚至提高温度就可以使膜外周蛋白从膜上分离下来，但膜结构并不被破坏。

脂锚定蛋白又称脂连接蛋白（lipid-linked protein），位于脂双层的外侧，通过共价键与脂分子结合。其结合方式有两种：一种是蛋白质直接结合于脂双分子层；另一种是通过一个糖分子间接结合于脂双分子层。

2. 膜蛋白的结合方式

膜蛋白是膜功能的主要执行者。膜蛋白在膜上以不同的结合方式形成特殊的构象，根据膜蛋白与膜脂结合方式的不同可以将其分为以下几种（图 4-13）。

（1）单次跨膜：许多膜蛋白穿过脂双层，在膜的两侧各露出一部分，这种蛋白质称

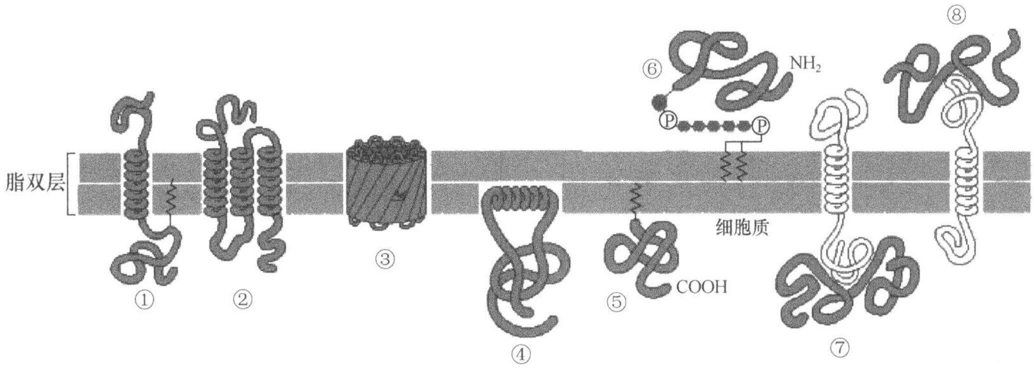

图 4-13 膜蛋白的结合方式（Alberts et al.，2002）

① 单一 α 螺旋；② 复合 α 螺旋；③ β 折叠片；④⑤⑥ 与膜脂共价结合；⑦⑧ 与膜蛋白共价结合

为跨膜蛋白（transmembrane protein）。有些多肽链是一次以单一的 α 螺旋通过脂双层（图 4-13 ①），称为单次跨膜蛋白（single-pass transmembrane protein），如红细胞膜上的血型糖蛋白 A（glycophorin A）。

（2）多次跨膜：膜蛋白以多个并列的 α 螺旋横穿过脂双分子层（图 4-13 ②），如细菌紫膜质（bacteriorhodopsin）有 7 个 α 螺旋通过脂双层。

（3）β 折叠片跨膜：膜内在蛋白的跨膜节段排列成封闭的 β 折叠片形成跨膜通道（图 4-13 ③），如存在于细菌外膜中的孔蛋白。

（4）跨膜蛋白形成大的复合物：膜蛋白形成大的复合物以行使复杂的功能，如细菌的光反应中心。

（5）与膜脂共价结合（图 4-13 ④⑤⑥）：膜外周蛋白以共价键结合在脂肪酸分子上，插入胞质侧的脂分子层中；也可共价结合在磷脂和磷脂酰肌醇链上，插到非胞质面的脂分子层中。

（6）与膜蛋白共价结合：一些蛋白质与膜结合，并不伸入脂质分子层里面，而是通过共价键与膜表面的其他蛋白质相互作用附着在膜上（图 4-13 ⑦⑧）。

（三）膜糖

生物膜中的糖占膜重量的 2%～10%，其中绝大多数膜糖（membrane carbohydrate）与膜蛋白共价结合形成糖蛋白，仅有不足 10% 的膜糖与膜脂共价结合形成糖脂。应特别指出的是，糖蛋白主要存在于细胞膜上，且都位于细胞膜的外表面，是细胞外被的重要组成部分；内膜中糖蛋白含量极少，都位于膜的内表面（图 4-14）。内膜系统中的内质网、高尔基体是糖蛋白和糖脂的合成与加工场所。

三、细胞膜的特性

膜的流动性和不对称性是生物膜的基本特征，是生物膜行使功能的重要保证。膜的流动性和不对称性与膜组成成分的分子属性，以及细胞的物质运输、信号转导和细胞周期等

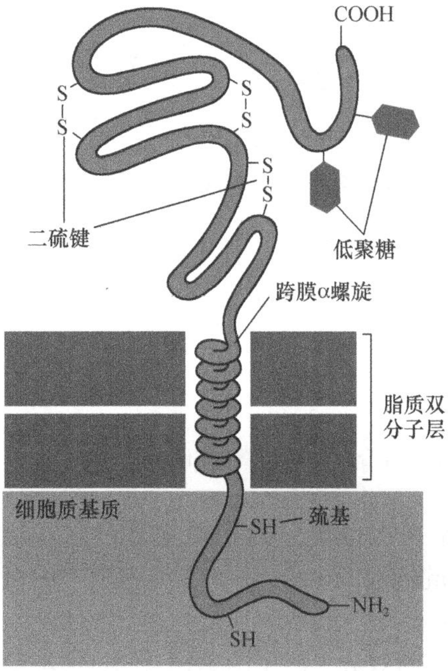

图 4-14 单次跨膜糖蛋白（Karp，2002）

生命活动密切相关。

（一）膜的流动性及其影响因素

膜的流动性（fluidity）包括膜脂的流动性和膜蛋白的流动性，指的是膜脂和膜蛋白处于持续的运动状态。液晶态的膜脂总是处于流动状态，而且脂类分子具有不同形式的运动，膜蛋白也处于运动状态。

1. 膜的流动性

1）膜脂的流动性　膜脂的流动性主要指膜脂分子的侧向运动，它在很大程度上是由膜脂分子本身的性质决定的，一般来说，膜脂脂肪酸链越短，不饱和程度越高，膜脂的流动性越大。另外，温度对膜脂的运动影响很大。在相变温度以上时，膜脂分子的热运动方式主要有以下 4 种（图 4-15）：①侧向扩散，指膜脂分子在膜二维平面内的分子位置交换，这是膜脂的基本运动方式，具有重要的生物学意义；②旋转运动，指膜脂分子围绕与膜平面垂直的轴进行快速旋转；③尾部的摆动，指脂肪酸链围绕与膜平面垂直的轴进行的左右或上下的摆动伸缩；④翻转运动，指膜脂分子从脂双层的一侧以 180° 翻转到另一侧，该过程需要在翻转酶（flippase）的催化下完成，翻转运动速度很慢，一般情况下也很少发生。

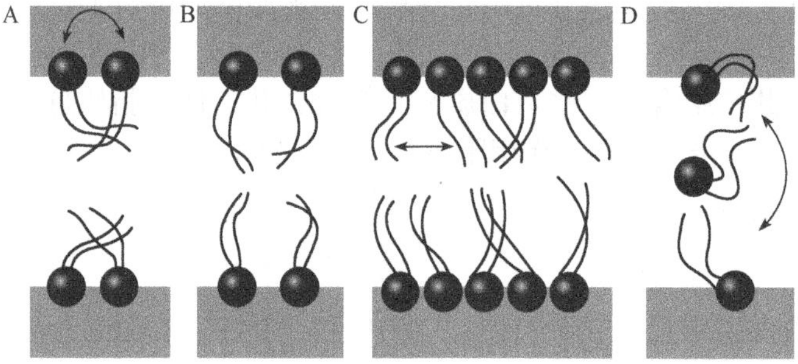

图 4-15 膜脂的分子运动（潘大仁，2007）

A. 侧向扩散；B. 旋转运动；C. 尾部的摆动；D. 翻转运动

2）膜蛋白的流动性　膜蛋白在膜的二维平面做的侧向扩散为自发热运动，不需要 ATP 的参与，但受温度的影响很大。

Frye 和 Edidin（1970）的细胞融合实验证明了膜蛋白的流动性。他们首先用绿色荧光染料标记抗小鼠细胞膜表面特异抗原的抗体，用红色荧光染料标记抗人细胞膜表面特异抗原的抗体，然后分别将染料标记的抗体与小鼠淋巴细胞和人淋巴细胞结合，再利用仙台病毒诱导两种细胞融合，形成异核体（heterokaryon）。异核体最初一半呈现红色，另一半呈现绿色，在37℃下培养40min后，两种颜色的荧光在细胞表面均匀分布（图4-16）。这一细胞融合实验清楚地显示了与抗体结合的膜蛋白在细胞膜上的运动。

在某些细胞中，已均匀分布的表面标记荧光随着时间延长而重新排布，聚集在细胞表面的某些部位称为成斑现象（patching），或聚集在细胞的一端称为成帽现象（capping）。当将带有荧光标记的兔抗小鼠抗体与小鼠淋巴细胞混合时，带有荧光标记的兔抗小鼠抗体会结合多个小鼠淋巴细胞细胞膜上的抗体，同时，小鼠淋巴细胞细胞膜上的抗体会结合多个兔抗体，从而很快就会在淋巴细胞表面形成"兔抗小鼠抗体-小鼠抗体"的斑。斑会逐渐聚集扩大，在小鼠淋巴细胞表面形成"帽子"结构，这说明膜蛋白在分子间作用力下可沿膜平面聚集，所形成的斑或"帽子"结构最后经细胞内吞作用进入细胞。成斑现象和成帽现象进一步证明了膜蛋白的侧向扩散，也表明膜蛋白与膜下细胞骨架的相互作用，以及膜泡运输对膜蛋白的运动具有重要影响。

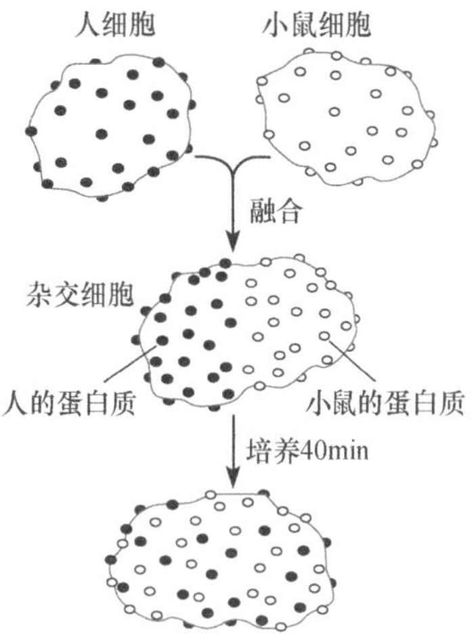

图4-16　膜蛋白运动
（Alberts et al.，2002）

2. 膜流动性的影响因素

1）膜脂对膜流动性的影响　膜脂的结构和组成对膜的流动性的影响主要表现在以下4个方面。①脂肪酸链的不饱和程度。脂分子间排列的有序性和不饱和双键的存在会影响膜的相变温度。膜脂分子中不饱和脂肪酸链越多，分子排列越疏松，相变温度则越低，在相变温度以上膜脂流动性也越大。②脂肪酸链的长度。长链脂肪酸相变温度高，膜流动性则降低。③胆固醇含量。在相变温度以上时，胆固醇含量的增加会降低膜的流动性。但在温度降低时胆固醇阻碍磷脂汇集，从而增加脂肪酸的运动，抑制温度变化引起的相变，以致低温下膜的流动性不会剧烈下降。④卵磷脂和鞘磷脂含量的比值。卵磷脂脂肪酸链的不饱和程度高，链较短，相变温度低；而鞘磷脂的饱和程度高，相变温度高。在37℃下，两者均呈液态，但鞘磷脂的黏度是卵磷脂的6倍。例如，衰老细胞的细胞膜和动脉硬化的细胞膜上卵磷脂及鞘磷脂含量的比值较低，膜的流动性降低。

2）膜蛋白对膜流动性的影响　膜蛋白以某种方式与细胞内外发生联系，行使其功能。膜蛋白与膜脂结合限制了膜蛋白和膜脂的运动，降低了膜的流动性。膜蛋白的运动除受温度影响外，还受到其他许多因素的影响，如其所处的细胞膜区域的膜脂相态以及膜中其他膜蛋白（如骨架蛋白）的存在。

3）温度对膜流动性的影响　温度是影响膜流动性最主要的外界因素。膜脂的物理状态主要受温度的影响，如用磷脂酰胆碱和磷脂酰乙醇胺构建的人工脂双层结构，37℃时以相对流动的液态存在，呈现典型的二维液晶。当温度缓慢降低至某一点时，脂就会由正常的拟液态变成冷冻的晶体胶态，从而使磷脂的运动大受限制，这时的温度就是相变温度。膜蛋白同样受到温度的影响，温度降低，其运动速率亦会降低。

3. 膜流动性的生物学意义

细胞膜的流动性是细胞行使正常功能的必要条件。膜蛋白活性、膜的物质运输、细胞信息传递、细胞识别、细胞免疫、细胞分裂、细胞分化以及激素的作用等都与膜的流动性密切相关。当膜的流动性低于一定阈值时，膜的功能迅速下降甚至部分功能丧失，而流动性过高也会使膜结构不稳定甚至溶解。

（二）膜的不对称性

细胞膜的组成成分在膜中或两侧的分布及其功能有明显的差异，称为膜的不对称性（asymmetry）。膜脂与膜蛋白在膜上均呈不对称分布，糖蛋白和糖脂的糖基部分均位于细胞膜的外侧，从而使膜的功能具有了不对称性和方向性。

1）膜脂的不对称性　膜脂的不对称性主要表现在膜中或膜两侧分布的各类脂分子的含量不同，同一种膜脂分子在膜的脂双层中往往呈不均匀分布。外小页（the outer leaflet of the bilayer，膜脂的外侧脂分子层）含鞘磷脂、磷脂酰胆碱较多，而内小页（the inner leaflet of the bilayer，膜脂的内侧脂分子层）含磷脂酰乙醇胺、磷脂酰丝氨酸较多。膜脂双层中，脂分子的不对称性形成后并不是稳定不变的，而是在不断的动态变化中来维持其不对称性。膜脂的不对称性是生物膜完成生理功能的结构基础。

2）膜蛋白的不对称性　膜蛋白的不对称性指的是膜蛋白分子在细胞膜上具有特定的方向性，如细胞表面的受体、膜上的载体蛋白等，都是按一定的取向转运物质和传递信息。膜上酶促反应也只发生在膜的某一侧。各类生物膜的特性及生物学功能主要是由膜蛋白来决定的。膜蛋白的不对称性分布是生物膜完成复杂而有序的生理功能的保证。

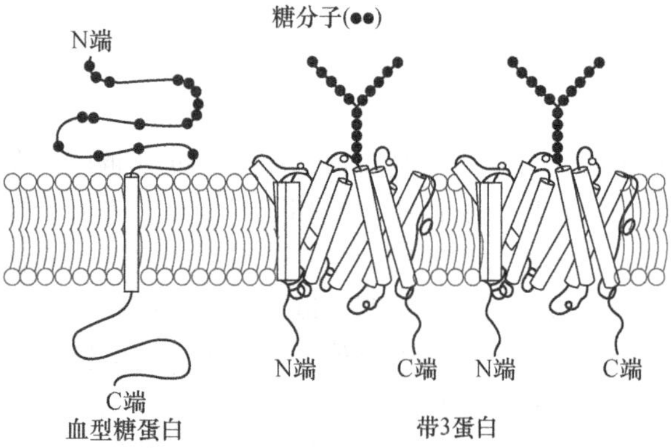

图 4-17　膜糖的不对称分布（王金发，2003）

3）膜糖的不对称性　糖脂和糖蛋白均表现为完全的不对称性，二者的糖基侧链全部位于细胞膜的外表面（extracytoplasmic surface，ES）（图 4-17），如人红细胞的糖脂和血型糖蛋白。

四、细胞外被

（一）化学组成

细胞外被（cell coat）又称糖萼（glycocalyx），也称为细胞表面（cell surface），是由构成细胞膜的糖蛋白和糖脂伸出的寡糖链组成的，存在于动物细胞表面的一层富含糖类物质的结构，因此细胞外被实质上是细胞膜结构的一部分（图 4-18）。用重金属染料（如钌红）染色后，在电子显微镜下可显示出这层结构，厚 10～20nm，但边界不明显。

自然界存在的单糖及其衍生物有 200 余种，其中存在于膜的糖类仅有 9 种，即 D-葡萄糖（D-glucose）、D-半乳糖（D-galactose）、L-阿拉伯糖（L-arabinose）、D-甘露糖

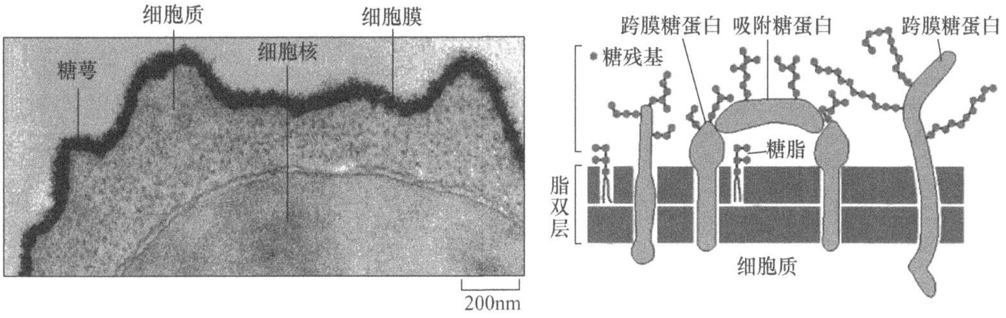

图 4-18　细胞外被（Alberts et al.，2002）

（D-mannose）、L- 岩藻糖（L-fucose）、D- 木糖（D-xylose）、*N*- 乙酰 -D- 半乳糖胺（*N*-acetyl-D-galactosamine）、*N*- 乙酰葡糖胺（*N*-acetyl-glucosamine）、*N*- 乙酰神经氨酸（又称唾液酸，sialic acid）。唾液酸通常位于糖支链的末端，使糖链具有负电荷。

细胞外被中糖脂的含量很少，一般不超过膜脂总量的 5%，最近端的糖基多为葡萄糖。

在糖蛋白中，寡糖链以其还原端与蛋白质部分的氨基酸残基共价结合，糖以短的分支的寡聚糖形式存在。糖蛋白中糖含量变化很大，少的在 1% 以下，多的则可超过 60%。糖同氨基酸的连接主要有两种形式，即糖链与肽链中的丝氨酸或苏氨酸残基相连的 *O*- 连接、糖链与肽链中天冬酰胺残基连接的 *N*- 连接（图 4-19）。

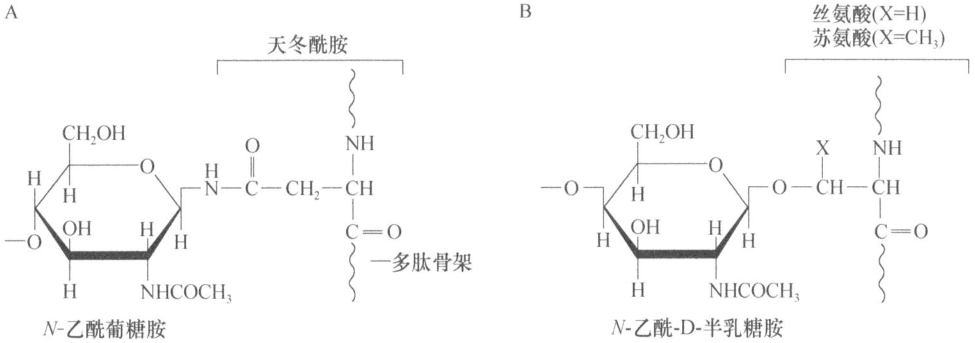

图 4-19　糖与多肽连接的两种方式（王金发，2003）

A. *N*- 连接；B. *O*- 连接

ABO 血型是由红细胞膜蛋白或膜脂中的糖基决定的。ABO 血型决定因子（determinant）即 ABO 血型抗原，是一种糖脂，其寡糖部分具有抗原决定簇的作用（图 4-20）。A、B、O 三种血型抗原的糖链结构基本相同，只是糖链末端的糖基有所不同。A 血型红细胞膜的糖脂寡糖链末端是 *N*- 乙酰半乳糖胺（GalNAc），B 血型红细胞膜的糖脂寡糖链末端是半乳糖（Gal），O 血型的糖脂则没有这两种糖基，而 AB 血型的糖脂末端同时具有这两种糖基。

凝集素（lectin）是一类能与糖类特异性结合的蛋白质，能使细胞发生凝集。有些凝集素存在于细胞表面，参与细胞间的识别。由于凝集素能与细胞表面的糖蛋白、蛋白多糖和糖脂结合，而且不同凝集素识别糖基的不同特异序列，发生特异性的结合。因此，凝集素被广泛地用于定位和分离各种含糖的细胞膜分子。

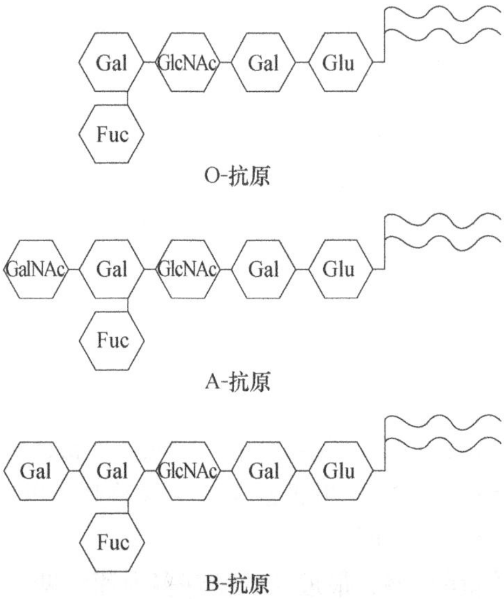

图 4-20 ABO 血型抗原（Karp，2002）

（二）生物学功能

细胞外被与细胞膜的许多重要功能有关。

1）保护作用　作为细胞膜的正常结构组分，细胞外被对细胞具有一定的保护作用，保护细胞膜抵御外来的机械和化学损伤。细胞外被具有一定的独立性，去掉细胞外被，并不会直接损伤细胞膜。在消化管、呼吸道上皮游离面的细胞外被可以防止消化酶、细菌等对上皮的损害。

2）细胞识别　细胞识别与构成细胞外被的寡糖链密切相关。每种细胞的寡糖链的单糖残基具有一定的排列顺序，编成了细胞表面的密码，为细胞识别的分子基础，是细胞的“指纹”。同时细胞表面有寡糖链的专一受体，对具有一定序列的寡糖链具有识别作用。因此，细胞外被中的寡糖链参与了细胞识别。

3）酶　细胞外被中有的糖蛋白具有酶活性。例如，小肠上皮细胞的游离端表面上的糖基与消化有关，有一些糖蛋白是消化酶。

五、膜骨架

早期人们利用光镜观察发现，细胞膜下存在约 0.2μm 厚的但没有任何细胞结构的溶胶层，电镜出现后人们才认识到该溶胶层含有丰富的细胞骨架纤维（如微丝等），这些骨架纤维通过膜骨架与细胞膜相连。膜骨架（membrane skeleton）是指细胞膜下与膜蛋白相连的由纤维蛋白组成的网架结构，参与维持细胞膜的形状并协助细胞膜完成多种生理功能（图 4-21）。

成熟的哺乳动物红细胞没有细胞核、细胞器和内膜系统，是研究膜骨架的理想材料。红细胞经低渗处理后细胞膜破裂，同时释放出血红蛋白及其胞内可溶性蛋白，这时红细胞仍能保持原来的形状和大小，这种结构称为血影（blood ghost）。

十二烷基硫酸钠（SDS）- 聚丙烯酰胺凝胶电泳分析血影的蛋白质成分显示，组成血影的蛋白质大约有 15 种，主要包括血影蛋白（spectrin，亦称红膜肽）、锚蛋白（ankyrin）、带 3 蛋白（band 3 protein）、带 4.1 蛋白（band 4.1 protein）、肌动蛋白（actin）和一些血型糖蛋白（glycophorin）。

改变处理血影的离子强度，血影蛋白和肌动蛋白条带会首先消失，说明这两种蛋白质不是膜内在蛋白。此时血影形状变得不规则，膜蛋白流动性增强，说明这两种蛋白质在维持膜的形状及固定其他膜蛋白的位置方面起重要作用。

若用 Triton-X 100 处理血影，这时带 3 蛋白与血型糖蛋白消失，但血影仍保持原状，

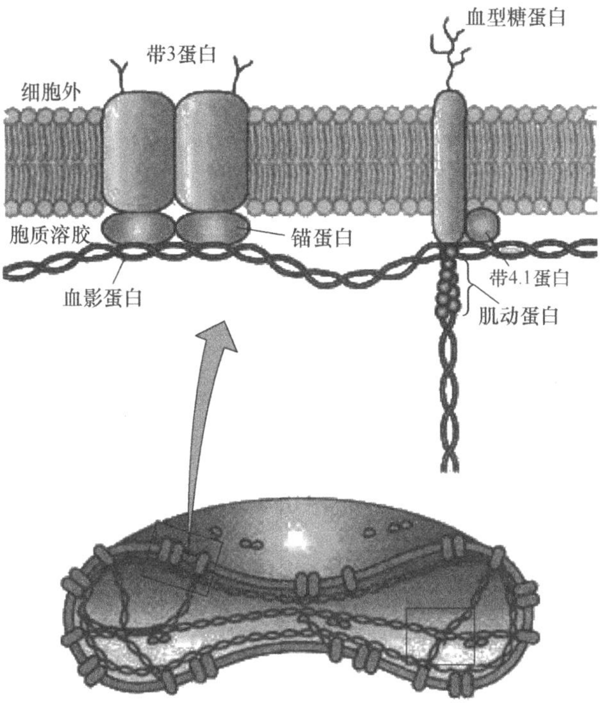

图 4-21　红细胞的形态及其膜骨架的主要成分（Karp，2002）

说明带 3 蛋白及血型糖蛋白是膜内在蛋白，在维持细胞形态方面不起决定性作用。

以上各种蛋白质在膜骨架的网架结构的存在状态与连接方式如下。

血影蛋白：是红细胞膜骨架的主要成分，由结构相似的 α 链、β 链组成一个异二聚体，两个二聚体头与头连接成一个四聚体。肌动蛋白纤维上存在多个与血影蛋白结合的位点，因此可形成一个网络状的膜骨架结构。

锚蛋白：含有两个功能结构域，一个能紧密且特异地与血影蛋白 β 链上的一个位点相连；另一个结构与带 3 蛋白中伸向胞质面的一个位点紧密结合，从而使血影蛋白网络与细胞膜连接在一起。锚蛋白与血影蛋白和带 3 蛋白的胞质部相连，将血影蛋白网络连接到细胞膜上。膜骨架网络主要通过锚蛋白与细胞膜进行连接。

带 3 蛋白：是由两个亚基组成的二聚体，每条链含有 929 个氨基酸，在细胞膜中穿越 12～14 次，为多次跨膜蛋白，是 Cl^-/HCO_3^- 阴离子转运的载体蛋白。

带 4.1 蛋白：是由两个亚基组成的球形蛋白，它在膜骨架中的作用是通过同血影蛋白结合，促使血影蛋白同肌动蛋白结合。但由于带 4.1 蛋白没有与肌动蛋白连接的位点，因此不能同肌动蛋白相连。

血型糖蛋白：单次跨膜蛋白，约有 131 个氨基酸，N 端位于膜外侧，结合 16 条寡糖链；C 端在胞质面，链较短，与带 4.1 蛋白相连。血型糖蛋白的基本功能可能是在它的唾液酸中含有大量负电荷，防止了红细胞在循环过程中经过狭小血管时聚集沉积在血管中。另外，血型糖蛋白与 MN 血型有关。

六、细胞膜特化结构

在电镜下可观察到细胞膜表面并不是平整的，常常形成如微绒毛、褶皱、内褶、圆泡、纤毛和鞭毛等特化结构，这些结构与细胞形态、细胞运动以及物质交换等功能有关。

1）*微绒毛*　微绒毛（microvilli）广泛存在于动物细胞（如小肠上皮细胞）的游离表面（图 4-22），是细胞表面伸出的细长、圆筒形的突起，直径约为 0.1μm，长度则因不同细胞类型及不同生理状况而有很大差别。微绒毛的表面覆盖细胞膜，内芯由肌动蛋白的丝束（微丝束）组成。微丝束之间由绒毛蛋白（villin）和丝束蛋白（fimbrin）组成的许多横桥相连。微绒毛侧面细胞膜有侧臂与微丝束相连，从而将微丝束固定。

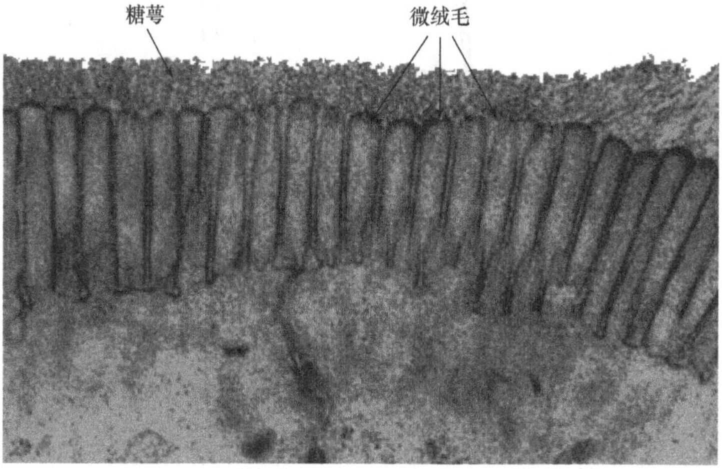

图 4-22　微绒毛（Bloom and Fawcett，1994）

微绒毛的存在扩大了细胞的表面积，有利于细胞与外界环境之间的物质交换，因此微绒毛的长度和数量与细胞代谢强度有关。

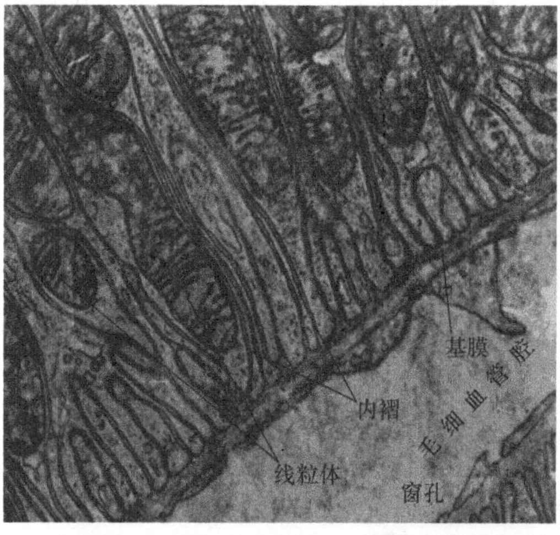

图 4-23　肾近曲小管上皮细胞的内褶（韩贻仁，2001）

2）*褶皱*　褶皱也称为片足（lamellipodium），是细胞表面的一种片状突起。褶皱与细胞的吞噬运动有关。在活动细胞（如巨噬细胞）的边缘比较显著，几秒即可长到最大高度。在细胞边缘长成的褶皱可以互相靠拢，包围胞外液体，形成吞饮泡。

3）*内褶*　内褶（infolding）是细胞表面内陷形成的结构。常见于液体与离子交换活动比较旺盛的细胞，也具有扩大细胞表面积的作用。例如，在肾近曲小管和远曲小管上皮细胞的基部，细胞膜向内深陷，形成内褶，褶间细胞质中含有较大的线粒体（图 4-23）。

4）圆泡　圆泡（bleb）是细胞表面突出的泡状物。圆泡直径一至十几微米，大小不等。它在活细胞表面总是处于动态的发生与消退变化中，小圆泡逐渐长大，长到最大又逐渐缩小。圆泡多出现在有丝分裂的晚期和 G_1 期，功能尚不清楚。

5）纤毛和鞭毛　纤毛（cilia）和鞭毛（flagella）是细胞表面伸出的条状运动装置。二者在发生和结构上基本相同。有的细胞依靠纤毛（如草履虫）或鞭毛（如精子和眼虫）在液体中穿行；有的细胞（如动物的某些上皮细胞）虽具有纤毛，但细胞本体不动，而是通过纤毛摆动推动物质越过细胞表面，进行物质运送，如气管和输卵管上皮细胞的表面纤毛。

纤毛与鞭毛的详细结构和功能，可参见本书细胞骨架章节。

七、细胞膜的功能

复杂的细胞膜结构是细胞膜功能多样性的基础。作为细胞的边界，细胞膜具有比其他细胞内膜更为复杂的功能，细胞的许多生命活动均与细胞膜有关。细胞膜的主要功能包括以下几方面：①为细胞的生命活动提供相对稳定的内环境；②选择性的物质运输，包括代谢底物的输入和代谢产物的输出，其中伴随着能量的传递；③提供细胞识别位点，并完成细胞内外信息的跨膜转导；④为多种酶提供结合位点，使酶促反应高效而有序地进行；⑤介导细胞与细胞、细胞与细胞外基质之间的连接；⑥参与形成具有不同功能的细胞表面特化结构。

第二节　细胞外基质

细胞外基质（extracellular matrix，ECM）是指分布于细胞外空间，由细胞分泌的蛋白质和多糖所构成的网络结构（图 4-24）。在动物组织中，细胞外基质与细胞膜上的受体

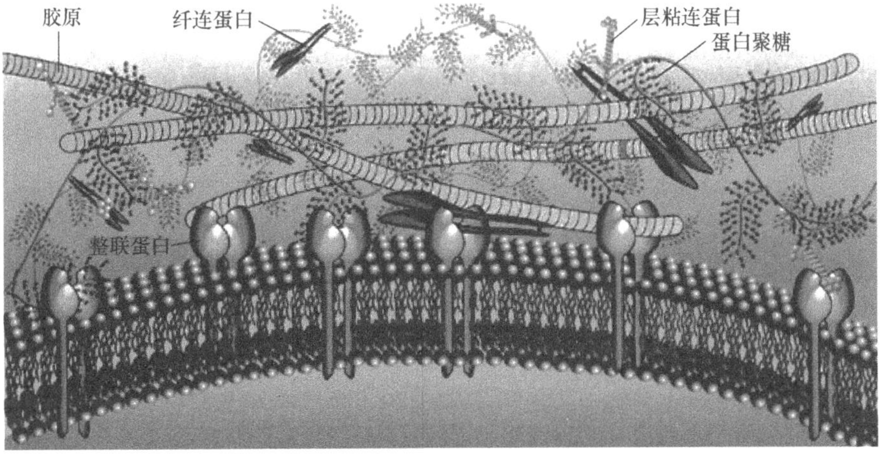

图 4-24　细胞外基质主要成分与结构示意图（Karp，2002）

结合，同细胞建立联系，将细胞黏着在一起形成组织。细胞外基质形成一个细胞外的支持与连接结构，同时对细胞分化、增殖、迁移等功能活动产生重要影响。组成细胞外基质的主要成分有多糖和纤维蛋白。多糖包括糖胺聚糖（glycosaminoglycan，GAG）和蛋白聚糖（proteoglycan，PG），两者均具有高度亲水性，从而赋予胞外基质抗压的能力。纤维蛋白在功能上可分为两种，一种是起结构作用的胶原（collagen）和弹性蛋白（elastin），分别赋予细胞外基质强度和韧性；另一种是起黏着作用的层粘连蛋白（laminin）和纤连蛋白（fibronectin），它们含有 Arg-Gly-Asp（RGD）三肽序列等多个识别结合位点，有助于细胞粘连到细胞外基质上。

植物体的组织结构与动物差别很大，不具有动物组织那样的细胞外基质，但植物细胞的细胞壁相当于动物细胞的细胞外基质。

一、糖胺聚糖和蛋白聚糖

（一）糖胺聚糖

1. 分子结构

糖胺聚糖是由重复的二糖单位构成的长链多糖，其二糖单位之一是氨基己糖（氨基葡萄糖或氨基半乳糖），故名糖胺聚糖，也称为氨基聚糖。另一糖残基为糖醛酸，即葡糖醛酸或艾杜糖醛酸，但也有例外，如硫酸角质素以半乳糖代替了糖醛酸。

糖胺聚糖的多糖链不能弯曲，呈充分展开构象，具有高度亲水性，而且糖基通常带有硫酸基团或羧基，因此糖胺聚糖带有大量负电荷，可吸引大量阳离子（如 Na^+），这些阳离子再结合大量水分子，因而糖胺聚糖就像海绵一样吸水产生膨胀压，由此胞外基质同样获得了很高的膨胀压，从而赋予胞外基质抗压的能力。

糖胺聚糖依据其糖残基性质、连接方式、硫酸基数量及位置的不同，可分为五类：①透明质酸（hyaluronic acid）；②软骨素和硫酸软骨素类（chondroitin sulfate）；③硫酸皮肤素（dermatan sulfate）；④硫酸角质素（keratan sulfate）；⑤肝素和硫酸乙酰肝素（heparan sulfate）。

2. 透明质酸

透明质酸（图 4-25）是一种重要的糖胺聚糖，与其他糖胺聚糖相比，透明质酸不被硫酸化，而且通常不与任何核心蛋白（core protein）共价连接，且细胞外基质中的透明质酸

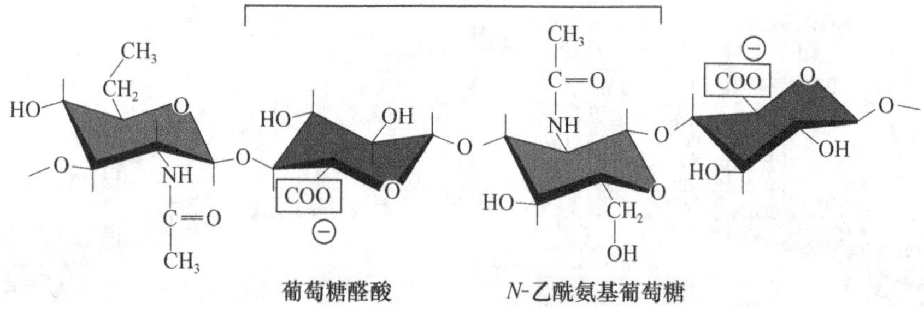

图 4-25 透明质酸的二糖重复序列（Alberts et al.，2002）

不是由细胞分泌产生，而是由细胞膜中的酶复合物直接从细胞表面聚合出的分子链。透明质酸存在于动物所有组织和体液中，在早期胚胎组织中特别丰富，是增殖细胞和迁移细胞细胞外基质的主要成分，同时也是蛋白聚糖的主要结构组分。透明质酸在结缔组织中起强化、弹性和润滑作用。

透明质酸分子同其他糖胺聚糖分子一样带有大量负电荷可吸引阳离子，结合大量水分子，使细胞外基质吸水膨胀，赋予结缔组织抗压能力。在胚胎发育中透明质酸起空隙填充物作用，使组织结构保持一定的形状。另外，透明质酸形成的水合空间有利于细胞间彼此分离，有利于细胞运动迁移和增殖并阻止分化。当细胞迁移停止或增殖一定数量后，透明质酸被水解。透明质酸是关节液的重要成分，起润滑关节的作用。在伤口处有大量透明质酸合成，促进伤口愈合。

（二）蛋白聚糖

1. 分子结构

蛋白聚糖见于所有结缔组织和细胞外基质及许多细胞表面，是由糖胺聚糖（透明质酸除外）和核心蛋白的丝氨酸残基共价连接形成的大分子，其含糖量可达 90%～95%。蛋白聚糖的一个显著特点是多态性，可以含有不同的核心蛋白，以及长度和成分不同的多糖链。数以百计的糖胺聚糖通过特异的连接四糖（- 木糖 - 半乳糖 - 半乳糖 - 葡糖醛酸 -）与核心蛋白连接形成蛋白聚糖。在很多组织中，蛋白聚糖以单分子形式存在；但在软骨组织中，蛋白聚糖再通过连接蛋白（nectin）以非共价键与透明质酸结合形成多聚体（图 4-26）。

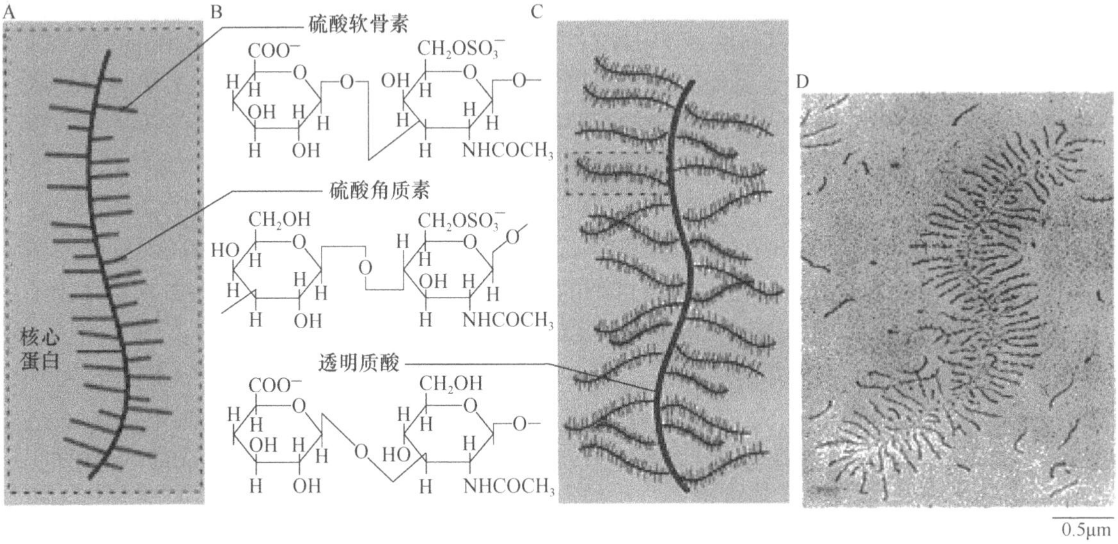

图 4-26　蛋白聚糖（Karp，2002）

A. 蛋白聚糖的模式图；B. 某些糖胺聚糖的分子式；C. 蛋白聚糖复合体结构示意图；D. 软骨中的蛋白聚糖电镜照片

2. 生物合成

蛋白聚糖的核心蛋白肽链由糙面内质网上的核糖体合成进入内质网腔。在高尔基体中多糖链装配到核心蛋白上，首先是一个特异的连接四糖连接到核心蛋白的丝氨酸残基上，然后在糖基转移酶（glycosyl transferase）的作用下，糖基依次接上去，形成糖胺聚糖链。聚合的糖基需经硫酸化和差向异构化（epimerization），最后由高尔基体形成运输小泡经胞吐作用（exocytosis）分泌到细胞外基质中。

3. 生物学功能

蛋白聚糖同样带有大量负电荷，具有极大的亲水性，可大量吸水，提高细胞外基质的抗压能力。蛋白聚糖与胶原纤维连接形成细胞外的纤维网络结构，对于提高细胞外基质的连贯性起关键作用，并为细胞黏着提供了黏着位点。此外，蛋白聚糖还与细胞间的信号传递、细胞分化以及细胞癌变有关。

二、胶原

1. 分子结构

胶原（collagen）是细胞外基质中最主要的水不溶性纤维蛋白，也是动物体内含量最丰富的蛋白质，占人体蛋白质总量的25%以上。目前已发现的胶原类型多达20多种。Ⅰ～Ⅲ型胶原含量最丰富，形成类似的纤维结构。Ⅳ型胶原和Ⅶ型胶原为网络形成胶原（network-forming collagen）。Ⅳ型胶原分子形成二维网格结构，是形成基膜的主要成分及支架。Ⅶ型胶原分子形成二聚体，装配成了锚定纤维（anchoring fibril），将复层上皮的基膜与下方的结缔组织连接起来，因而Ⅶ型胶原在皮肤中特别丰富。

胶原纤维的基本结构单位是原胶原（tropocollagen）。原胶原是由3条多肽链盘绕成的三股螺旋结构，长300nm，直径1.5nm。原胶原肽链的一级结构具有Gly-X-Y重复序列，X常为脯氨酸（Pro），Y常为羟脯氨酸（Hyp）或羟赖氨酸（Hyl），因此原胶原肽链的氨基酸组成中，甘氨酸含量占1/3，脯氨酸及羟脯氨酸约占1/4。胶原肽链的Gly-X-Y序列对形成胶原纤维的高级结构非常重要。胶原的氨基酸残基突变尤其是赖氨酸残基突变可导致三股螺旋形成障碍。

原胶原蛋白分子呈相差1/4交替平行排列（图4-27），并且在同一直线上的一个原胶原分子的头部与下一个原胶原分子的尾部有一个小的间隙分隔。电镜观察可见胶原纤维上每隔64～67nm会出现周期性横纹。平行排列的分子通过原胶原分子N端与相邻原胶原分子C端的赖氨酸或羟赖氨酸间形成共价键加以稳定。

2. 生物合成

前胶原（procollagen）是原胶原的前体的分泌形式。最初合成的多肽链为前α链（pro-α-chain），除在氨基端带有信号肽序列外，还具有150个氨基酸残基的N端前肽（propeptide）和有250个氨基酸残基的C端前肽。在内质网腔内，前肽链中的脯氨酸和赖氨酸残基分别被羟基化。3条前α链在羟基形成的氢键作用下形成三股螺旋的前胶原分子。前胶原的修饰与装配过程开始于内质网，完成于高尔基体，然后通过高尔基体分泌到细胞外，在两种专一性不同的蛋白酶作用下，分别切去N端前肽和C端前肽，成为原胶原。两端各保留一段非螺旋区域，称为端肽区（telopeptide region）。原胶原进而装配成束，即胶

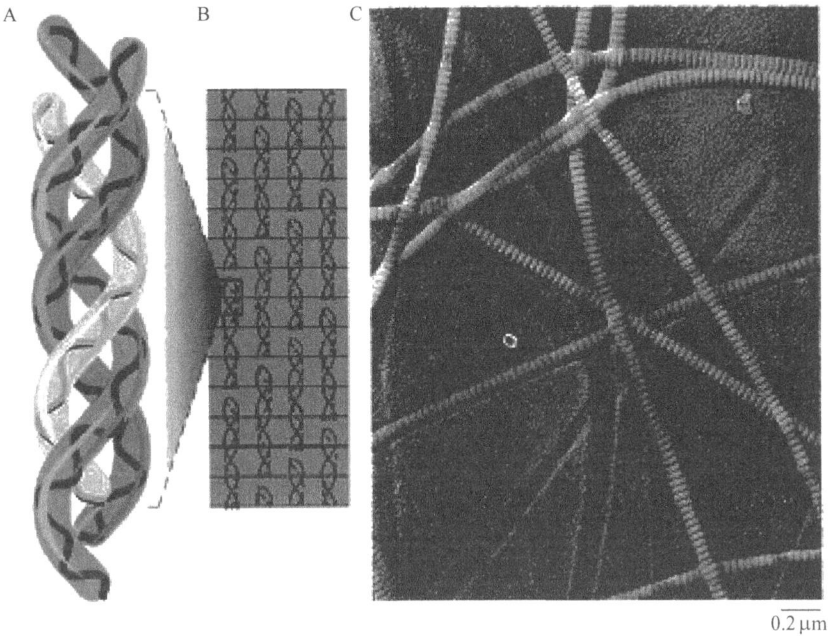

图 4-27　Ⅰ型胶原的结构示意图（Karp，2002）

A. 3 条前 α 链组成前胶原分子；B. 原胶原分子呈 1/4 交替平行排列；C. 胶原纤维电镜图

原（collagen）纤维束。

3. 生物学功能

胶原在细胞外基质中含量最高，刚性及抗张力强度最大，是构成细胞外基质骨架结构的主要成分。在不同组织中，胶原纤维装配成不同形式，细胞外基质中的其他组分通过与胶原结合形成结构与功能的复合体以适应特定功能的需要。成束的胶原纤维形成肌腱、韧带等结构，其抗张力强度非常强大，连接肌肉和骨骼。另外，组织或器官发生纤维化时，其胶原纤维含量明显增加。

三、弹性蛋白

弹性蛋白（elastin）是弹性纤维（elastic fiber）的主要成分，是高度疏水的非糖基蛋白，约含 830 个氨基酸残基，富含甘氨酸，很少含羟脯氨酸，不含羟赖氨酸。弹性蛋白分子间交联复杂，其构象呈无规则卷曲状态，通过赖氨酸残基相互交联成网状结构。

组成弹性蛋白的亚单位——原弹性蛋白，是由成纤维细胞和平滑肌细胞合成并分泌到细胞外的。在弹性纤维表面，经赖氨酸氧化酶的催化原弹性蛋白中的赖氨酸转化成了醛，从而变成了弹性蛋白所特有的氨基酸——异锁链素（isodesmosine）和锁链素（desmosine）（其中心环由 4 个赖氨酸残基的 R 基交联形成），这也是由原弹性蛋白聚合而成的弹性蛋白的网络具有多方向伸缩性能的主要原因。

由弹性蛋白装配成的弹性纤维具有很强的弹性，类似于橡皮筋，被拉长后可自动恢复

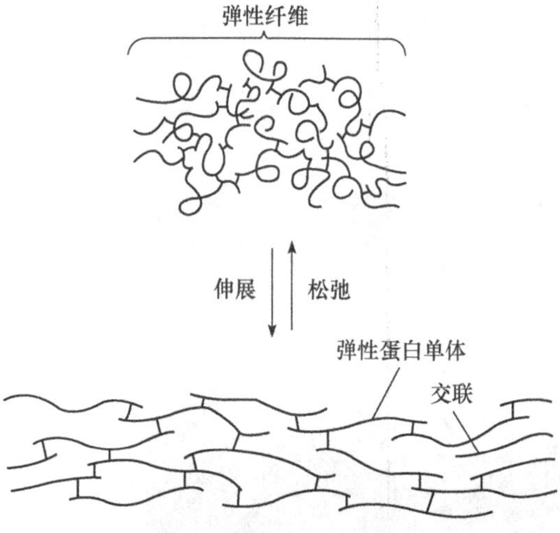

图 4-28　弹性纤维屈伸模型（Alberts et al.，2002）

卷曲状态，使组织富有弹性（图 4-28）。在结缔组织中，胶原纤维与弹性纤维共同作用分别赋予组织抗张性和弹性。有些器官和组织（如皮肤、大动脉血管、肺、韧带）需要很强的弹性，在受到外力牵拉后可随即恢复原有状态，它们的结缔组织中弹性纤维特别丰富，故称为弹性结缔组织。

弹性纤维常与胶原纤维共存于细胞外基质中，分别赋予组织以弹性和抗张能力。随着人类年龄的增长，组织中弹性蛋白的合成减少，降解增强，而胶原的交联程度却越来越高，韧性变弱，导致老年人皮肤弹性减弱，关节灵活性降低。

四、层粘连蛋白和纤连蛋白

（一）层粘连蛋白

层粘连蛋白（laminin，LN）是胚胎发育中最早的细胞外基质成分，主要分布于动物的胚胎及成体组织的基膜中，是基膜的主要成分之一。层粘连蛋白是一个大分子糖蛋白（相对分子质量为 8.20×10^5），由一条重链（α 链，相对分子质量为 4.00×10^5）和两条轻链（β 链，相对分子质量为 2.15×10^5；γ 链，相对分子质量为 2.05×10^5）构成（图 4-29）。已发现的 8 种亚单位（α_1、α_2、α_3、β_1、β_2、β_3、γ_1、γ_2）至少构成 7 种不同的层粘连蛋白。层粘连蛋白呈不对称十字形。可合成和分泌层粘连蛋白的细胞主要是基膜附近的细胞（如上皮细胞、内皮细胞及肌细胞等）。

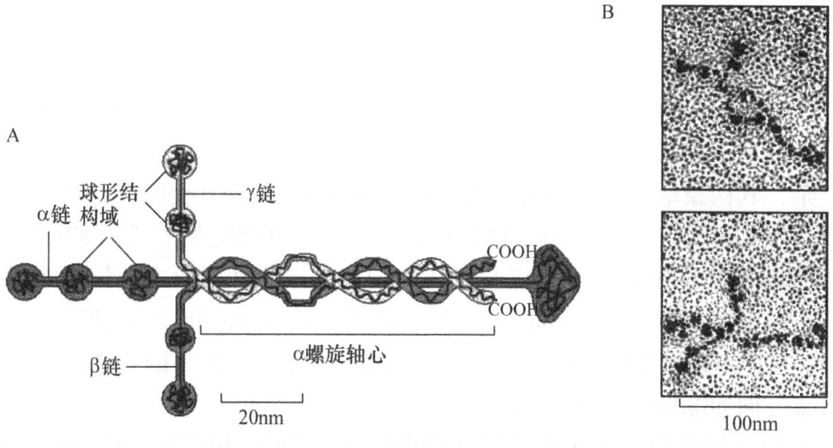

图 4-29　层粘连蛋白（Alberts et al.，2002）

A. 层粘连蛋白分子结构示意图；B. 层粘连蛋白分子电镜图

层粘连蛋白至少存在两个不同的受体结合位点：一个是与Ⅳ型胶原结合的结构域；另一个是自身的 RGD 三肽序列，可与细胞膜上的整联蛋白（integrin）结合。层粘连蛋白通过结合位点与胶原和整联蛋白结合，介导细胞与基膜不同成分的结合，形成网络结构，并将细胞锚定在基膜上。

（二）纤连蛋白

1．分子结构

纤连蛋白（fibronectin，FN）在动物体内广泛分布，并有多种异构型，以可溶性分子形式存在于血浆和各种体液中的称为血浆纤连蛋白。以不溶性的纤维存在于细胞外基质、细胞之间及某些细胞表面的称为细胞纤连蛋白。

纤连蛋白是糖蛋白，含糖为 4.5%～9.5%。血浆纤连蛋白分子是由两个相似的亚基组成的二聚体，其亚基相对分子质量为（2.20～2.50）$\times 10^5$。亚单位在靠近羧基的一端有一对二硫键将两个亚单位连在一起，整个分子呈“V”形（图 4-30）。

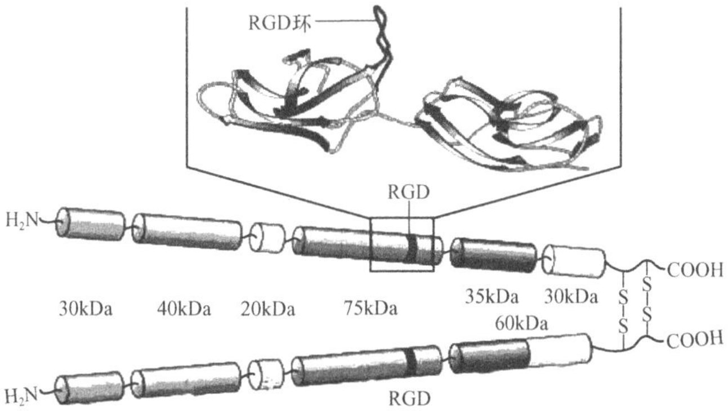

图 4-30　纤连蛋白分子的结构示意图（Karp，1999）

目前至少已鉴定出 20 种纤连蛋白多肽。不同的亚基为同一基因的表达产物，只是在转录后 mRNA 的加工剪接上有所不同。每个纤连蛋白亚基上都有与胶原、细胞表面受体、血浆纤连蛋白和硫酸乙酰肝素蛋白聚糖的多糖高亲和性结合位点，有可被细胞表面中的整联蛋白所识别的 RGD 三肽序列。

2．生物合成

血浆纤连蛋白主要来源于肝实质细胞，也可能少量来自于血管内皮细胞。细胞纤连蛋白主要来源于间质细胞，如成纤维细胞、成肌细胞、成软骨细胞、神经鞘细胞、巨噬细胞和血小板等。炎症反应时多形核白细胞合成纤连蛋白明显增多。另外，肝、肾、小脑及乳腺等的上皮细胞亦可合成纤连蛋白。

3．生物学功能

纤连蛋白的 RGD 三肽序列可被整联蛋白识别并结合，因此纤连蛋白具有介导细胞与基质黏着的功能。血浆纤连蛋白具有增强血凝、参与伤口愈合和吞噬作用的功能。细胞纤连蛋白介导细胞与细胞外基质的黏着，并可促进细胞外基质其他成分的沉积，被认为是细胞外基质的组织者。

在胚胎发育早期，许多细胞要迁移到特定区域，这些细胞迁移的路线上存在大量的纤连蛋白，因此认为纤连蛋白为细胞迁移提供了轨道。例如，在胚发育早期，应用纤连蛋白特异抗体阻止纤连蛋白与细胞的结合，可影响细胞的迁移，进而导致发育为异常胚。

五、基膜

基膜（basement membrane，basal lamina）又称基底膜，是一种常位于上皮细胞层基底面的特化的细胞外基质结构，常分布于上皮组织与结缔组织之间，以将上皮细胞层与结缔组织分开。另外，在血管内皮细胞下面以及肌细胞和脂肪细胞表面也有基膜的分布。

基膜的主要成分包括Ⅳ型胶原、层粘连蛋白、巢蛋白（nidogen）和基膜蛋白聚糖等。基膜的主要功能是对组织起结构支撑作用，并具有调节分子通透的作用，同时也是细胞运动的选择性通透屏障。

六、植物细胞壁

植物细胞的细胞膜外面有厚而硬的细胞壁（cell wall）（图 4-31），它是植物细胞区别于动物细胞的显著特征之一。植物细胞壁相当于动物细胞的细胞外基质，也是由细胞分泌的多糖和蛋白质构成的网络结构，但植物细胞壁的主要成分是纤维素和果胶，而动物细胞的细胞外基质主要成分是蛋白质、多糖和蛋白多糖复合物。细胞壁影响着植物细胞的生长、

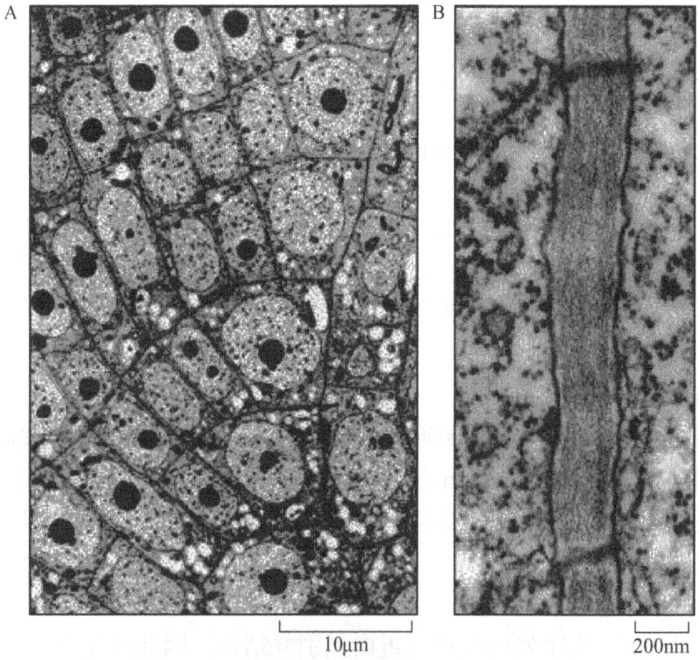

图 4-31 细胞壁电镜图（Alberts et al.，2002）

A. 植物根尖细胞间的细胞壁；B. 植物细胞壁的电镜结构

发育、分化、物质代谢和信息传递等细胞生命活动。

1．植物细胞壁的结构

细胞壁由外向内分为中胶层（middle lamella）、初生壁（primary wall）和次生壁（secondary wall）（叶肉细胞缺少次生壁）。

中胶层又称为胞间层（intercellular layer），是相邻细胞初生壁的中间区域，是最早分泌合成的区域，主要成分是果胶。中胶层将相邻细胞彼此黏着在一起。初生壁位于中胶层内层，由纤维素、半纤维素、果胶和糖蛋白等组成，厚1～3μm，是在细胞生长时期形成的。许多细胞终生仅有初生壁。但有些类型的细胞停止增大后会在初生壁的内侧继续沉积形成新的壁层，称为次生壁。次生壁主要是增加细胞壁的厚度和强度，纤维素和木质素是其主要成分，基本不含果胶，这使得次生壁非常坚硬。次生壁较厚，一般5～10μm，根据微纤丝排列方向的不同次生壁可区分为外、中、内三层。

2．植物细胞壁的组成

细胞壁是由大分子构成的复杂结构，主要组成成分有纤维素、半纤维素、果胶、蛋白质和木质素。

1）纤维素　纤维素（cellulose）（图4-32）分子是由D-葡萄糖残基通过β-1,4糖苷键连接而成的带状不分支葡聚糖链。纤维素分子链间通过氢键结合成束，有30～100个纤维素分子平行排列形成微原纤维（microfibril），微原纤维直径为5～15nm，长约几微米。微原纤维平行排列成片层，相邻微原纤维间相距20～40nm，由长的半纤维素分子相连。纤维素是细胞壁重要的组成成分，它赋予植物细胞壁硬度和抗张强度。

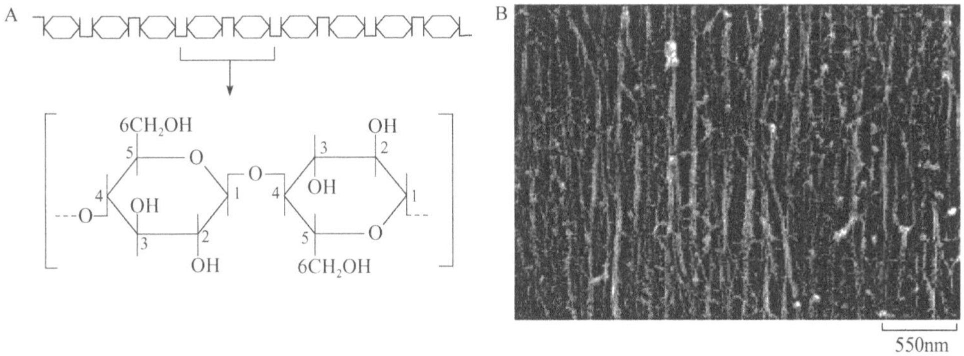

图4-32　纤维素（Alberts et al.，2002）

A．纤维素的分子结构示意图；B．纤维素中微纤丝的电镜图

2）半纤维素　半纤维素（hemicellulose）是由木糖、半乳糖和葡萄糖等单糖构成的高度分支的多糖。半纤维素通过氢键与纤维素微原纤维连接，介导微原纤维之间的连接，也介导微原纤维与其他基质成分（如果胶质）的连接。半纤维素在初生壁中较多，而在次生壁中较少，主要功能是参与细胞壁结构的构建和调节细胞的生长过程。

3）果胶　果胶（pectin）是由半乳糖醛酸和它的衍生物组成的多聚体。可以结合Ca^{2+}等阳离子，有较强的亲水性，可以高度水化而形成凝胶。果胶是中胶层的主要成分，可以与半纤维素横向连接，参与构建细胞壁复杂的网架结构。

4）蛋白质　植物细胞壁中的蛋白质主要包括两大类：一类是结构蛋白，如伸展蛋白，在细胞壁中含量达 2%～10%；另一类为酶，简称壁酶，目前已发现 30 种。

伸展蛋白（extensin）是由大约 300 个氨基酸残基组成的糖蛋白，含有大量羟脯氨酸残基，特征性氨基酸序列为 Ser-Hyp-Hyp-Hyp 四肽重复序列。其糖组分主要是阿拉伯糖和半乳糖。

5）木质素　木质素（lignin）是由酚残基形成的水不溶性多聚体，其主要基本结构单位是苯丙烷（phenylpropane）。木质素在次生壁形成时开始合成，主要存在于纤维素纤维之间，以共价键与细胞壁多糖相交联，增加了细胞壁的强度和抗降解能力。在木本植物中，木质素占 25%，是世界上丰富度排第二的有机物（纤维素排第一）。

3. 植物细胞壁的功能

细胞壁为植物细胞及植株提供了机械强度，同时也保护植物细胞免遭渗透压及机械损伤的破坏。细胞壁的中胶层的主要成分为果胶，具有很强的亲水性和可塑性，使相邻细胞黏着在一起。果胶被酸或酶溶解后，会引起细胞分离。植物细胞壁不仅是保护植物细胞的结构屏障，且在受到病菌侵染和创伤时，可主动参与防御反应，如迅速发生木质化，形成死细胞层，隔离病原体。植物细胞壁还可以诱发植物抗毒素合成酶的基因表达，产生植物抗毒素（phytoalexin），杀死病原体。另外，细胞壁对于细胞的物质运输、形态维持和信息转导具有一定作用。

第三节　细胞连接

细胞连接（cell junction）是多细胞生物组织中细胞与细胞或细胞与细胞外基质之间形成的具有一定形态结构的连接结构。细胞连接是细胞间或细胞与细胞外基质之间相互联系的结构基础，是多细胞生物中相邻细胞之间协同作用的重要组织方式。根据行使功能的不同，细胞连接可分为三大类。

（1）封闭连接（occluding junction），紧密连接（tight junction）是其中的典型代表。

（2）锚定连接（anchoring junction），又分为与中间丝相关的锚定连接和与微丝相关的锚定连接。前者包括桥粒（desmosome）和半桥粒（hemidesmosome）；后者主要有黏着带（adhesion）和黏着斑（focal adhesion）。

（3）通信连接（communication junction），主要包括间隙连接（gap junction）、神经元之间或神经元与效应细胞之间的化学突触（chemical synapse）和植物细胞中的胞间连丝（plasmodesmata）。

动物细胞中几种主要的细胞连接类型见图 4-33。

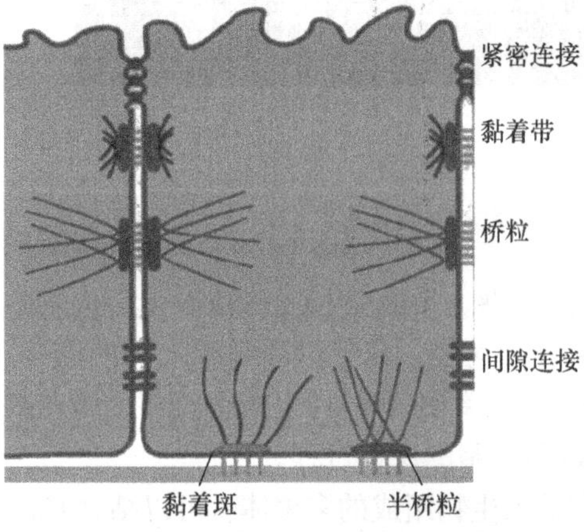

图 4-33　动物细胞连接的主要类型
（Alberts et al.，2002）

一、封闭连接

紧密连接又称封闭小带（zonula occluden），是封闭连接的主要形式，主要存在于脊椎动物上皮细胞之间。

在电镜下可见紧密连接处相邻细胞的细胞膜紧密连接在一起，没有间隙（图 4-34）。冷冻断裂复型技术显示它是由围绕在细胞四周的嵴线网络而成。嵴线也称为焊接线，由成串排列的特殊跨膜蛋白组成。

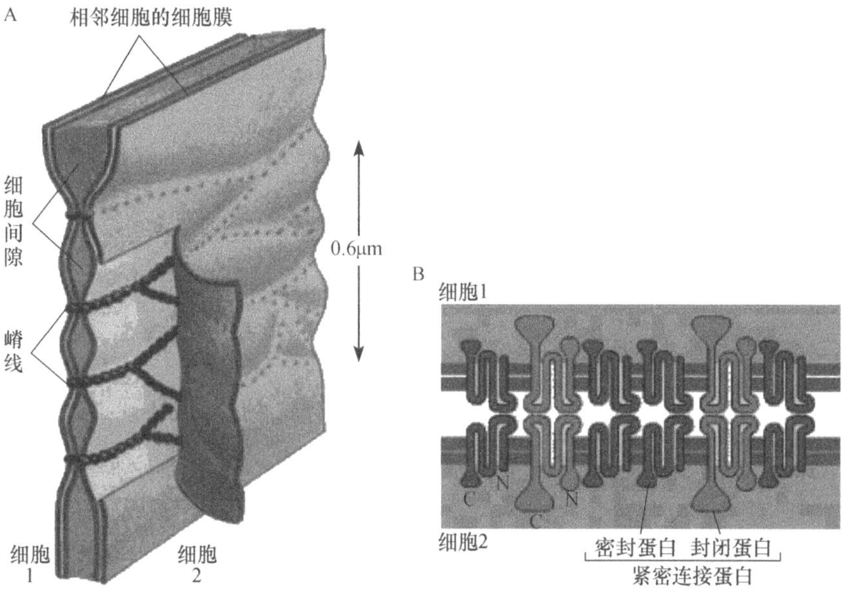

图 4-34　紧密连接（Alberts et al.，2002）

A. 嵴线将相邻细胞紧密连接在一起，相邻细胞嵴线相互交联封闭了细胞之间的间隙；B. 跨膜蛋白密封蛋白和封闭蛋白是组成嵴线的主要蛋白质成分

目前从紧密连接的嵴线中至少分离出两类蛋白质：一类称为封闭蛋白（occludin），相对分子质量为 6.0×10^4，是跨膜 4 次的膜蛋白；另一类称为密封蛋白（claudin），也是跨膜 4 次的蛋白质家族（现已发现 20 种以上）。不同类型的上皮细胞紧密连接嵴线数量不同，这与细胞对小分子的通透能力不同有关，如肾小管上皮细胞间的紧密连接只有 1 条或 2 条嵴线，胰腺腺泡细胞有 3 条或 4 条，而小肠上皮细胞则有 6 条以上。

相邻细胞嵴线相互交联封闭了细胞之间的间隙。紧密连接的主要作用是作为封闭相邻细胞间的接缝。上皮细胞的紧密连接位于细胞的侧壁，环绕在每个细胞的周围，这样就阻止了细胞外液中的大分子物质从细胞的一侧流向另一侧，迫使物质只能穿过细胞进入体内，从而保证了机体内环境的相对稳定。消化道上皮、膀胱上皮、脑毛细血管内皮以及睾丸支持细胞之间都存在紧密连接。后两者分别构成了血脑屏障和血睾屏障，能保护这些重要器官和组织免受异物侵害。紧密连接的另一种功能是防止膜蛋白与膜脂分子自由扩散，限制了膜蛋白在脂双分子层中的侧向扩散，使得上皮细胞游离面与基底面的膜蛋白以及膜脂分子只能在各自的膜区域流动，以行使各自不同的功能，维持上皮细胞的极性。

另外，紧密连接将上皮细胞侧向连接，形成上皮组织片层结构，并保持这一结构的机械强度。

二、锚定连接

锚定连接是动物各组织中广泛存在的一种细胞连接方式，在那些需要承受机械力的组织如上皮组织、心肌等组织中含量尤为丰富。锚定连接通过黏着蛋白、整联蛋白和细胞骨架体系以及细胞外基质的相互作用，将相邻细胞连接在一起。锚定连接具有两种不同的形式：①与中间纤维相连的锚定连接主要包括桥粒和半桥粒；②与微丝相连的锚定连接主要包括黏着带和黏着斑。其中细胞与细胞之间的锚定连接为桥粒和黏着带，细胞与细胞外基质之间的锚定连接为半桥粒和黏着斑。

构成锚定连接的蛋白质可分为两类：①细胞内附着蛋白（intracellular attachment protein），将特定的细胞骨架成分（中间丝或微丝）同连接复合体结合在一起；②跨膜连接蛋白（transmembrane linker protein），其细胞内部分与附着蛋白相连，细胞外的部分与相邻细胞的跨膜糖蛋白相互作用或与细胞外基质相互作用。

（一）桥粒与半桥粒

桥粒存在于承受强拉力的组织中，如皮肤、口腔、食管等处的复层鳞状上皮细胞之间和心肌中。利用电镜观察桥粒处相邻细胞膜间的间隙约 30nm，在细胞膜的胞质侧有一块厚度为 15～20nm 的盘状致密斑，中间丝直接与其相连，相邻细胞的致密斑由跨膜连接糖蛋白相互连接，形成纽扣式的结构将相邻细胞铆接在一起（图 4-35）。因此，一个细胞内的中

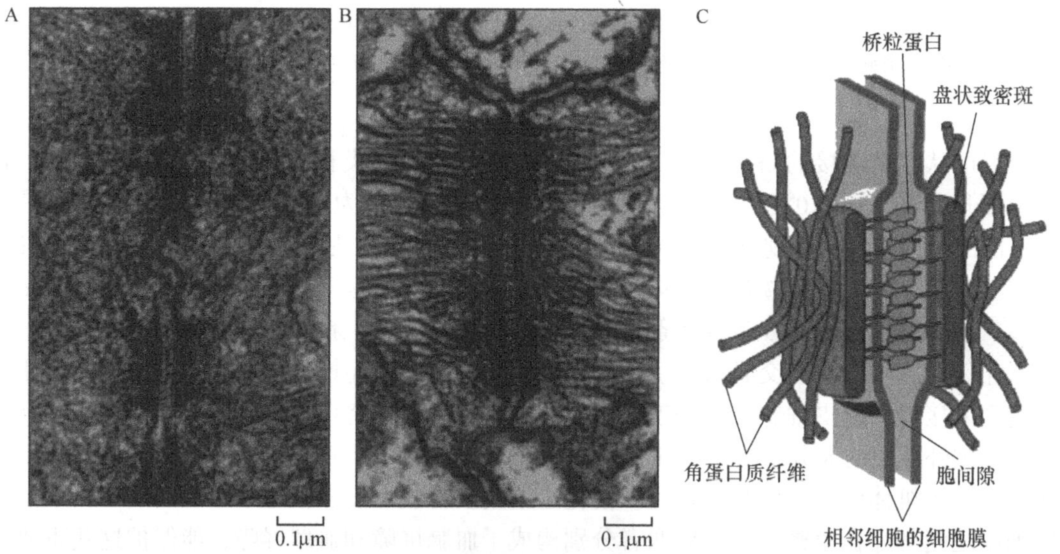

图 4-35　桥粒（Alberts et al.，2002）

A. 小鼠肠上皮细胞 3 个桥粒的电镜图；B. 蝾螈表皮细胞桥粒的电镜图；C. 桥粒结构模式图

间丝与相邻细胞内的中间丝通过桥粒相互作用，从而将相邻细胞连成一体，形成细胞群体结构，增强细胞群体抵抗外界压力与张力的机械强度。

参与桥粒连接的钙黏着蛋白（cadherin）有两种类型，分别称为桥粒芯蛋白（desmoglein）和桥粒芯胶黏蛋白（desmocollin），它们均属于钙黏着蛋白家族。钙黏着蛋白是一种跨膜蛋白，属 Ca^{2+} 依赖性的细胞黏着分子，因此这种连接也是钙依赖性的。与桥粒连接的中间丝的成分因细胞类型不同而不同，如在上皮细胞中为角蛋白纤维，心肌细胞中为结蛋白中间丝，大脑表皮细胞中为波形蛋白纤维。

桥粒的主要功能是维持上皮组织细胞的整体性，同时还增加了细胞的机械强度。例如，天疱疮—— 一种自身免疫缺陷疾病，就是因为患者上皮细胞的桥粒连接被破坏，导致上皮细胞间的锚定连接丧失，体液渗漏而患上严重的皮肤水疱。

半桥粒主要位于上皮细胞的底面，将上皮细胞与其下方的基膜连接在一起，在形态上类似半个桥粒，称为半桥粒（图 4-36）。它与桥粒连接有三点不同：①参与连接的跨膜蛋白不是钙黏着蛋白而是整联蛋白；②整联蛋白的胞外结构域不是与相邻细胞的跨膜蛋白相连，而是与细胞外基质中的层粘连蛋白相连，再通过层粘连蛋白与细胞外基质中的胶原蛋白和黏多糖结合，促使上皮细胞粘连于基膜上；③半桥粒的细胞内侧的锚蛋白为网蛋白（plectin）。网蛋白可以与细胞内的角蛋白中间丝连接，从而防止机械力造成细胞与基膜相分离。

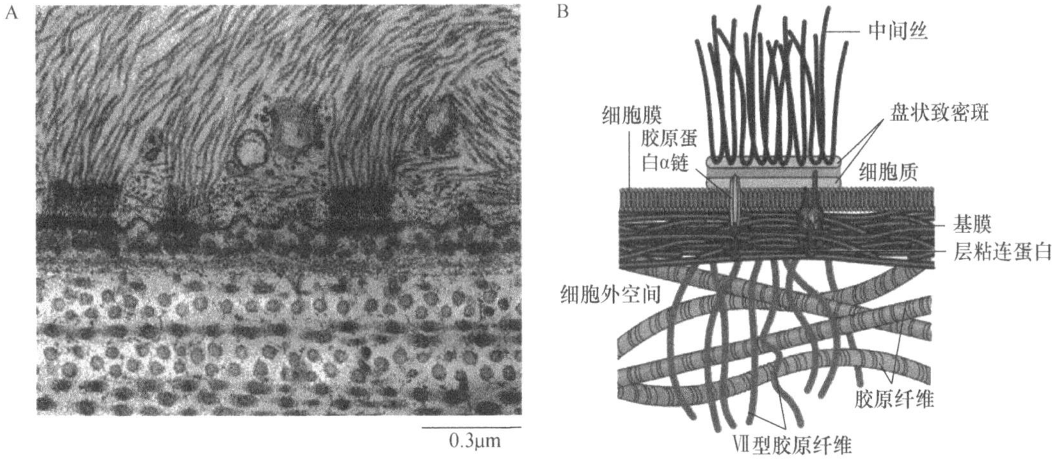

图 4-36　半桥粒（Karp，2002）

A. 半桥粒电镜图；B. 半桥粒结构模式图

半桥粒的主要作用是把上皮细胞与其下方的基膜连接在一起。

（二）黏着带与黏着斑

黏着带（adhesion belt）位于上皮细胞紧密连接的下方，在相邻细胞间形成一个连续的带状结构（图 4-37），起锚定微丝的作用。黏着带处相邻细胞膜的间隙为 20～30nm，介于紧密连接和桥粒之间，因此黏着带也称为中间连接（intermediate junction）或带状桥粒

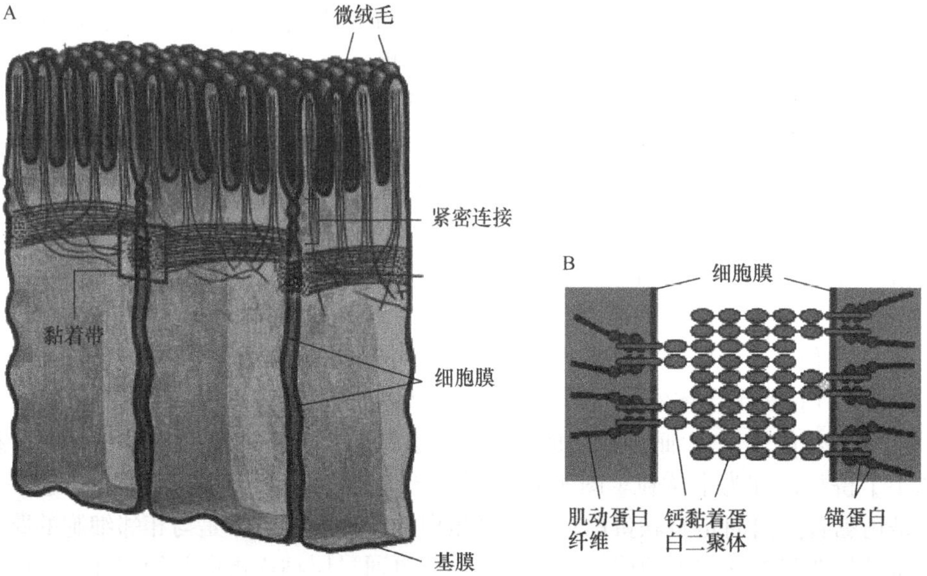

图 4-37 黏着带模式图（Alberts et al.，2002）

A. 小肠上皮细胞中的黏着带及紧密连接示意图；B. 黏着带的蛋白质组分：肌动蛋白纤维、钙黏着蛋白二聚体和锚蛋白

（belt desmosome），但从结构上看，与黏着带相连的纤维不是中间丝，而是微丝。

参与黏着带形成的主要蛋白质是钙黏着蛋白和肌动蛋白。钙黏着蛋白的胞外结构域与相邻细胞的细胞膜上另一个钙黏着蛋白的胞外结构域相互作用，使相邻细胞互相连接，但并不融合，保留有 20～30nm 的细胞间隙。钙黏着蛋白的细胞内结构域经细胞质斑（cytoplasmic plaque）中的蛋白质介导与微丝相连。黏着带的细胞质斑是一种松散的结构，其位置正好在细胞膜的细胞质面，细胞质斑起锚定微丝的作用。另外，推测在细胞质斑中可能还有其他能引起细胞信号转导的蛋白质，通过某种方式引起细胞内一些应答反应。细胞质斑中含有 α- 连环蛋白（α-catenin）、β- 连环蛋白（β-catenin）、γ- 连环蛋白（γ-catenin），以及黏着斑蛋白（vinculin）、α- 辅肌动蛋白（α-actinin）、盘状球蛋白（plakoglobin）和踝蛋白（talin）等。其中 β- 连环蛋白直接与钙黏着蛋白的细胞质端相连，然后通过另一个蛋白质介导与微丝相连。通过微丝束的作用将不同细胞在二维平面上连接在一起，形成跨细胞网络。由于平行排列的微丝及其结合的肌球蛋白（myosin）可以产生相对运动，导致微丝束收缩。这些与细胞膜平行的微丝束收缩，可使每个细胞的外表面较细胞基底面缩窄，许多细胞共同缩窄就可造成上皮组织表面的内陷。因此黏着带与许多上皮组织来源的附属结构（如神经管）的形态建成有关。

黏着斑是微丝与细胞外基质之间的连接方式。这是与黏着带的根本区别，除此之外还有一些不同之处：①参与黏着带连接的膜整合蛋白是钙黏着蛋白，而参与黏着斑连接的是整联蛋白；②黏着带实际上是两个相邻细胞膜上钙黏着蛋白与钙黏着蛋白的连接，而黏着斑连接是整联蛋白与细胞外基质中的纤连蛋白的连接，再通过纤连蛋白与胶原蛋白、黏多糖及其他细胞外基质成分结合。

在黏着斑中，整联蛋白的细胞质部分同样由细胞质斑介导与细胞骨架的微丝相连。黏着斑也有细胞附着与支持的功能，机体上皮细胞可通过黏着斑附在基膜上，肌肉细胞可通过黏着斑与肌腱（主要成分是胶原）相连，体外培养的成纤维细胞则可通过黏着斑贴附在瓶壁上。

锚蛋白对固定细胞、增强组织具有重要作用。特别是细胞骨架的参与，使同一组织的细胞能够紧密地结合在一起，用以维持各种组织的立体结构。细胞中的中间丝网络通过桥粒和半桥粒锚定在细胞膜上，加固了上皮细胞之间以及上皮细胞与其下方结缔组织之间的连接。桥粒与半桥粒如同铆钉一样，对上皮细胞及其下方结缔组织所承担的机械张力和剪切力起了分散作用。而细胞膜下的肌动蛋白是细胞膜骨架的主要成分，这种骨架成分通过黏着带和黏着斑将相邻细胞的细胞膜或细胞膜与细胞外基质蛋白连接在一起，不仅增强了组织的机械强度，更重要的是形成了细胞群体网络和组织整体。

三、通信连接

通信连接是指介导相邻细胞间物质转运、化学信号或电信号传递的细胞连接方式。它除了有机械的细胞连接作用外，还可以在细胞间形成电偶联或代谢偶联。动物与植物的通信连接方式不同，动物细胞的通信连接为间隙连接以及神经元之间或神经元与效应细胞之间的化学突触，而植物细胞的通信连接则是胞间连丝。

（一）间隙连接

间隙连接分布非常广泛，几乎所有的动物组织中都存在间隙连接，动物组织中除血细胞和骨骼肌细胞之外的细胞都利用间隙连接来进行通信联系。

1. 组成

间隙连接的基本单位是连接子（connexon）。围成连接子的6个跨膜蛋白为连接子蛋白（connexin），在连接子的中心形成一个直径约1.5nm的孔道。实验证明，间隙连接的通道可以允许相对分子质量小于1×10^3的分子通过，如无机盐离子、氨基酸、核苷酸和维生素等有可能通过间隙连接的孔道，而蛋白质、核酸、多糖等生物大分子一般不能通过。相邻细胞膜上的两个连接子对接形成一个间隙连接单位。因此间隙连接也称为缝隙连接或缝管连接。冰冻断裂法显示，许多连接单位往往成区域出现，其区域大小不一，最大者直径可达0.3μm，利用密度梯度离心技术可将间隙连接存在区域的膜片分离下来（图4-38）。

目前已分离得到20余种连接子蛋白，它们属于同一类蛋白质家族，其相对分子质量为$(2.6\sim6.0)\times10^4$。其氨基酸序列具有相似的亲水性与疏水性分布，并具有相似的抗原性。然而不同类型细胞表达不同的连接子蛋白（多数细胞表达一种或几种），它们所装配的间隙连接的孔径与调控机制可能有所不同。连接子蛋白具有4个α螺旋的跨膜区，是该家族最保守的区域。间隙连接还具有很强的自我装配能力，当连接的细胞分开后连接子即解装配，但细胞接触后连接子立即自动重新装配。

间隙连接的开关是可受调节的。影响间隙连接通透性的因素主要有pH、Ca^{2+}浓度、电压及细胞外化学信号。当细胞内Ca^{2+}浓度升高时，间隙连接的通道逐步缩小，Ca^{2+}浓度达到10^{-5}mol/L时，通道完全关闭。当细胞质的pH从7.0降低至6.8或更低时，间隙连接的通道也会关闭。

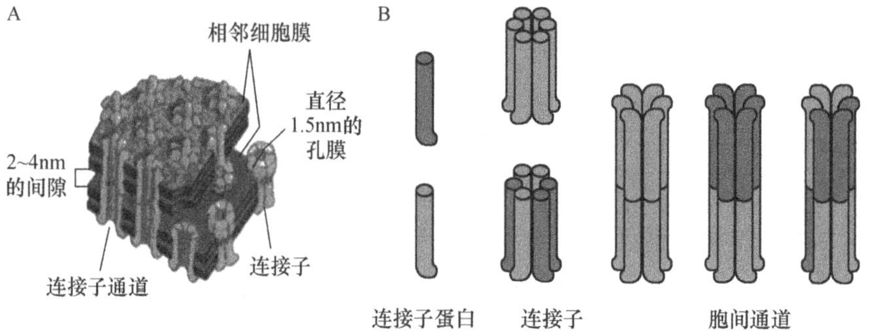

图 4-38　间隙连接的结构示意图（Alberts et al.，2002）

A. 相邻细胞间隙连接三维结构示意图，每个细胞上有一个连接子与相邻细胞上的连接子连通形成间隙连接；
B. 连接子蛋白到间隙连接的组装过程

2. 功能

间隙连接对细胞和有机体的生命活动有着重要的影响。

1）促进细胞间实现代谢偶联　　间隙连接能够允许小分子代谢物和信号分子通过是细胞代谢偶联的基础。例如，在体外培养条件下，把不能利用外源次黄嘌呤合成核酸的突变型成纤维细胞和野生型成纤维细胞共同培养，两种细胞都能吸收次黄嘌呤合成核酸。这说明，代谢物次黄嘌呤可以通过间隙连接从野生型成纤维细胞进入突变型成纤维细胞中。如果破坏细胞间的间隙连接，则突变型细胞即使与野生型细胞共同培养也不能利用次黄嘌呤合成核酸。

在细胞通信和信号传递中作为第二信使的 cAMP 和 Ca^{2+} 都可以通过间隙连接从一个细胞进入相邻细胞中完成信号传递。在癌组织中，细胞间的间隙连接数目比正常组织显著减少，因此有人认为间隙连接起类似“肿瘤抑制因子”的作用。

2）参与神经冲动信息传递　　神经元之间或神经元与效应细胞（如肌细胞）之间通过突触（synapse）完成神经冲动的传导。突触可分为电突触和化学突触两种基本类型，完成可兴奋细胞之间的信号传递。电突触是指细胞间的某种间隙连接及其形成的低电阻通路，电冲动可直接通过间隙连接从突触前向突触后传导，即通过带电离子在细胞间的转移直接将电信号传到下一个细胞。电突触将细胞的电兴奋活动传递到相邻细胞的过程中不需要依赖神经递质或其他信号分子的参与。电传导的速度非常迅速，因此在保证细胞的反应速率和反应的严格同步化方面有着重要意义，如龙虾在外界刺激后 15ms 内即可做出反应，就是利用间隙连接来快速实现的。而化学突触由于依赖于神经递质的传递而表现为延迟。

间隙连接可使细胞形成电偶联（electrical coupling），在协调心肌细胞的收缩，保证心脏正常跳动和收缩节律的同步化以及控制小肠蠕动等过程中均起着重要作用。

产于南美洲与非洲一些河流及湖泊中的电鳗和电鲶，以电击捕食小动物。它们的体内具有大量兴奋细胞构成的电器官，放电时电压分别可达 800V 和 400～450V。Bennett 发现，当刺激感应电器官的脊髓运动细胞时，电器官的所有神经元被同时激活，同步放电，这种同步冲动的传递就是通过间隙连接实现的。

化学突触是存在于可兴奋细胞间的一种连接方式（图 4-39）。信息传递过程中，当神经冲动传到突触前膜时，突触小泡释放神经递质，为突触后膜的受体（配体门通道）接受，引起突触后膜离子通透性改变，膜去极化或超极化。化学突触是一个将电信号转化为化学信号，再将化学信号转化为电信号的过程，因此表现出动作电位在传递中的延迟现象。但因为是单向传递，可保证信号传递的方向性。

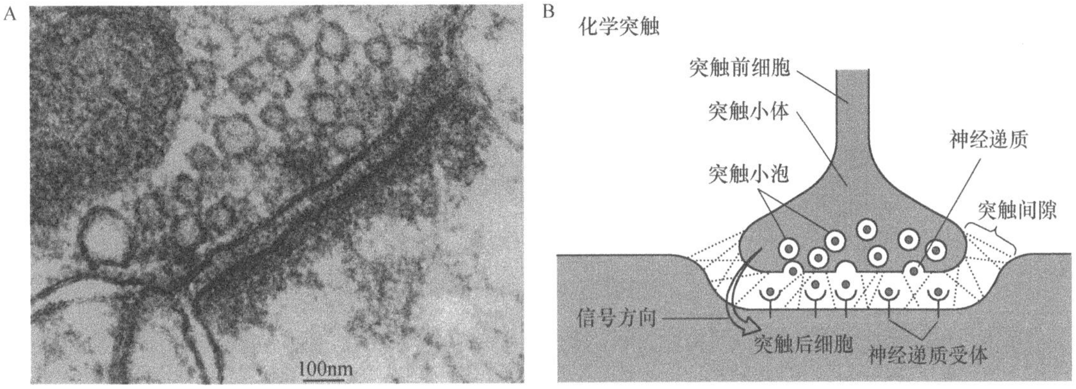

图 4-39　化学突触的电镜图（A）与结构示意图（B）（Alberts et al.，2002）

3）*参与胚胎早期发育和细胞分化的调节*　在胚胎发育过程中间隙连接会在特定时间和细胞内出现及消失。间隙连接出现在脊索动物和大多数无脊椎动物胚胎发育的早期，如在小鼠的胚胎从八细胞阶段开始，细胞之间即开始建立间隙连接。不同胚胎细胞通过间隙连接的偶联提供的信号分子通路，为特定细胞提供位置和分化信息，依此决定其增殖、迁移或分化过程。有一种假说认为：在胚胎发育的一定阶段，某种小分子物质通过间隙连接从高浓度区域移到低浓度区域，从而在一群细胞之间建立一个平缓的浓度梯度。这种区域性的浓度梯度向这群细胞提供了它们自身的“位置信息”，可以让它们根据其在胚胎中的位置而调控其分化方向。但是当细胞开始分化后，不同细胞群之间的电偶联逐渐消失，而同一组织类型的细胞之间则建立间隙连接，由此调节各细胞群体细胞向不同方向分化并最终形成组织和器官。

（二）胞间连丝

由于细胞壁的存在，植物细胞无法形成紧密连接和间隙连接，也不需要形成锚定连接，但植物细胞间仍然需要通信。胞间连丝是由穿过细胞壁的细胞膜围成的细胞质通道，直径为 20～40nm，存在于所有高等植物的活细胞之间，是植物细胞间特有的通信连接结构（图 4-40）。其功能类似于动物细胞的间隙连接。

胞间连丝通道中有一由膜围成的筒状结构，称为连丝小管（desmotubule）。连丝小管由光面内质网特化而成，管的两端各与一个细胞中的内质网相连。连丝小管与胞间连丝的细胞膜之间，填充有细胞质溶质（cytochyma，胞液）构成的环带。环带的两端狭窄，可能用以调节细胞间的物质交换。正常情况下，胞间连丝是在细胞分裂时形成的，除了在分裂后两个子代细胞之间存在胞间连丝以外，在其他相邻细胞之间也存在胞间连丝，而且在细胞生长过程中胞间连丝的数目还会增加。在一些分泌旺盛的细胞中，胞间连丝的数目可达 15 个 /μm^2，而一般细胞中约为 1 个 /μm^2。

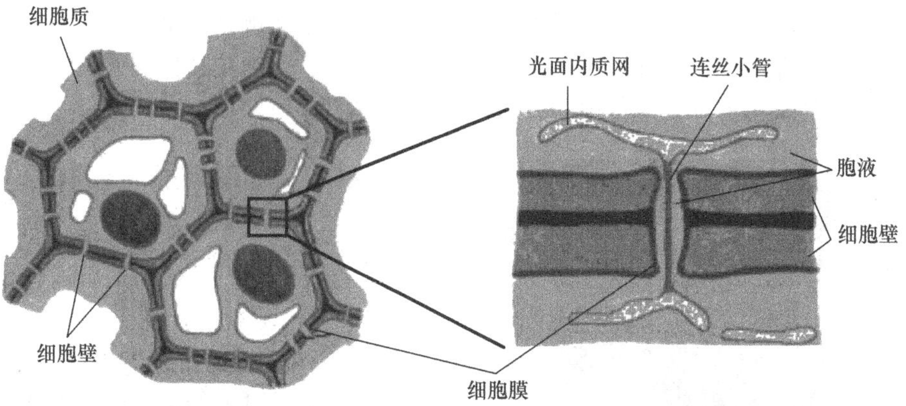

图 4-40 植物细胞之间胞间连丝结构示意图（Alberts et al.，2002）

胞间连丝形成了物质在相邻细胞间运输的通道。正常情况下，胞间连丝可以允许相对分子质量为 1.0×10^3、半径 0.8nm 以下的分子自由通过，也能让离子自由通过。但是在有些组织的细胞间即使是很小的分子（如染料分子）也不能通过胞间连丝。最近人们用绿色荧光蛋白标记技术发现，在烟草叶肉组织的发育过程中，早期细胞间的胞间连丝可允许相对分子质量为 5.0×10^4 的蛋白质通过，而在成熟细胞中，胞间连丝呈分支状，只能允许通过相对分子质量为 400 的物质。通过胞间连丝的分子运输也受到 Ca^{2+}浓度的调节。因此胞间连丝在植物细胞的物质运输和信号传递中起着非常重要的作用。

另外与间隙连接不同的是，胞间连丝的孔能够扩张，允许大分子（如蛋白质和 RNA）通过。胞间连丝在植物细胞分化中也起一定的作用。在高等植物中，顶端分生组织的细胞分化与胞间连丝的分布有着相应的关系，随着细胞的生长和延长，侧壁上的胞间连丝逐渐减少，而横壁上的却仍保持很多。很多植物病毒编码一种特殊的运动蛋白，大多相对分子质量在 3.0×10^4 左右，可以使胞间连丝的通透性增大而使病毒蛋白和核酸通过胞间连丝从而感染相邻的细胞。例如，烟草花叶病毒可通过其自身的 p30 运动蛋白调节胞间连丝孔径，使病毒粒子从一个细胞进入另一个细胞，而 p30 缺陷突变株则不能完成对植株的感染。

四、细胞表面的黏着分子

在胚胎发育过程中，具有相同表面分子特征的细胞通过特异性识别并黏着在一起形成 3 个不同胚层：内胚层、中胚层和外胚层。在器官形成过程中，具有相同表面分子特征的细胞同样通过细胞识别与黏着聚集在一起形成组织和器官。将两栖动物早期胚胎的外胚层和中胚层细胞解离为单细胞后再混合培养，这些细胞最初形成一个混合的细胞团块，然后同种类型的细胞互相识别聚合，从混合的细胞团块中自行分选出来，最终形成外胚层细胞在外侧、中胚层细胞在内侧的排列方式，这种排列方式与胚胎细胞的排列方式一致。同种组织类型的细胞的黏着甚至超越种的界限，如鼠肝细胞倾向于与鸡肝细胞黏着而不与鼠肾细胞黏着。这种在细胞识别的基础上，同类细胞发生聚集形成细胞团或组织的过程称为细胞黏着（cell adhesion）。参与细胞黏着的分子称为细胞黏着分子（cell adhesion molecule，CAM）。细胞黏着分子都是跨膜糖蛋白，目前高等动物的细胞黏着分子已发现上百种。多数细胞黏着分子的作用依赖于二价阳离子（如 Ca^{2+}和 Mg^{2+}）。细胞黏着分子由三部分组成：①胞外区，肽链的 N 端部分，带有糖链，负责与配体的识别；②跨膜区，多为一次跨膜，并以二聚体或多聚体形式存在行使功能；③胞质区，肽链的 C 端部分与细胞膜下的骨架成分直接相连，或与胞内的信号传递分子相连以活化信号转导途径。

细胞黏着分子大致可分为四大家族：钙黏着蛋白、选择素、免疫球蛋白超家族和整联蛋白。细胞黏着分子的相互作用方式有 3 种模式（图 4-41）：①同种细胞黏着分子间的相互识别与结合（同亲结合）；②不同种细胞黏着分子间的相互识别与结合（异亲结合）；③同种细胞黏着分子借助细胞外的连接分子相互识别与结合。

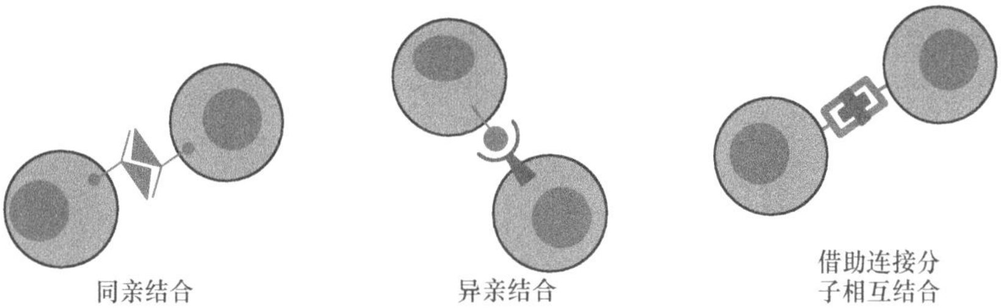

图 4-41　细胞黏着分子之间的作用模式（Alberts et al.，2002）

（一）钙黏着蛋白

钙黏着蛋白（cadherin）属同亲结合的细胞黏着分子，其作用依赖于 Ca^{2+}。已鉴定的钙黏着蛋白有 30 余种，分布于不同组织。钙黏着蛋白的命名常以其主要分布组织的英文字首为冠，如主要分布于表皮组织的 E- 钙黏着蛋白，分布于神经元等细胞或组织中的 N- 钙黏着蛋白，分布于胎盘等组织的 P- 钙黏着蛋白，分布于内皮细胞中的 VE- 钙黏着蛋白。

钙黏着蛋白由 720～750 个氨基酸残基组成。分子同源性很高，有 50%～60% 的一级序列相同，胞外部分的肽链折叠成 5～6 个重复结构域，Ca^{2+}结合在重复结构域之间，赋予钙黏着蛋白分子刚性和强度，使得一个细胞钙黏着蛋白与另一个细胞的钙黏着蛋白相互“嵌合”在一起，从而实现 Ca^{2+}依赖性的细胞黏着。Ca^{2+}结合越多，钙黏着蛋白刚性越强，反之，则刚性越弱（图 4-42）。阳离子螯合剂乙二胺四乙酸（EDTA）能破坏 Ca^{2+}或 Mg^{2+}

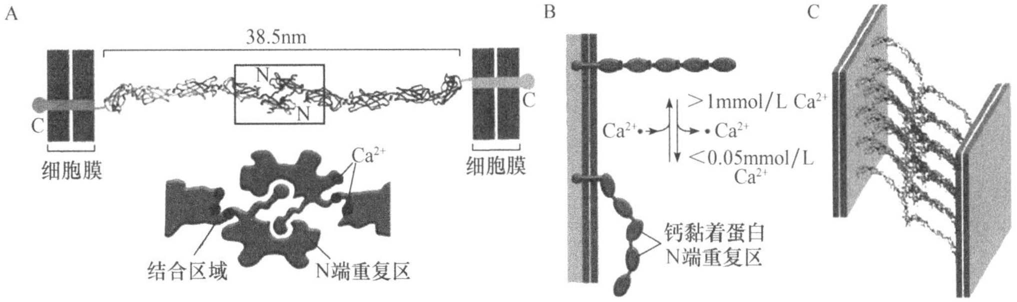

图 4-42　钙黏着蛋白的结构与功能（Alberts et al.，2002）

A. 相邻细胞间钙黏着蛋白相互作用结构示意图；B. 钙黏着蛋白构象受胞外 Ca^{2+}浓度调控，高浓度的 Ca^{2+}会使钙黏着蛋白变刚直；C. 钙黏着蛋白连接相邻细胞的三维模式图

依赖性的细胞黏着就是这个道理。胞质部分是最高度保守的区域，参与信号转导。钙黏着蛋白通过不同的细胞质斑蛋白分子与细胞骨架成分相连。

钙黏着蛋白的主要生物学功能表现在以下几个方面。

（1）介导细胞连接。在成年脊椎动物中，E-钙黏着蛋白是保持上皮细胞相互黏着的主要细胞黏着分子，也是黏着带的主要构成成分。在很多癌组织中E-钙黏着蛋白减少或消失，致使癌细胞易脱落，从而造成转移。另外，桥粒中也含有钙黏着蛋白，分别为桥粒芯蛋白和桥粒芯胶黏蛋白。

（2）参与细胞分化。钙黏着蛋白对于胚胎细胞的早期分化及成体组织（尤其是上皮组织及神经组织）的构筑有重要作用。在不同细胞之间通过表达不同数量和种类的钙黏着蛋白来影响细胞间的黏着与迁移，从而影响细胞的分化以及组织和器官的形成。

（二）选择素

选择素（selectin）属异亲结合的细胞黏着分子，其作用同样依赖于Ca^{2+}，其胞外部分具有高度保守的与其他细胞表面特异的寡糖链末端糖基相识别的凝集素（lectin）样结构域（图4-43）。选择素主要参与白细胞与血管内皮细胞之间的识别与黏着，引导白细胞穿过血管内表皮到达炎症部位。已知的选择素有3种：P（platelet）选择素、E（endothelial）选择素和L（leukocyte）选择素。

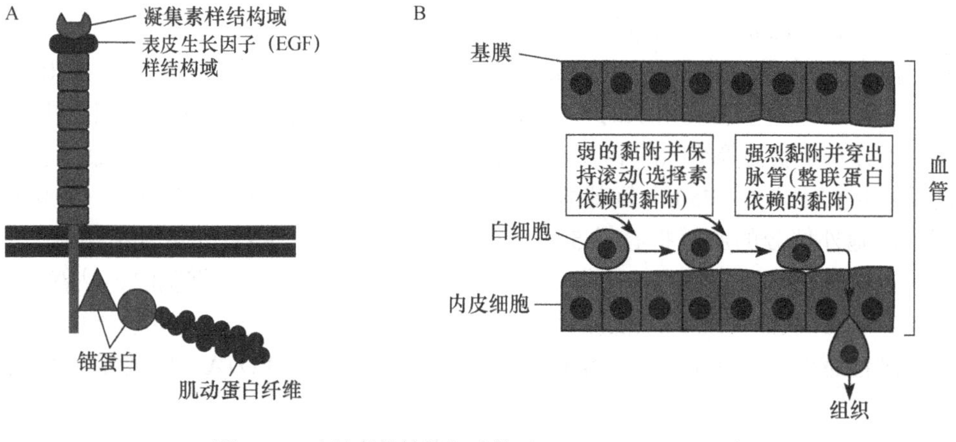

图4-43　选择素的结构与功能（Alberts et al.，2002）

A. P选择素的结构示意图；B. 选择素和整联蛋白介导白细胞与内皮细胞相互识别及黏附

P选择素存在于血小板的α颗粒及内皮细胞的Weibel-Palade小体。炎症发生时活化的内皮细胞表面首先出现了P选择素，随后出现E选择素，它们对于募集白细胞到达炎症部位具有重要作用。

E选择素存在于活化的血管内皮细胞表面，炎症组织释放的白细胞介素-1（IL-1）及肿瘤坏死因子（TNF）等细胞因子可活化脉管内皮细胞，刺激E选择素的合成。

L选择素广泛存在于各种白细胞的表面，参与炎症部位白细胞的出脉管过程。白细胞表面L选择素分子上的sleA和活化的内皮细胞的P选择素及E选择素之间的识别与结合，可募集血液中快速流动的白细胞在炎症部位的脉管内皮上减速滚动，通过不断地黏附-分

离 - 再黏附的过程停留下来，同时活化其他黏着因子，最终穿过血管进入炎症部位。

（三）免疫球蛋白超家族

免疫球蛋白超家族（Ig-superfamily，Ig-SF）的分子结构中含有免疫球蛋白（Ig）样结构域（免疫球蛋白样结构域指二硫键维系的两组反向平行 β 折叠结构）。它们的配体分子皆为整联蛋白，一般不依赖于 Ca^{2+}。不依赖于 Ca^{2+} 的免疫球蛋白超家族分子介导同亲结合的细胞黏着，如各种神经细胞黏着分子（NCAM）（图 4-44）；有的介导异亲型细胞黏着，如胞间黏着分子（ICAM）及脉管细胞黏着分子（VCAM）。不同的 NCAM 由单一基因编码，但由于其 mRNA 剪接不同和糖基化各异而产生 20 多种不同的 NCAM，它们在神经发育及神经细胞间相互作用中有重要作用。ICAM 和 VCAM 在活化的血管内皮细胞表达。炎症时它们在选择素作用之后与白细胞表面的整联蛋白结合使白细胞固着于炎症部位的脉管内皮，并发生铺展，进而分泌水解酶穿出脉管。

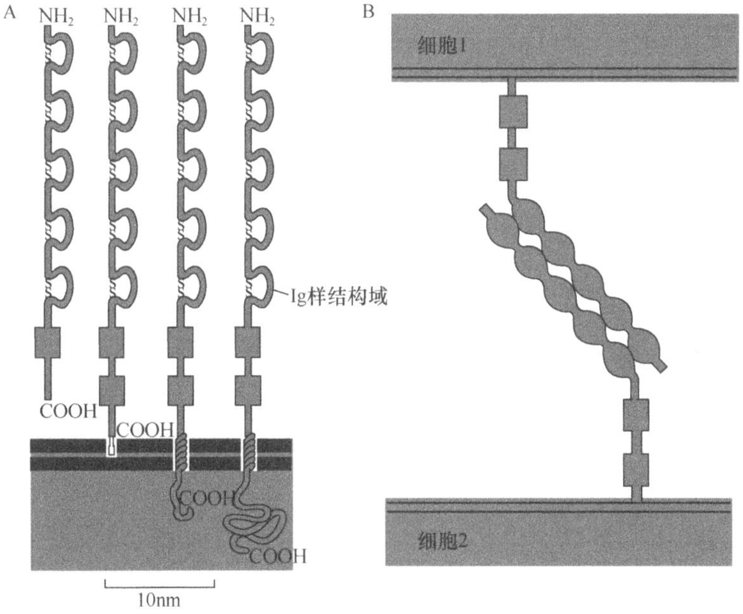

图 4-44 细胞黏着蛋白 NCAM（Alberts et al.，2002）

A. NCAM 的 4 种形式；B. NCAM 同亲型黏附介导细胞的连接

（四）整联蛋白

整联蛋白（integrin）是大多数基质蛋白（如胶原、纤连蛋白和层粘连蛋白等）的受体，大多数为异亲结合，其作用依赖于 Ca^{2+}，普遍存在于脊椎动物细胞表面。整联蛋白是由 α 和 β 两个亚基形成的异源二聚体糖蛋白（图 4-45）。迄今至少已发现 24 种 α 亚基和 9 种 β 亚基，它们按不同的组合构成整联蛋白。

整联蛋白可与不同的配体结合，介导细胞与细胞外基质、细胞与细胞之间黏着。整联

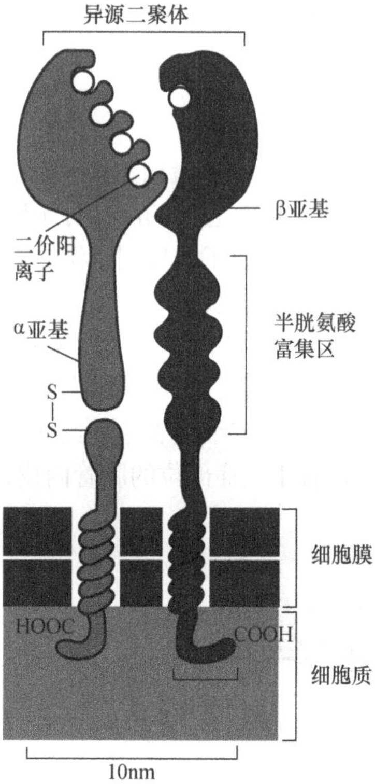

图 4-45 整联蛋白结构示意图
（Alberts et al.，2002）

蛋白识别的主要部位是配体上的 Arg-Gly-Asp（RGD）三肽结构。RGD 三肽序列也是细胞识别的最小结构单位。

整联蛋白通过与细胞骨架相互作用介导细胞与细胞外基质的黏着。例如，在血液凝固过程中，血小板结合受损血管或被其他可溶性信号分子作用后引起细胞内信号的传递，诱导血小板膜上的 $\alpha_{IIb}\beta_3$ 整联蛋白构象发生改变而被激活。活化的整联蛋白与血液凝固蛋白——纤维蛋白原结合后导致血小板彼此黏着在一起形成血凝块。动物实验表明，RGD 序列可竞争性地阻止血小板整联蛋白与血液蛋白结合，从而预防血凝块的形成。这一发现使人们设计出一种新的非肽类抗血凝块药物 Aggrastat，该药物类似于 RGD 的结构但只与血小板整联蛋白结合。另外，$\alpha_{IIb}\beta_3$ 整联蛋白的特异性抗体（ReoPrO）可防止接受高风险血管外科手术患者的血栓形成。在与配体识别和结合之前整联蛋白往往需要活化，发生构象改变，因此整联蛋白在细胞内外信号转导中起十分重要的作用。整联蛋白参与的信号传递有两种方向，一种为由细胞内部信号传递的启动而调节细胞表面整联蛋白活性的“由内向外”（inside out）信号转导；另一种为整联蛋白作为受体介导胞外信号转导到细胞内的“由外向内”（outside in）信号转导。整联蛋白与其他细胞表面信号受体通过多种协同方式刺激细胞产生多种应答，如整联蛋白与生长因子受体共同作用，调节细胞生长、增殖和凋亡等重要生命活动。

复习思考题

一、名词解释

细胞膜　生物膜　双分子片层模型　流动镶嵌模型　脂质体　细胞连接　紧密连接　锚定连接　细胞外基质

二、问答题

1．试述主要的细胞膜模型提出的理论依据及模型的优缺点。

2．论述生物膜的结构特征与功能。

3．简述生物膜的组成成分及其分类。

4．简述膜蛋白的结合方式。

5．对比细胞连接的方式特点及主要功能。

6．简述细胞黏着分子的分类及它们各自的作用模式。

7．何为细胞外基质？细胞外基质的主要成分有哪些？

8．简述动物细胞外基质和植物细胞壁在结构组成与功能上的异同。

第五章 >>>

物质跨膜运输

本章彩图
扫码可见

内容提要

物质跨膜运输是细胞与外界环境之间物质和能量交换的基础，主要包括3种方式：主动运输、被动运输、胞吞和胞吐作用。小分子物质和离子的运输由被动运输及主动运输完成，大分子与颗粒性物质由胞吞作用和胞吐作用完成。被动运输包括自由扩散和协助扩散，其特征是顺浓度梯度运输，不需要消耗能量。自由扩散指一些小分子顺浓度梯度直接跨越细胞膜的自由转运方式，协助扩散则是在物质顺浓度梯度扩散时，需要通过转运蛋白协助完成的被动运输方式，其与自由扩散相比具有转运速率高、存在最大转运速率的特点。主动运输是将物质逆浓度梯度或电化学梯度运输的跨膜转运方式，运输过程需要特异转运蛋白并消耗能量，分为ATP直接供能运输（ATP驱动泵完成）、间接供能运输（协同转运蛋白完成）以及光能驱动的主动运输3种基本类型。ATP驱动泵利用水解ATP时产生的能量驱动物质逆浓度梯度运输，钠钾泵是ATP驱动泵的代表，每消耗1个ATP分子，泵出3个Na^+，泵入2个K^+。协同转运蛋白能够将被运输物质逆浓度梯度跨膜转运与另一种或多种溶质顺浓度梯度转运偶联，其利用的能量来自偶联物质的电化学梯度势能。真核细胞通过胞吞作用和胞吐作用完成大分子与颗粒性物质的跨膜运输。胞吞作用分为胞饮作用和吞噬作用，两者所运载的物质大小和转运机制不同：胞饮作用转运物质为溶液或可溶性分子，形成较小的胞饮泡，是连续发生的过程；吞噬作用运输物质为颗粒性物质，形成较大的吞噬泡，是受体介导的信号触发的过程。胞吐作用是将胞内物质通过细胞膜运出细胞的过程，可分为组成型胞吐途径和调节型胞吐途径。物质的跨膜运输对于维持细胞的正常生存和生长是必需的。

第一节 被动运输

被动运输（passive transport）是指物质顺着浓度梯度或电化学梯度进行跨膜转运的方式。物质转运的动力来自被运输物质的浓度梯度或电化学梯度，不需要细胞提供能量。根据物质转运过程中是否需要转运蛋白的协助又可以分为自由扩散和协助扩散两类。

一、自由扩散

自由扩散（free diffusion）即简单扩散（simple diffusion），是指小分子物质顺着浓度梯度或电化学梯度直接穿越细胞膜的跨膜转运方式。疏水的小分子或不带电荷的小极性分子在浓度梯度或电化学梯度驱动下以热自由运动的方式进行跨膜运输，不需要细胞消耗能量，也不需要转运蛋白的参与，因此叫作自由扩散。以自由扩散的方式运输的物质包括O_2、N_2、CO_2、水、尿素等，不同小分子转运速率差异很大，分子越小、极性越低扩散速率越快，如

O_2、N_2 和苯等极易过膜，水也较为容易过膜，而极性大分子、带电荷离子难以透过细胞膜。

二、协助扩散

（一）协助扩散的特点

协助扩散（facilitated diffusion）是指在膜转运蛋白的协助下，顺着浓度梯度或电化学梯度进行跨膜转运的方式。协助扩散中物质跨膜转运的动力来自被运输物质的浓度梯度或电化学梯度，不需要细胞提供能量，但是需要特异膜转运蛋白的“协助”，因此称为协助扩散。协助扩散中被运输的物质包括多种极性分子、无机离子、单糖、氨基酸以及细胞代谢产物等。协助扩散的特点是存在膜转运蛋白、转运速率高、存在最大转运速率。

（二）膜转运蛋白

协助扩散中被转运的物质需要特异的膜转运蛋白运输，依据作用机制不同膜转运蛋白分为载体蛋白和通道蛋白两类。

1. 载体蛋白

载体蛋白（carrier protein）又称为通透酶（permease），是多次跨膜蛋白，具有类似酶的特性，可特异性地与运输物质结合，通过构象变化完成转运过程。所以每种载体蛋白都具有高度选择性，通常只转运一种类型的分子，可以被类似物质竞争性抑制，转运过程具有类似于酶与底物作用的饱和动力学特征，存在最大转运速率。

2. 通道蛋白

通道蛋白（channel protein）一般指离子通道蛋白，通常由多次跨膜蛋白形成跨膜的离子选择性通道，对离子的选择性依赖于离子通道的直径、形状和通道内衬的电子分布，它介导的被动运输不需要与溶质分子结合，大小和电荷适宜的离子就可以通过。与载体蛋白相比，通道蛋白只介导被动运输。通道蛋白具有 3 个显著的特点：离子转运速率高、离子通道没有饱和值、离子通道不是连续开放而是门控的。多数情况下，离子通道呈关闭状态，只有在应答膜电位改变、受化学信号或压力刺激后，跨膜离子通道才能开启。根据刺激信号不同，离子通道可分为电压门通道、配体门通道和应力激活通道（图 5-1）。

3. 水的运输和水孔蛋白

水可以通过自由扩散的方式缓慢穿过细胞膜的脂双分子层，但在某些特殊组织或某些特殊情况下，水可以通过水孔蛋白（水通道蛋白）进行快速跨膜转运。水孔蛋白（aquaporin，AQP）是广泛存在于动植物的细胞膜上的水转运蛋白（图 5-2），通常由 4 个亚基组成四聚体，每个亚基含有 6 个跨膜 α 螺旋，形成特异的水转运通道，能快速转运水分子，而其他溶质或离子不能通过。水孔蛋白对水分子转运的特异性与其跨膜区的 Asn-Pro-Ala 模式有关，通常认为 Asn 残基所带的正电荷排斥质子的通过。水孔蛋白在进行水分子运输时与自由扩散相比转运效率有极大的提高，唾液的分泌、眼泪的产生、肾近曲小管对原尿的重吸收等都是通过水孔蛋白来实现的。

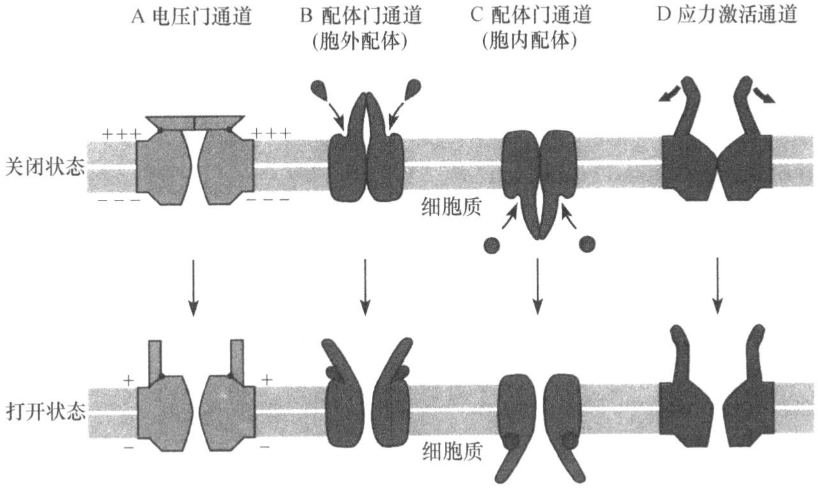

图 5-1　3 种类型离子通道示意图（翟中和等，2000）

A. 电压门通道：受膜两侧电压差的调节，通道蛋白构象改变，通道打开；B，C. 配体门通道：通道蛋白与胞外或者胞内配体结合后，构象发生变化，通道打开；D. 应力激活通道：受外界应力的刺激，通道蛋白构象变化，通道打开

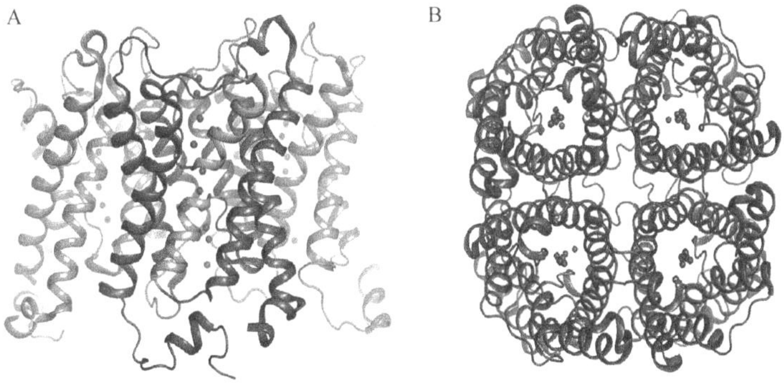

图 5-2　水孔蛋白晶体结构（Roche and Törnroth-Horsefield，2017）

A. 水孔蛋白（人 AQP5 蛋白）为多次跨膜蛋白，跨膜区域的 α 螺旋形成水通道；B. 水孔蛋白形成的四聚体结构，红色为水分子

第二节　主 动 运 输

主动运输（active transport）是指由载体蛋白介导的物质逆浓度梯度或电化学梯度进行的跨膜转运方式。主动运输过程中特异的膜转运蛋白借助细胞提供的能量，将被运输物质从低浓度一侧运输到高浓度一侧，根据转运蛋白所利用的能量来源，可分为由 ATP 直接提供能量（ATP 驱动泵）的主动运输、间接提供能量（协同转运蛋白）的主动运输以及光能驱动（光驱动泵）的主动运输 3 种基本类型。前两种运输方式在动植物中普遍存在，是主动运输的主要形式。光驱动泵（如菌紫红质）主要在细菌中发现，伴随着光能的消耗完成对溶质的逆浓度梯度的运输。主动运输的物质包括离子（如 Na^+、K^+、Ca^{2+}、H^+等）及氨基酸和糖等细胞代谢物质。

一、ATP 直接提供能量的主动运输

1. ATP 驱动泵

ATP 驱动泵（ATP-driven pump）又称为转运 ATP 酶，可以直接利用水解 ATP 产生的能量，将离子或小分子物质逆浓度梯度或电化学梯度进行跨膜转运。ATP 驱动泵将 ATP 水解为 ADP 和无机磷（Pi），释放的能量作为驱动物质运输的动力，实现被运输物质从低浓度一侧到高浓度一侧的跨膜运输，整个过程将 ATP 水解与物质跨膜转运紧密偶联在一起。ATP 驱动泵根据其结构和转运过程中的特性可分为 P 型泵（P-type pump）、V 型质子泵（V-type proton pump）、F 型质子泵（F-type proton pump）和 ABC 超家族（ABC superfamily）4 种类型，前 3 种只转运离子，后一种主要转运糖、氨基酸等小分子。P 型泵包括 Na^+-K^+泵、Ca^{2+}泵、H^+泵等。

2. 钠钾泵的转运机制

钠钾泵（Na^+-K^+ pump）（图 5-3）又称为钠钾 ATP 酶，是由 2 个 α 亚基和 2 个 β 亚基组成的四聚体，广泛分布于动物细胞膜上，钠钾 ATP 酶通过一系列的构象变化将细胞内的 Na^+不断运输至细胞外，同时将细胞外的 K^+运到细胞内，钠钾泵的“吸钾排钠”对于维持细胞外的 Na^+电化学梯度非常重要。在细胞膜内侧，未结合 ATP 的 α 亚基与 3 个 Na^+结合后，促进 α 亚基与 ATP 结合，随后 ATP 水解，释放的能量使 α 亚基被磷酸化并发生构象改变，与 Na^+的亲和力降低而与 K^+的亲和力增强，在细胞外侧将 Na^+释放的同时与 2 个 K^+

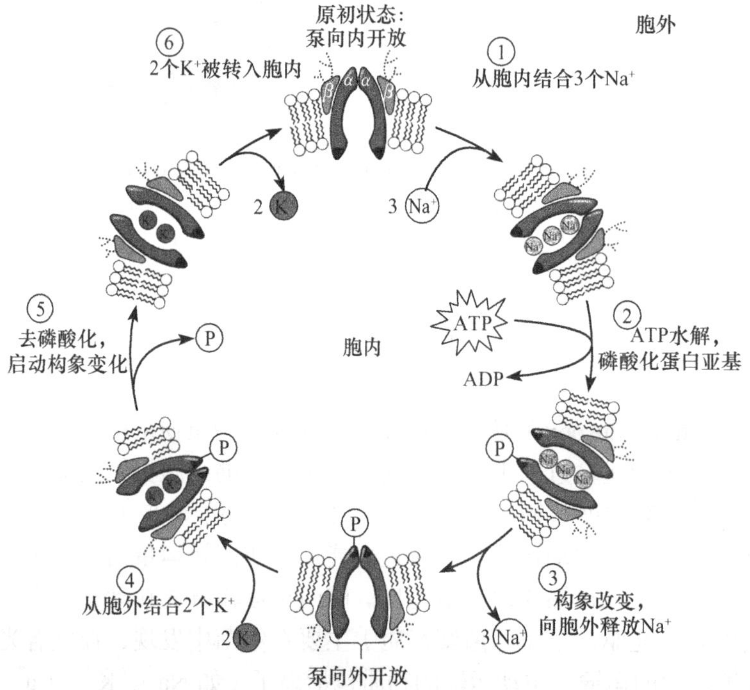

图 5-3　钠钾泵工作模式图（Karp，2006）

结合，α 亚基随后发生去磷酸化，并随着构象的改变将 K^+运输至细胞内，α 亚基恢复至未结合 ATP 状态。这样钠钾泵通过磷酸化和构象变化的有序交替发生，将两种离子逆浓度梯度进行跨膜运输，每个循环消耗 1 个 ATP 分子，将 3 个 Na^+泵出细胞，将 2 个 K^+ 泵入细胞。动物细胞中，钠钾泵的存在对维持细胞膜电位、电解质渗透平衡和 Na^+的电化学梯度等都有重要意义。

二、间接提供能量的主动运输

1. 协同转运蛋白

协同转运蛋白（cotransporter）也称偶联转运蛋白（couple transporter），是一类跨膜转运蛋白，能够将一种离子或分子逆浓度梯度的转运与另一种或多种其他溶质顺浓度梯度转运偶联。这是一种主动运输的形式，转运过程中的能量来自于协调转运物质的电化学浓度梯度势能。在动物细胞中，协同转运的驱动力常常由 Na^+形成的电化学梯度势能提供，而 Na^+的电化学梯度的形成需要钠钾泵消耗 ATP 后对 Na^+的转运来实现，因此间接消耗了 ATP，所以协同转运也称为间接消耗能量的主动运输。协同转运蛋白包括同向转运蛋白（symporter）和反向转运蛋白（antiporter）两种基本类型，在同向转运中运输的物质与提供能量的偶联物的运输方向相同，而在反向运输中则相反。

2. 小肠上皮细胞中葡萄糖的转运机制

小肠上皮细胞中的葡萄糖 -Na^+转运蛋白通过偶联 Na^+的转运来完成葡萄糖的吸收。如图 5-4 所示，葡萄糖 -Na^+转运蛋白存在于小肠上皮细胞肠腔侧细胞膜上，当胞外存在高 Na^+电化学梯度时，葡萄糖 -Na^+转运蛋白胞外结合位点开放，主动结合 Na^+ 和葡萄糖，随后引起蛋白质构象变化，在胞内侧释放 Na^+，在 Na^+顺梯度流动时将葡萄糖运入细胞内。伴随葡萄糖的吸收，进入细胞内的 Na^+通过钠钾泵泵出细胞以维持细胞内低 Na^+水平。持续的葡萄糖摄入在细胞内形成葡萄糖高浓度，在小肠细胞基底区域的细胞膜上存在葡萄糖转运蛋白（GL），摄入的葡萄糖通过葡萄糖转运蛋白以协助扩散的方式释放到细胞外组织间隙，之后进入血液。

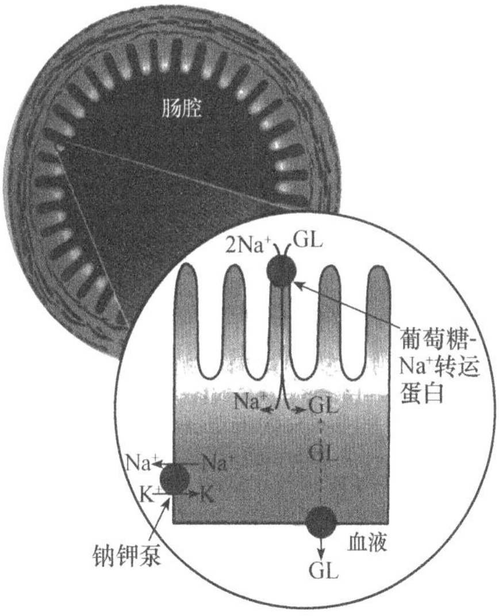

图 5-4　小肠上皮细胞吸收葡萄糖示意图（Karp，2006）

第三节　胞吞和胞吐

真核细胞通过胞吞和胞吐完成大分子和颗粒性物质的跨膜运输，在转运过程中被运输物质包裹在脂双层膜包被的囊泡中进行运输，膜泡运输涉及囊泡运动和细胞膜融合过程，是耗能过程。

一、胞吞作用

胞吞作用（endocytosis）是指通过细胞膜内陷或外延形成胞吞泡（endocytic vesicle），将外界物质裹进并输入细胞的过程。根据胞吞泡的大小和形成机制的不同，又可分为胞饮作用和吞噬作用。

1. 胞饮作用

胞饮作用（pinocytosis）是指胞吞物为溶液或可溶性分子，由细胞膜内陷形成较小的囊泡（小于 150μm）的胞吞运输形式，是一个连续发生的胞吞运输过程。胞饮作用包括非特异性胞饮作用（无选择性胞饮）和受体介导的胞饮作用。

真核细胞不断以小胞饮囊泡的形式无选择性地摄入少量细胞膜以及少量胞外液体，之后这些小胞饮囊泡会回到细胞膜表面，这是一个连续的过程。受体介导的胞饮作用是大多数动物细胞从细胞外基质摄取特定大分子的有效途径，内吞过程由受体与大分子的结合引发，形成的内吞小泡包被有网格蛋白（clathrin）。在受体介导的胞饮途径（图 5-5）中，被

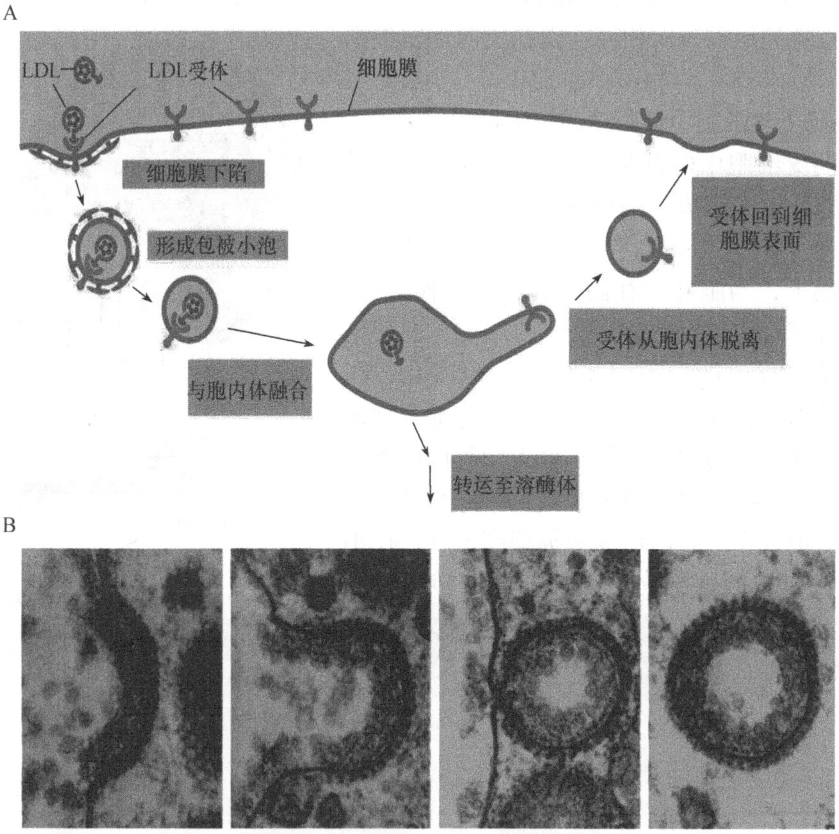

图 5-5 受体介导的胞饮途径

A. 低密度脂蛋白（LDL）的内吞过程示意图（Alberts et al.，2010）；

B. 卵黄蛋白被吸收形成包被小泡的过程（Parry and Gilbert，1979）

运输物质（如低密度脂蛋白LDL、卵黄蛋白等）首先与细胞表面受体相结合，形成受体-配体复合物并引发部分细胞膜的内陷，该处内陷细胞膜部位在网格蛋白参与下形成包被小窝，然后深陷的小窝脱离细胞膜形成网格蛋白包被小泡（clathrin-coated vesicle），进入胞质后网格蛋白脱离返回细胞膜，脱去包被的小泡与胞内体（endosome）融合，胞内体中的酸性环境使得受体与运输物质解离，受体通过转运囊泡返回细胞膜，而被运输物质与溶酶体融合，最终被溶酶体中的水解酶水解。受体介导的胞饮作用实质上是一种选择性、浓缩配体的吸收形式，与非特异性的胞饮作用相比，其吸收效率大大提高。

除上述网格蛋白依赖的胞饮作用外，还有细胞膜脂筏区进行的细胞窖（caveola）依赖的胞饮作用和大型胞饮作用（macropinocytosis）等类型。

2. 吞噬作用

吞噬作用（phagocytosis）是指胞吞物质为颗粒性物质，形成较大的囊泡（大于250μm）的胞吞运输形式，为通过受体介导的信号触发完成的跨膜转运过程。以细菌吞噬为例（图5-6），当吞噬作用发生时，吞噬物与其细胞表面受体结合，激活受体并诱发细胞膜下微丝的装配，形成伪足（pseudopod），将吞噬物包裹形成吞噬泡（phagosome），后与溶酶体融合，在溶酶体中吞噬物被水解消化。大颗粒物质主要由特化的吞噬细胞（如巨噬细胞）吞噬摄入，吞噬作用发生于吞噬细胞和中性粒细胞对病原体等微生物的抵御，或巨噬细胞对衰老凋亡细胞的清除。在原生生物中，吞噬作用往往发生于对环境营养物的摄取。

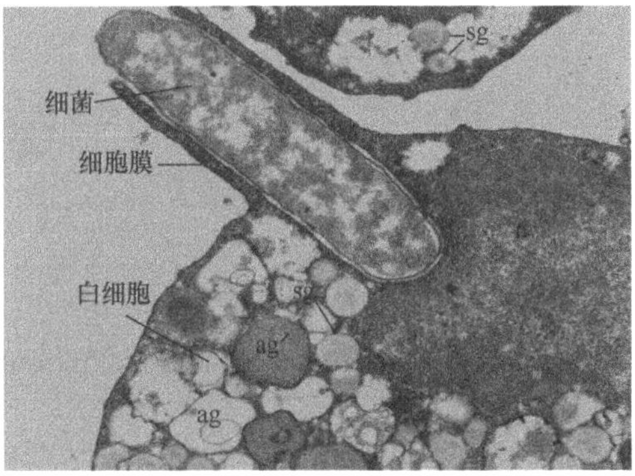

图5-6　白细胞对细菌的吞噬（Bainton，1973）
ag. 嗜苯胺蓝颗粒；sg. 特殊颗粒；n. 细胞核

二、胞吐作用

胞吐作用（exocytosis）是指将细胞内的分泌泡或其他膜泡运输至细胞膜，与细胞膜融合后将膜泡内物质运出细胞的跨膜转运过程，可分为组成型胞吐途径和调节型胞吐途径两种。

1. 组成型胞吐途径

组成型胞吐途径（constitutive exocytosis pathway）是指分泌泡持续产生并外排的胞吐运输形式，是一个连续的分泌运输过程（图5-7）。分泌物质包括膜脂、膜蛋白、细胞外基质组分、营养物质及信号分子等，分泌的途径包括：糙面内质网合成→高尔基体修饰和分装→分泌泡形成→运输至细胞表面→细胞膜融合外排。组成型胞吐分布于所有真核细胞中，主要用于细胞膜的更新、细胞外基质的分泌及营养物质和信号物质的分泌等。

2. 调节型胞吐途径

调节型胞吐途径（regulated exocytosis pathway）是指分泌泡在信号刺激的调控下运输至细胞膜后外排的胞吐运输形式，是一个信号调控的分泌运输过程。分泌的物质包括激素、黏液或消化酶等，主要存在于特化的分泌细胞中。调节型胞吐的过程（图 5-7）包括：内质网合成→高尔基体修饰→分泌泡的产生→分泌泡储存→信号刺激→分泌泡与细胞膜融合释放。

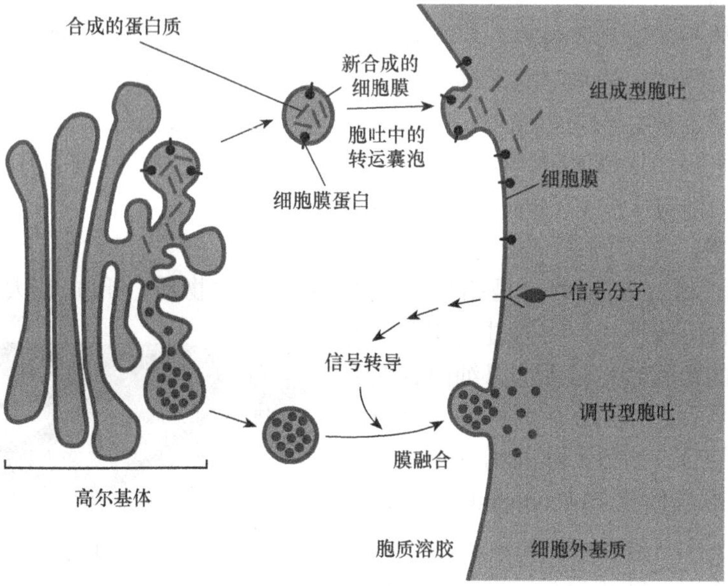

图 5-7　细胞组成型和调节型胞吐途径（Alberts et al.，2010）

胞吞作用和胞吐作用都是经过膜泡运输来完成的，转运的膜泡只与细胞膜上特定的靶膜融合，是有序的跨膜转运过程，胞吞和胞吐在转运中保持着动态平衡，对维持细胞膜的更新、营养物的摄取和代谢产物的排放都有重要意义。

复习思考题

一、名词解释

被动运输　自由扩散　协助扩散　转运蛋白　主动运输　钠钾泵　离子通道蛋白　协同转运　胞饮作用　吞噬作用

二、问答题

1．自由扩散的主要特点是什么？自由扩散方式运输物质的特性与其过膜速率的关系怎样？

2．协助扩散中转运蛋白有哪些类型？各自有何特点？

3．简述钠钾泵的作用机制。

4．协同转运中的能量是如何被利用的？

5．为何动物细胞外存在高 Na^+ 浓度？其生物学意义是什么？

6．比较胞饮作用和吞噬作用的异同点。

7．细胞通过胞吐向外分泌的物质有哪些？是如何调控的？

第六章 >>>

细胞质基质与内膜系统

本章彩图
扫码可见

内容提要

细胞质基质是细胞与环境、细胞器之间进行物质运输、能量交换、信息传递的场所，是很多中间代谢过程的场所，在细胞骨架介导的细胞形态、运动，以及蛋白质修饰、降解等方面起着重要作用。

内膜系统是指由结构、功能或发生上相关的膜围绕的细胞器或细胞结构，包括内质网、高尔基体、溶酶体、植物液泡及一些膜性运输小泡等膜系结构。

内质网是分泌性蛋白质（酶、激素、抗体）、糖类、脂质合成及加工的基地，由一层生物膜围成的扁平膜囊和管泡组成。根据内质网表面有无核糖体附着，将内质网分为糙面内质网和光面内质网。糙面内质网的主要功能是分泌性蛋白质的合成、膜蛋白的合成、蛋白质的糖基化修饰、肽链的折叠与装配及蛋白质的转运；光面内质网的主要功能是脂质的合成、糖原代谢及解毒作用。

高尔基体由扁平膜囊、顺面高尔基网和反面高尔基网组成。高尔基体对底物进行加工和修饰，完成蛋白质及脂质的分选、加工、修饰及产物的浓缩和转运排出等分泌活动。

溶酶体内含基质和内含物，为细胞内起消化作用的细胞器，其主要功能有自噬、参与细胞摄取营养和防卫、细胞的自溶、组织改建作用等。

植物液泡是一种单层膜包被的囊泡，在成熟细胞中可以占据细胞容积的90%。植物液泡参与离子及代谢物的储存，为植物细胞提供机械应力并参与细胞生长，也发挥动物溶酶体的功能，即起到消化作用，降解大分子物质。

过氧化物酶体为由一层单位膜包裹的圆形或卵圆形小体，能够分解过氧化氢为水，防止细胞中毒；参与脂肪转化为糖类的过程；参与两栖类和鸟类的烟酰胺腺嘌呤二核苷酸的氧化作用；为糖类氧化提供辅助场所；同时还参与部分脂肪的代谢。

蛋白质的分选与细胞结构的装配是一个依赖多种信号调控的复杂生物学过程，它对维持细胞的结构和功能至关重要。蛋白质分选的主要类型包括跨膜运输、膜泡运输及选择性转运。生物大分子物质通过自我装配、辅助装配和直接装配等方式进行细胞结构体系的装配。

第一节　细胞质基质

在真核细胞的细胞质中，除去可分辨的细胞器以外的胶状物质，称细胞质基质（cytoplasmic matrix）。细胞质基质是细胞的重要的结构成分，其体积约占细胞质的一半（表6-1）。

表 6-1　肝细胞中细胞质基质及细胞其他组分的数目及所占的体积比

细胞组分	数目	体积比	细胞组分	数目	体积比
细胞质基质		54	溶酶体	约 300	1
细胞核	1	6	胞内体	约 200	1
内质网	1	12	过氧化物酶体	约 400	1
高尔基体	若干	3	线粒体	约 1700	22

一、细胞质基质的含义

细胞与环境、细胞质与细胞核，以及细胞器之间的物质运输、能量交换、信息传递等都要通过细胞质基质来完成，很多重要的中间代谢反应也发生在细胞质基质中。在研究细胞质基质过程中，曾赋予它诸如细胞液（cell sap）、透明质（hyaloplasm）、胞质溶胶（cytosol）、细胞质基质等十几个名称，其含义也不断地更新与完善。由于细胞质基质的独特结构特征及较大的研究难度，以致现在还没有一个确切而统一的概念。目前常用的名称是细胞质基质和胞质溶胶，二者虽有差异但常常等同使用。也有的学者把它们看作既密切相关但又明显不同的两个概念。

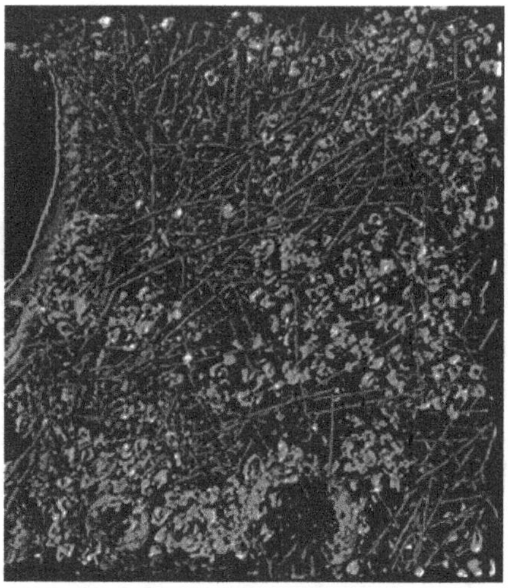

图 6-1　真核生物细胞质基质的电镜照片（Karp，2013）

该三维图像通过对从不同角度获取的二维图片进行叠加处理获得，显示细胞质中富集细胞骨架（红色）、大分子复合体（多数为核糖体，绿色），以及细胞内膜结构（蓝色）

很多学者特别是生物化学家曾一度把细胞质基质看成是酶的溶液。然而，无论从结构还是功能上看，细胞质基质都不是简单的酶溶液。越来越多的证据表明，细胞质基质很可能是高度有组织的体系（图 6-1）。

用差速离心的方法分离细胞匀浆物中的各种细胞组分，先后除去细胞核、线粒体、溶酶体、高尔基体和细胞膜等细胞器或细胞结构后，存留在上清液中的主要是细胞质基质的成分。生物化学家多称之为胞质溶胶。

在细胞质基质中蛋白质含量占 20%～30%，形成一种黏稠的胶体，多数的水分子是以水化物的形式紧密地结合在蛋白质和其他大分子表面的极性部位，只有部分水分子以游离态存在，起溶剂作用。细胞质基质中蛋白质分子和颗粒性物质的扩散速率仅为水溶液中的 1/5，更大的结构如细胞器等则固定在细胞质基质的某些部位上，或沿细胞骨架定向运动。细胞质基质是蛋白质与脂肪合成的重要场所。

目前，人们仍在通过细胞超微结构与生物化学等不同侧面的互相结合来研究细胞质基质中特殊的复杂结构体系。在细胞质基质中，蛋白质与蛋白质之间，蛋白质与其他大分子之间都是通过弱键而相互作用的，并且常常处于动态平衡之中。这种结构体系的维持只能在高浓度的蛋白质及特定的离子环境条件下实现。一旦细胞破裂，甚至在稀释的溶液中，这种靠分子之间脆弱的相互作用而形成的结构体系就会遭到破坏。这正是研究细胞质基质比研究其他细胞结构困难的主要原因。

二、细胞质基质的功能

细胞质基质担负着一系列重要的功能。目前了解最多的是，许多中间代谢过程都是在细胞质基质中进行的，如糖酵解过程、磷酸戊糖途径、糖醛酸途径、糖原的合成与部分分解过程等。蛋白质的合成与脂肪酸的合成也在细胞质基质中进行。

细胞质基质另外的功能是与细胞质骨架相关的。细胞质骨架作为细胞质基质的主要结构成分，不仅与维持细胞的形态、细胞的运动、细胞内的物质运输及能量传递有关（见第八章细胞骨架），而且也是细胞质基质结构体系的组织者，为细胞质基质中其他成分和细胞器提供锚定位点。在细胞质基质中不是靠生物膜来划分和把蛋白质分子限定在膜的二维平面上，而是通过与骨架蛋白分子间的选择性结合，使生物大分子锚定在细胞骨架三维空间的特定区域。

除此之外，细胞质基质在蛋白质的修饰、蛋白质选择性降解等方面也起着重要作用。

（一）蛋白质的修饰

已发现有 100 余种的蛋白质侧链修饰，绝大多数的修饰都由专一的酶作用于蛋白质侧链特定位点上。侧链修饰对细胞的生命活动是十分重要的，但很多修饰的生物学意义至今尚不清楚。在细胞质基质中发生蛋白质修饰的类型主要如下。①辅酶或辅基与酶的共价结合。②磷酸化与去磷酸化，用以调节很多蛋白质的生物活性。③糖基化。糖基化主要发生在内质网和高尔基体中，在细胞质基质中发现的糖基化是指在哺乳动物的细胞中把 *N*- 乙酰葡糖胺（*N*-acetyl-glucosamine）分子加到蛋白质的丝氨酸残基的羟基上。④对某些蛋白质的 N 端进行甲基化修饰。这种修饰的蛋白质如很多细胞骨架蛋白和组蛋白等，不易被细胞内的蛋白酶水解，从而使蛋白质在细胞中维持较长的寿命。⑤酰基化。最常见的一类酰基化的修饰是内质网上合成的跨膜蛋白在通过内质网和高尔基体的转运过程中发生的，它由不同的酶催化，将软脂酸链共价地连接到某些跨膜蛋白暴露在细胞质基质中的结构域；另一类酰基化修饰发生在诸如 *src* 基因和 *ras* 基因这类细胞癌基因的产物上，催化这一反应的酶可识别蛋白质中的信号序列，将脂肪酸链共价地结合到蛋白质特定的位点上，如 *src* 基因编码的酪氨酸蛋白激酶，与豆蔻酸的共价结合。酰基化与否并不影响酪氨酸蛋白激酶的活性，但只有酰基化的激酶才能转移并靠豆蔻酸链结合到细胞膜上，也只有这样，细胞才可能被转化。

（二）控制蛋白质的寿命

细胞中的蛋白质处于不断降解与更新的动态过程中。细胞质基质中的蛋白质大部分寿命较长，其活性可维持几天甚至数月，但也有一些寿命很短，合成后几分钟就降解了，其中包括在某些代谢途径中，催化限速反应步骤的酶和 *fos* 等细胞癌基因的产物。因此，只要通过改变它们的合成速率，就可以控制其浓度，从而达到调节代谢途径或细胞生长与分裂的目的。

在蛋白质分子的氨基酸序列中，除了有决定蛋白质在细胞内定位的信号和与修饰作用有关的信号外，还有决定蛋白质寿命的信号。这种信号存在于蛋白质 N 端的第一个氨基酸残基上，若 N 端的第一个氨基酸是 Met（甲硫氨酸）、Ser（丝氨酸）、Thr（苏氨酸）、Ala（丙氨酸）、Val（缬氨酸）、Cys（半胱氨酸）、Gly（甘氨酸）、Pro（脯氨酸），则蛋白质是稳定的；如是其他 12 种氨基酸之一，则是不稳定的。每种蛋白质开始合成时，N 端的第一个氨基酸都是甲硫氨酸（细菌中为甲酰甲硫氨酸），但合成后不久便被特异的氨基肽酶水解出去，然后由氨酰 -tRNA 蛋白转移酶（aminoacyl-tRNA-protein transferase）把一个信号氨基酸加到某些蛋白质的 N 端，最终在蛋白质的 N 端留下一个不稳定的或稳定的氨基酸残基。

对控制这一反应的机制还了解不多。在真核细胞的细胞质基质中，有一个很复杂的机制，识别蛋白质 N 端不稳定的氨基酸信号并准确地将这种蛋白质降解，是依赖于泛素的降解途径（ubiquitin-dependent pathway）。泛素是一个由 76 个氨基酸残基组成的小分子蛋白质，具有多种生物学功能。在蛋白质降解过程中，多个泛素分子共价结合到含有不稳定氨基酸残基的蛋白质的 N 端，然后一种 26S 的蛋白酶复合体或称蛋白酶体（proteasome）将蛋白质完全水解。这种 26S 的蛋白酶体由一个筒状的 20S 的催化核心（由 14 种多肽，28 个亚基组成）和一个称为 PA700 的调节部分（由 15 个亚基组成）组成（图 6-2）。蛋白酶体的含量占细胞蛋白总量的 1%。这种依赖于泛素的蛋白酶体，还参与细胞周期调控过程（详见第十二章）。

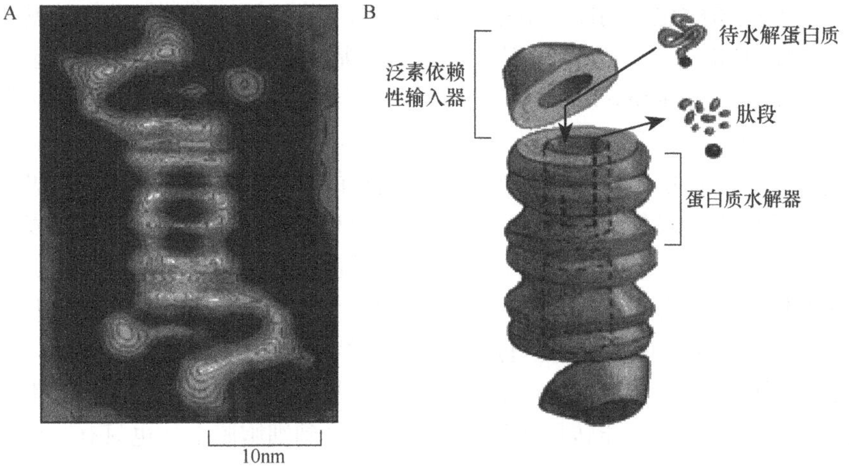

图 6-2　通过电镜负染照片获得的蛋白酶体结构图（A）及蛋白质水解过程的示意图（B）

（三）降解变性和错误折叠的蛋白质

细胞质基质中的变性蛋白质、错误折叠的蛋白质、含有被氧化或其他非正常修饰氨基酸的蛋白质，不管其 N 端氨基酸残基是否稳定，也常常很快被清除。推测这种蛋白质的降解作用，可能涉及对畸形蛋白质所暴露出来的氨基酸疏水基团的识别，并由此启动对蛋白质 N 端第一个氨基酸残基的作用，其结果形成了 N 端不稳定的氨基酸，同样是通过依赖于泛素的蛋白质降解途径彻底水解。在细胞质基质中，正在合成的蛋白质的构象与错误折叠的蛋白质有很多类似之处，如加入蛋白质合成抑制剂，则停留在不同阶段、大小不等的多肽链很快被降解，说明蛋白质合成的复合物对延伸中的肽链有暂时的保护作用。

（四）帮助变性或错误折叠的蛋白质重新折叠，形成正确的分子构象

这一功能主要靠热激蛋白（heat shock protein，Hsp；或称 stress-response protein）来完成。DNA 序列分析表明，热激蛋白主要有 3 个家族，即相对分子质量为 2.5×10^4、7.0×10^4 和 9.0×10^4 的蛋白质，每一家族中都有由不同基因编码的数种蛋白质成员。有的基因在正常条件下表达，有些则在温度升高或其他异常情况下大量表达，以保护细胞，减少异常环境对其的损伤。有证据表明，在正常细胞中，热休克蛋白选择性地与畸形蛋白质结合形成聚合物，利用水解 ATP 释放的能量使聚集的蛋白质溶解，并进一步折叠成正确构象的蛋白质。

第二节　内膜系统及其功能

细胞内膜系统（endomembrane system）是指在结构、功能乃至发生上相互关联、由膜包被的细胞器或细胞结构，主要包括内质网、高尔基体、溶酶体或液泡、胞内体和运输小泡等。研究内膜系统的有效技术主要包括：揭示超微结构的电镜技术、用于功能定位研究的免疫标记和放射自显影技术、用于蛋白质亚细胞定位研究的共聚焦荧光显微成像技术、用于组分分离与分析的离心技术和用于研究膜泡运输及功能机制研究的遗传突变体分析技术。这些技术对于阐明内膜系统的结构与功能、各组分的相互关系和动态特征发挥了重要作用。

一、内质网

内质网（endoplasmic reticulum，ER）是真核细胞重要的细胞器。它的发现比较晚。1945 年，Porter 等在电子显微镜下观察培养的小鼠成纤维细胞时，初次观察到细胞质中有一些管状和囊状结构，相互吻合形成网状结构，集中于细胞核附近的细胞内胞质区域，故称为内质网。它由一层厚 5～6nm 的封闭膜系统及其周围的腔形成互相沟通的网状结构（图 6-3）。在靠近细胞核的部位，内质网膜常与核膜外层连接，在靠近细胞膜的部位它也可以与细胞内褶相连。

内质网通常占细胞的膜系统的一半左右，体积约占细胞总体积的 10% 以上。在不同类型的细胞中，内质网的数量、类型与形态差异很大。同一细胞在不同发育阶段和不同的生理状态下，内质网的结构与功能也发生明显变化。在细胞周期的各个阶段，内质网的变化是极其复杂的。

内质网是细胞内一系列重要的生物大分子，如蛋白质、脂质和糖类合成的基地，其合成上述物质的种类与细胞质基质中合成的物质有明显的不同。

生物化学家曾从细胞质中分离出大量称为微粒体（microsome）的结构，实际上这是在细胞匀浆和超速离心过程中，由破碎的内质网形成的近似球形的囊泡结构，它包含内质网膜与核糖体两种基本组分。虽然这是形态上的人工产物，但在生化研究中，常常把微粒体

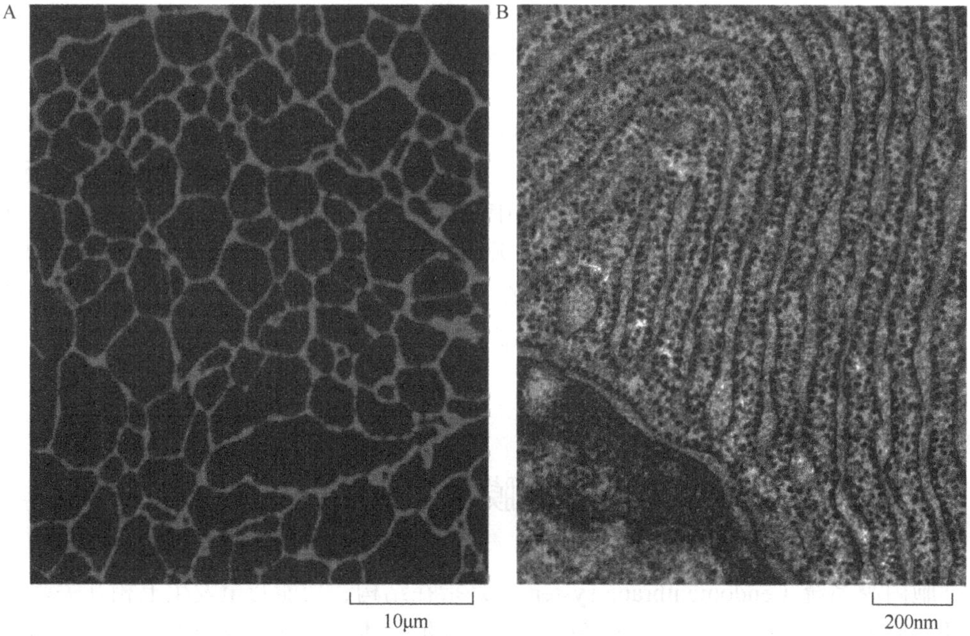

图 6-3 荧光蛋白标记的细胞内质网结构（A）及透射电子显微镜显示的内质网结构（B）（Alberts et al.，2010）

与内质网等同看待。在体外实验中，微粒体仍具有蛋白质合成、蛋白质的糖基化和脂质合成等内质网的基本功能。

（一）内质网的类型

根据结构与功能的不同，内质网可分为两种基本类型：糙面内质网（rough endoplasmic reticulum，rER）和光面内质网（smooth endoplasmic reticulum，sER）。

糙面内质网多呈扁囊状，排列较为整齐，因在其膜表面分布着大量的核糖体而得名。它是内质网与核糖体共同形成的复合机能结构，其主要功能是合成分泌性的蛋白质和多种膜蛋白。因此在分泌细胞（如胰腺腺泡细胞）和分泌抗体的浆细胞中，糙面内质网非常发达，而在一些未分化的细胞与肿瘤细胞中则较为稀少。内质网膜上有一种称为易位子（translocon）的蛋白质复合体，直径约 8.5nm，中心有一个直径为 2nm 的“通道”（图 6-4），其功能与新合成的多肽进入内质网有关。哺乳动物细胞中易位子由多个大型的蛋白质复合体组成，其中的核心组分是能形成膜上亲水转运通道的 Sec61 转运子。

表面没有核糖体结合的内质网称光面内质网。光面内质网常为分支管状形成的较为复杂的立体结构。光面内质网是脂质合成的重要场所，细胞中几乎不含有纯的光面内质网，它们只是作为内质网这一连续结构的一部分。光面内质网所占的区域通常较小，往往作为出芽的位点，将内质网上合成的蛋白质或脂质转移到高尔基体内。在某些细胞中，光面内质网非常发达并具有特殊的功能，如合成固醇类激素的细胞、精巢的间质细胞、肾上腺皮质及肝细胞等。

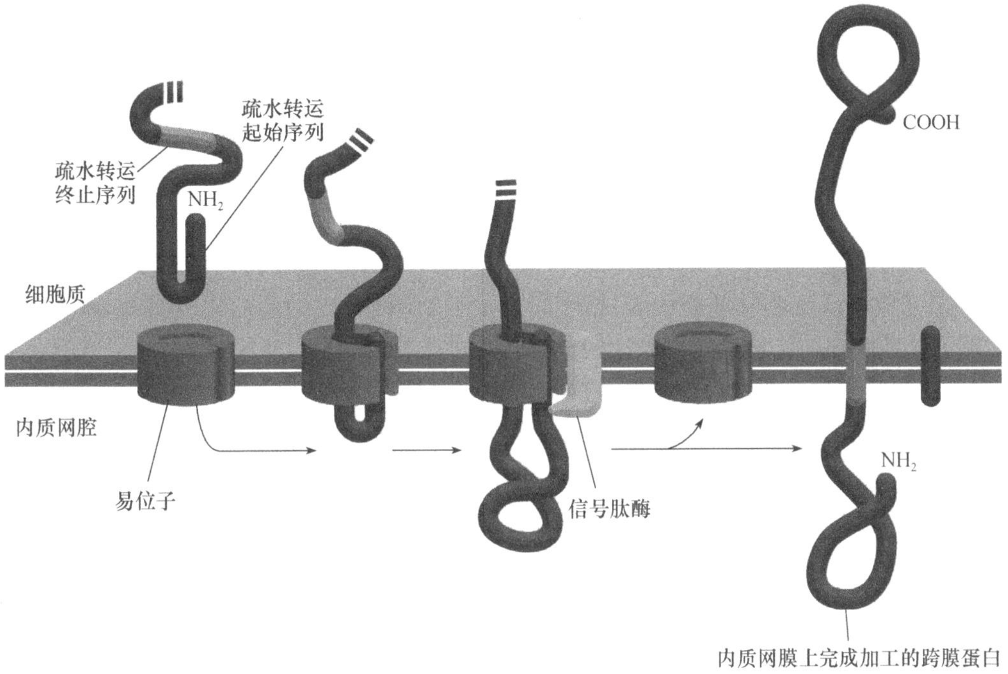

图 6-4　内质网膜蛋白通过易位子完成定位的模式图（Alberts et al.，2010）

内质网对外界因素（如射线、化学毒物、病毒等）的作用非常敏感，糙面内质网发生的最普遍的病理变化是内质网腔扩大并形成空泡，继而核糖体从内质网膜上脱落，蛋白质合成受阻。

（二）内质网的功能

内质网的重要功能在于它不仅是蛋白质、脂质与糖类的重要合成基地，而且还与物质运输、物质交换、解毒作用以及对细胞的机械支持等都有密切关系。两种内质网在功能上有所不同，糙面内质网主要负责蛋白质的合成与转运，而光面内质网主要负责一些小分子的合成与代谢以及细胞的解毒作用等。从已积累的材料中可看出，内质网是行使多种重要功能的复杂的结构体系。

1．蛋白质的合成是糙面内质网的主要功能

细胞中的蛋白质都是在核糖体上合成的，并都是起始于细胞质基质之中。有些蛋白质刚起始合成后不久便转移至内质网膜上，继续进行蛋白质合成。在糙面内质网上，多肽链一边延伸一边穿过内质网膜进入内质网腔中。以这类方式合成的蛋白质主要包括以下几种。

（1）向细胞外分泌的蛋白质。向细胞外分泌的蛋白质，包括胰腺细胞分泌的酶、浆细胞分泌的抗体、小肠杯状细胞分泌的黏蛋白（mucin）、内分泌腺分泌的多肽类激素以及细胞外基质成分等。这类蛋白质常以分泌泡的形式通过细胞的胞吐作用输送到细胞外，而且这种蛋白质运输的方式也利于分泌过程的调控。

（2）膜的整合蛋白。细胞膜上的膜蛋白及内质网、高尔基体和溶酶体膜上的膜蛋白都具有方向性，其方向性在内质网上合成时就已确定，在以后的转运过程中，其拓扑学特性始终保持不变。

（3）构成内膜系统细胞器中可溶性驻留蛋白。有些驻留蛋白需要与其他细胞组分严格隔离，如溶酶体与植物液泡中的酸性水解酶类，内质网、高尔基体和胞内体（endosome）中固有的蛋白质，在合成后进入内质网，便于与其他细胞组分进一步区分，也有利于对它们的加工与活化。

另外，有些蛋白质在合成后需要进行某些修饰与加工，这是由内质网及高尔基体中一系列酶来完成的。细胞质基质中合成的蛋白质与内质网合成的蛋白质各具有自己的特点，内质网为这些蛋白质准确有效地到达目的地提供了必要的条件。

2. 内质网中蛋白质合成的折叠及质量控制

新生肽链折叠并组装成有功能的蛋白质并非都能自发完成，在相当多的情况下是需要分子伴侣（molecular chaperone）帮助的。分子伴侣被解释为一类与其他蛋白质不稳定构象相结合并使之稳定的蛋白质，它们通过控制结合和释放来帮助多肽在体内的折叠、组装、转运或降解等，常见的分子伴侣有热激蛋白、蛋白质二硫键异构酶（protein disulfide isomerase，PDI）、肽基脯氨酰顺反异构酶（peptidyl prolyl *cis-trans* isomerase，PPI）、结合蛋白（binding protein，BIP）等。分子伴侣为驻留蛋白，内质网合成的驻留蛋白之所以能滞留于内质网，是由于其羧基端含保留信号序列：赖氨酸 - 天冬氨酸 - 谷氨酸 - 亮氨酸 -COO^-（KDEL），能够和内质网膜上的 KDEL 受体结合，使其驻留在内质网腔内。

内质网含有丰富的分子伴侣。膜蛋白和分泌蛋白大多是含有二硫键或糖基化位点的蛋白质，具有多个结构域，新生肽链转位至内质网后信号肽被切除，边翻译边开始部分折叠，尤其是含有多个结构域的蛋白质，可形成部分二级结构或三级结构，而单结构域的蛋白质则须等翻译完毕才进行折叠。蛋白质在翻译时和翻译后的折叠及组装受到辅助蛋白的介导或催化，使之在极短的时间内（短至几毫秒或几分钟）即能完成。内质网中的分子伴侣及其他辅助蛋白，不仅介导和辅助新生肽链的正确折叠与组装，还组建成一个蛋白质折叠调控的“质控系统”（quality control system），结合蛋白质的折叠中间体、未完全折叠或组装的多肽链、错误折叠的蛋白质或蛋白质聚合体，使之滞留在内质网，直到发生正确的折叠，否则，将被运到细胞质溶酶体中降解。

3. 糙面内质网与蛋白质的修饰和加工

进入糙面内质网中的蛋白质发生的主要化学修饰作用有糖基化、羟基化、酰基化与二硫键的形成等。糖基化伴随着多肽合成同时进行，是内质网中最常见的蛋白质修饰。蛋白质的糖基化（glycosylation）是指单糖或寡糖与蛋白质共价结合形成糖蛋白的过程。附着核糖体上合成的蛋白质进入内质网囊腔之后，大部分都要糖基化，而在游离核糖体上合成的可溶性蛋白质在细胞质中多数不进行糖基化。糖蛋白中，糖与蛋白质的连接有两种方式：一种是 *N*- 连接的寡糖蛋白，这种糖基化主要发生在内质网腔中；另一种是 *O*- 连接的寡糖蛋白，其糖基化发生在高尔基体内。在内质网腔中进行的糖基化，主要是由 *N*- 乙酰葡糖胺、甘露糖和葡萄糖组成的寡糖（约 14 个糖的分支寡糖）与蛋白质的天冬酰胺（Asn）残基侧链上的氨基基团连接。

这种 *N*- 连接寡糖（图 6-5）与蛋白质连接之前，先要与内质网膜上的多萜醇分子连接而被活化，当核糖体上合成的肽链中天冬酰胺进入内质网腔，已被活化的寡糖就在糖基转移酶（glycosyltransferase）的作用下，将寡糖基由磷酸多萜醇转移到相应的天冬酰胺残基上。寡糖基转移到天冬酰胺残基上称 *N*- 连接寡糖（*N*-linked glycosylation），与天冬酰胺直接结合的糖都是 *N*- 连接寡糖。

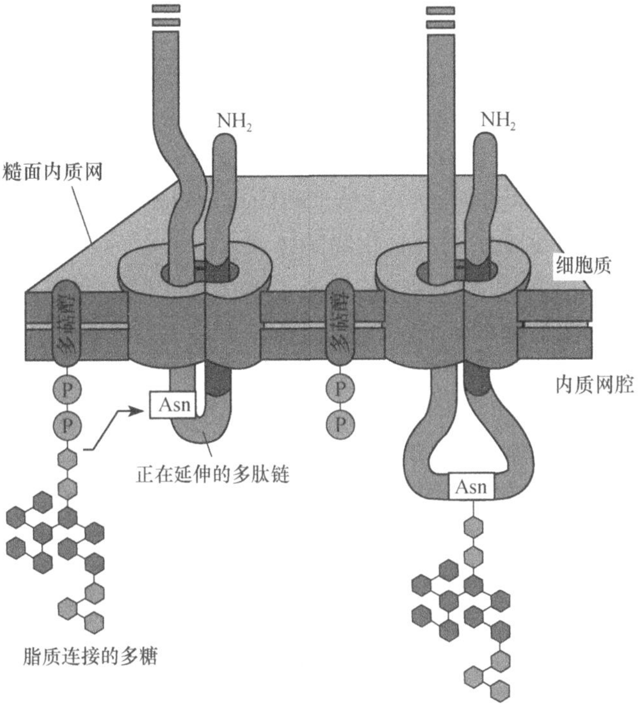

图 6-5　*N*- 连接的糖基化（Alberts et al.，2002）

被糖基化的天冬酰胺总是位于三肽序列：天冬酰胺 -X- 丝氨酸（或苏氨酸）之中，其中 X 可以是任一氨基酸。糖基转移酶是位于内质网膜腔侧面的一种膜嵌蛋白，所以这种糖基化是在内质网的腔侧面进行的。这也就可以理解为什么在细胞质中的游离核糖体上合成的可溶性蛋白质不进行糖基化了。

蛋白质上的寡糖有着很多功能：①保护蛋白质不被降解，使其留在内质网中直到蛋白质正确折叠；②起信号转导作用，使蛋白质包装进正确的运输小泡中；③在细胞的表面时，寡糖形成糖萼的一部分，在细胞识别中起作用；④某些蛋白质只有在糖基化后才能正确折叠。

酰基化发生在内质网的胞质侧，通常是软脂酸共价结合在跨膜蛋白的半胱氨酸残基上，类似的酰基化也发生在高尔基体以及膜蛋白向细胞膜转移的过程中。

4．光面内质网是脂质合成的重要场所

光面内质网合成构成细胞所需要的包括磷脂和胆固醇在内的几乎全部的膜脂，其中最重要的磷脂是磷脂酰胆碱（卵磷脂）。合成磷脂所需要的 3 种酶都定位在内质网膜上，其活性部位在膜的细胞质基质一侧。合成磷脂的底物来自细胞质基质，反应的第一步是增大膜面积；第二和第三步是确定新合成磷脂的种类。除磷脂酰胆碱外，其他几种磷脂，如磷脂酰乙醇胺、磷脂酰丝氨酸以及磷脂酰肌醇等都以类似的方式合成。

在内质网膜上合成的磷脂几分钟后就由细胞质基质转向内质网腔面，其转位速度比自然转位速度高 10^5 倍，可能是借助一种磷脂转位因子（phospholipid translocator）或称转位酶（transposase）来完成的。这种因子对含胆碱的磷脂要比对含丝氨酸、乙醇胺和肌醇的磷脂转位能力强，因此磷脂酰胆碱更容易转到内质网膜的腔面。

合成的磷脂由内质网向其他膜的转运主要有两种方式：一种是以出芽的方式转运到高尔基体、溶酶体和细胞膜上；另一种方式是凭借一种水溶性的载体蛋白，称为磷脂转换蛋白（phospholipid exchange protein，PEP）在膜之间转移磷脂。其转运模式是，PEP 与磷脂分子结合形成水溶性的复合物进入细胞质基质，通过自由扩散，直至遇到靶膜，PEP 将磷脂释放出来，并安插在膜上，结果是磷脂从含量高的膜转移到缺少磷脂的膜上，即从磷脂合成部位转移到线粒体或过氧化物酶体膜上。线粒体和过氧化物酶体是可能缺少磷脂的细胞器。每种 PEP 只能识别一种磷脂，推测磷脂酰丝氨酸就是以这种方式转移到线粒体膜上，然后脱羧基而产生磷脂酰乙醇胺，而磷脂酰胆碱则不加任何修饰地转移到线粒体膜上。

5. 内质网的其他功能

一般情况下，光面内质网所占比例很小，但在某些细胞中非常发达。肝细胞中的光面内质网很丰富，它是合成外输性脂蛋白颗粒的基地。肝细胞中的光面内质网中还含有一些酶，用以清除脂溶性的废物和代谢产生的有害物质，因为光面内质网具有解毒功能。其中研究较为深入的是细胞色素 P450 家族酶系的解毒反应过程，是使聚集在光面内质网膜上的不溶于水的废物或代谢产物羟基化而完全溶于水并转送出细胞进入尿液中。某些药物如苯巴比妥（phenobarbital）进入体内，肝细胞中与解毒反应有关的酶便大量合成，几天之中光面内质网的面积成倍增加。一旦毒物消失，多余的光面内质网随之被溶酶体消化，5 天内又恢复到原来的大小。

肌细胞中含有发达的特化的光面内质网，它由光面内质网围绕在每条肌原纤维的周围，形成一个十分精致的网络状结构系统，称为肌质网（sarcoplasmic reticulum）。当肌纤维膜的兴奋传到肌质网时，引起肌质网释放 Ca^{2+} 到肌丝之间，Ca^{2+} 激活 ATP 酶，使 ATP 转变为 ADP 并释放能量，激发肌丝的滑行，引起肌肉的收缩。当肌纤维松弛时，肌质网又重新获得 Ca^{2+}。因此，光面内质网在肌纤维中通过摄取和释放 Ca^{2+} 以参与肌肉的收缩活动。

在多数真核细胞中，细胞外的信号物质也可引起 Ca^{2+} 向细胞质基质中释放。内质网具有储存 Ca^{2+} 的功能，在内质网膜上也存在与肌细胞的肌质网膜上相同的肌醇三磷酸（IP_3）的受体。此外，在内质网中发现包括 BIP 在内的 4 种以上的钙结合蛋白，其中一种与肌质网中的钙结合蛋白相同。每个钙结合蛋白的分子可与 30 个左右的 Ca^{2+} 结合，因为内质网腔中钙结合蛋白的浓度可达 30～100mg/mL，从而使内质网中的 Ca^{2+} 浓度高达 3mmol/L。内质网不仅作为 Ca^{2+} 储存库，而且由于高浓度的 Ca^{2+} 及与之结合的钙结合蛋白的存在，可能阻止内质网以出芽的方式形成运输小泡，因此 Ca^{2+} 浓度的变化对运输小泡的形成，可能起重要的调节作用。

除此之外，内质网还为细胞质基质中很多蛋白质，包括多种酶类，提供了附着位点。有人认为，内质网的扁囊和管道还有储存与运输物质的功能，在能量与信息的传递、细胞的支持和运动等方面可能也具有一定的作用。

二、高尔基体

高尔基体（Golgi body）又称高尔基器（Golgi apparatus）或高尔基复合体（Golgi complex），是比较普遍地存在于真核细胞内的一种细胞器。1898 年，意大利医生 Camillo Golgi 用银染的方法在光镜下观察猫的神经细胞时，在细胞核的周围发现有一黑色网状结构，遂命名为内网器（internal reticular apparatus）。后来许多学者证明这种结构几乎存在于所有细胞中。高尔基体从发现至今已有 100 多年，其中一半以上的时间是在进行关于高尔基体的形态甚至对它是否存在的争论。直到 20 世纪 50 年代以后，随着电子显微镜的应用和超薄切片技术的发展，才证实了高尔基体的存在。它不仅存在于动植物细胞中，而且也存在于原生动物和真菌细胞内。

（一）高尔基体的形态结构

在电镜下，高尔基体由一些排列较为整齐的扁平膜囊（常为 3～20 个）和扁平膜囊堆两侧的中间多孔、呈分支管状的膜系网络（顺面高尔基网和反面高尔基网）组成（图 6-6）。

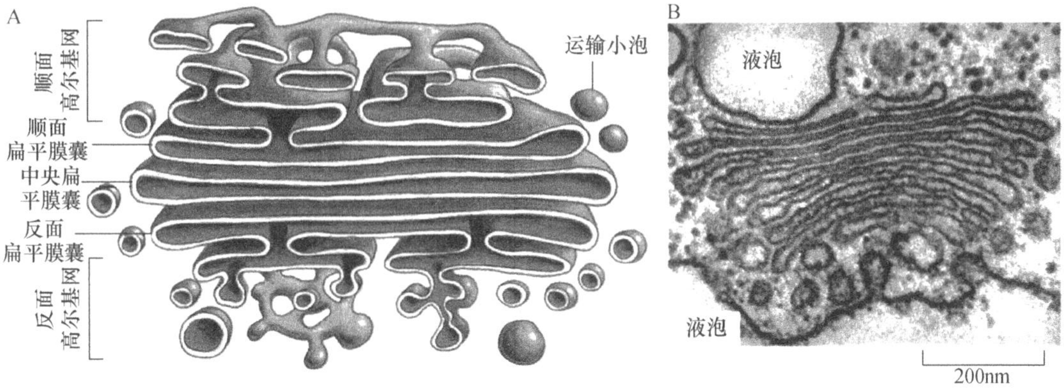

图 6-6　高尔基体模式图（A）及透射电子显微镜图像（B）（Alberts et al.，2010）

1. 扁平膜囊

扁平膜囊（saccule，简称扁囊）是高尔基体的主体部分。一般由 3～10 层膜囊平行排列在一起，称高尔基堆（Golgi stack），相邻的扁平膜囊间距离 20～30nm，每个囊腔宽 6～15nm，内含中等电子密度的物质。扁平膜囊通常略弯曲呈盘状，横切面似弓形，其凸面称为顺面（*cis*-face）或形成面（forming face）；凹面称为反面（*trans*-face）或成熟面（mature face）。扁平膜囊的中央部分较平，其上有孔，可与相邻的扁平膜囊或其周围的小泡、小管相连通。

高尔基体扁囊在形态结构、化学组成以及功能上均显示出一定的极性。在形态结构方面，靠近细胞核或内质网的一面是高尔基体的形成面或顺面，面向细胞膜一面则是高尔基体的成熟面或反面。生物化学实验表明，成熟面的膜较形成面的膜含有更多的酶，能促使分泌物的浓缩、成熟。例如，溶酶体的酶就是在成熟面的膜囊中或附近的囊泡中浓缩，表明溶酶体就是在此区域装配的。最近证明，高尔基堆至少可分为顺面（形成面）扁平膜囊、中间扁平膜囊和反面（成熟面）扁平膜囊 3 个区室，每个区室中含有不同的酶，对从内质网进入的蛋白质的加工和修饰各有不同的功能。

2．顺面高尔基网和反面高尔基网

在顺面扁平膜囊和反面扁平膜囊外侧，可见分支管状的膜系网络，分别称为顺面高尔基网（*cis*-Golgi network，CGN）和反面高尔基网（*trans*-Golgi network，TGN）。

CGN 位于顺面外层，膜厚约 6nm，比其他部位薄，近似于内质网膜。随着顺面向反面的过渡，膜也逐渐加厚，至反面扁平膜囊厚约 8nm，与细胞膜相似。一般认为，CGN 接收来自内质网新合成的物质并将其分类后大部分转入中间扁平膜囊，少部分返回内质网。蛋白质的部分修饰发生于此，冠状病毒亦在此装配。

TGN 位于反面的最外层，与反面扁平膜囊相连，部分区域 pH 可比其他部位低。TGN 是高尔基体蛋白质分选和包装的枢纽部位。另外，蛋白质的部分修饰也发生在这里。根据高尔基体的各部分膜囊特有的成分，可用电镜细胞化学的方法对高尔基体的结构成分做进一步的分析。常用的 4 种标志细胞化学反应如下。

（1）嗜锇反应：高尔基体的顺面被特异地染色。

（2）硫胺素焦磷酸酶（TPP 酶）的细胞化学反应：可特异地显示高尔基体反面的 1～2 层膜囊。

（3）胞苷一磷酸酶（CMP 酶）的细胞化学反应：显示靠近反面的一些膜囊状和管状结构，CMP 酶也是溶酶体的标志酶。

（4）烟酰胺腺嘌呤二核苷酸磷酸酶（NADP 酶）的细胞化学反应：是高尔基体中间扁平膜囊的标志反应。

（二）高尔基体的功能

高尔基体的主要功能是将内质网合成的多种蛋白质进行加工、分类与包装，然后分门别类地运送到细胞特定的部位或分泌到细胞外。内质网上合成的脂质一部分也要通过高尔基体向细胞膜和溶酶体膜等部位运送。因此可以说，高尔基体是细胞内大分子运输的一个主要交通枢纽。此外，高尔基体还是细胞内糖类合成的工厂，在细胞生命活动中起多种重要的作用。

1．高尔基体与细胞的分泌活动

虽然早期的形态学观察结果已经提示了高尔基体可能与细胞分泌活动有关，但对这一功能的了解却经历了一个较长的认识过程。

20 世纪 70 年代初，Caro 用 ^{3}H- 亮氨酸对胰腺的腺泡细胞进行脉冲标记，发现在脉冲标记 3min 后，放射自显影银粒主要位于内质网；20min 后，银粒出现在高尔基体；120min

后则位于分泌泡并开始在顶端释放。实验显示了分泌性蛋白质在细胞内的合成与转运途径，其转运的过程是通过高尔基体来完成的。后来的研究进一步表明，除分泌性蛋白质外，很多细胞膜上的膜蛋白、溶酶体中的酸性水解酶及胶原纤维等细胞外基质成分都是通过高尔基体完成其定向转运过程。

作为蛋白质合成主要场所的内质网常常同时合成多种蛋白质。那么高尔基体怎么样完成对这些蛋白质的分类与转运功能呢?

20 世纪 60 年代，人们发现溶酶体中所有的酶都有共同的标志，70 年代证明这一共同标志就是 6- 磷酸甘露糖（M6P），80 年代纯化了与这一反应有关的酶及 M6P 受体，从而把溶酶体酶在高尔基体中的分选过程作为了解高尔基体功能的一个重要例子。

溶酶体中有几十种酸性水解酶类，它们在内质网上合成后进入高尔基体。在内质网上合成时发生了 *N*- 连接的糖基化修饰，即把一个寡糖键共价结合到溶酶体酶分子中的天冬酰胺残基上。在高尔基体的顺面膜囊中存在 *N*- 乙酰葡糖胺磷酸转移酶和 *N*- 乙酰葡糖胺磷酸糖苷酶。在这两种酶的催化作用下，寡糖链中的甘露糖残基磷酸化产生 M6P。这种特异的反应只发生在溶酶体的酶上，而不发生在其他的糖蛋白上。估计溶酶体酶本身的构象含有某种磷酸化的信号，如果改变其构象则不能被识别也就不能形成 M6P。在高尔基体反面膜囊上结合着 M6P 的受体。由于溶酶体酶的许多位点上都可形成 M6P，从而大大增加了与受体的亲和力。这种特异的亲和力使溶酶体的酶与其他蛋白质分离并起到局部浓缩的作用。有一种称为 I 细胞（inclusion cell）病的疾病，患者由于 *N*- 乙酰葡糖胺转移酶单基因的缺损，不能合成 M6P，溶酶体的酶也就不能被受体识别，因而无法转运到溶酶体中。

在内质网合成的蛋白质很多都是糖蛋白，而且这些蛋白质的糖链要在高尔基体中经历十分复杂的修饰。于是人们猜测这种修饰作用可能与蛋白质在高尔基体中的分选有关。然而用 DNA 重组技术证明，多种糖蛋白在去掉糖链后仍能正常地输送到细胞的特定部位，说明糖链在多数蛋白质的分选中并不起决定性的作用。因此上述溶酶体酶的分选途径可能仅是一种情况，并不是溶酶体酶分选的唯一途径。已发现在肝细胞中溶酶体酶还存在不依赖于 M6P 的分选途径。

2. 高尔基体对蛋白质的加工修饰

在糙面内质网合成的各种蛋白质被运至高尔基体后，要进行一系列的修饰加工才能形成具有特定功能的成熟的蛋白质分子，而后经囊泡运输，或分泌到细胞外，或保留在细胞膜上成为细胞膜的一部分。

糖蛋白的合成和修饰前已述及。糖蛋白中有两种寡糖链：一种是 *N*- 连接的寡糖链；另一种是 *O*- 连接的寡糖链（表 6-2）。后一种糖蛋白的糖链全部是在高尔基体内合成的。这些蛋白质的酪氨酸、丝氨酸、苏氨酸残基侧链的—OH 与寡糖共价结合、糖基化，形成 *O*- 连接寡糖蛋白。它与 *N*- 连接的寡糖不同，是由不同的糖基转移酶依次催化，加上一个个单糖，最后加上唾液酸残基，完成糖蛋白的合成。*N*- 连接的寡糖蛋白的合成开始于糙面内质网腔内，所形成的糖蛋白 *N*- 连接寡糖链有相同的寡糖结构，待转运到高尔基体后要进行一系列精确的修饰，一些寡糖链残基（如大部分的甘露糖）被切掉，而后又加上另外一些糖残基（如半乳糖、唾液酸），完成糖蛋白的合成，这样形成的糖蛋白在寡糖结构上表现出差异，呈现多样性。

表 6-2 *N*- 连接与 *O*- 连接的寡糖比较

特征	*N*- 连接	*O*- 连接
合成部位	糙面内质网	糙面内质网或高尔基体
合成方式	来自同一个寡糖前体	一个个单糖加上去
与之结合的氨基酸残基	天冬酰胺	丝氨酸、苏氨酸、羟赖氨酸、羟脯氨酸
最终长度	至少 5 个糖残基	一般 1～4 个糖残基，但 ABO 血型抗原较长
第一个糖残基	*N*- 乙酰葡糖胺	*N*- 乙酰半乳糖胺等

高尔基体对糖蛋白的合成和修饰过程，通过同位素标记和放射自显影等方法得到了证实。例如，用 ^{3}H 标记甘露糖进行短期培养，经放射自显影观察，只在糙面内质网发现银粒；用 ^{3}H 标记半乳糖和唾液酸，经放射自显影观察，银粒仅存在于高尔基体；用 ^{3}H 标记 *N*- 乙酰葡糖胺，结果显示，在糙面内质网和高尔基体同时发现银粒。说明 *N*- 乙酰葡糖胺、甘露糖存在于糖蛋白寡糖链的核心部分，是在糙面内质网上的糖基转移酶的作用下加在肽链上的。这些未完全糖基化的蛋白质经运输小泡转运到高尔基体扁平膜囊中，再在其膜上糖基转移酶的作用下，在糖链的远端加入半乳糖、唾液酸，组成糖链的周围部分，这个过程具有严格的顺序性。

3. 高尔基体参与蛋白酶的水解和其他加工

有些多肽，如某些生长因子和某些病毒囊膜蛋白，在糙面内质网中切除信号肽后便成为有活性的成熟多肽。还有很多肽激素和神经多肽（neuropeptide），当转运至高尔基体的反面高尔基体网（TGN）或其所形成的运输小泡中时，在与 TGN 膜相结合的蛋白酶的作用下，经特异地水解（常发生在与一对碱性氨基酸相邻的肽键上）才成为有生物活性的多肽。

不同的蛋白质在高尔基体中酶解加工的方式各有不同，可归纳为以下几种类型。

（1）比较简单的形式是没有生物活性的蛋白原（proprotein）进入高尔基体后，将蛋白原 N 端或两端的序列切除形成成熟的多肽，如胰岛素、胰高血糖素及血清蛋白（如白蛋白等）。

（2）有些蛋白质分子在糙面内质网中合成时便是含有多个相同氨基酸序列的前体，然后在高尔基体中水解成同种有活性的多肽，如神经肽等。

（3）某些蛋白质分子的前体中含有不同的信号序列，最后加工成不同的产物；有时同一种蛋白质前体在不同的细胞中可能以不同的方式加工而产生不同种的多肽，这样大大增加了细胞信号分子的多样性。

硫酸化作用也在高尔基体中进行。硫酸化反应的硫酸根供体，是 3′- 磷酸腺苷 -5′- 磷酸硫酸（PAPS）。它从细胞质基质中转入高尔基体膜囊中，在酶的催化下，将硫酸根转移到肽链中酪氨酸残基的羟基上。硫酸化的蛋白质主要是蛋白聚糖。

（三）高尔基体与细胞内的膜泡运输及膜的转运

从高尔基体膜的角度以及化学组成上看，它都介于内质网膜与细胞膜之间。

从生理功能上看，分泌蛋白首先在糙面内质网的附着核糖体上合成，然后进入内质网腔内运输，以“芽生”方式形成运输小泡脱离内质网。运载合成的蛋白质至高尔基体的扁平膜囊中进行浓缩、加工，形成分泌颗粒，继而移向细胞膜，经胞吐作用排出细胞；从来源上看，由内质网“芽生”的小泡与高尔基体顺面的膜融合成为扁平膜囊的膜。与此同时，在反面又不断“芽生”分泌泡，移向细胞膜，最终与其融合而成为细胞膜的膜，并将分泌物排出。像这种细胞的各种膜性结构间相互联系和转移的现象称为膜流（membrane flow）。由膜流现象可以看出，高尔基体的膜处于一种不断消耗又不断补充的动态平衡中（图 6-7）。实验证明，高尔基体在 40min 内可完全一次更新，可见其与膜的转变密切相关。

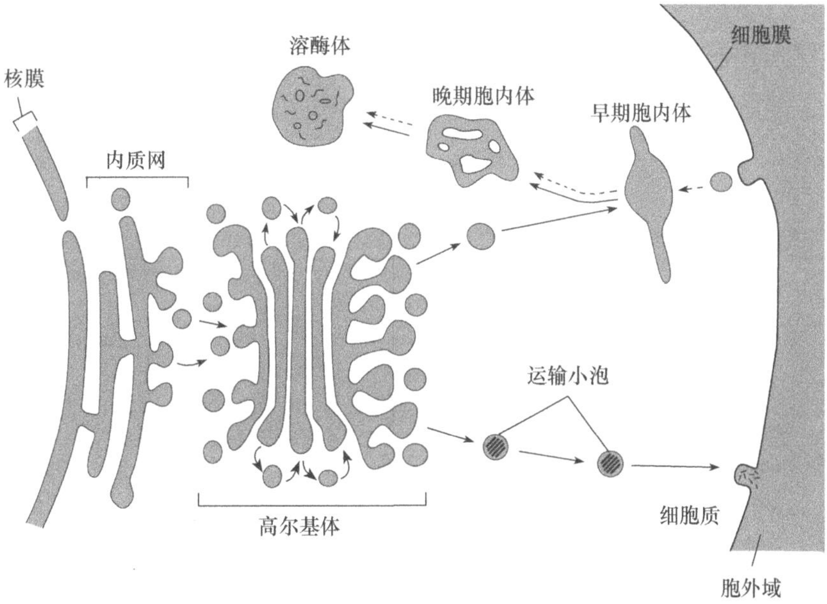

图 6-7　膜泡运输的主要途径，其中高尔基体是运输的中枢（Alberts et al.，2010）

从膜“芽生”出来的小泡通常在细胞质基质面有蛋白质外被，因此“芽生”小泡称为有被小泡。在“出芽”完成之后，外被消失，小泡的膜直接与靶膜相互融合。有被小泡有多种，每一种都有特定蛋白质的外被。外被至少有两种功能：使膜形成芽体；有助于对外转运时捕获分子。已知三类具有代表性的衣被蛋白，即网格蛋白（clathrin）、衣被蛋白Ⅰ（COPⅠ）和衣被蛋白Ⅱ（COPⅡ）。

网格蛋白有被小泡是最早发现的有被小泡，它们从向外途径中的高尔基体反面膜囊上，或是从向内胞吞途径中的细胞膜上“芽生”出来。例如，在高尔基体上，每一个小泡最初都是从被有网格蛋白的小窝开始的。网格蛋白分子由 3 个重链和 3 个轻链组成（图 6-8），形成一个具有 3 个膜泡转运曲臂的形状。许多网格蛋白的曲臂部分交织在一起，装配成一

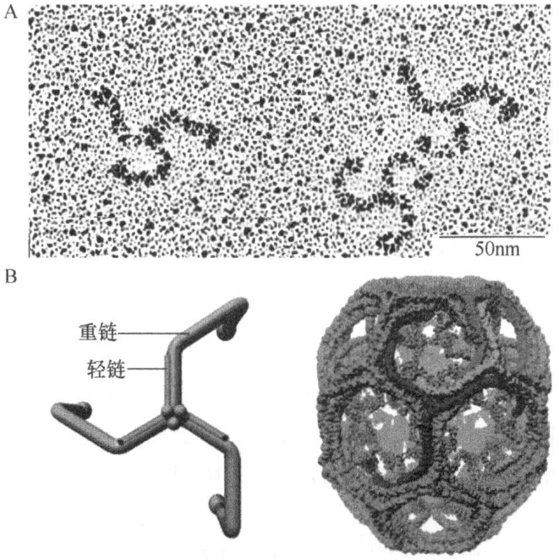

图 6-8 网格蛋白的结构（Alberts et al.，2010）

A. 电镜照片；B. 左为分子模型；右为网格蛋白的三维重构模型

个具有五边形网孔的笼子，就是这个装配过程使膜成为小泡。

网格蛋白形成的衣被中还有衔接蛋白（adapter protein），它介于网格蛋白与配体受体复合物之间，起连接作用。动力蛋白（dynein）是一种GTP结合蛋白，当网格蛋白衣被小泡形成时，动力蛋白聚集成一圈围绕在小窝的颈部，动力蛋白水解其结合的GTP，引起环收缩，衣被小泡从膜上释放下来；随后衣被很快就解体（图 6-9）。

目前认为，经内质网折叠好的蛋白质在向高尔基体运送过程中需要两种衣被蛋白的参与，即COPⅠ和COPⅡ。COPⅡ的功能是直接包裹经内质网折叠

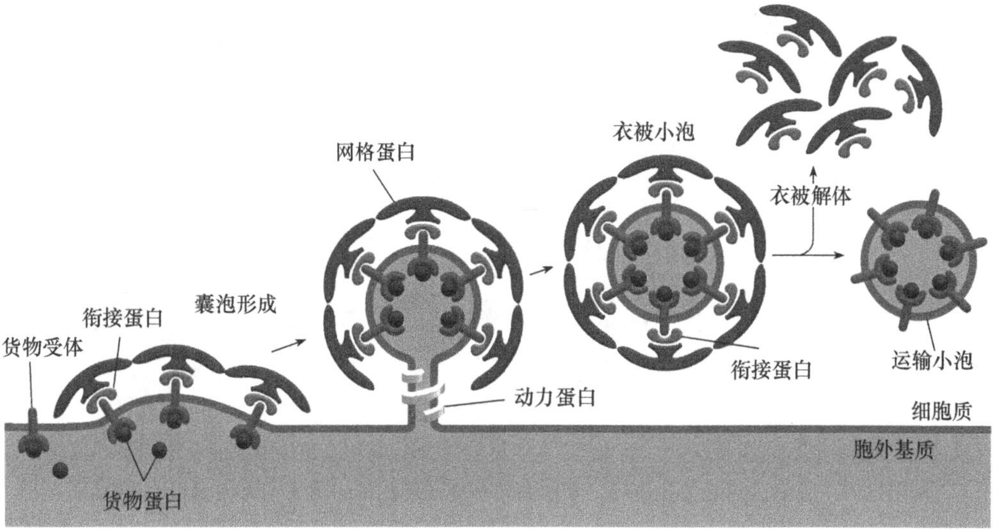

图 6-9 网格蛋白衣被小泡的形成过程（Alberts et al.，2010）

的蛋白质，并使它们向高尔基体输送。而具有COPⅠ衣被的小泡则靠近高尔基体顺面，其功能与回收运输小泡中内质网蛋白有关。例如，内质网腔中的蛋白二硫键异构酶和协助折叠的分子伴侣，不管在腔中还是在膜上，如果它们意外地进入运输小泡并从内质网运至高尔基体顺面，则顺面的膜上有一种受体结合蛋白能特异地识别滞留蛋白的回收信号，将它们返回内质网。衣被小泡沿着细胞内的微管被运输到靶细胞器，各类运输小泡之所以能够准确地和靶膜融合，是因为运输小泡表面的标志蛋白能被靶膜上的受体识别，其中跨膜蛋白质SNARE（soluble NSF attachment protein receptor）是介导运输小泡

特异性停泊和融合的。位于运输小泡上的称为 v-SNARE，位于靶膜上的称为 t-SNARE。v-SNARE 能被 t-SNARE 专一地识别。每一个细胞器和每一类型运输小泡可能都带有特定的 SNARE，SNARE 之间的相互作用保证运输小泡只和匹配的膜融合。

（四）高尔基体的异常改变

高尔基体的形态、数量在不同类型的细胞中不同。即使是在同一类型的细胞中，不同的分化阶段以及在不同的生理、病理条件下，高尔基体的形态、数量也会发生变化。

1. 高尔基体的肥大和萎缩

高尔基体可因功能亢进或代偿性功能亢进而肥大。例如，大白鼠实验性肾上腺皮质再生过程中，在垂体前叶分泌促肾上腺皮质激素（ACTH）的细胞内，高尔基体显著肥大。当再生将结束时，ACTH 水平下降，高尔基体又恢复正常大小。高尔基体的萎缩、破坏或消失，常见于中毒等病理情况下的肝细胞，这是脂蛋白合成及分泌功能障碍所致。

2. 高尔基体内容物改变

高尔基体与脂蛋白的合成与分泌有关。因此在肝细胞的高尔基体内可见到电子密度不等的颗粒，其中含饱和或不饱和脂肪酸。例如，当某些中毒因子（如四氯化碳）引起脂肪肝时，肝细胞内充满大量脂质体，高尔基体中所含脂蛋白颗粒可以消失，而被大量扩张或断裂的大泡取而代之。又如，骨关节炎患者的滑膜细胞，其中一部分细胞内的高尔基体明显小而少，而在附近的另一些滑膜细胞中又可以很多很大。但是这两种高尔基体的大囊泡中分泌物均很少，说明一些细胞尽管高尔基体代偿性肥大，但其功能减退，反映在这些患者身上，则见关节滑液中透明质酸的含量下降。

3. 高尔基体在癌细胞中的改变

人和动物肿瘤研究资料表明，一般在迅速生长、发生恶变的肿瘤细胞中，高尔基体几乎都不发达。对某一类型的癌细胞来说，分化程度越低，高尔基体越不发达，如人胃低分化腺癌细胞；而分化较好的癌细胞中，高尔基体较发达。有时在癌细胞内还可见到高尔基体的肥大和变形，如人的肝癌细胞。

三、溶酶体

溶酶体（lysosome）是单层膜围绕、内含多种酸性水解酶类的囊泡状细胞器，其主要功能是起细胞内的消化作用。早在 1949 年，有人就怀疑在鼠肝匀浆离心的沉淀物中有一种酸性磷酸酶（acid phosphatase，ACPase）的颗粒。1955 年，Duve 首次用电子显微镜证明了溶酶体的存在，而且用细胞化学方法显示出颗粒内部富含各种水解酶，进而命名为溶酶体，意思是一种能溶解或消化分解其他物质的小体。

溶酶体几乎存在于所有的动物细胞中，是细胞内重要的具消化和免疫功能的细胞器，内含有 60 多种水解酶，其中酸性磷酸酶作为溶酶体的标志酶。原生动物细胞中也存在类似溶酶体的结构。典型的动物细胞中约含有数百个溶酶体，但在不同的细胞内溶酶体的数量和形态有很大差异，即使在同一种细胞中，溶酶体的大小、形态也有很大区别，这主要是每个溶酶体处于其不同生理功能阶段的缘故。

溶酶体在维持细胞正常代谢活动及防御等方面起着重要作用，自噬和异噬相互关联构成了溶酶体生活周期。溶酶体可反复参加自噬和异噬周期，从而使其发挥最大的功效。溶酶体的自噬作用被看作细胞为生存而做出的一种自我保护性反应，特别是在病理学中具有重要意义，因此越来越引起人们对溶酶体研究的重视。

（一）溶酶体的结构类型

溶酶体是一种异质性（heterogeneity）细胞器。这是指不同的溶酶体的形态、大小，甚至其中所包含的水解酶的种类都可能有很大的不同。根据溶酶体所处的完成其生理功能的不同阶段，大致可分为初级溶酶体（primary lysosome）、次级溶酶体（secondary lysosome）和残余体（residual body）。

初级溶酶体呈球形，直径0.2～0.5μm，内容物均一，不含有明显的颗粒物质，外面由一层脂蛋白膜围绕，厚度为7.5nm。其中含有多种水解酶类，如蛋白酶、核酸酶、糖苷酶、酯酶、磷脂酶、磷酸酶和硫酸酶等，其共同的特征是都属酸性水解酶，即酶的最适pH为5左右。

次级溶酶体是初级溶酶体与细胞内的自噬泡或异噬泡、胞饮泡或吞噬泡融合形成的复合体，分别称为自噬溶酶体（autophagolysosome）和异噬溶酶体（phagolysosome，又称吞噬体），二者都是起消化作用的溶酶体。次级溶酶体中可能包含多种生物大分子、颗粒性物质、线粒体等细胞器乃至细菌等，因此其形态不规则，直径可达几微米。电镜显示其内部结构非常复杂，常含有颗粒、膜片甚至某些细胞器。

经过一段时间的消化后，小分子物质可通过膜上的载体蛋白转运到细胞质基质中，供细胞代谢使用。未被消化的物质残存在溶酶体中形成残余体或称后溶酶体。残余体可通过类似胞吐的方式将内容物排出细胞（图6-10）。

溶酶体膜在成分上也与其他生物膜不同：①嵌有质子泵，借助水解ATP释放出的能量将H^+泵入溶酶体内，使溶酶体中的H^+浓度比细胞质中高100倍以上，以形成和维持酸性的内环境；②具有多种载体蛋白用于将水解的产物向溶酶体外转运；③膜蛋白高度糖基化，可能有利于防止自身膜蛋白的降解。

用溶酶体的标志酶反应，可辨认出不同形态与大小的溶酶体。酸性磷酸酶（acid phosphatase）是常用的标志酶，用这种方法不仅有助于研究溶酶体的发生与成熟过程，而且还发现了多泡体、线状溶酶体等多种类型的溶酶体，但其功能尚不完全清楚。

（二）溶酶体的功能

溶酶体的基本功能是对生物大分子强烈的消化作用，这对于维持细胞的正常代谢活动及预防微生物的侵染都有重要的意义。

1. 清除无用的生物大分子、衰老的细胞器，以及衰老、损伤和死亡的细胞

处于不同的细胞周期、不同的分化阶段及不同生理状态下的细胞，都需要一系列特定的酶系统。为了保证细胞正常的代谢活动与调控，必须不断地清除衰老的细胞器和生物大

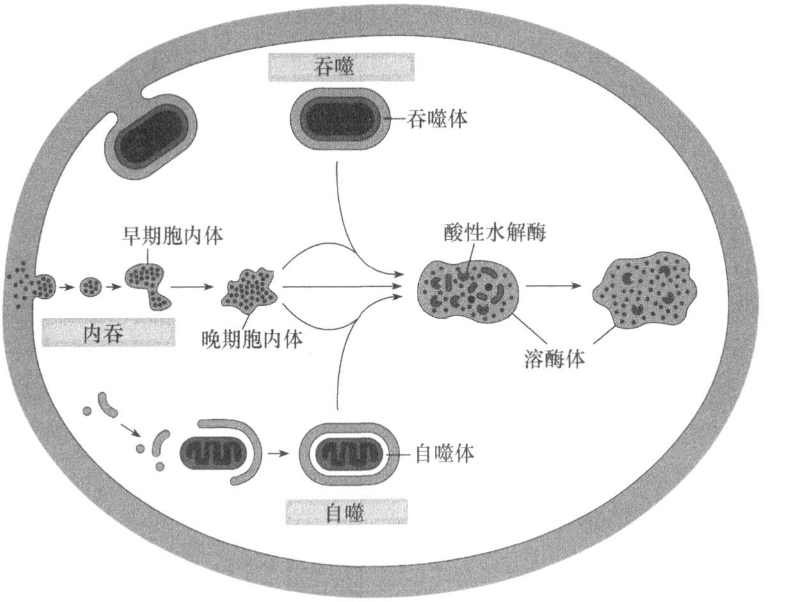

图 6-10　动物细胞溶酶体接受胞内体、吞噬体及细胞自噬体等，完成物质的消解和重循环（Alberts et al.，2010）

分子。很多生物大分子的半寿期只有几小时至几天，如肝细胞中线粒体的平均寿命约 10 天；细胞膜也处在不断地更新之中；占成人细胞总数 1/4 的红细胞仅能存活 120 天，因此人体每天清除的红细胞多达 1000 多个。这些任务主要由溶酶体和蛋白酶体共同负担，即溶酶体起着“清道夫”的作用。其中还包括清除在发育和成体中凋亡的细胞，如两栖类发育过程中蝌蚪尾巴的退化；哺乳动物断奶后乳腺的退行性变化等都涉及某些特定细胞程序性死亡及周围活细胞对其的清除，这些过程都与溶酶体有关。对衰老细胞的清除主要是由巨噬细胞完成，如衰老的红细胞膜骨架发生改变，导致细胞韧性的改变，而不能进入比其直径更小的毛细血管中。同时细胞表面糖链中的唾液酸残基脱落，暴露出乳糖残基，从而被巨噬细胞识别并捕获，进而被吞噬和降解。

当溶酶体缺失或产生溶酶体酶的某个环节出现故障时，上述物质就不能被水解而积留在溶酶体中，结果细胞成分与结构得不到更新，直接影响细胞的代谢，引起疾病，如泰 - 萨克斯病（Tay-Sachs disease）就是由于溶酶体中缺少氨基己糖脂酶 A（hexosaminidase A）。在正常人或哺乳动物细胞中，特别是神经细胞中，细胞膜的神经节苷脂（ganglioside）GM2 一直处于合成与降解的不断更新状态，由于缺少氨基己糖脂酶 A，GM2 不能被溶酶体水解而积累在细胞内，特别是脑细胞中，造成神经呆滞，患者 2～6 岁死亡。除泰 - 萨克斯病外，已发现几十种这类疾病，其共同特征是细胞溶酶体内充满了未被降解的物质，因此称为储积症，它是一种隐性的遗传病，已越来越引起人们的重视。

2. 防御功能

防御功能是某些细胞特有的功能，它可以识别并吞噬入侵的细胞或病毒，在溶酶体作用下将其杀死并进一步降解。动物细胞中有几种吞噬细胞（phagocyte），常位于肝、脾和其他血管通道中，用以清除抗原抗体复合物的有机颗粒及吞噬的细菌、病毒等入侵者，同时也不断清除衰老死亡的细胞核等颗粒物质。当机体被感染后，单核细胞（monocyte）移至感染或发炎的部位，分化成巨噬细胞，巨噬细胞中溶酶体非常丰富，并含有过氧化氢、超氧化物等与溶酶体酶等共同作用杀死细菌，电镜下巨噬细胞内常可以见到较多残余体，这也可能是它的寿命只有1～2天的缘故。

某些病原体被细胞摄入，进入吞噬细胞或胞饮泡中但并未被杀死，如麻风杆菌（*Mycobacterium leprae*）、利什曼原虫（*Leishmania* spp.）等，它们可以在巨噬细胞的吞噬泡中繁殖，其原因主要是通过抑制吞噬细胞的酸化从而抑制了溶酶体酶的活性。一些病毒也是借助受体介导的细胞胞吞作用而侵入宿主细胞的，它们巧妙地利用胞内体中的酸性环境将病毒核衣壳释放到细胞质基质中。例如，在细胞培养液中加入氢氧化氨或氯奎等碱性试剂，将胞吞泡中的pH提高到7左右，则病毒虽然能进入细胞，但却不能将其核衣壳从胞内体中释放到细胞质基质中，因而也就不能在细胞中繁殖。

3. 其他重要的生理功能

溶酶体还作为细胞内的消化“器官”为细胞提供营养，如降解内吞的血清脂蛋白，获得胆固醇等营养成分。很多单细胞真核生物如黏菌、变形虫等靠吞噬细胞和某些真核微生物而生存，其溶酶体的消化作用就显得更为重要。饥饿状态下，溶酶体可分解细胞内的生物大分子以保证机体所需的能量。在肝细胞中，每小时降解的蛋白质占肝细胞蛋白质总量的4.5%，这一过程主要由溶酶体完成。

在分泌腺细胞中，溶酶体常含有摄入的分泌颗粒，可能参与分泌过程的调节。在甲状腺中，甲状腺球蛋白（thyroglobulin）储存在腺体内腔中，通过吞噬作用进入分泌细胞内并与溶酶体融合，甲状腺球蛋白被水解成甲状腺素，然后分泌到细胞外的毛细血管中。

精子的顶体（acrosome）相当于特化的溶酶体，其中含多种水解酶类，如透明质酸酶、酸性磷酸酶、β-*N*-乙酰葡糖胺酶及蛋白酶等。它能溶解卵细胞的外被及滤泡细胞，产生孔道，使精子进入卵细胞。精子冷冻保存中的技术难题之一就是防止顶体的破裂。

（三）溶酶体的发生

溶酶体酶是在糙面内质网上合成并经*N*-连接的糖基化修饰，然后转至高尔基体，在高尔基体的顺面膜囊中寡糖链上的甘露糖残基发生磷酸化形成M6P。在高尔基体的反面膜囊和TGN膜上存在M6P的受体（MPR），这样溶酶体的酶就能与其他蛋白质区分开来，并得以浓缩，最后以出芽的方式运转到溶酶体中（图6-11）。对这一过程的细节已有了进一步的了解。

溶酶体酶甘露糖残基的磷酸化先后由两种酶催化：一种是*N*-乙酰葡糖胺磷酸转移酶（*N*-acetyl-glucosamine phosphotransferase，GlcNAc-P-transferase）；另一种是磷酸葡糖苷酶（phosphor glycosidase）。当溶酶体酶进入高尔基体的顺面膜囊后，*N*-乙酰葡糖胺磷酸转移酶将单糖核苷酸（sugar nucleotide）UDP-GlcNAc上的GlcNAc-P转移到甘露糖寡糖链上的α-1,6-甘露糖残基上，再将第二个GlcNAc-P加到α-1,3-甘露糖残基上，接着在高尔基体中央扁平膜囊中磷酸葡糖苷酶除去末端的GlcNAc暴露出磷酸基团，形成M6P标志。

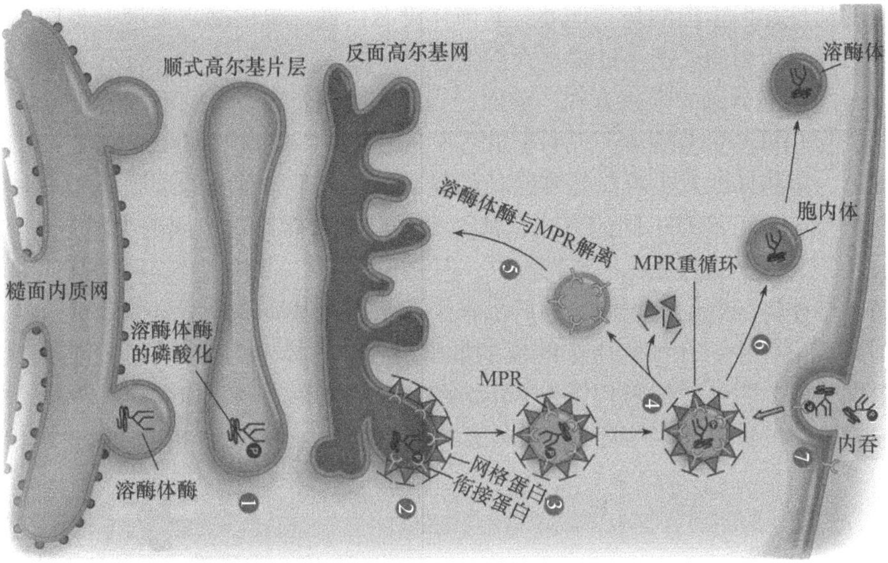

图 6-11　溶酶体的发生过程（Alberts et al.，2010）

上述反应涉及磷酸转移酶如何从自内质网转入高尔基体的多种蛋白质中识别溶酶体酶，现已确定在溶酶体酶分子中存在识别信号，这种信号不是一段肽链而是依赖于溶酶体酶的构象或三级结构形成的信号区段（signal patch），其他部位可使识别信号作用更为有效。

一旦磷酸酶转移酶识别了溶酶体酶的信号区段后，在每条寡糖链上便可以同时形成几个 M6P，而多数溶酶体酶分子上具有多个 *N*- 连接的寡糖链。在高尔基体的 TGN 中，受体分子集中分布在 TGN 膜的某些部位，使溶酶体酶与其他的蛋白质分离并起到局部浓缩的作用，从而保证了它们以“出芽”的方式向溶酶体中转移。M6P 受体有两种，其中一种是依赖钙的受体，也作为胰岛素样生长因子Ⅱ的受体。这种受体已被纯化，它在 pH 为 7 左右时与 M6P 结合，而在 pH 为 6 以下时则与 M6P 分离。

TGN 上形成的运输小泡首先将溶酶体酶转运到前溶酶体（pre-lysosome）中。前溶酶体的基本特征是膜上具有质子泵，腔内呈酸性，pH 为 6 左右。用抗 M6P 受体的抗体进行免疫标记显示 M6P 受体存在于高尔基体的 TGN 和前溶酶体膜上，但不存在于溶酶体膜上。如用弱碱性试剂处理体外培养细胞，则 M6P 受体从高尔基的 TGN 上消失而仅存在于前溶酶体膜上。这一结果提示，M6P 受体穿梭于高尔基体和前溶酶体之间。在高尔基体的中性环境中，M6P 受体与 M6P 结合，进入前溶酶体的酸性环境中后，M6P 受体与 M6P 分离，并返回高尔基体中。同时在前溶酶体中，溶酶体酶蛋白中的 M6P 去磷酸化，进一步促使 M6P 受体与之彻底分离。载有溶酶体酶的运输小泡从 TGN“出芽”的过程需要网格蛋白的帮助，运输小泡形成后网格蛋白便脱离运输小泡。

溶酶体酶的 M6P 特异标志是目前研究高尔基体分选机制中了解得较为清楚的一条途径。然而这一分选体系的效率似乎不很高，一部分含有 M6P 标志的溶酶体酶会通过运输小泡直接分泌到细胞外。在细胞膜上，存在依赖于 Ca^{2+} 的 M6P 受体，它同样可与胞外的溶酶体酶结合，在网格蛋白协助下通过受体介导的胞吞作用，将酶送至前溶酶体中。M6P 受体也同样可返回细胞膜，反复使用。分泌到细胞外的溶酶体酶多数以酶前体的形式存在，且具有一定的活性，但蛋白酶是一例外，其前体没有活性。蛋白酶需要进一步切割与加工才能成为有活性的蛋白酶，这一过程是否发生在前溶酶体或溶酶体中，尚不清楚。M6P 分选途径并非溶酶体酶分选的唯一方式，前面已提到在 I 细胞病患者的肝细胞中虽然不能形成 M6P 标志，但仍可产生溶酶体，说明至少还存在另一条不依赖于 M6P 的分选途径。

实际上，溶酶体的发生可能是多途径的复杂过程。不同种类的细胞可能采取不同的途径，同一种细胞也可能有不同的方式，甚至某些酶还可能通过不同的渠道进入溶酶体中。例如，酸性磷酸酶合成时是一种跨膜蛋白，但它并不涉及 M6P 途径，而像其他细胞膜蛋白那样经高尔基体转运到细胞表面，随后依赖于其细胞质基质部分酪氨酸残基信号，从细胞表面转运到溶酶体中，在细胞质中的巯基蛋白酶和溶酶体中的天冬氨酸蛋白酶的作用下，成为水溶性的酶。酸性磷酸酶常作为鉴定溶酶体的主要标志酶，如果能进一步了解它的合成与复杂的转运机制，显然有助于我们对实验结果的正确理解与分析。

四、植物液泡

植物细胞中没有溶酶体，取而代之的是一种单层膜包被的中央液泡（vacuole）（图 6-12）。液泡的数目及大小取决于细胞类型及发育时期，成熟细胞中液泡可以占据细胞容积的将近 90%。

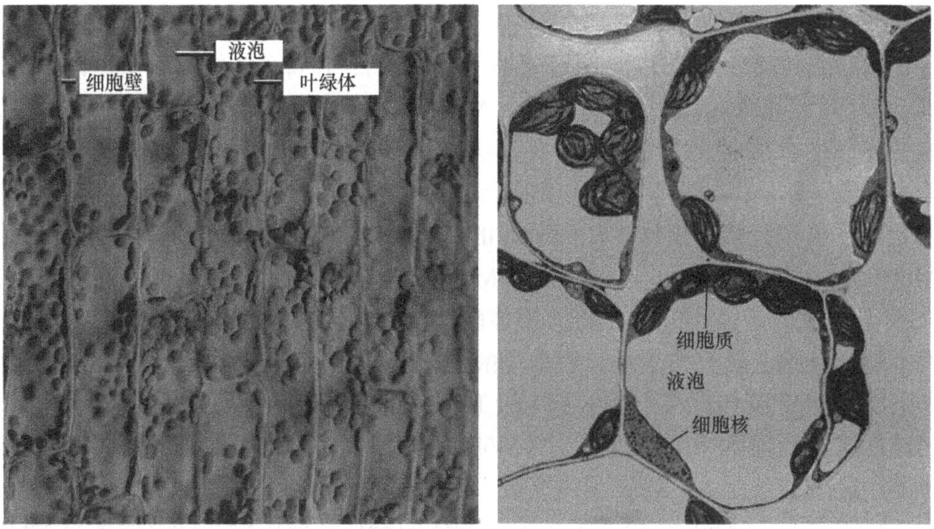

图 6-12　植物液泡（Alberts et al.，2010）

尽管结构简单，植物液泡却具有多种功能。细胞中大量的可溶性物质及大分子都存在于液泡中，包括离子、糖类、氨基酸、蛋白质及多糖。液泡也可储存多种毒性化合物。液泡膜（tonoplast）上富集大量的转运蛋白，可进行离子转运，使液泡中相关离子的浓度远高于细胞质或胞外环境。由于液泡中的高离子浓度，水通过渗透进入液泡。液泡提供的膨压不仅为植物细胞提供机械应力，也在细胞生长过程中促进细胞壁的延展性。

植物液泡也具有动物细胞中溶酶体的功能，即物质的消解和循环利用。液泡中存在一些溶酶体标志性的酸性水解酶。液泡中较低的 pH 是由液泡膜上质子泵通过将质子运到液泡腔内而维持的。和溶酶体内的酶类一样，液泡的蛋白质主要在糙面内质网上附着的核糖体上产生，通过囊泡运输，经高尔基体，在高尔基反式片层分拣，最终到达液泡。

五、过氧化物酶体

过氧化物酶体（peroxisome）是由单层膜围绕的、内含一种或几种氧化酶类的细胞器。1954 年，美国学者 Rhedin 在观察小鼠肾小管上皮细胞时，发现了细胞质中有一种较为独特的小体，并命名为微体（microbody）。两年后，在大鼠肝细胞中也观察到同种小体。现在已发现微体广泛分布在动植物界的某些细胞中。

微体是一个形态学的名词概念，实际上包括外观相似但内含物（主要指酶）不同的几种细胞器。目前已知微体包括过氧化物酶体、乙醛酸循环体、氢酶体及糖酶体 4 种。

乙醛酸循环体仅见于植物细胞内，氢酶体和糖酶体只见于一些原生动物细胞，人体或高等动物细胞内至今未发现，故上述 3 种将不在本节中讨论。本节只重点讨论过氧化物酶体。

对人或高等动物细胞来说，属于微体的唯一代表是过氧化物酶体，又称过氧化氢体。所以，在有些书中，往往将过氧化物酶体与微体等同起来。

在哺乳动物中，过氧化物酶体以肝细胞和肾近曲小管细胞中分布较多。有人计算过，大鼠肝细胞中的过氧化物酶体的数目为 440～810 个。肺和细支气管的无纤毛细胞、成牙本质细胞、小肠上皮吸收细胞、睾丸间质细胞、骨细胞、肾上腺和一些外分泌腺细胞中也有这种细胞器，但其数量较少。

（一）过氧化物酶体的形态特征

过氧化物酶体多数呈圆形或卵圆形，但有时亦可见半月形或长方形，最小者直径 0.1μm，最大者可达 1.5μm，但以直径 0.3～0.5μm 者居多。在普通光镜切片上，看不到这种细胞器。这不是因为光镜的分辨率达不到这个水平，而是普通染色难以区别其与细胞质的染色差异。用一种叫 3,3- 二氨基联苯胺（DAB）的试剂进行酶细胞化学反应、染色，则能在光镜下看到过氧化物酶体内有棕褐色的颗粒。电镜下可清楚见到它外周有生物膜包裹，电子密度较高，与溶酶体不易区别。但如果是大鼠的肝细胞，则可见到过氧化物酶体内有结晶状的核心（core），称为类晶体（crystalloid）或类核体（nucleoid）。这些类晶体的化学组分，现在认为是尿酸氧化酶（urate-oxidase）。从超微结构上分析，类晶体是许多微管的组合，直径 5nm 的微管是它的基本单位，10 根微管围成一个直径约 50nm 的细管。多个细管互相平行并按一定几何图形组合即成为类晶体。

有时，在过氧化物酶体膜的内表面还能看到一条基本与界膜平行的线状结构，叫边缘板（marginal plate）。边缘板宽约 12nm，电子密度很高，对过氧化物酶体的形状有很大影响。如果过氧化物酶的一侧有边缘板则呈半月形，如果两侧都有则表现为长方形。

人类、鸟类细胞的过氧化物酶体内无尿酸氧化酶，因而亦无类晶体。过氧化物酶体直径小，一般为 0.1～0.2μm。有人将这样的过氧化物酶体称为微过氧化物酶体（microperoxisome）。

（二）过氧化物酶体所含的酶

过氧化物酶体内含有丰富的酶，虽然在各组织细胞内酶总数和种类不尽相同，但大致上可划分为三类，即氧化酶、过氧化氢酶和过氧化物酶。

（1）氧化酶。氧化酶包括尿酸氧化酶、D-氨基酸氧化酶、L-氨基酸氧化酶和L-α-羟基酸氧化酶。氧化酶的量较大，约占总酶量的一半。各种氧化酶作用的具体底物不同，但共同特征是氧化底物的同时，能将氧还原成过氧化氢。

（2）过氧化氢酶。在过氧化物酶体中，该酶的数量也不少，约占40%。它的作用是将氧化酶作用底物后形成的过氧化氢还原成水。因为几乎所有的过氧化物酶体都含有过氧化氢酶，故可将它看成是一种标志酶。

（3）过氧化物酶。过氧化物酶的分布远没有过氧化氢酶那么普遍，目前认为只有几种细胞（如血细胞）的过氧化物酶体中含有此酶。它的作用与过氧化氢酶一样，即能将过氧化氢还原成水。

除了上述三类酶之外，过氧化物酶体中还含有柠檬酸脱氢酶、苹果酸脱氢酶等。

（三）过氧化物酶体的功能

长期以来，人们认为过氧化物酶体的主要功能是通过过氧化氢酶的作用，将有害于细胞的代谢产物过氧化氢分解成水和氧，防止该物质在细胞内堆积，起到保护细胞的作用。但近年来，陆续有资料表明它的功能远非这么简单，可能还有下述作用。

1. 对有毒物质的解毒作用

除上面提到的过氧化氢之外，过氧化物酶体还能对酚、甲醛、甲酸、亚硝酸盐及乙醇等进行分解。这种反应在肝、肾细胞中特别重要。例如，大量饮酒时饮进了不少乙醇，乙醇在体内超过一定限度后会导致许多不良后果，肝细胞的过氧化物酶体就能将乙醇氧化成乙醛，后者对细胞通常是无害的。

2. 对细胞氧张力的调节作用

过氧化物酶体中含有很多氧化酶。现在认为，氧化酶能利用分子氧作为氧化剂，催化化学反应。这一反应对细胞内氧水平有很大的影响。有人计算过，在肝细胞中，有20%左右的氧是由过氧化物酶体消耗的，其余80%供给线粒体的氧化磷酸化作用。但两者利用氧的结果和对氧的敏感性是不一样的，在过氧化物酶体中氧化产生的能量以热能方式消失，而在线粒体中氧化产生的能量以ATP的形式储存在线粒体中。线粒体氧化所需的最佳氧浓度是2%左右，细胞中氧浓度增加时并不能相应地增加线粒体的氧化能力；过氧化物酶体则不同，它的氧化能力随氧的浓度升高而增强，呈正相关。因此，如果细胞中出现高浓度氧状态时（高浓度氧对细胞不利），通过过氧化物酶体的强氧化作用，调节了氧的浓度，避免细胞遭受高浓度氧的毒性作用。

3. 对氧化型辅酶Ⅰ（NAD^+）的再生作用

细胞内的一些化合物在过氧化物酶体内氧化后，又可在细胞质中转变成原来的物质，当然这种转变需要酶的参与。现在认为，这类酶是一些依赖还原型辅酶Ⅰ（NADH）的酶。

在物质的这种转化中，NADH 转变成氧化型辅酶 Ⅰ（NAD^+）。过氧化物酶体可帮助 NADH 转变成 NAD^+。

4. 参与核酸、脂肪和糖的代谢

过氧化物体中的尿酸氧化酶和其他一些酶类参与核酸中嘌呤碱基的分解代谢；能利用一种特殊的 H_2O_2 生成酶，催化脂肪酸降解为乙酰辅酶 A；还能参与糖原异生的反应过程。

（四）过氧化物酶体的起源

从功能上看，过氧化物酶体是一种需氧发挥功能的细胞器；从形态上看，它是一种圆形或卵圆形小体，与溶酶体（主要是初级溶酶体）相似。有关它的起源，研究人员曾进行了长时期的探索。传统上认为它是由内质网“芽生”而来；后来又考虑与溶酶体的形成相似，即先由内质网合成蛋白质，经小泡形式运送到高尔基体，高尔基体进行小泡的加工和分拣，然后在成熟面以分泌泡的形式释放。近年来不少实验表明，过氧化物酶体的形成不同于溶酶体，它所有的酶类、蛋白质都是由细胞质输送，而膜的形成与糙面内质网有关。在膜上，一种特殊的膜蛋白暴露一部分在细胞质中，起受体作用，识别输入蛋白质。

过氧化物酶体既非内质网“芽生”，也非高尔基体加工提炼而成。那么，新的过氧化物酶体是如何产生的呢？现在认为，是由原来存在的过氧化物酶体分裂而成。

（五）过氧化物酶体与溶酶体的区别

过氧化物酶体和初级溶酶体的形态与大小类似，但过氧化物酶体中的尿酸氧化酶等常形成晶格状结构，因此可作为电镜下识别的主要特征。此外，这两种细胞器在成分、功能及发生方式等方面都有很大的差异，详见表 6-3。

表 6-3　过氧化物酶体与初级溶酶体的特征比较

特征	溶酶体	过氧化物酶体
形态大小	多呈球形，直径 0.2～0.5μm，无酶晶体	球形，哺乳动物细胞中直径多在 0.15～0.25μm，内常有酶晶体
酶种类	酸性水解酶	含氧化酶类
pH	5 左右	7 左右
是否需氧	不需要	需要
功能	细胞内的消化作用	多种功能
发生	酶在糙面内质网合成，经高尔基体“出芽”形成	酶在细胞质基质中合成，经分裂与装配形成
识别的标志酶	酸性水解酶等	过氧化氢酶

过氧化物酶体可降解生物大分子，最终产生 H_2O_2，而其中的多数反应在其他细胞器中也可进行，并不产生 H_2O_2。因此有学者提出，过氧化物酶体的另一种功能是，分解脂肪酸等高能分子向细胞直接提供热能，而不必通过水解 ATP 的途径获得热能。在植物细胞中过氧化物酶体起着重要的作用：①在绿色植物叶肉细胞中，它催化 CO_2 固定反应副产物的氧化，即所谓光呼吸反应；②在种子萌发过程中，过氧化物酶体降解储存在种子中的脂肪酸

产生乙酰辅酶A，并进一步形成琥珀酸，琥珀酸离开过氧化物酶体进一步转变成葡萄糖。因上述转化过程伴随着一系列称为乙醛酸循环的反应，因此又将这种过氧化物酶体称为乙醛酸循环体（glyoxysome）。在动物细胞中没有乙醛酸循环反应，因此动物细胞不能将脂肪中的脂肪酸直接转化成糖。

第三节　细胞内蛋白质的分选和细胞结构的装配

除线粒体和叶绿体中能合成少量蛋白质外，细胞中的绝大多数蛋白质是在细胞质基质中的核糖体上合成的。这些蛋白质只有转运至细胞的特定部位并装配成一定结构和功能的复合体后，才能进一步参与细胞的生命活动，这一过程称为蛋白质分选（protein sorting）。它包括蛋白质从合成到降解的全过程。蛋白质的分选与细胞结构的装配是一个依赖多种信号调控的复杂生物学过程，对维持细胞的结构和功能至关重要。

一、蛋白质的分选信号

1975年，Blobel和Sabatini等在大量实验的基础上提出了信号假说（signal hypothesis），即分泌性蛋白质N端的一段序列作为信号肽，指导分泌性蛋白质在糙面内质网上的合成，蛋白质合成结束之前，该信号肽被切除。这一假说强调信号肽在控制蛋白质在细胞内的转运和定位中起重要作用。研究表明，指导分泌性蛋白质在糙面内质网上合成的决定因素是蛋白质N端的信号肽。原核细胞的一些分泌性蛋白质的N端也有信号序列。体外非细胞体系蛋白质合成的实验证实了信号肽与信号识别蛋白和停泊蛋白的关系。

线粒体和叶绿体中的绝大多数蛋白质及过氧化酶体中的蛋白质也是在某种信号序列的指导下分选进入这些细胞器的。为区别起见，把它们的信号序列称为导肽或前导肽（leading peptide）。它引导细胞质基质中合成的蛋白质转移到特定的细胞器中，也称为后转移（post translocation）。该转移方式在蛋白质的跨膜运输过程中需要ATP参与，使肽链折叠，同时还需要一些分子伴侣（如热激蛋白Hsp70）的协助，才能正确折叠成有功能的蛋白质。到目前为止，人们已相继发现了多种蛋白质分选信号序列，统称为信号序列（signal sequence），它们指导蛋白质转运至细胞的特定部位。

二、蛋白质分选的基本途径与主要类型

1. 蛋白质分选的基本途径

细胞内蛋白质的分选有两种基本途径：第一种是多肽链在细胞质基质中合成后转运到具有膜的细胞器，如线粒体、叶绿体、过氧化物酶体、细胞核及细胞质基质的某些特定部位；第二种是蛋白质合成起始后即由信号肽牵引转移至糙面内质网腔内，再经高尔基体运至溶酶体、细胞膜或分泌到细胞外。内质网和高尔基体自身蛋白质成分的分选也是通过第二种途径进行的。

2. 蛋白质分选的主要类型

1）跨膜运输　跨膜运输（trans-membrane transport）是细胞质基质中合成的蛋白质跨越膜结构，转运到内质网、线粒体、叶绿体或过氧化物酶体等细胞器中的蛋白质分选方式。其机制因进入不同细胞器而有所不同。

2）膜泡运输　膜泡运输（vesicular transport）是糙面内质网上合成的蛋白质通过各种类型的运输小泡运至高尔基体，再运至细胞不同部位的分选方式（见本章“高尔基体”）。包括各种不同运输小泡的定向运输及膜泡出芽与融合的过程。

3）选择性转运　细胞质中合成的蛋白质通过核孔复合体，选择性地进行核输入或核输出的分选方式称为选择性转运。植物细胞间通过胞间连丝运送蛋白的方式也属此类。

三、细胞结构体系的装配

蛋白质等生物大分子物质经过逐级装配，形成具有生命活动功能的细胞结构体系。生物大分子物质的装配方式主要包括自我装配、辅助装配和直接装配。

自我装配主要依赖自身所携带的信息进行亚基的自我装配，同时还依赖细胞提供的环境，如 pH、离子浓度等。辅助装配指装配过程中除依赖自身所携带的信息进行亚基的自我装配外，还需要其他成分的参与或对亚基进行修饰，以保证装配的顺利进行。直接装配指亚基直接装配到已形成的结构上，如细胞膜的装配。其过程是：先将蛋白质与蛋白质、蛋白质与核酸、蛋白质与磷脂等装配成复合物，以此为基础进一步装配出各种具有特定功能的细胞器，参与细胞的代谢与功能活动。同时，细胞结构体系之间相互协同、相互配合，共同完成细胞的生命活动。其中细胞骨架体系在细胞结构体系的整体装配过程中具有重要作用。

细胞结构体系装配的生物学意义表现在：装配过程中通过一系列装配校正机制，减少和校正蛋白质合成中的错误；减少所需遗传物质的信息量；装配过程中调节和控制多种生物学过程。

复习思考题

一、名词解释

信号肽　初级溶酶体　过氧化物酶体　细胞质基质　信号序列　信号识别颗粒　笼形衣被小泡　蛋白质分选

二、问答题

1. 溶酶体酶在细胞内的合成、修饰途径如何？

2. 分泌性蛋白质在分泌过程中分别途经哪些细胞器？这些细胞器对于该分泌性蛋白质的作用如何？

3. 内质网在蛋白质合成过程中有什么作用？

4. 新生的多肽链折叠成蛋白质分子受哪些因素控制？

5. 什么是蛋白质运输的信号假说？

6．如果细胞内某种蛋白质分子其N端含有一段内质网（ER）信号序列，中间含有一段核定位信号序列（NJS），请问该蛋白质的转运途径如何，为什么？

7．真核细胞内蛋白质的合成、修饰与分选途径都有哪些？

8．内质网有哪些类别？其功能分别如何？

9．内质网、高尔基体及溶酶体在结构和功能上有哪些联系？

10．含信号肽的蛋白质在细胞质基质合成后如何到达内质网？

11．蛋白质糖基化修饰中*N*-连接与*O*-连接之间的主要区别是什么？

12．溶酶体在细胞中的主要功能是什么？

13．植物液泡与动物溶酶体在结构、功能方面有哪些异同？

第七章 >>>

线粒体与叶绿体

本章彩图
扫码可见

内容提要

细胞中能量的产生能力是生命的发展与进化的重要因素。真核细胞中的线粒体和叶绿体是两种与能量代谢相关的细胞器。ATP 是细胞通用的化学能量。细胞进化过程中在没有这两个细胞器时，可能是依赖于细胞质溶胶中进行的无氧发酵，分解有机分子来产生 ATP。随着细胞进化，出现了更为高效的产生能量和合成 ATP 的方法，这就是基于电子沿着膜系统的传递进行的 ATP 合成。细胞利用这种机制可以广泛地获取能量，如从捕获的光能以及从食物中获取的有机物。这种功能机制最早出现在 30 亿年前的细菌中，如今在真核细胞中以线粒体和叶绿体的形式存在。本章在了解了两种细胞器结构的基础上，阐述这种基于膜系统的电子传递来产生 ATP 的过程及机制。这是通过漫长的一系列的科学研究才了解到的过程，尽管目前我们还有很多细节没能了解，但已经确认此过程是细胞进化史上的关键事件之一。因此，本章还介绍了线粒体和叶绿体在细胞进化进程中的起源，并分析了相关的结构和功能特征。

第一节 线粒体与氧化磷酸化

线粒体（mitochondrion）是细胞中制造能量的结构，是细胞进行有氧呼吸的主要场所，通过氧化磷酸化作用进行能量转换，为细胞进行各种生命活动提供能量。人体内细胞每天要合成几千克 ATP，95% 的 ATP 由线粒体中的呼吸链所产生，因此线粒体被称为细胞内的“能量工厂”（power house）。除了少数几种真核微生物外，所有真核细胞或多或少都拥有线粒体。除了为细胞供能外，线粒体还参与诸如细胞分化、细胞信息传递和细胞凋亡等过程，并拥有调控细胞生长和调控细胞周期的能力。

一、线粒体的形态、大小、数量和分布

1890 年，德国生物学家 Altmann 首先在光学显微镜下观察到动物细胞内存在着一种颗粒状的结构，称作生命小体（bioblast）。1897 年，Benda 重复了以上实验，并将之命名为线粒体（mitochondrion，源于希腊字 mito：线，chondrion：颗粒）。1904 年，Meves 在植物细胞中也发现了线粒体，从而确认线粒体是普遍存在于真核生物几乎所有细胞中的一种重要细胞器。经过 100 多年不断深入的研究，对线粒体的结构、功能、发生等有了更深入的了解。

线粒体是一个动态细胞器，在不同的细胞种类或不同代谢状态的细胞中，线粒体的

形态、大小、数目以及在细胞内的分布都有很大差异。线粒体形态大多呈球状、棒状或细丝状颗粒，也可呈环形、哑铃形、枝状或其他形状。大小一般直径为 0.5～1.0μm，长 1.5～3.0μm，与细菌相似。在某些组织或特定代谢条件下，可能产生体积异常膨大的线粒体，称为“巨线粒体”（megamitochondria），如大鼠肝细胞的线粒体可长达 5μm；在胰腺外分泌细胞中的巨线粒体长达 10～20μm；人的成纤维细胞线粒体甚至可长达 40μm；在低氧分压的环境中，某些线粒体，如烟草的线粒体能可逆地变为巨线粒体，长度可达 80μm，并形成网络。细胞中线粒体数量取决于该细胞的代谢水平。

一般动物细胞内线粒体的数目可达数百到数千个，不同生物的不同组织中线粒体数量的差异是巨大的。有许多细胞拥有多达数千个的线粒体，如肝细胞中有 1000～2000 个线粒体；而一些细胞则只有一个线粒体，如酵母菌细胞的大型分支线粒体；大多数哺乳动物的成熟红细胞不具有线粒体。一般来说，植物细胞的线粒体数量一般较动物细胞的少，这是因为植物细胞的叶绿体可代替线粒体的某些功能。在新陈代谢旺盛的细胞中线粒体数量较多。例如，在骨骼肌细胞中，肌肉受到重复性的刺激进行收缩时，线粒体的数目可以通过生长和分裂增加 5～10 倍；在玉米的小孢子发育过程中，绒毡层细胞中线粒体的数量可增加 40 多倍。在细胞中，线粒体通常通过成型蛋白（shape-forming protein）的介导依附于细胞骨架中的微管，并能以微管为导轨向功能旺盛的区域迁移。因此线粒体的分布是动态的，均匀分布在整个细胞质中，或通过运动集中在代谢旺盛的需能部位。例如，分泌细胞的线粒体聚集在分泌物合成的区域；肌细胞的线粒体沿肌原纤维规则排列；精子细胞的线粒体集中在鞭毛中区。线粒体经常与含脂肪酸的油滴结合，线粒体可从这些油滴中获得用于氧化反应的原料。

二、线粒体的超微结构与化学组成

在电镜下观察，线粒体是一个是由内外两层单位膜套叠而成的封闭的囊状结构（图 7-1）。由外至内可划分为线粒体外膜（outer membrane，OMM）、线粒体膜间隙（inter membrane space）、线粒体内膜（inner membrane，IMM）和线粒体基质 4 个功能区（图 7-1）。对纯化的线粒体进行温和处理，并用差速离心的方法可以获得各个功能区的生化组分，研究发现，每个组分都包含一组独特的蛋白质（表 7-1）。

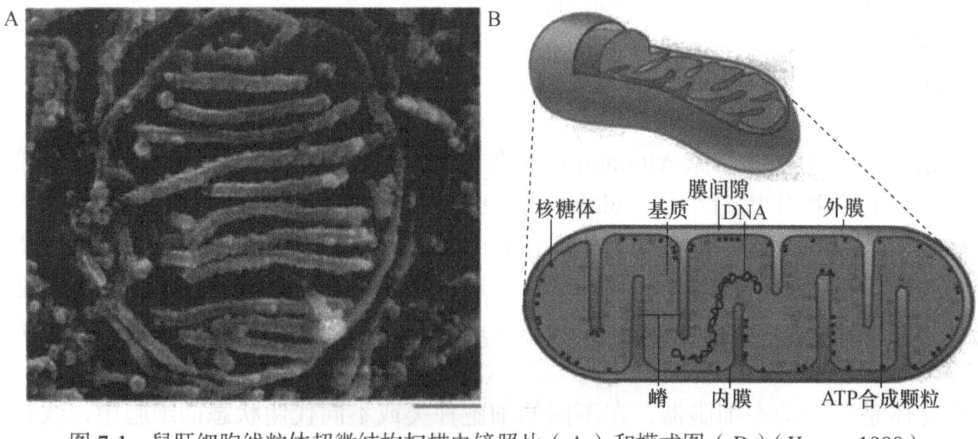

图 7-1　鼠肝细胞线粒体超微结构扫描电镜照片（A）和模式图（B）（Karp，1999）

表 7-1 线粒体各部分含有的主要酶及功能

部位	酶的名称	功能	部位	酶的名称	功能
外膜	单胺氧化酶	磷脂的合成	膜间隙	腺苷酸激酶	核苷的磷酸化
	NADH-细胞色素 c 还原酶	脂肪酸链去饱和		核苷酸激酶	
	核苷二磷酸激酶	脂肪酸链延长		二磷酸激酶	
	磷酸甘油酰基转移酶			单磷酸激酶	
内膜	NADH 脱氢酶	电子传递	基质	三羧酸循环酶系	三羧酸循环
	琥珀酸脱氢酶			脂肪酸氧化酶	脂肪酸 β- 氧化
	细胞色素 c			谷氨酸脱氢酶	丙酮酸氧化
	细胞色素氧化酶			天冬氨酸转氨酶	蛋白质合成
	ATP 合酶	氧化磷酸化		蛋白质和核酸合成酶系	DNA 复制、RNA 合成
	肉毒碱酰基转移酶	代谢物质运输		丙酮酸脱氢酶复合物	生成乙酰辅酶 A
	丙酮酸氧化酶				

1．外膜

外膜是包围在线粒体最外面的一层单位膜，光滑而有弹性，厚约 6nm。外膜中蛋白质和脂质约各占 50%。外膜含有许多个具有转运功能的孔蛋白（porin），孔蛋白是由 β 链形成的筒状结构，高 5～6nm，直径 6nm，中心是一直径 2～3nm 的小孔，即运输通道。当孔蛋白通道完全打开时，可以允许相对分子质量小于或等于 5000 的分子通过。这种高通透性使得膜间隙中的环境几乎与细胞质基质相似。

外膜还含有一些特殊的酶类，如参与肾上腺素氧化、色氨酸降解、脂肪酸链延长的酶等，可参与膜磷脂的合成以及对那些将在线粒体基质中进行彻底氧化的物质先行初步分解。外膜的标志酶是单胺氧化酶（monoamine oxidase）。

2．内膜

内膜位于外膜内侧，其将膜间隙与基质分开，厚 6～8nm。相对外膜而言，内膜有很高的蛋白质 / 脂质值（质量比＞3：1），内膜缺乏胆固醇，富含心磷脂（cardiolipin），约占磷脂含量的 20%。心磷脂是一种双磷脂酰甘油分子，可增加膜对水溶性分子的不通透性。因此内膜成为了通透性屏障，能严格地控制分子和离子通过，所有分子和离子的运输都要借助于膜上一些选择性转运蛋白。这种高度不透性（impermeability）的内膜对建立质子电化学梯度，驱动 ATP 的合成起重要作用。同时也使得线粒体基质的内含物是高度特异的。

线粒体内膜是电子传递和泵送质子的部位，并含有 ATP 合酶。内膜中的大多数蛋白质都是氧化磷酸化所需要的电子传递链组分。内膜向基质内折叠形成嵴（cristae），嵴使内膜的表面积大大增加。有人估计，肝细胞线粒体内膜的表面积相当于外膜的 5 倍，细胞膜的 17 倍，所有线粒体的内膜约为细胞全部膜的 1/3；心肌和骨骼肌线粒体嵴的数量相当于肝细胞线粒体嵴的 3 倍，这可能反映了不同组织细胞对 ATP 的需求不同。嵴的形态、数量和排列与细胞种类及生理状况密切相关，需能多的细胞，不但线粒体多，嵴的数量也多。嵴有两种类型：板层状和管状，其他形式的嵴可视为由这两种基本形式衍生而来。在高等动物中，绝大部分细胞线粒体的嵴为板层状，其方向与线粒体长轴垂直，但也有与长轴平行的，如神经细胞，而人的白细胞线粒体的嵴则为分支管状。嵴上有许多排列规则的颗粒，称为线粒体基粒（elementary particle），事实上是 ATP 合酶的一部分。内膜的标志酶是细胞色素氧化酶。

3. 膜间隙

线粒体内外膜之间的腔隙，称为膜间隙，宽 6～8nm，在细胞进行活跃呼吸时，膜间隙可扩大。膜间隙中充满无定形液体，含有可溶性酶、底物和辅助因子。其中腺苷酸激酶是膜间隙的标志酶，功能是将来自基质的 ATP 分子末端磷酸基团转移到 AMP，生成 ADP。

4. 线粒体基质

内膜所包围的嵴外空间为线粒体基质，基质内含有高浓度的几百种酶，为胶状物质，具有一定的 pH 和渗透压。基质中的酶类包含与三羧酸循环、脂肪酸 β 氧化、氨基酸降解等有关的酶。此外，基质中还含有线粒体的遗传系统，包括 DNA、RNA、核糖体，以及转录、翻译遗传信息所必需的各种装置（表 7-1）。

总之，线粒体 4 个区室都含有一套独特的蛋白质，使之行使特定的功能（表 7-1）。在肝细胞线粒体中，总线粒体蛋白质约有 67% 位于基质中，21% 位于内膜，6% 位于外膜，6% 位于膜间隙中。

5. 线粒体功能

线粒体的主要功能是合成 ATP，为细胞生命活动提供直接能量。而这能量最初来源于糖类和脂肪等营养物质。糖类和脂肪在细胞质中经过降解作用产生丙酮酸和脂肪酸，进入线粒体基质中，再经过一系列分解代谢形成乙酰辅酶 A（乙酰 CoA），参加三羧酸循环。在三羧酸循环中，底物经一系列脱氢、脱羧反应，释放出 CO_2，产生 NADH（烟酰胺腺嘌呤二核苷酸）和 $FADH_2$（黄素腺嘌呤二核苷酸），这是两种储存能量的活化载体分子，携带底物脱下的氢，氢中的电子经线粒体内膜上的电子传递链（electron transport chain，ETC，也称为呼吸链），最后传递给氧，生成水。而质子在传递途中发生跨线粒体内膜的转运，质子势能经内膜上的 ATP 合酶，生成 ATP（图 7-2）。因此线粒体是糖类、脂肪和氨基酸最终氧

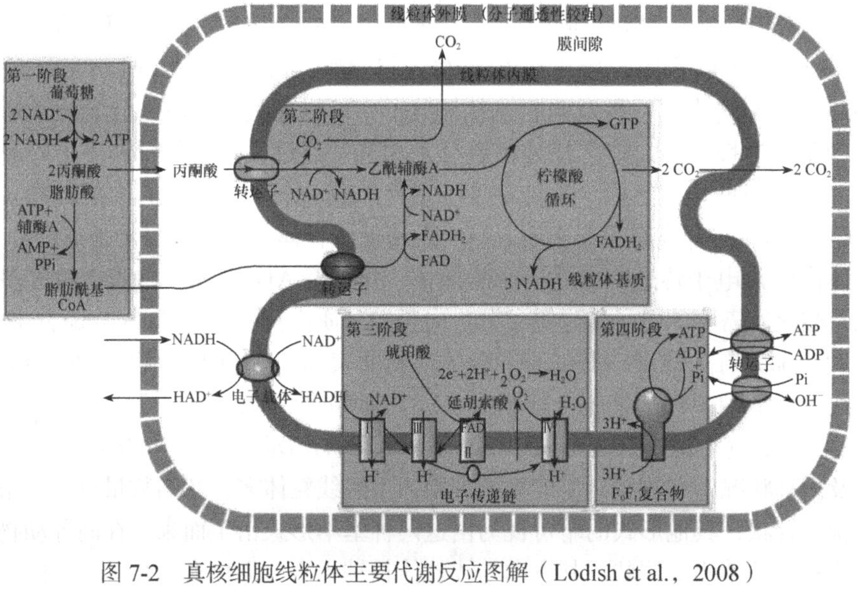

图 7-2 真核细胞线粒体主要代谢反应图解（Lodish et al.，2008）

化释能的场所，而氧化磷酸化（oxidative phosphorylation）是细胞获得能量的主要途径。后面的内容将对电子传递链的结构功能以及氧化磷酸化的过程给予详述。

此外，线粒体还与细胞中氧自由基的生成，调节细胞氧化还原电位和信号转导，调控细胞凋亡、基因表达、细胞内多种离子的跨膜转运及电解质稳态平衡，包括线粒体对细胞中 Ca^{2+} 的稳态调节等有关。

三、电子传递链（呼吸链）与电子传递

糖类、脂肪以及其他食物的早期燃烧所提供的几乎所有可用的能量都储存于糖酵解和三羧酸循环过程中产生的活化载体分子 NADH 和 $FADH_2$ 中，而这两种化合物的氧化还原电位（oxidation-reduction potential，redox potential）非常低，与电子的亲和性也很低。如 NAD^+/NADH 的氧化还原电位 $E'_0=-0.32V$，显示 NADH 有很强的给出电子的趋势。而 O_2/H_2O 的氧化还原电位 $E'_0=0.82V$，表明 O_2 有很强的接受电子的趋向。但 NADH 直接提供电子给 O_2 而生成 H_2O，这种巨大的自由能的下降，会使得反应几乎呈爆发性地进行，几乎所有的能量都将以热能形式释放。而进化到现在的生命系统，已经有了一套酶系统，使得细胞中能量变化的反应 $2H^+ + 2e^- + 1/2O_2 \longrightarrow H_2O$ 可以一步一步地进行，这样就能够把释出的大部分能量储存起来，不以热能的形式散失到环境中。这套酶系统就是若干以电子载体为核心的蛋白质复合物，按照氧化还原电位值从小到大的顺序（即对电子亲和力逐渐升高的顺序）形成一条电子传递链，将 NADH 上所携带的高能电子提供给电子传递链，最终传递到 O_2，O_2 接受电子后与 H^+ 结合生成 H_2O。事实上，我们呼吸的所有氧气，几乎都被用作 NADH 在电子传递链开始运作时所提供的电子的最终储存库了，因此电子传递链也称为呼吸链。

（一）电子载体

参与传递的电子载体有 4 类。在这 4 类电子载体中，除了辅酶 Q（coenzyme Q，CoQ）以外，接受和提供电子的氧化还原中心都是与蛋白质相连的辅基及紧密结合于蛋白质上的金属原子，包括黄素蛋白（flavoprotein）、铁硫蛋白（iron-sulfur protein，Fe/S protein）、细胞色素（cytochrome，Cyt）。

1）黄素蛋白　　是由 1 条多肽以非共价形式结合 1 个辅基组成的酶类，其辅基有两种，一种为黄素单核苷酸（FMN），另一种为黄素腺嘌呤二核苷酸（FAD），两者均是维生素 B_2 的衍生物。FAD 比 FMN 多含一分子腺苷酸（AMP），每个辅基可接受两个电子和两个质子。

FAD 或 FMN 与酶蛋白部分之间虽然是通过非共价键相连，但结合牢固，在电子转移反应中它们只是在黄素蛋白的活性中心部分，并不是游离的 FMN 或 FAD 单独起作用。

2）铁硫蛋白　　是有共价连接的铁和硫原子的蛋白质，属于细胞色素类蛋白，呈褐色。依靠蛋白中间的“铁 - 硫中心”中非血红素铁的化合价的可逆变化，该蛋白能接受一个电子以及传递一个电子。

3）细胞色素　　是一类含有铁卟啉（或血红素，即亚铁原卟啉）辅基的色蛋白，通

过其血红素辅基中铁原子化合价的可逆变化传递电子。每接受一个电子就从氧化铁（Fe^{3+}）转变成还原态亚铁（Fe^{2+}）。根据吸收光谱，细胞色素可分为三类：Cyt a、Cyt b 和 Cyt c。呼吸链中至少有 5 种，按电子传递顺序为：Cyt b、Cyt c_1、Cyt c、Cyt a、Cyt a_3。其中 Cyt b 和 Cyt c_1 形成复合物，Cyt a 和 Cyt a_3 形成复合物，这两种复合物中辅基与酶蛋白均通过非共价键结合，且都是内膜上的内在蛋白；而 Cyt c 是含有 100 多个氨基酸的小蛋白，与它的辅基血红素通过共价键相连，且通过离子键松散地维系在线粒体内膜的外侧。

4）辅酶 Q　亦称泛醌（ubiquinone，UQ 或 Q），是一种脂溶性苯醌，带有一很长的侧链，是由多个异戊二烯单位构成的。UQ 可接受一个电子和一个 H^+ 还原成半醌式（UQH）；再接受一个电子和一个 H^+ 还原成二氢泛醌（UQH_2）。UQ 通过氧化型、半醌型和还原型这 3 种形式，在呼吸链中传递一个或两个电子。

（二）电子转运复合物

除了上述电子载体外，还有几十种其他蛋白质共同参与电子传递链的构成，这些蛋白质分别与电子载体组成了不同的复合物。当破坏了线粒体内膜后，可分离出 4 种膜蛋白复合物，分别被命名为复合物Ⅰ、Ⅱ、Ⅲ和Ⅳ。近年来，膜蛋白复合物的三维结构研究取得突破性进展，继 20 世纪 90 年代由美国和日本科学家分别解析出复合物Ⅲ及复合物Ⅳ的晶体结构之后，2005 年中国科学家又成功解析出复合物Ⅱ的晶体结构，填补了线粒体结构生物学和细胞生物学领域的一个空白。

1）复合物Ⅰ　哺乳动物的复合物Ⅰ是由 42 条不同的多肽链组成的大型酶复合物，总相对分子质量接近 10^6，其中 7 个是疏水的跨膜多肽，由线粒体基因编码。复合物Ⅰ含有 1 个带有 FMN 的黄素蛋白和至少 6 个铁硫蛋白。

2）复合物Ⅱ　据饶子和等（2005）报道，复合物Ⅱ是由 4 种不同的蛋白质组成的，总相对分子质量为 1.4×10^5，其中包含琥珀酸脱氢酶，该酶属于黄素酶类，是三羧酸循环中的唯一嵌入线粒体内膜上的酶，以 FAD 作为其脱下电子的受体，催化从琥珀酸来的一对低能电子经 FAD 和铁硫蛋白传给 UQ，因此称其为琥珀酸脱氢酶复合物。

3）复合物Ⅲ　由 10 条多肽链组成（其中 1 条由线粒体基因编码），总相对分子质量为 2.5×10^5，含 1 个 Cyt b（b_{562}，b_{566}）、1 个 Cyt c_1 和 1 个铁硫蛋白。Cyt b 是一个横贯膜两侧的极端疏水性的蛋白质，其在电子传递链中的复杂功能至今还不清楚。Cyt c_1 的多肽由一个大的亲水部分和一个小的疏水部分组成，亲水区带有血红素辅基伸出在膜外的水相中，与 Cyt c 有一个结合点。该复合物也称为 Cyt b-c_1 复合物，或细胞色素还原酶。

4）复合物Ⅳ　哺乳动物的复合物Ⅳ由 13 条多肽链组成，总相对分子质量为 2.4×10^5。该复合物以二聚体的形式存在，它的亚基Ⅰ和Ⅱ都含有 4 个氧化还原中心，即 1 个 Cyt a-a_3 和 2 个 Cu（Cu_A，Cu_B）。

（三）呼吸链中的电子传递过程

呼吸链由 4 种含有电子载体的复合物和 2 种独立存在于膜上的电子载体（UQ 和 Cyt c）组成。进入呼吸链的电子来自 NADH 或 $FADH_2$，电子可以从复合物Ⅰ（NADH 呼吸链）

或复合物Ⅱ（$FADH_2$ 呼吸链）传递给 UQ，然后进一步传递给复合物Ⅲ，经由 Cyt c 传递给复合物Ⅳ，最后传递给 O_2，生成 H_2O（图 7-3）。下面分步详述电子传递的过程。

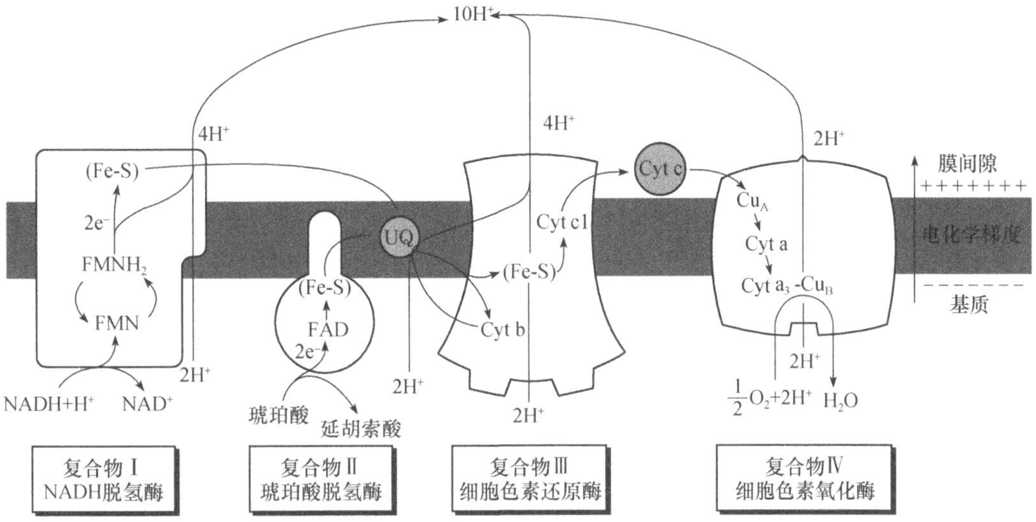

图 7-3　线粒体内膜电子传递复合物的排列及电子和质子传递示意图（翟中和等，2007）

（1）NADH 呼吸链的电子传递从 NADH 开始，1 个氢阴离子（H^-）从 NADH 中移出并转换为 1 个质子和 2 个高能电子（$H^- \rightarrow H^+ + 2e^-$），NADH 变成 NAD^+，因此复合物Ⅰ也称为 NADH 脱氢酶。在复合物Ⅰ中，电子和 1 对 H^+（另一个来自基质中）传递给黄素蛋白的 FMN，FMN 被还原成 $FMNH_2$。$FMNH_2$ 将 1 对电子传递给铁硫蛋白，最后一个铁 - 硫中心将电子传给靠近内膜内侧的 2 个 UQ；传递电子的过程中，电子的传递促使蛋白质发生一系列的变构，致使 $FMNH_2$ 把 H^+ 释放到膜间隙。每传递 1 对电子，就伴随 4 个质子与复合物结合并释放，造成质子从基质转移到膜间隙。故复合物Ⅰ还是一种质子泵，驱动其运转的就是被传递的高能电子释放的能量。

（2）UQ 是电子传递链中唯一不需要与蛋白质紧密结合的、溶在脂双层中的疏水小分子，可在脂双层中移动。每个 UQ 先自复合物Ⅲ中的 Cyt b 获得 1 个电子，并从基质中摄取 1 个 H^+，而被还原为 UQH，UQH 再接受从复合物Ⅰ传递来的 1 个电子，同时又从基质中摄取 1 个 H^+，形成 UQH_2。UQH_2 通过构象改变移动到内膜外侧时，先后向膜间隙释放 2 个 H^+，同时，UQH_2 的 2 个电子中的 1 个先交还给 Cyt b；另外 1 个电子经铁 - 硫中心传给 Cyt c_1，Cyt c_1 又将电子传递给内膜外缘的 Cyt c，UQH_2 重新变回 UQ 后，从内膜外侧回到内侧，这种电子和质子借助 UQ 穿越复合物Ⅲ的路径通常称为 Q 循环（Q cycle）。复合物Ⅲ以一种复杂但有序的方式重复利用 UQ，在传递电子的同时完成了质子从基质到膜间隙的泵送，因此复合物Ⅲ也有质子泵的作用。通过 Q 循环，每传递 1 个电子，就有 4 个 H^+ 被泵到膜间隙（图 7-4）。

UQ 还可以绕过复合物Ⅰ，从三羧酸循环中由复合物Ⅱ或者脂肪酸 β 氧化过程中产生的 $FADH_2$ 直接获得电子，传递给复合物Ⅲ。这就是 $FADH_2$ 呼吸链。复合物Ⅱ没有质子泵的作用，因此 $FADH_2$ 呼吸链比 NADH 呼吸链泵送的质子数少。

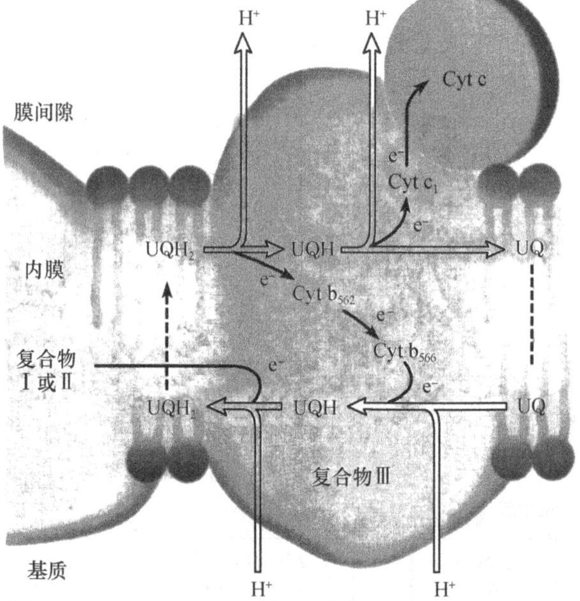

图 7-4　电子通过复合物Ⅲ途径的 Q 循环（翟中和等，2007）

图中标出的 H^+ 数是由一个电子传递所产生的

（3）Cyt c 位于线粒体内膜外侧，这种小蛋白与复合物Ⅲ中的 Cyt c_1 有个结合位点，能够接受电子并使得电子穿梭于复合物Ⅲ和复合物Ⅳ之间。复合物Ⅳ的功能是从 Cyt c 接受电子，从而氧化 Cyt c，因此称为细胞色素氧化酶。来自 Cyt c 的电子，在复合物Ⅳ内部经由电子载体 Cu_A-Cyt a-a_3-Cu_B 被传给 O_2，每传递 1 对电子要从基质中摄取 4 个 H^+，其中 2 个 H^+ 与 1/2 的 O_2 结合形成 H_2O，另 2 个 H^+ 以蛋白质构象的变构泵送到膜间隙。因此复合物Ⅳ亦为电子传递体兼质子泵（图 7-5）。

综上，在呼吸酶复合物内，电子主要在紧密结合于蛋白质上的金属原子之间移动，从一个金属离子跳到另外一个与电子亲和力更强的离子上。而在不同的呼吸酶复合物之间，电子的运载依靠沿脂双层扩散的分子（UQ 和 Cyt c）来进行。最终，将 NADH 和 $FADH_2$ 的高能电子提供给 O_2 而生成 H_2O，能量造成了内膜两侧的质子浓度差，转换为电化学势能。质子梯度转而驱动了 ATP 的合成，势能转化为 ATP 中高能磷酸键的能量（图 7-6）。

四、ATP 合成的氧化磷酸化机制

ATP 的合成涉及氧分子的消耗以及在 ADP 上添加磷酸基团，因此合成机制被称为氧化磷酸化。氧化磷酸化的偶联机制一直是研究氧化磷酸化作用的关键，研究者提出了各种假说，主要有：化学偶联假说（chemical coupling hypothesis）、构象偶联假说（conformational coupling hypothesis）、化学渗透假说（chemiosmotic coupling hypothesis）等。化学渗透假说已成为氧化磷酸化机制研究中最为流行的一种假说，该假说是 1961 年英国生物化学家 Mitchell 提出来的，他因此获得了 1978 年的诺贝尔化学奖。

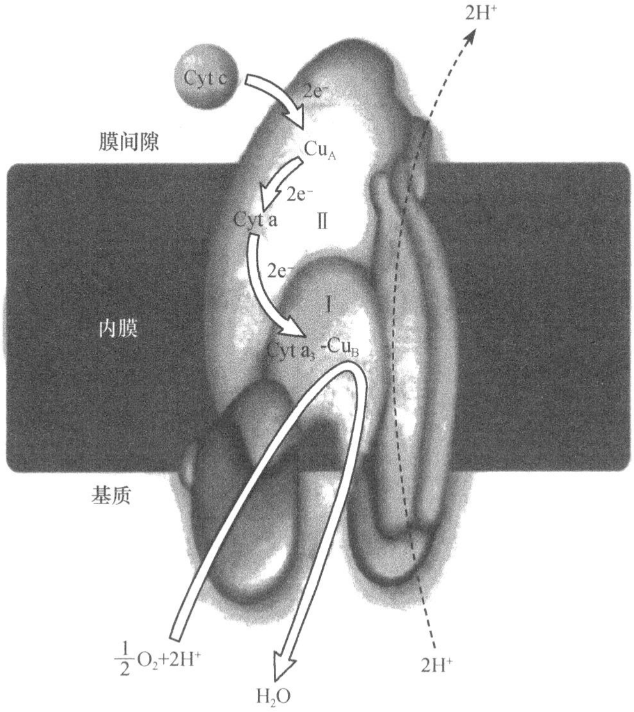

图 7-5 细胞色素氧化酶的结构及电子流经 4 个氧化还原中心示意图（翟中和等，2007）

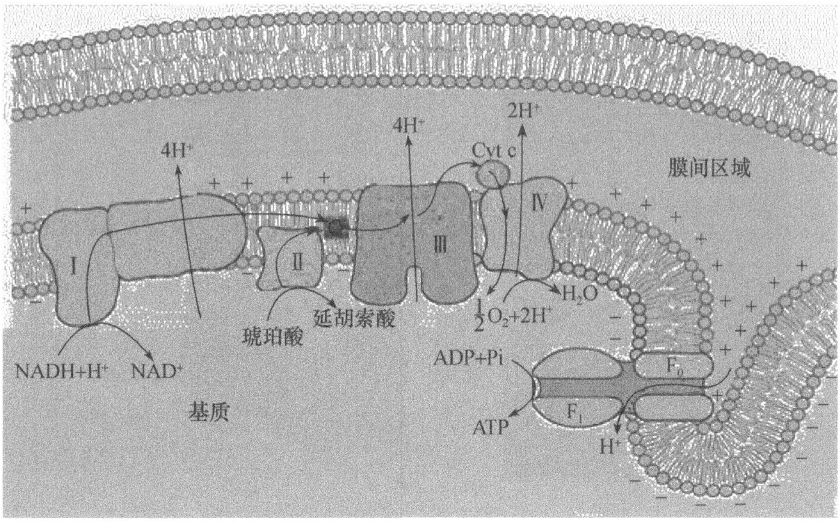

图 7-6 呼吸链的运作

（一）化学渗透假说

该假说的主要内容是：呼吸链的各组分在线粒体内膜中的分布是不对称的，当高能电子在膜中沿呼吸链传递时，所释放的能量将 H^+ 从内膜基质侧泵至膜间隙，由于膜对 H^+ 是不通透的，从而使膜间隙的 H^+ 浓度高于基质，因而在内膜的两侧形成电化学质子梯度（electrochemical proton gradient，$\Delta\mu H^+$），也称为质子动力势（proton motive force，ΔP）。在这个梯度驱动下。H^+ 穿过内膜上的 ATP 合酶流回到基质，其能量促使 ADP 和 Pi 合成 ATP。质子动力势（ΔP）由两部分组成：一是膜内外 H^+ 浓度差（ΔpH），二是膜电位（$\Delta\Psi$）。ΔP 与 ΔpH 和 $\Delta\Psi$ 的关系如下：

$$\Delta P = \Delta\Psi - (2.3\,RT/F)\Delta pH$$

式中，R 为气体常数；T 为绝对温度；F 为法拉第（Faraday）常数。

据估算，每进入 2 个 H^+ 可驱动合成 1 个 ATP 分子。

（二）ATP 合酶的分子结构与组成

ATP 合酶（ATP synthase）是一种包被于线粒体内膜中的大型膜结合酶，它创造了一个跨线粒体内膜的亲水通道，使质子可以顺其电化学梯度流动，当质子穿过 ATP 合酶时，便使 ADP 和 Pi 生成 ATP，将势能转换为化学能。如果将 ATP 比喻为细胞内的能量货币，ATP 合酶则应比喻为制作货币的“印钞机”。ATP 是生物体能量转换的核心酶，起源古老，在线粒体内膜、叶绿体的类囊体膜和好氧菌的细胞膜上都有这种酶。

不同来源的 ATP 合酶基本上有相同的亚基组成和结构，都是由多亚基装配形成的多蛋白复合体。线粒体 ATP 合酶包括两个基本部分：位于基质一侧的球状的 F_1 头部（直径约为 9nm）和嵌于膜内的 F_0 基部（图 7-7）。

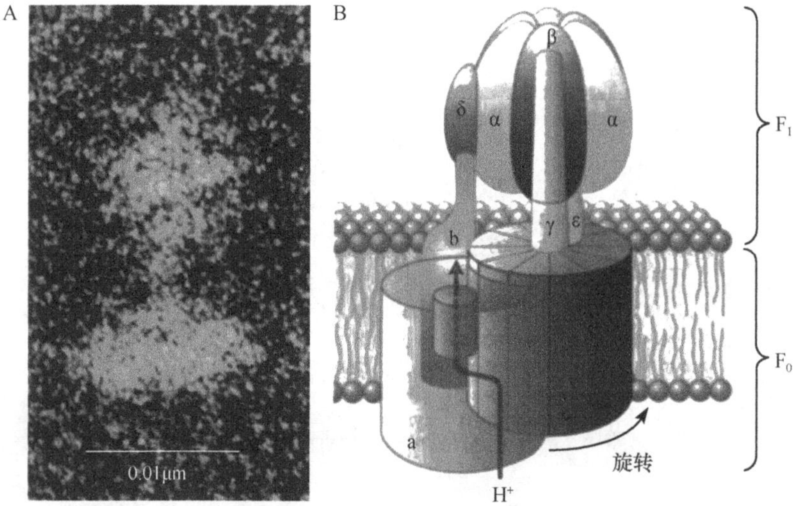

图 7-7 线粒体 ATP 合酶的结构与作用机制（Karp，1999）

A. 电子显微镜下的 ATP 合酶；B. ATP 合酶结构示意图

F_1 是水溶性的蛋白复合物，由 5 种类型的 9 个亚基组成，其组分为 $\alpha_3\beta_3\gamma\delta\varepsilon$。3 个 α 亚基和 3 个 β 亚基交替排列，形成一个“橘瓣”状结构，α 亚基和 β 亚基上均具有核苷酸结合位点，β 亚基的结合位点具有催化 ATP 合成或水解的活性。F_1 的正常功能是催化 ATP 合成，其水解 ATP 的功能是在缺乏质子梯度情况下表现出的非正常生理功能；γ 亚基的一个结构域构成一个穿过 F_1 的中央轴，另一结构域主要与 3 个 β 亚基中的一个结合，该 β 亚基称为 β 空缺，二者结合在一起形成“转子”（rotor），位于 $\alpha_3\beta_3$ 的中央，共同旋转以调节 3 个 β 亚基催化位点的开放与关闭；δ 亚基是 F_1 与 F_0 相连接所必需的；ε 亚基协助 γ 亚基附着到 F_0 基部。

F_0 是嵌合在内膜上的疏水蛋白复合体，由 a、b、c 三种亚基按照 $ab_2c_{10\sim12}$ 的比例组成一个跨膜质子通道。多拷贝的 c 亚基形成一个环状结构，a 与 b_2 排列在 c_{12} 聚体形成的环的外侧。a、b_2 和 F_1 的 δ 亚基共同组成“定子”（stator）或称外周柄。F_1 和 F_0 通过“转子”和“定子”将两部分连接起来，在合成或水解 ATP 的过程中，“转子”在通过 F_0 的 H^+ 流推动下在 $\alpha_3\beta_3$ 的中央旋转，每分钟旋转 100 次，依次与 3 个 β 亚基作用，调节 β 亚基催化位点的构象变化；“定子”在一侧将 $\alpha_3\beta_3$ 与 F_0 连接起来并保持在固定位置，作用之一就是将跨膜质子动力势转换成扭力矩（torsion），推动“转子”旋转。

（三）ATP 合酶的作用机制

ATP 合酶的各种亚基是如何协同作用利用跨膜的质子梯度形成 ATP，在 ATP 形成过程中 ATP 合酶又是如何起作用等问题，一直是最具吸引力的研究课题。随着 ATP 合酶三维结构研究的突破，现在这个奥秘已逐渐揭开。最近许多实验结果表明，ATP 合酶可能是已发现的自然界最小的分子“马达”，其运转效率几乎达 100%。现在为大多数人接受的质子驱动 ATP 合成的机制是美国生物化学家 Boyer 在 1979 年提出的结合变构机制（binding change mechanism），他认为：①质子梯度的作用并不是用于形成 ATP，而是使 ATP 从酶分子上解脱下来；② ATP 合酶上的 3 个 β 亚基的氨基酸序列是相同的，但它们的构象却不同，即在任一时刻，3 个 β 催化亚基以 3 种不同的构象存在，从而使它们对核苷酸具有不同的亲和性（图 7-7）；③ ATP 通过旋转催化（rotational catalysis）而合成，在此过程中，通过 F_0“通道”的质子流引起 c 亚基环和附着于其上的 γ 亚基纵轴（中央轴）在 $\alpha_3\beta_3$ 的中央进行旋转，旋转是由 F_0 质子通道所进行的质子跨膜运动来驱动的。由于在外侧有“定子”（外周柄）的固定作用，相对于膜表面是静止的。旋转在 360° 范围内分三步发生，大约每旋转 120°，γ 亚基就会与一个不同的 β 亚基相接触，正是这种接触迫使 β 亚基转变成 β 空缺构象。γ 亚基的一次完整旋转（360°）必然使每一个 β 亚基都经历 3 种不同的构象改变，导致合成 3 个 ATP 以及从酶表面释放。

在大肠杆菌 ATP 合酶中，发现 a 亚基上的 Arg210 是 H^+ 转运所必需的，c 亚基上的 Asp61 被认为是 H^+ 的结合位点。在 pH 梯度条件下，Asp61 可发生质子化（protonation）与去质子化（deprotonation），这种在一边的质子化和另一边的去质子化，能够驱动一个单方向的反应循环，即构成促使 ATP 合成的驱动力。ATP 的合成和 H^+ 转运偶联具体过程可能是按下述方式进行：① F_0 的 a 亚基 Arg210 和 c 亚基 Asp61 产生瞬间的盐桥，使 c 亚基 Asp61 从高 pK_a 态变成较低 pK_a 态。此时，H^+ 在跨膜质子动力势推动下进入 F_0，与 c 亚基表面带负电荷的 Asp61 结合，致使 c 亚基构象发生变化，引起 c 亚基顶部的极性环沿逆时针方向旋转大约 30°，同时与 γε 亚基结合。② a 亚基与 c 亚基解聚，c 亚基 Asp61 重新回

到高 pK_a 态，H^+从 61 位的 Asp 中释放出来，同时 c 亚基极性环与 γε 亚基解离。如此往复，当 F_0 上 H^+的转运积累到足够的扭力矩时，驱动 γε 在 $\alpha_3\beta_3$ 中央旋转 120°，导致 β-ATP 亚基释放一个 ATP 分子（图 7-7）。

Walker 等（2000）发表了 0.28nm 分辨率的牛心线粒体 F_1-ATP 合酶的晶体结构，为 Boyer 提出的结合变构机制和旋转催化假说提供了结构基础，他也因此与 Boyer 分享了 1997 年的诺贝尔化学奖。之后，杨茂君等（2019）突破性地发现并解析了哺乳动物 ATP 合酶四聚体的构成形式和高分辨率结构。他们发现两个“V”形的 ATP 合酶二聚体近似垂直地排列在一起形成 C2 对称的结构，成为 H 型四聚体，其中有 6 个位点对二聚体聚合成四聚体起主要作用。四聚体分子质量大约为 2.8MDa，体积巨大，成为一种超级复合物颗粒。这是首次获得的高等生物 ATP 合酶的完整结构。基于此结构，杨茂君团队还发现了 ATP 合酶四聚体很可能被至少 3 种机制抑制。这一研究成果不仅首次发现、鉴定并解析了线粒体内这一最重要的蛋白超级复合物的完整结构，同时也为我们深刻理解线粒体呼吸链相关疾病的预防和治疗打下了良好的基础，该研究将对人类的身体健康产生重大而深远的影响。

五、线粒体与疾病

线粒体是细胞内最易受损伤的一个敏感细胞器，它可显示细胞受损伤的程度。许多研究工作表明，线粒体与人的疾病、衰老和细胞凋亡有关。线粒体的异常会影响整个细胞的正常功能，从而导致在病变细胞内较早出现的线粒体极为明显的病理变化，称为“线粒体病”（mitochondriopathy disease，MD）。

克山病就是一种心肌线粒体病（mitochondrial cardiomyopathy）。它是以心肌损伤为主要病变的地方性心肌病，因缺硒而引起。硒对线粒体膜有稳定作用，患者因缺硒而导致心肌线粒体出现膨胀、嵴稀少和不完整；琥珀酸脱氢酶、细胞色素氧化酶和 ATP 合酶活性及其对寡霉素的敏感性都有明显降低；膜电位下降，膜流动性减低；对电子传递和氧化磷酸化偶联均有明显影响。

随着研究工作的不断深入，科学家发现人的细胞中线粒体的数量随年龄增长而减少，而体积却随年龄增长而增大。在膨大的线粒体中有时可见其内容物网状化而呈多囊体。同时线粒体病的研究已与线粒体 DNA（mtDNA）的损伤、缺失相联系。随着年龄的增大，损伤 mtDNA 的积累越来越多，在心或脑中缺失 7.4kb 或 5.0kb 片段的 mtDNA 的含量明显增加。人脑部区域 mtDNA 损伤程度 63～77 岁比 24 岁的增大 14 倍，80 岁又比 63～77 岁的增大 4 倍。目前已知的 100 多种人类线粒体疾病，其原发机制都是 mtDNA 异常（突变、缺失、重排）引起的遗传性疾病，表现为呼吸链的电子传递酶系和氧化磷酸化酶系的异常。

许多研究表明，线粒体是细胞内自由基的源泉，它们是决定细胞衰老的生物钟，机体 95% 以上的氧自由基都来自线粒体的呼吸链，电子传递过程中的单电子被分子氧俘获是氧自由基和过氧化氢等活性氧生成的主要原因，复合物Ⅰ、Ⅱ和Ⅲ是其产生的主要部位，Q 循环反应中的 UQH 或还原性 Cyt b_{566} 是这类单电子的主要电子供体。正常情况下，氧自由基可被线粒体中的 Mn^{2+}-SOD 所清除，机体衰老及退行性疾病时 Mn^{2+}-SOD 活性降低，氧自由基就积累在线粒体中，从而导致多种疾病的发生。据估计，因生物氧化而产生的氧自由基，造成 mtDNA 氧化损伤的积累量可比核 DNA 高 16 倍；氧自由基也易引起 mtDNA 突变，mtDNA 突变的频率比核 DNA 高 10 倍以上，核 DNA 有各种预防 DNA 损伤的修复系统，而线粒体中是没有的。损伤后的 mtDNA 复制又较完好的 mtDNA 要快得多，这样，经过一定时间的累积就会导致线粒体内膜参与能量转换的酶系功能异常。许多常见的由年龄增长而引发的神经疾病（如帕金森病）可能是线粒体退行性变化的结果。

此外，线粒体还与细胞凋亡有关。1995 年，Wang 等发现各种凋亡诱导因子诱发细胞凋亡后，细胞质中 Cyt c 含量增加。进一步研究还发现，只有成熟的 Cyt c 才有引起细胞凋亡的作用，而在胞质中内质网核糖体合成的 Cyt c 前体（apocytochrome c）则无此作用，亦即只有线粒体释放的 Cyt c 才有凋亡作用，这表明线粒体是通过释放 Cyt c 参与细胞凋亡的。

第二节　叶绿体与光合作用

植物细胞与动物细胞的一个重要区别是植物细胞具有质体细胞器。质体（plastid）是一类与碳水化合物的合成与贮藏密切相关的细胞器，由双层膜包裹，呈颗粒状、杆菌状或线条状。在幼年细胞中，质体还没有分化成熟，叫前质体。随着细胞的长大，前质体可分化为成熟的质体，根据所含的色素和功能不同，分化成三种类型：叶绿体（chloroplast）、有色体（或称色质体，chromatoplast）和白色体（leucoplast）。白色体不含可见色素，因在光学显微镜下呈白色得名。在贮藏组织细胞内的白色体上，常积累淀粉或蛋白质，形成比它原来体积大很多倍的淀粉和糊粉粒，成为了细胞里的贮藏物质。有色体内含有叶黄素和胡萝卜素，由于二者比例不同，可分别呈黄色、橙色或橙红色。它存在于花瓣和果实中，使植物的花和果实呈红色或橘黄色，有色体主要功能是积累淀粉和脂类。叶绿体是质体中最重要的一种细胞器，为光合作用的场所。细胞活动中所需要的全部有机物均由光合作用所产生，一切生命活动所需的能量来源于太阳能（光能）。绿色植物的光合作用是地球上有机体生存、繁殖和发展的根本源泉。

一、叶绿体的结构及组成

（一）叶绿体的形状、大小、数目和分布

叶绿体的形状、大小和数目因物种、细胞种类和生理状态不同而不同。高等植物的叶绿体大多呈香蕉形，一般直径为 3～6μm，厚 2～3μm。低等植物的叶绿体形状差别很大，可呈螺旋带状、杯状、星状等。

大多数高等植物的叶肉细胞一般有 50～200 个叶绿体，占细胞质体积的 40%～90%。藻类一般只有一个大叶绿体。通常叶绿体多分布在核周围和近壁处，但有时也均匀分布。

叶绿体是一种不稳定的细胞器，外界条件也可影响叶绿体的分布、大小及数量，如在阳光充足的条件下，叶绿体的体积较大、数目较多。

（二）叶绿体结构

在电子显微镜下观察，叶绿体由叶绿体被膜（envelope）、类囊体（thylakoid）和基质（stroma）三部分构成。其中被膜由外膜和内膜及膜间隙组成，外膜和内膜都是连续的单位膜，厚度均为 6～8nm；膜间隙宽 10～20nm；内膜之内是基质部分，叶绿体基质中，有许多由单位膜形成的封闭的、沿叶绿体长轴平行排列的扁平膜囊，称为类囊体。有些类囊体叠成垛，称为基粒，基粒类囊体的直径为 0.25～0.8μm，厚约 0.01μm。一个叶绿体含有 40～80 个基粒，一个基粒由 5～30 个基粒类囊体组成，最多可达上百个。贯穿在两个或两个以上基粒之间没有发生垛叠的类囊体，称为基质类囊体，类囊体的垛叠是动态的，即垛叠与非垛叠是可逆发生的。基粒类囊体和基质类囊体的膜是连续的，围成的腔称为类囊体腔，是完整连续的封闭膜囊系统，即叶绿体的外膜（outer envelope membrane）、内膜（inner envelope membrane）和类囊体膜（thylakoid membrane）3 个膜组分将叶绿体分为膜间隙（inter membrane space）、基质（stroma）和类囊体腔（thylakoid lumen）3 个区室（图 7-8）。类囊体垛叠成基粒，是高等植物细胞所特有的膜结构，这种结构大大增加了膜的总面积，有更高的功能效应。

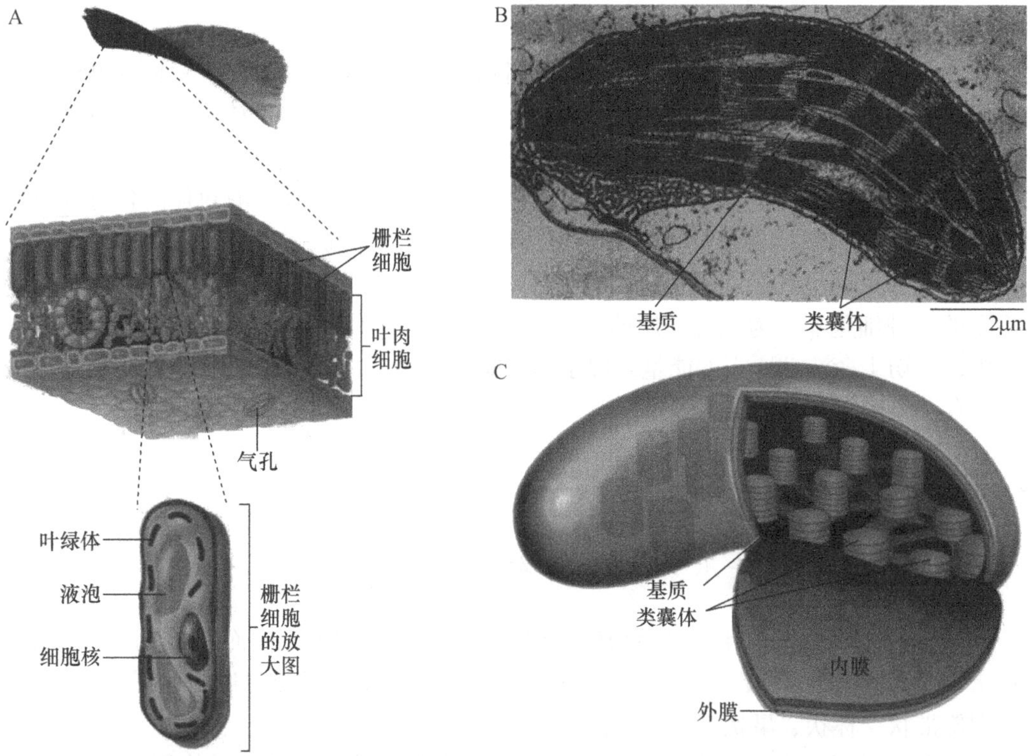

图 7-8 叶绿体的结构（Alberts et al., 2010）

A. 叶片和叶片的部分横截面以及栅栏细胞的结构示意图；B. 电子显微镜下的叶绿体；C. 叶绿体结构示意图

（三）叶绿体各组分的化学组成

根据菠菜叶绿体的检测数据，叶绿体的外膜含有 52% 的糖脂、47% 的磷脂及少于 1% 的类胡萝卜素等。蛋白质与脂类的比值为 0.35，外膜通透性大，膜上的孔蛋白可以使相对分子质量约 10 000 的物质自由地进入膜间隙，如核苷、无机磷、蔗糖等许多细胞质中的营养分子可自由进入膜间隙。因此，膜间隙的成分几乎与胞质溶胶的一样。

内膜含有 89% 的糖脂、10% 的磷脂和少于 1% 的类胡萝卜素。蛋白质与脂类的比值为 0.9，即内膜的蛋白质较外膜丰富，这些蛋白质一部分是与糖脂、磷脂合成有关的酶类，与动物细胞的脂类主要是在光面内质网上合成的不同，叶绿体被膜不仅是叶绿体脂合成的场所，也是整个植物细胞的脂合成的主要场所。另一部分是膜运输蛋白，内膜对通过物质的选择性很强，是细胞质和叶绿体间的功能屏障。除了 CO_2、O_2 和 H_2O 可以自由出入外，其他都需要借助运输蛋白，内膜上的运输蛋白几乎均为靠浓度梯度驱动的载体蛋白，包括：①磷酸交换载体，将细胞质中的无机 Pi 转运到叶绿体基质中，同时将 3- 磷酸甘油醛释放到细胞质中；②二羧酸交换载体，可一对一地交换含有两个羧基的酸，如将基质中的苹果酸和细胞质中的延胡索酸进行交换，进而完成两侧的 NADP 的电子传递；③ ADP/ATP 交换载体；④葡萄糖载体；⑤乙醇酸载体等，分别将基质中的葡萄糖和乙醇酸运输到细胞质。此外，被膜蛋白中的酶类有 ATP 酶、腺苷酸激酶、半乳糖基转移酶等。

类囊体膜的蛋白质和脂类比例约为 60 ∶ 40，即为叶绿体中蛋白质含量最丰富的膜类。脂类中糖脂占 64%、磷脂为 6%，还有 20% 的叶绿素及 6% 的类胡萝卜素等吸光色素和 3% 的醌等。脂类中的脂肪酸主要是不饱和的亚麻酸，约占 87%，因此类囊体膜的脂双层分子流动性较大。类囊体膜的蛋白质含量丰富，基本上参与光合作用所需要的酶类、参与电子传递的载体以及将电子传递与质子泵和 ATP 合成偶联的蛋白质都定位在类囊体的膜上。

叶绿体基质的主要成分是可溶性蛋白质，其中有一个关键性光合酶是核酮糖 -1，5- 二磷酸羧化酶，占可溶性蛋白质总量的 60%，是光合作用中一个起重要作用的酶复合体。全酶由 8 个大亚基 LSU（53kDa）和 8 个小亚基 SSU（14kDa）组成；酶的活性中心位于大亚基上，小亚基只具有调节功能。基质还含有环状 DNA、RNA、核糖体、嗜锇滴。基质是光合作用固定 CO_2 的场所。

（四）叶绿体的功能——光合作用

叶绿体的主要功能是进行光合作用（photosynthesis）。将光能转换为化学能，储存在糖类、脂肪和蛋白质等大分子有机物中，为生物体所利用。光合作用可分为两个阶段：光反应（light reaction）和暗反应（dark reaction）。光反应是在类囊体膜上由光引起的光化学反应，包括吸收光能、传递光能、将光能转换为电能、进而转换为活跃的化学能、形成 ATP 和 NADPH 的过程。暗反应在基质中进行，利用光反应产生的 ATP 和 NADPH，使 CO_2 还原为糖类等有机物，即 CO_2 的固定，将活跃的化学能转换为稳定的化学能储存于有机物中（图 7-9）。

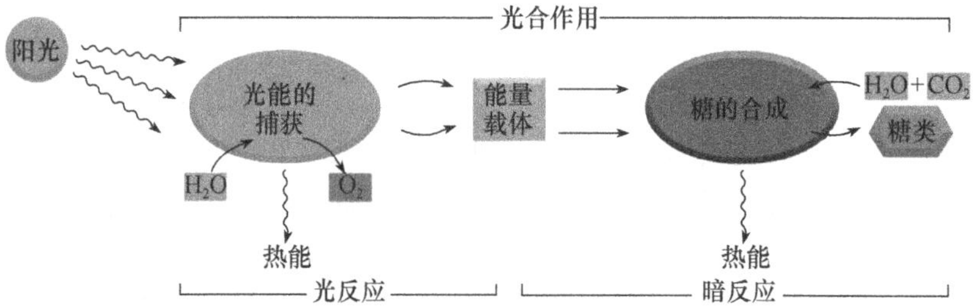

图 7-9 光合作用的基本过程——光反应和暗反应（Alberts et al., 2010）

二、光反应

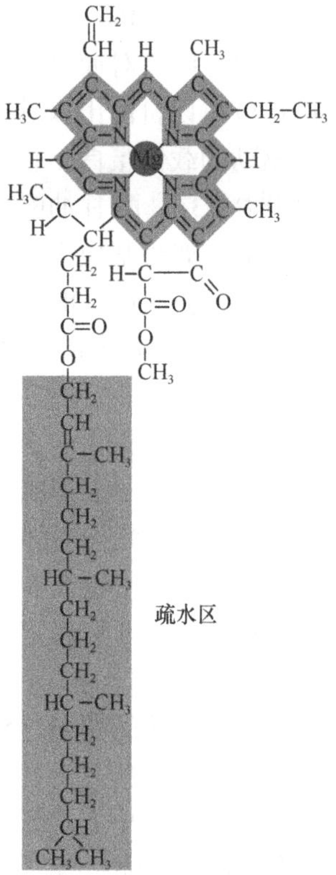

图 7-10 叶绿素分子的结构（Alberts et al., 2010）

（一）色素分子与光能的吸收

负责吸收光能的是色素分子（pigment）。色素分子是一类含有独特的化学基团，能吸收可见光谱中特定波长的光的脂溶性分子。植物叶绿体色素主要有三类：叶绿素（chlorophyll）、类胡萝卜素（carotenoid）和藻胆素（phycobilin）。高等植物叶绿体中含有前两类，某些细菌和藻类中含有藻胆素和叶绿素 c 或 d。

高等植物叶绿素（图 7-10）主要有两种：叶绿素 a、叶绿素 b（简写为 chla、chlb），chlb 是 chla 局部氧化的衍生物。类胡萝卜素也有两种：胡萝卜素（carotene）和叶黄素（lutein）。全部叶绿素和几乎所有的类胡萝卜素都包埋在类囊体膜中，如图 7-11 所示叶绿素分子，靠尾部的叶绿醇链插入类囊体膜中，亲水的卟啉环头部则以离子键与蛋白质结合，卟啉环中单、双键交错的网络可以与光中的光子相互作用，起到吸收光能的作用。

叶绿素 a 和叶绿素 b 吸收红光的能力为最强，因此呈现绿色；类胡萝卜素协助叶绿素吸收叶绿素不能吸收的光，提高光吸收效率，又能从激发的叶绿素上回收多余的能量，以热能的形式释放（否则会产生单氧原子，引起分子和细胞损伤），呈现黄色、红色或者紫色。大部分的叶绿素 a 和全部的叶绿素 b、胡萝卜素及叶黄素等只可以吸收、聚集和传递光能，被称为“捕光色素”或“天线色素”（antenna pigment）；而另外一种特殊状态的叶绿素 a 分子，既可以吸收光能，又可以将光能转换为化学自由能，具有光化学活性，称为“反应中心色素”（reaction center pigment）。反应中心色素按最大吸收峰的不同分为两种，吸收峰为 700nm 者称为 P700，吸收峰为 680nm 者称为 P680。天线色素以激发电子的方式捕获光能，以共振的方式传递给其他的叶绿素分子，最终汇集到反应中心色素。

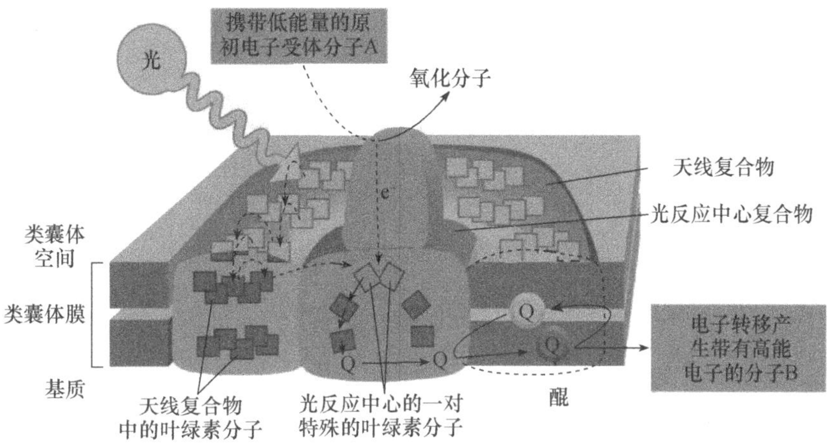

图 7-11 光系统组成（Alberts et al.，2010）

（二）光系统与光能的转换

一个游离的叶绿素分子不具备将光能转化为电能的能力，只有一定数量的叶绿素分子与蛋白质结合在一起并埋在膜内时才能发挥作用。光系统（photosystem，PS）即是这样一种由叶绿素、类胡萝卜素、脂和蛋白质组成的大型复合物，结构上有两个功能区：捕光复合物（light-harvesting complex，LHC）和光反应中心复合物（reaction-center complex）。LHC 由数百个天线色素和与之结合的蛋白质构成。中心复合物由反应中心色素、一个原初电子供体 D、一个原初电子受体 A 以及相关蛋白质构成（图 7-11）。

根据反应中心色素的不同，光系统有两种类型：光系统Ⅰ（PSⅠ）和光系统Ⅱ（PSⅡ）。二者在组成、结构、分布以及功能上都有差异。在光系统中，完成了光能向电能的转换。

（三）PSⅡ的结构与作用

1）PSⅡ的结构与定位　PSⅡ位于基粒与基质非接触区域的类囊体膜上，包括 2 个 LHCⅡ、1 个属于外周蛋白的含有 Mn 簇合物的放氧复合物（oxygen evolving complex）和一个反应中心。反应中心为 D1 和 D2 两条核心肽链，除了结合有少量的叶绿素 a、叶绿素 b 和类胡萝卜素外，还结合着一对中心色素 P680、1 对特殊的不含 Mg^{2+} 的去镁叶绿素（也称为褐藻素，pheophytin，Pheo）及质体醌（plastoquinone，PQ）。D1 和 D2 的 M_r 为 3.2×10^4。PSⅡ中的蛋白质共有 20 多个不同的多肽链（图 7-12）。

PSⅡ中的色素分子被光能激发而引起第一个光化学反应——原初反应（primary reaction）。

2）*原初反应与电子传递*　原初反应包括光能的吸收、传递和转换，中间伴随着电子的传递。在 PSⅡ中，天线色素捕获光能最终汇集到 P680，激发出一个高能电子，P680 由基态变为激发态（P680*）。该电子迅速地从 P680* 上移出——电荷分离，P680* 成为带正电的 $P680^+$，$P680^+$从 D1 蛋白上的一个酪氨酸残基 TyrZ（即原初电子供体 Z）上获取电子，$TyrZ^+$则从放氧复合物的 Mn 上获取电子，氧化态（Mn^+）的放氧复合物进一步从水中获取电子，2 分子的 H_2O 移去 4 个电子，依次经 Mn^+和 Z^+传递给 $P680^+$使其还原成 P680。而

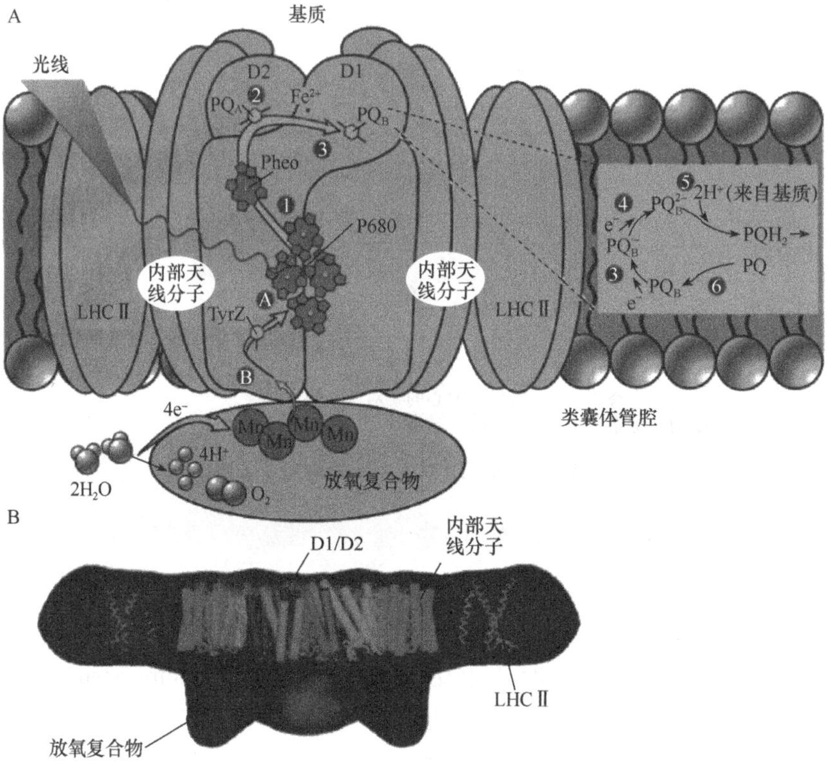

图 7-12 PSⅡ结构及在其中进行的电子传递（Alberts et al.，2010）

A. PSⅡ的结构及在其中进行的电子传递；B. D1/D2 和 LHCⅡ的肽链结构示意图

水因 P680* 上的能量被分解，即水的光解：$2H_2O \longrightarrow O_2 + 4H^+ + 4e^-$。水的光解造成氧气的释放、4 个电子被传送到 $P680^+$上，同时还有 4 个质子。

从 P680* 上移出的电子，被原初电子受体——去镁叶绿素接受，形成 $Pheo^-$，进入电子传递链。PQ 与线粒体中的泛醌相似，通过醌和醌醇循环来传递电子和氢质子。$Pheo^-$ 将电子传给 D2 上结合的质体醌 PQ_A 成为稳定的高能电子，PQ_A 又迅速将电子传给 D1 上的 PQ_B，获得两个电子后的还原型的质体醌 PQ_B^{2-} 从 PSⅡ复合体上游离下来，另一个氧化态的质体醌 PQ_B 占据其位置形成新的电子受体。游离的 PQ_B^{2-} 从类囊体膜靠外的基质侧接受 2 个氢质子，形成 PQH_2，之后向内扩散，在类囊体膜内侧被 Cyt b_6/f 氧化，交出电子，同时把质子释放到膜内腔。即伴随 PQ 氧化和还原作用，质子从叶绿体基质侧横渡膜进入类囊体腔内，形成跨类囊体膜的质子梯度。

（四）细胞色素 b_6f 复合物及电子传递

参与光合作用电子传递的细胞色素主要有两类：Cyt b_6 和 Cyt f。两者形成二聚体，其中 Cyt f 为 Cyt c 的一种，类似线粒体中的 Cyt c_1。Cyt b_6f 复合物可能以二聚体形式存在，每个单体含有 4 个不同的大亚基，包括 Cyt b_6（b_{563}）、Cyt f、铁硫蛋白和蛋白亚基Ⅳ，以及 4 个小亚基（$M_r < 5 \times 10^3$：PetG，PetL，PetM，PetN），另外还含有 2～3 个 chla 分子和 1～

2 个类胡萝卜素分子。

脂溶性的 PQH_2 通过在脂双层中扩散，一方面释放氢质子，另一方面将电子传递给 Cyt b_6f 复合体，电子经 Cyt b_6→FeS→Cyt f，再传递给另外一个可动的电子传递体质体蓝素（plastocyanin，PC）。PC 为一种含铜的蛋白质，氧化型呈蓝色，还原状态时蓝色消失，靠 Cu^{2+}→Cu^{+}的变化来传递电子。该蛋白质为水溶性，位于类囊体腔一侧，可移动将电子传递到 PS Ⅰ。

（五）PS Ⅰ与电子传递

1）PS Ⅰ的结构与定位　PS Ⅰ位于基粒与基质接触区的基质类囊体膜中。由 LHC Ⅰ和一个光反应中心组成。反应中心色素为 P700，核心复合物是一个包含多种不同电子载体（还原中心）的多蛋白复合体，但没有与 O_2 有关的 Mn 簇合物和外周蛋白。LHC Ⅰ中有 100 个左右的天线色素（图 7-13）。PS Ⅰ的功能是在光能驱动下，将来自 PC 的电子传递给铁氧还蛋白（ferredoxin，Fd）。

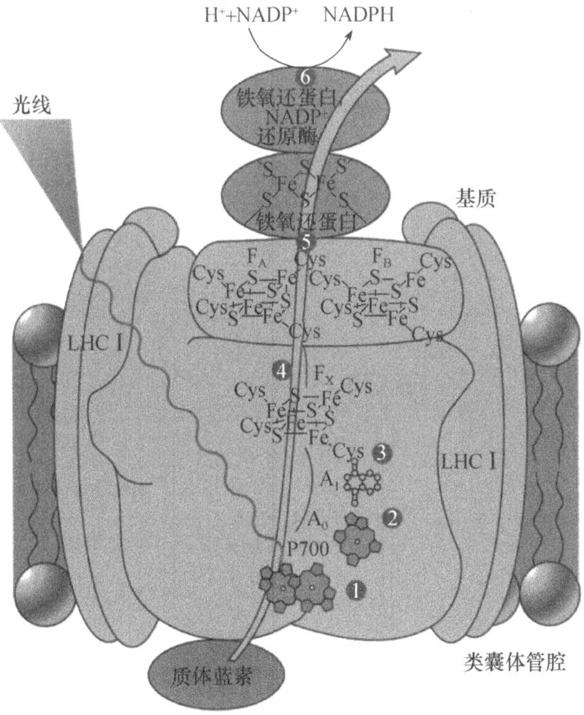

图 7-13　光系统Ⅰ复合物结构及电子传递过程（Alberts et al.，2010）

2）PS Ⅰ中的电子传递　在 PS Ⅰ中，LHC Ⅰ中捕光色素吸收的光能传递给 P700，使其中一个被激发成 P700* 并发生电荷分离，释放电子后的 $P700^{+}$从 PC 中接收一个低能电子得以补充，还原成 P700。释放的电子在结合于核心复合物中的多种电子载体上传递，最终传递给 Fd，传递路线为 PC（Cu^{2+}）→P700→A_0→A_1→FeS_X→FeS_A→FeS_B→Fd（图 7-13）。其中 A_0 是一种叶绿素 a，A_1 是一种醌，称为叶绿醌（或维生素 K_1），FeS_X、FeS_A 和 FeS_B 均为铁 - 硫中心。

Fd是一种与类囊体膜松散结合的小分子蛋白，位于类囊体膜的腔面。Fd含有一个氧化还原位点，为两个同硫结合的铁原子，也是通过Fe^{3+}→Fe^{2+}的循环传递电子。

Fd的电子最终传递给$NADP^+$，是在Fd-$NADP^+$还原酶的催化下完成的。该酶为含有FAD的黄素蛋白。$NADP^+$是光合作用中的最后一个电子受体，是NAD^+的衍生物。$NADP^+$接受两个电子成为还原性的NADPH（图7-13）。

（六）非循环式与循环式电子传递途径

电子是顺着电子载体的氧化还原电位（E_0'）从低向高的方向传递的（图7-14）。光反应中，PSⅠ中吸收了光能而分离出高能电子的$P680^+$的氧化还原电位是+1.1V，而H_2O的氧化还原电位是+0.82V，因此，$P680^+$足以将水裂解，从而获得电子还原为P680。而P680*上的高能电子在传递过程中，能量因转换成H^+势能而不断降低，传递至PC时已成为低能电子，不足以传递给最终的电子受体$NADP^+$。PC上的低能电子提供给P700，通过其再次吸收光能重新成为高能电子，获得低氧化还原电位的P700*，才能最终传递给$NADP^+$。即被传递的电子，经过两个光系统接力合作，最终被$NADP^+$接受，并将$NADP^+$还原成NADPH。这种从H_2O开始，经PSⅡ→质体醌→细胞色素b_6f复合物→质体蓝素→PSⅠ→铁氧还蛋白→Fd-$NADP^+$还原酶→$NADP^+$的电子传递途径形成的是非循环的线性电子流（noncyclic electron transport pathway），又称为“Z”形路线（图7-14）。

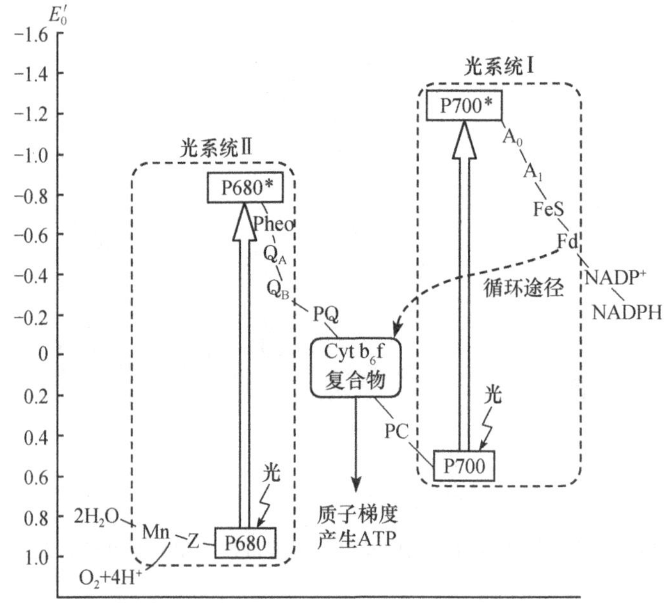

图7-14　光合作用中的两个光系统和电子传递途径（翟中和等，2007）

当植物在缺乏$NADP^+$时，被传递的电子经PSⅠ传递给铁氧还蛋白（Fd）后，不进一步传递给$NADP^+$，而是重新传递给Cyt b_6f复合物，再经PC又回到PSⅠ，形成了闭路的循环式电子传递途径（cyclic electron transfer pathway）（图7-14）。在这个循环途径中，只产生质子梯度（合成ATP），不产生NADPH。

三、光合磷酸化

水的光解所产生的 H^+ 留在腔内侧（图 7-15），电子传递中既是电子载体又是质子载体的 PQ，经过氧化与还原，将叶绿体基质侧的 H^+ 带入类囊体腔内，两者都造成了腔内的 H^+ 浓度增加，形成类囊体膜内外两侧的 H^+ 浓度差，即质子电动势（proton electromotive force）。而类囊体膜上具有与线粒体 F_0-F_1 ATP 合酶类似的 CF_0-CF_1 ATP 合酶，当 H^+ 从腔内侧返回基质侧时，推动 CF_0-CF_1 ATP 合酶的转动，使得 ADP 磷酸化成为 ATP。这种由光照所引起的电子传递与磷酸化作用相偶联而生成 ATP 的过程，称为光合磷酸化（photophosphorylation）。光合磷酸化即植物叶绿体的类囊体膜或光合细菌的载色体在光下催化腺苷二磷酸（ADP）与磷酸（Pi）形成腺苷三磷酸（ATP）的反应。

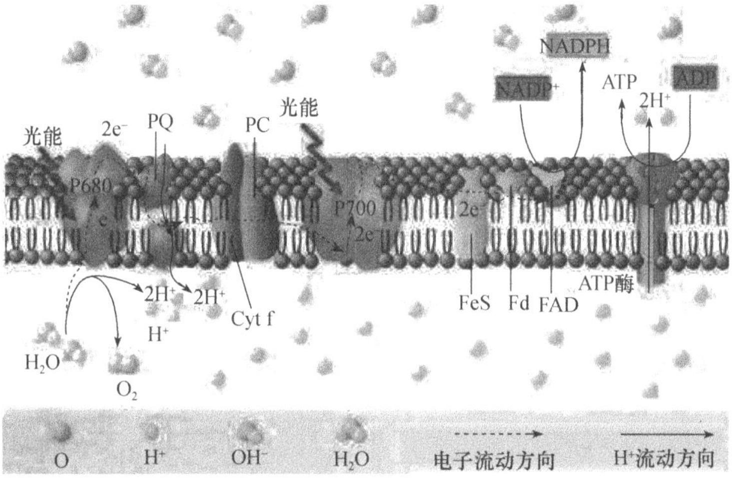

图 7-15 光合磷酸化

CF_0-CF_1 ATP 合酶的结构和功能都与线粒体 F_0-F_1 ATP 合酶类似，由跨膜的 H^+ 通道 CF_0 和在叶绿体基质侧起催化作用的 CF_1 两部分所组成，其中 CF_0 的分子质量为 170kDa，由Ⅰ、Ⅱ、Ⅲ、Ⅳ4 个亚基构成，CF_1 的分子质量约为 400kDa，由 5 个亚基组成，分别为 α、β、γ、δ、ε 亚基，激活其催化作用需有巯基化合物，如二硫苏糖醇，同时还需 Mg^{2+}。寡霉素对 CF_1 无抑制作用。

CF_1 在叶绿体基质侧，因此新合成的 ATP 立即被释放到基质中。同样 PSⅠ所形成的 NADPH 也在基质中，这样光合作用的光反应产物 ATP 和 NADPH 都处于基质中，便于被随后进行的碳同化的暗反应所利用。

四、暗反应

光反应的产物 ATP 和 NADPH，进一步被用来将 CO_2 同化成碳水化合物，称为固碳反应（carbon-fixation reaction）。由于该反应不需要光，又称为暗反应（dark reaction），是在叶绿体基质中进行的。高等植物的碳同化有三条途径：卡尔文循环、C4 途径和景天酸代谢途径。其中卡尔文循环是碳同化最重要最基本的途径，只有这条途径才具有合成淀粉等产物的能力。其他两条途径起固定和转运 CO_2 的作用，不能单独形成淀粉等产物。

（一）卡尔文循环

20 世纪 50 年代中后期，美国学者卡尔文利用 ^{14}C 示踪研究发现，CO_2 在几秒内就可以被固定在 3- 磷酸甘油酸（phosphoglycerate，PGA）中，因此该途径也称 C3 途径。最终的研究结果显示，C3 途径是一个循环的过程，故又称为 C3 循环（C3 cycle）或卡尔文循环（Calvin cycle），并且将通过这种途径固定 CO_2 的植物称为 C3 植物（C3 plant）。卡尔文循环可分为 3 个阶段：羧化、还原和 RuBP 再生（图 7-16）。

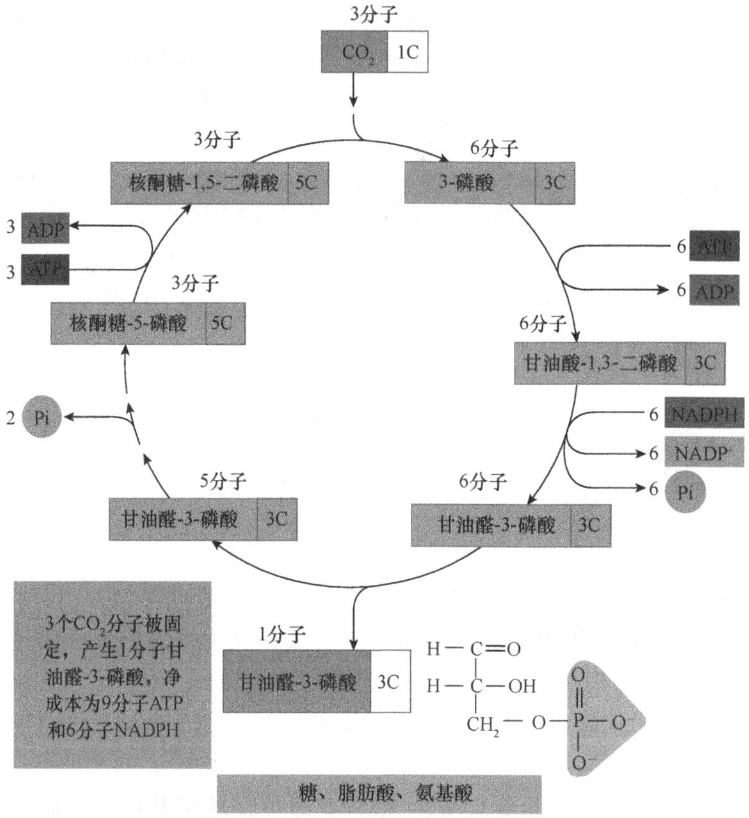

图 7-16 卡尔文循环（Alberts et al.，2010）

1）羧化阶段　CO_2 的受体是一个五碳糖，即核酮糖 -1,5- 二磷酸（ribulose-1,5-bisphosphate，RuBP），在 RuBP 羧化酶（ribulose bisphosphate carboxylase oxygenase，Rubisco，这是在叶绿体中最丰富的蛋白质，而且也可能是地球上最丰富的蛋白质）的作用下，RuBP 与 CO_2 先形成羧基，即刻裂解形成两分子的 PGA。

2）还原阶段　PGA 在 3- 磷酸甘油酸激酶催化下被 ATP 磷酸化，形成甘油酸-1,3-二磷酸，然后在甘油醛磷酸脱氢酶催化下被NADPH还原形成甘油醛-3-磷酸（glyceraldehyde-3-phosphate，G3P），这一阶段是一个吸能反应，光反应中形成的ATP和NADPH主要是在这一阶段被利用。所以，还原阶段是光反应与暗反应的连接点，一旦CO_2被还原成甘油醛-3-磷酸，光合作用的贮能过程便完成。

3）RuBP再生阶段 已形成的甘油醛-3-磷酸经一系列的相互转变，最终生成核酮糖-5-磷酸，在磷酸核酮糖激酶的催化下又会发生磷酸化作用形成RuBP，再消耗一分子ATP。

碳以CO_2的形态进入并以糖的形态离开卡尔文循环。整个循环是利用ATP作为能量来源，并以降低能阶的方式来消耗NADPH，如此可增加高能电子来制造糖。从卡尔文循环中所直接制造出来的碳水化合物并不是葡萄糖，而是甘油醛-3-磷酸，一种三碳糖。G3P可通过叶绿体内膜上的反向运载蛋白输出叶绿体，进一步参与糖、脂肪酸和氨基酸的代谢。为了要合成1mol这种碳，整个循环过程必须发生3次取代作用，固定3mol CO_2（图7-16）。

（二）C4途径

C4途径固定CO_2的最初产物是草酰乙酸，它是四碳化合物，所以称为C4途径。甘蔗、玉米、高粱和一些热带草本植物主要以这种方式进行固碳反应，因此称为C4植物。C4植物的主要特点是，在叶脉周围有一团含叶绿体的维管束鞘细胞，这些细胞里有叶绿体，但里面并无基粒或基粒发育不良，主要进行卡尔文循环，这团细胞的外面又环列着叶肉细胞（图7-17）。C4途径就是由这两类细胞密切配合而完成的，首先在叶肉细胞的细胞质中，CO_2被磷酸烯醇式丙酮酸（PEP）羧化酶催化连接到PEP上形成草酰乙酸，草酰乙酸转变成其他四碳酸——苹果酸和天冬氨酸后，运输到维管束鞘细胞，再被降解成CO_2和丙酮酸，CO_2进入卡尔文循环。

C4植物主要是那些生活在干旱热带地区的植物。在这种环境中，植物若长时间开放气孔吸收二氧化碳，会导致水分通过蒸腾作用过快流失。所以，植物只能短时间开放气孔，二氧化碳的摄入量必然少。而PEP羧化酶活性极高，所以C4途径可以保证在CO_2浓度极低的情况下卡尔文循环有高浓度的CO_2进行固碳反应，即C4植物较C3植物有很低的CO_2补偿点，因此C4植物在CO_2含量低的情况下存活率更高，这类植物积累干物质的速度很快，为高产型植物。

（三）景天酸代谢途径

C4植物将固碳反应分在了两种不同的细胞中，而生长在干旱地区的景天科等肉质植物，固碳反应分在了两个时间段。这类肉质叶为了避免损失过多的水分到空气中，气孔白天关闭，夜间开放，因而夜间吸进CO_2，被PEP羧化酶作用形成草酰乙酸并进一步还原为苹果酸，暂时储存在细胞液泡中。到了白天，气孔关闭，PEP羧化酶暂时失活，苹果酸从液泡中转移到细胞质中，裂解释放CO_2，参与卡尔文循环，形成淀粉等。所以这类植物体在夜间有机酸含量很高，糖含量下降；白天则相反，有机酸含量下降，糖分增多。CO_2

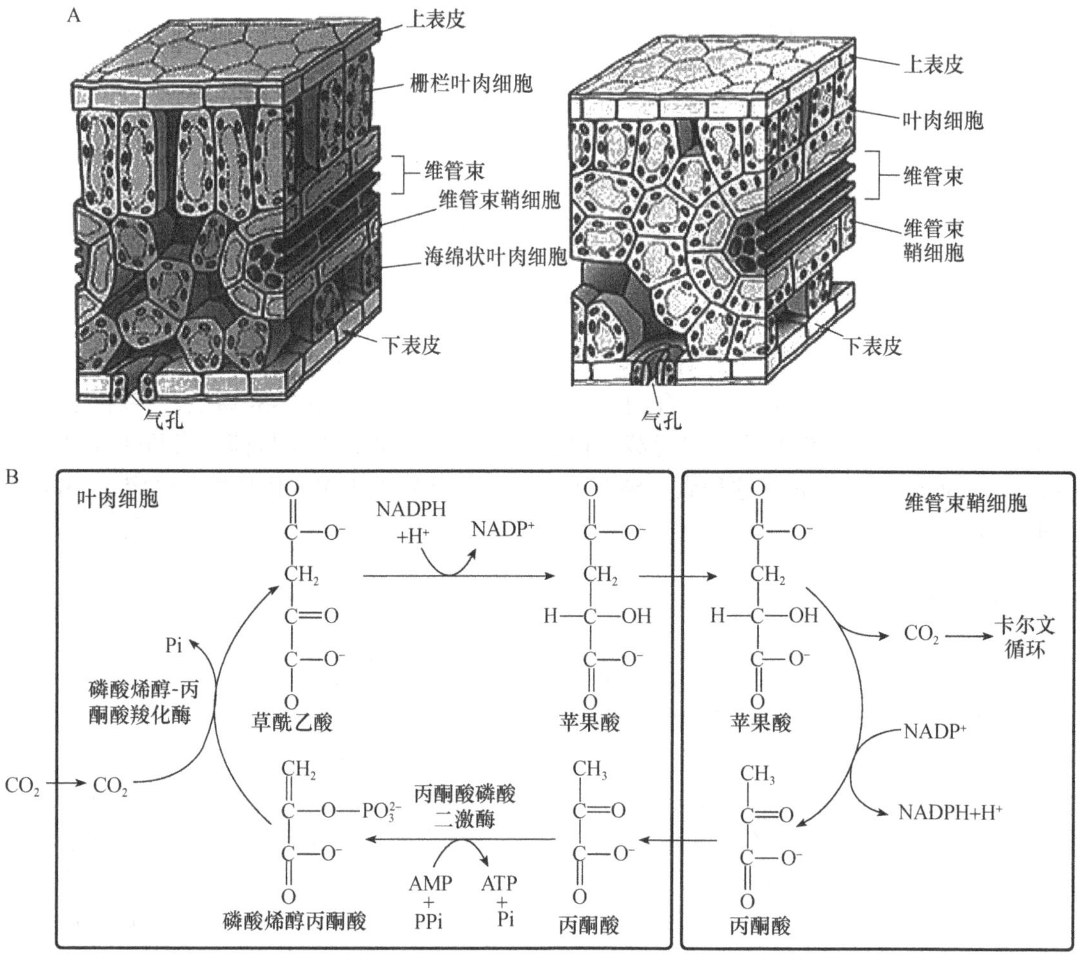

图 7-17　C4 植物叶片结构（A）及 C4 途径（B）

的这种代谢类型，称为景天酸代谢（crassulacean acid metabolism，CAM）。这些植物称为 CAM 植物，如景天、落地生根等。

第三节　线粒体、叶绿体的起源及其半自主性

真核细胞中，线粒体和叶绿体都是与能量代谢相关的细胞器，在结构上和组成上也有相似性，如都是具有双层膜的细胞器，都含有自身的遗传物质等。这些区别于其他亚细胞装置的特征，使得人们对这两种细胞器的生成起源及其功能的自主性方面进行了多方的探究。

一、叶绿体和线粒体是半自主性细胞器

线粒体和叶绿体的基质内不仅含有遗传物质 DNA，还有 RNA（mRNA、tRNA、

rRNA)、核糖体、氨基酸活化酶等，显示这两种细胞器都具有独立进行转录和转译的功能。也就是说，线粒体和叶绿体都具有自身转录RNA和翻译蛋白质的体系，在遗传和增殖上有一定的自主性。但迄今为止，人们发现叶绿体仅能合成13种蛋白质，线粒体能够合成的蛋白质也只有60多种，而参与组成线粒体和叶绿体的蛋白质却分别有上千种。说明构成线粒体和叶绿体以及执行功能的众多蛋白质中，绝大多数都是由核基因编码，在细胞质核糖体上合成，并通过转运输送到线粒体和叶绿体中的，即线粒体和叶绿体的自主性是有限的，它们对核遗传系统有很大的依赖性。因此，线粒体和叶绿体的组成和功能的实施，以及其生长和增殖都是受核基因组及自身的基因组两套遗传信息系统控制的，这种特征称为半自主性。

二、线粒体、叶绿体的DNA和蛋白质合成

（一）线粒体、叶绿体的DNA特征

真核细胞中线粒体DNA（mitochondrial DNA，mtDNA）是双链环形分子（图7-18），与细菌DNA结构相似，大小随物种差别而有差异，如人类的mtDNA为16kb，酵母的为78kb，而植物如拟南芥的为366kb。目前有上千种mtDNA被测序。动物细胞每个线粒体的mtDNA为多个拷贝，数量为1000～10 000个；植物细胞线粒体拷贝数要低很多，如拟南芥叶肉细胞内约50个，而平均每个细胞携带的mtDNA平均为0.1个，需要频繁地融合与分裂而共享遗传信息。

叶绿体DNA（chloroplast DNA，ctDNA）也呈双链环状，大小因物种而有差异，一般为200～2500kb。细胞中的拷贝数因发育状态而有不同，如幼叶中的ctDNA拷贝数可多达100个左右，成熟叶片细胞中的较少，一般维持在10个左右。

人类mtDNA中没有内含子，但在酵母细胞的线粒体中至少发现两个基因中是有内含子的；叶绿体基因中也发现有内含子。

mtDNA和ctDNA均以半保留方式进行自我复制。用^{3}H嘧啶核苷标记证明，线粒体DNA复制的时间主要在细胞周期的S期及G_2期，而且DNA先复制，随后线粒体分裂。叶绿体DNA复制的时间在G_1期。它们的复制都受核的控制，复制所需的DNA聚合酶都是由核DNA编码，在细胞质核糖体上合成的。

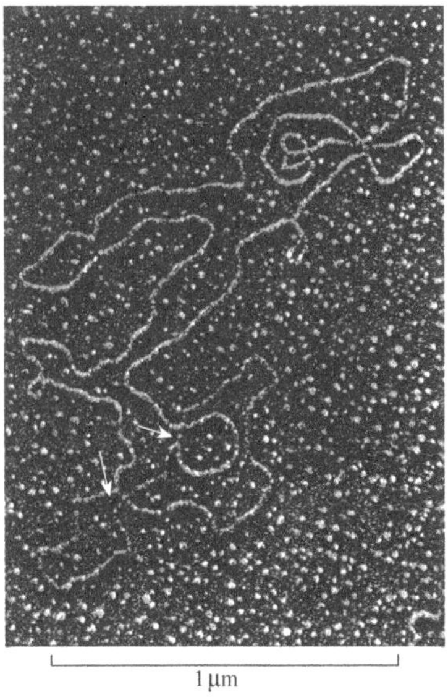

图7-18 在DNA复制过程中动物线粒体DNA分子电镜图（Alberts et al.，1994）

两个箭头之间所示是已被复制的环状DNA基因

（二）线粒体、叶绿体中的蛋白质来源

线粒体和叶绿体中的蛋白质，少部分由自身的转录及翻译机构合成，大部分来自核基因编码，在细胞质中合成，再经一定的转运程序输送到这两个细胞器。

哺乳动物细胞中，由线粒体基因组编码的有：2 种 rRNA、22 种 tRNA、13 种肽（包括复合物Ⅰ中的 7 种、复合物Ⅲ种的 1 种、复合物Ⅳ种的 3 种和 F_0 结构中的 2 种）。叶绿体基因组可编码 4 种叶绿体 rRNA、30 种 tRNA、100 多种肽（包括 RuBP 羧化酶的大亚基、PSⅠ的 2 个亚基、PSⅡ的 8 个亚基、ATP 合酶的 6 个亚基以及 Cyt b_6f 复合物的 3 个亚基等）。线粒体和叶绿体合成蛋白质的方式基本属于原核细胞类型，如 mRNA 的转录和翻译在同一时间和地点进行，蛋白质合成的起始 tRNA 与原核细胞相同，蛋白质合成对药物的敏感性与细菌相似，即对氯霉素敏感，对可抑制细胞质蛋白合成的放线菌素不敏感。另外，线粒体和叶绿体中存在着 RNA 编辑，即个别碱基需修饰方可正确翻译蛋白质，如 C 转换成 U。

由核基因编码，在细胞质中合成的线粒体、叶绿体蛋白，以一种“后转移”的方式（详见第六章）分别输送到这两个细胞器的不同区室。首先，这些将被运送的线粒体或叶绿体的蛋白质，在细胞质中完成前体肽链的合成，肽链 N 端（有的在肽链内部）有一（或两）段引导序列，一般地，将线粒体蛋白的 N 端引导序列称为“导肽”（leading sequence，leading peptide，precursor chain），将叶绿体蛋白的称为“转运肽”；其次，在引导序列的指引下，前体肽链移送到线粒体（叶绿体）的不同膜或腔室，在这个过程中，细胞质中的分子伴侣、线粒体（叶绿体）膜上的受体、腔室中的分子伴侣以及相关蛋白酶等协同作用，完成转移过程并且使得输送的肽链成为成熟蛋白，与线粒体（叶绿体）自身合成的蛋白质或组成复合物或各自发挥生物学功能。

细胞核与线粒体、叶绿体之间在遗传信息和基因表达调控等层次上具有相互制约和合作的分子协作机制，称为核质互作；一旦核质互作出现障碍，可引起生物体表型异常，称为核质冲突。

三、线粒体、叶绿体的增殖

（一）线粒体增殖

实验表明，线粒体是通过已有线粒体的生长与分裂进行增殖的。David Luck 将链孢霉培养在含有 ^{3}H- 胆碱（膜磷脂的前身物）培养基中，使线粒体膜被同位素标记，然后再将其转移至没有同位素标记物的培养基中，发现在以后生长的几代线粒体上都出现有放射性的标记。该实验说明了线粒体是从原先存在的线粒体经过生长与分裂而来的。

通过电镜观察发现，线粒体的增殖有以下几种方式。

（1）间壁或隔膜分离：线粒体分裂时，先由内膜向中心皱褶，或是线粒体的某一个嵴延伸到对缘的内膜而形成贯通嵴，把线粒体一分为二，使之成为只有外膜相连的两个独立细胞器，接着线粒体完全分离。这种方式常出现在鼠肝和植物分生组织中（图 7-19A）。

（2）收缩分离：分裂时线粒体中部缢缩并向两端拉长，整个线粒体略呈哑铃形，最后分开形成两个线粒体。这种方式常见于蕨类植物和酵母中（图 7-19B）。

（3）出芽：一般是先从线粒体上出现球形小芽，然后与母体分离，不断长大而形成新的线粒体。这种方式常见于酵母和藓类植物中（图 7-19C）。

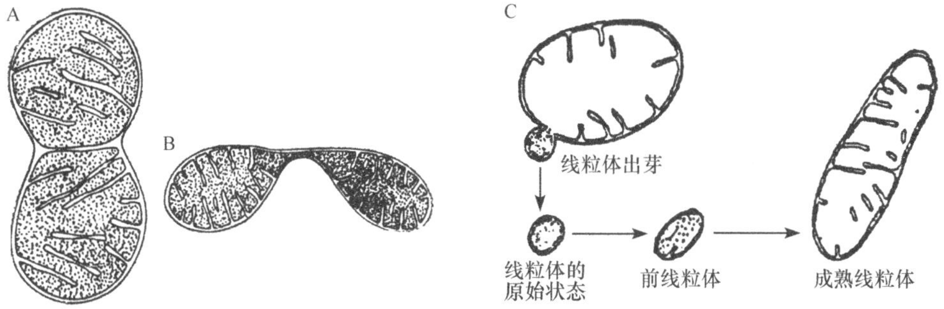

图 7-19　线粒体增殖方式（郑国锠，1992）

A．间壁或隔膜分离；B．收缩分离；C．出芽

（二）叶绿体增殖

在个体发育中，叶绿体由前质体分化而来。前质体存在于根和芽的分生组织细胞中，为双层膜所包被的卵圆形或球形小体，其内部为均匀的基质，无片层结构，但含 DNA、核糖体和淀粉或其他糖类。随着分生细胞的生长分化，处于黑暗条件下的前质体分化为白色体，即不含色素，积累储藏淀粉、蛋白质或油脂等；分布于花瓣、果实等的细胞中，前质体分化为有色体，含有叶黄素、胡萝卜素和类胡萝卜素等，不含叶绿体，也没有类囊体结构；也逐渐分化为叶绿体和淀粉质体等。而分化成叶肉细胞的前质体，则分化成叶绿体。叶绿体与线粒体相似，也是通过分裂而增殖，通常是在叶绿体的近中部处向内收缩，最后分开成为两个子叶绿体。但叶绿体数目的增多主要靠幼龄叶绿体的分裂，成熟叶绿体通常不再分裂，前质体不能进行分裂。叶绿体的分裂一般并不需要光，但光对叶绿体的发育是重要的。环境因素对叶绿体的发育和增殖也有重要影响。

四、线粒体、叶绿体的起源

线粒体和叶绿体相似的结构模式和相近的生物学功能，以及其区别于其他亚细胞结构的半自主特征，让人们对这两个细胞器在细胞进化过程中的形成机制很感兴趣。关于线粒体和叶绿体的起源有两种假说：内共生学说和非内共生学说。

（一）内共生学说

内共生学说（endosymbiotic hypothesis）认为，线粒体和叶绿体分别起源于原始真核细胞中与之共生的行有氧呼吸的细菌和行光能自养的蓝细菌（图 7-20）。线粒体和叶绿体的半自主性是支持该学说的最重要证据，另外，线粒体和叶绿体的单条环形双链 DNA 分子的基因组结构特征及其独立的复制和转录功能等都与细菌相似，并且其独立的蛋白质合成系统及运转机制也与细菌相似，甚至分裂增殖的特征也与细菌相似。根据线粒体的磷脂成分，呼吸类型和细胞色素 c 的初级结构等，研究者找出与之相似的线粒体祖先原线粒体，认为是反硝化副球菌或者紫色非硫光合细菌，祖先细菌被原始真核生物吞噬后与宿主间形成共生关系。而目前自然界中存在的胞内共生蓝细菌——蓝小体，可能是叶绿体的祖先。在共

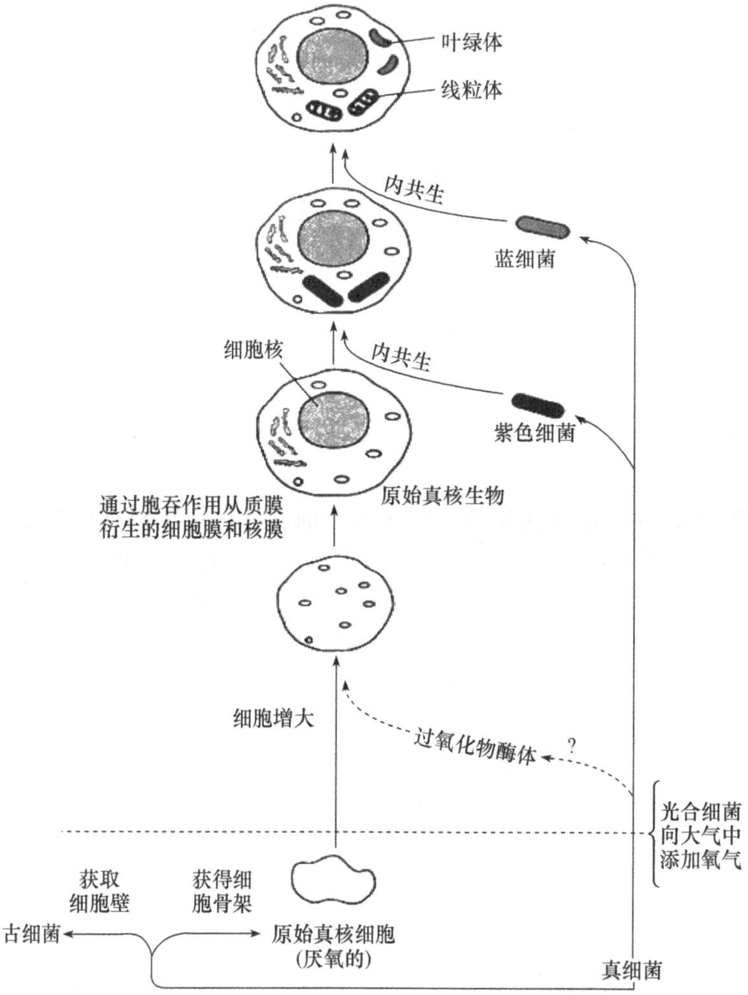

图 7-20 线粒体和叶绿体的内共生起源

生关系中，对共生体和宿主都有好处，原线粒体可从宿主处获得更多营养，而宿主可借用原线粒体具有的氧化分解功能获得更多的能量。在漫长的进化过程中，原线粒体逐渐失去了原有的一些特征，关闭、丢失或向核内转移了一些基因，演化成现在的线粒体和叶绿体。近年来分子进化研究的成果提供了大量的事实证实并丰富了内共生学说，如线粒体和叶绿体的内、外膜存在着明显的性质和成分的差异，其中外膜与真核细胞的内膜系统性质更相似，可与内质网和高尔基体膜融合沟通；而线粒体和叶绿体的内膜性质如较高的蛋白质/脂质值等与细菌更相似，内陷折叠形成细菌的间体、线粒体的嵴和叶绿体的类囊体。即内膜起源于最初的共生菌的细胞膜，而外膜来源于宿主的膜，在共生菌进入宿主时包被形成。

（二）非内共生学说

非内共生学说又称细胞内分化学说，认为线粒体和叶绿体的发生是细胞膜内陷的结果。目前有几种模型，其中 Uzzell 的模型认为，在进化的最初阶段，原核细胞基因组进行复制，并不伴有细胞分裂，而是在基因组附近的细胞膜内陷形成双层膜，将分离的基因组包围在这些双层膜的结构中，从而形成结构相似的原始的细胞核和线粒体、叶绿体等细胞器。后来在进化的过程中，核膜失去了呼吸和光合作用，线粒体成了细胞的呼吸器官。这一学说解释了核膜的演化渐进的过程，但证据实在不够多，它也无法解释为何线粒体、叶绿体与细菌在 DNA 分子结构和蛋白质合成性能上有那么多相似之处；对线粒体和叶绿体的 DNA 酶、RNA 酶的来源也很难解释。

复习思考题

一、名词解释

呼吸链　氧化磷酸化　光合磷酸化　光合作用　光反应　暗反应

二、问答题

1. 叶绿体的光合磷酸化和线粒体的氧化磷酸化有何区别？
2. 线粒体内膜电子传递复合物Ⅰ、Ⅱ、Ⅲ和Ⅳ的结构及功能特征是怎样的？
3. 线粒体和叶绿体的 DNA 结构如何？有什么特点？
4. 光合作用中，水光解的意义何在？
5. 试比较光合作用中碳同化的三条途径的主要异同点。
6. 光系统中捕光复合物和光反应中心复合物的结构与功能是怎样的？二者的关系如何？
7. 为什么说叶绿体、线粒体是一种半自主性的细胞器？
8. 叶绿体的光反应与线粒体的氧化磷酸化在能量转化方面有何异同点？

第八章 >>>

细胞骨架

本章数字资源
扫码可见

内容提要

对于真核细胞，除了生物膜系统和各种细胞器外，细胞内还有一个三维蛋白质网络组成的细胞骨架（cytoskeleton）系统。细胞骨架系统包括狭义的细胞骨架和广义的细胞骨架。狭义的细胞骨架就是细胞质骨架，主要由3种类型的结构蛋白组成：微丝、微管和中间丝。广义的细胞骨架还包括核骨架（nucleoskeleton）、核纤层（nuclear lamina）和细胞外基质（extracellular matrix），与细胞质骨架一起形成贯穿于细胞核、细胞质、细胞外的一体化网络结构。本章中，细胞骨架指狭义的细胞质骨架，依次介绍组成细胞质骨架的3类蛋白纤维的结构和功能。

细胞骨架均由单体蛋白以较弱的非共价键结合在一起，构成纤维型多聚体。在活细胞中，细胞骨架不是惰性结构，而是一种高度动态的结构体系，通过蛋白质亚基的组装/去组装来调节细胞内骨架网络的结构和分布，细胞骨架的动态性质对细胞结构和功能的发挥是至关重要的。细胞骨架通过与数目众多的细胞骨架结合蛋白、马达蛋白的相互作用来行使生物学功能。细胞骨架在维持细胞形态和内部结构的有序性，以及在细胞运动、物质运输、信息传递、能量转换、细胞分裂等一系列生命活动过程中具有重要的作用。

第一节 微　丝

在各种不同的分化细胞中，细胞骨架的分布模式有很大差异，甚至构成骨架纤维的蛋白质也不尽相同。在细胞周期的不同时相，细胞骨架具有完全不同的分布状态。在间期细胞中，微管主要分布在核周围，并呈放射状向胞质四周扩散，微丝主要分布在细胞膜的内侧，而中间丝则分布在整个细胞中。

微丝（microfilament，MF）又称肌动蛋白纤维（actin filament），或纤维状肌动蛋白（fibrous actin，F-actin），在电子显微镜下，F-肌动蛋白呈双股螺旋状，直径为7nm，螺旋间的距离为37nm。这种直径为7nm的纤维存在于所有的真核细胞中，对于细胞的多种运动尤其是与细胞表面有关的运动是十分重要的。如果没有微丝，动物细胞就不能沿着某一表面爬行，不能通过吞噬作用摄取大的颗粒，细胞也不能分裂。

一、微丝的形态和组成

微丝的主要结构成分是肌动蛋白（actin）。在细胞中，肌动蛋白以两种形式存在：单体和多聚体。单体的肌动蛋白（又称为球形肌动蛋白 globular actin，G-actin）是由一条多肽链构成的球形分子，相对分子质量为4.3×10^4。X线衍射分析显示有一个裂缝将肌动蛋白分成两瓣，每瓣有两个结构域。在裂缝内部有一个 ATP 或 ADP 同二价阳离子（Ca^{2+} 或 Mg^{2+}）的结合位点（图 8-1）。

微丝是由单体肌动蛋白（G-actin）组装而成的纤维状肌动蛋白（F-actin），传统的模型认为微丝是由两条肌动蛋白单链螺旋盘绕形成的纤维，肌动蛋白纤维像一个右手螺旋的双链串珠，每个肌动蛋白单体周围都有 4 个亚单位，呈上、下及两侧排列（图 8-2）。由于肌动蛋白单体是极性的，所以肌动蛋白纤维也是有极性的，即纤维的两端是不同的，这种极性对于细胞中的定向运输以及极性细胞形状的建立是十分重要的。

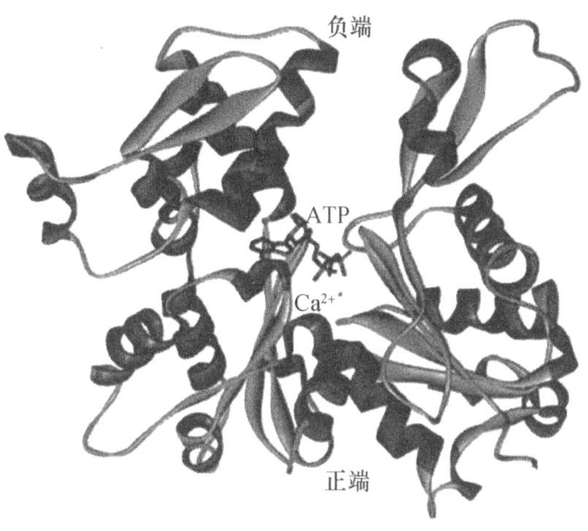

图 8-1 肌动蛋白单体的三维结构（基于 PDB 数据 1ATN 结构绘制）

1 分子 ATP 和 1 分子 Ca^{2+} 结合于肌动蛋白分子中间的裂隙中

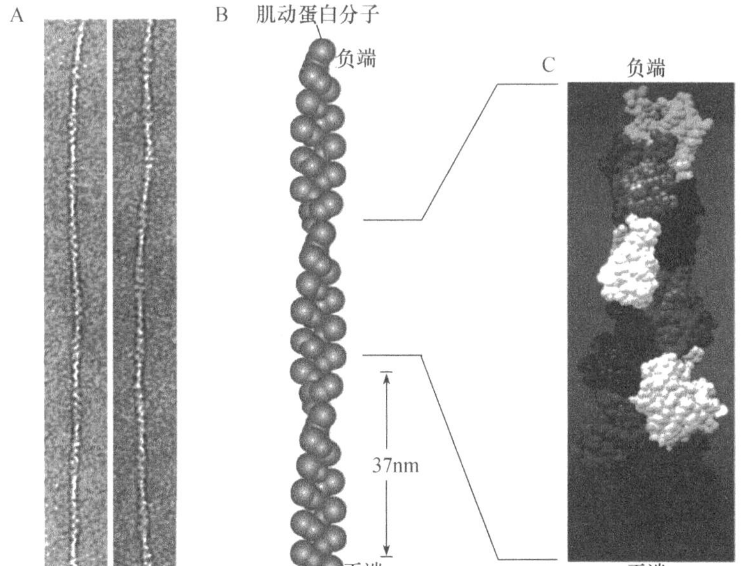

图 8-2 微丝的结构（Alberts et al.，2012）

A. 微丝负染后的电镜图像；B. 微丝中单体肌动蛋白分子的排列，肌动蛋白纤维由两股链螺旋组成，每隔 37nm 重复一个螺旋，两股链之间相互作用，不会分开；C. 一条肌动蛋白纤维的相同亚基用不同的颜色表示，强调肌动蛋白纤维中的每个肌动蛋白分子与相邻的 4 个分子相互作用

肌动蛋白存在于所有真核细胞中，是真核细胞中最丰富的蛋白质。在肌细胞中，肌动蛋白占总蛋白的 10% 左右，即使在非肌细胞中肌动蛋白也占细胞总蛋白的 1%～5%。根据等电点的不同可将高等动物细胞内的肌动蛋白分为 3 类：α 肌动蛋白、β 肌动蛋白、γ 肌动

蛋白。在哺乳动物和鸟类细胞中至少已分离到6种肌动蛋白，4种为α肌动蛋白，分别为横纹肌、心肌、血管平滑肌和肠道平滑肌所特有，另两种分别为β肌动蛋白和γ肌动蛋白，见于所有肌肉细胞和非肌肉细胞的细胞质中。

肌动蛋白在进化上高度保守，酵母和兔子肌肉的肌动蛋白有88%的相似性。不同类型肌肉细胞的α肌动蛋白分子一级结构（约400个氨基酸残基）仅相差4～6个氨基酸残基。β肌动蛋白或γ肌动蛋白与α横纹肌肌动蛋白相差约25个氨基酸残基。简单的真核生物，如酵母或黏菌，含单个肌动蛋白基因，仅合成一种肌动蛋白。大多数多细胞真核生物含有多个肌动蛋白基因，如海胆有11个，网柄菌属（*Dictyostelium*）有17个，在某些植物中有60个。肌动蛋白要经过翻译后修饰，如N端乙酰化或组氨酸残基的甲基化。

二、微丝装配的动力学特征

微丝，即F-肌动蛋白，是由G-肌动蛋白装配而成的纤维，两股F-肌动蛋白丝是同方向的，所以微丝是一种极性分子，具有两个不同的末端，结合ATP/ADP豁口的一端为负端（－），另外一端为正端（＋）。微丝的装配以任何一端添加G-肌动蛋白的方式增长，两端都可以组装，但是正端（＋）增长的速度大于负端（－）。一般而言，正端生长速度比负端快5～8倍，这种极性是由G-肌动蛋白结合的ATP决定的。微丝还具有功能上的极性或方向性，如以微丝作为运输轨道的马达蛋白与微丝的结合是按方向识别的，马达蛋白趋向微丝的正端或负端运动。

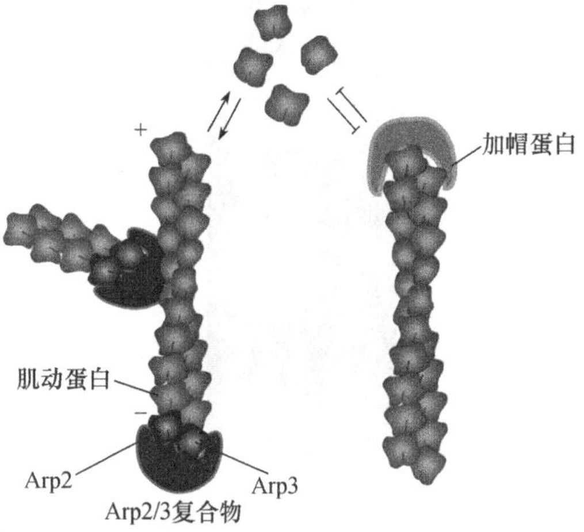

图8-3 微丝的成核和加帽（翟中和等，2011）

左：Arp2/3复合物参与肌动蛋白成核，并可以结合在中部启动微丝分支的装配。右：加帽蛋白可以结合在微丝的正端或负端促进微丝稳定

有关微丝装配的信息大多来源于体外实验。微丝的装配是分步且连续的过程：首先是成核，在肌动蛋白相关蛋白（Arp2和Arp3等）的协助下，形成至少有2个肌动蛋白单体的寡聚体，然后开始多聚体的组装（图8-3）。G-肌动蛋白必须先形成一个具有数个亚基的低聚物，该过程称为成核。此过程是G-肌动蛋白组装的限速步骤，无论是微丝还是微管，如果组装体系从单体开始，都会有一个起始的延迟期。第二阶段是纤维的延长，延迟期之后就是纤维的快速延长过程。G-肌动蛋白先要结合ATP，然后ATP-G-肌动蛋白单体再结合到F-肌动蛋白的两端，加到F-肌动蛋白上。一旦ATP-G-肌动蛋白单体结合到F-肌动蛋白纤维上，同肌动蛋白结合的ATP就会慢慢降解成ADP，并释放出Pi（图8-4）。虽然结合的ATP常被水解成ADP，但是对于F-肌动蛋白的装配来说，ATP的水解不是必要的过程，因为含有ADP或不能水解的ATP类似物的G-肌动蛋白装配后都是稳定的。

在试管中，微丝的组装/去组装与溶液中所含的肌动蛋白状态（ATP结合态或ADP结合态）、离子的种类和浓度等条件相关联，将Mg^{2+}、K^{+}和Na^{+}等无机离子加入到溶液中，能够诱导G-肌动蛋白单体聚合成F-肌动蛋白纤维。这个过程是可逆的，当降低溶液中离子的浓度时，F-肌动蛋白纤维能够解聚成G-肌动蛋白。G-肌动蛋白能够聚合成F-肌动蛋白，F-肌动蛋白也可以解聚成G-肌动蛋白，这是微丝装配的重要特性。

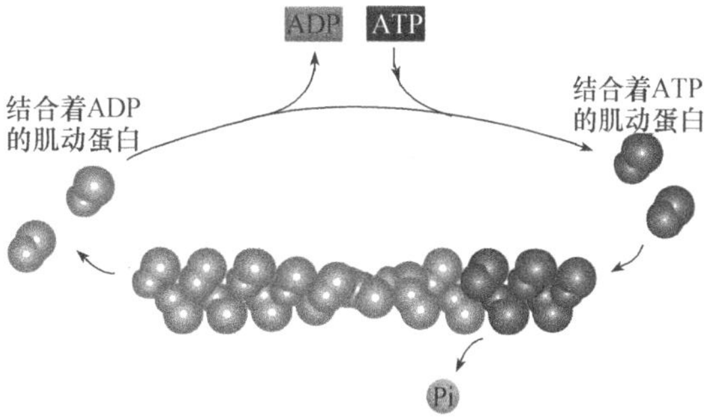

图8-4 微丝装配过程中ATP的水解
（Albert et al.，2009）

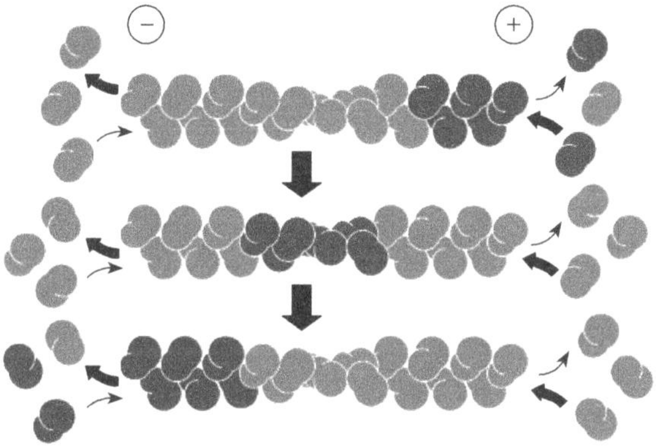

图8-5 微丝装配过程中发生的踏车行为
（Alberts et al.，2014）

当实验体系中肌动蛋白的浓度处于临界浓度时，由于微丝两端结构上的差异，在正端（+）G-肌动蛋白组装到纤维末端，而在负端（−）去组装占优势。从统计学角度看，正端延长，负端缩短

在微丝装配时，若G-肌动蛋白分子添加到F-肌动蛋白丝上的速度正好等于G-肌动蛋白分子从F-肌动蛋白丝上失去的速度时，微丝净长度没有改变，组装过程达到一个稳定状态，这个过程称为踏车（treadmilling）。此时，体系中G-肌动蛋白的浓度称为临界浓度（C_c），在数值上等于解聚速度常数（K_{off}）和组装速度常数（K_{on}）的比值，即$C_c=K_{off}/K_{on}$。在试管中可以看到单根微丝的踏车行为（图8-5）。细胞中的微丝并不总是处于踏车状态，在体内有些微丝是暂时性结构，如胞质分裂环中的微丝；有些微丝是永久性结构，如肌肉中的细肌丝和上皮细胞微绒毛中的微丝。

三、微丝特异性药物

细胞松弛素B（cytochalasin B）是第一个用于研究细胞骨架的药物，它是真菌分泌的生物碱。细胞松弛素（细胞松弛素B及其衍生物）在细胞内同微丝的正端结合，阻断亚基的进一步聚合，或与微丝结合后将微丝切断。用细胞松弛素处理活细胞，细胞质中微丝骨架坍塌，动物细胞的各种活动瘫痪，包括细胞运动、吞噬、胞质分裂等。

肌纤维中的肌动蛋白丝是稳定的结构，不发生组装与解聚的动态平衡，因而细胞松弛素对肌肉收缩没有影响

鬼笔环肽（phalloidin）是从一种毒性菇类中分离的剧毒生物碱，只与聚合的微丝结合，而不与肌动蛋白单体分子结合。它与聚合的微丝结合后，抑制了微丝的解体，使其保持稳定状态，因而破坏了微丝的聚合和解聚的动态平衡。用荧光标记的鬼笔环肽对细胞进行染

色可以在荧光显微镜下观察微丝在细胞中的分布。将鬼笔环肽注射到细胞内同样可以阻止细胞运动，可见微丝的功能依赖于肌动蛋白纤维组装 / 去组装的动态平衡。

四、微丝结合蛋白

微丝结合蛋白（actin-binding protein）泛指那些与肌动蛋白结合的蛋白质，分属于多个不同的蛋白质家族，具有稳定微丝的作用，并影响微丝的交联以及微丝与其他细胞器的相互作用等。纯化的肌动蛋白在体外能够聚合形成肌动蛋白纤维，但是这种纤维不具有相互作用的能力，也不能行使某种功能，原因是缺少相关的微丝结合蛋白，细胞内微丝网络的存在形式和功能通常取决于微丝结合蛋白，而不是微丝本身。肌细胞和非肌细胞中都有微丝结合蛋白，人们已从各种组织细胞中分离出 100 多种微丝结合蛋白。目前所发现的微丝结合蛋白的功能很多，但与肌动蛋白相互作用的方式却比较简单（图 8-6）。值得注意的是，有些微丝结合蛋白具有多种功能。

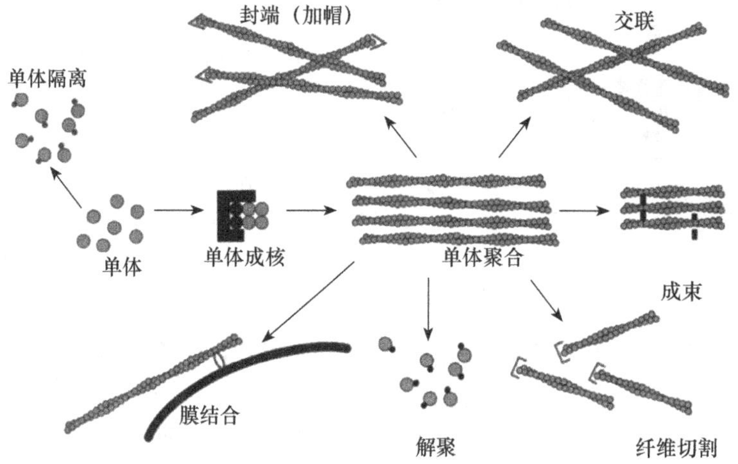

图 8-6 微丝结合蛋白的作用方式（Karp，2005）

微丝用黄色表示，微丝结合蛋白用其他颜色表示

（1）成核蛋白（nucleating protein）：成核是肌动蛋白在体外组装的限速步骤。在细胞内，肌动蛋白组装受外部信号的调控，其成核过程受成核蛋白 Arp2/3 复合物、形成蛋白（formin）等的催化，活化的 Arp2/3 复合物与细胞膜或其他适当的细胞结构结合，提供一个肌动蛋白的结合位点，新的肌动蛋白亚基在正端加入，Arp2/3 复合物则位于纤维的负端。Arp2/3 复合物也可以结合在已有的微丝上启动新的微丝组装，新形成的微丝与原有的微丝纤维形成 70° 夹角（图 8-3）。多个侧支的组装使微丝连接成一个树状网络。

（2）单体隔离蛋白（monomer-sequenstering protein）：胸腺素（thymosin）和抑制蛋白（profilin）能够与单体 G- 肌动蛋白结合，抑制 G- 肌动蛋白的聚合，因此将这些蛋白质称为肌动蛋白单体隔离蛋白，此类蛋白质在非肌细胞中负责维持细胞质中单体肌动蛋白的浓度。

（3）封端（加帽）蛋白（end blocking protein）：此类蛋白质通过与肌动蛋白纤维的一端或两端的结合，调节肌动蛋白纤维的长度。加帽蛋白与肌动蛋白纤维的末端结合之后，相当于加上了一个帽子（图 8-3）。如果一个正在快速生长的肌动蛋白纤维在正端加上了帽子，那么在负端就会发生去聚合。

（4）肌动蛋白纤维去聚合蛋白（actin filament-depolymerizing protein）：主要存在于微丝骨架快速变化的部位，与微丝结合，引起微丝快速去聚合形成 G- 肌动蛋白单体。

（5）交联蛋白（cross-linking protein）：交联蛋白的主要功能是改变细胞内肌动蛋白纤维的三维结构。每一种交联蛋白都有两个或两个以上与肌动蛋白结合的位点，这样能够使两个或多个肌动蛋白纤维产生交联，促进细胞内肌动蛋白纤维形成网络状结构。

（6）纤维切割蛋白（filament-severing protein）：此类蛋白质与已经存在的肌动蛋白纤维结合并将它一分为二。由于纤维切割蛋白能够控制微丝的长度，因此大大降低了微丝在细胞中的黏度，经纤维切割蛋白作用产生的新末端能够作为生长点，促使 G- 肌动蛋白的装配。

（7）膜结合蛋白（membrane-binding protein）：是非肌细胞细胞膜下方产生收缩的原因之一。在剧烈活动时，由收缩蛋白作用于细胞膜产生的力引起细胞膜向内或向外移动。例如，吞噬作用和胞质分裂是由肌动蛋白纤维直接或间接与细胞膜相结合后形成的。直接的方式是与膜整合蛋白结合，间接的方式是与外周蛋白结合。

五、微丝的功能

根据肌动蛋白和肌球蛋白（myosin）在肌肉收缩中的作用，科学家们相信，非肌细胞中的许多运动都与肌动蛋白和肌球蛋白有关，包括胞质分裂、胞质环流、吞噬作用、细胞形态变化、膜泡运输和细胞黏着与连接等，但微丝的最基本功能仍然是作为细胞骨架在细胞中起支撑作用。

（一）支撑作用

1. 形成微绒毛

肠上皮细胞表面有大量的微绒毛，微绒毛对扩大小肠的表面积、增强消化和吸收功能具有重要意义。微绒毛骨架是由微丝形成的微丝束构成的（图 8-7），此外还有一些微丝结合蛋白，在调节微绒毛长度和保持其形状方面具有重要作用。微绒毛侧面细胞膜有侧臂与微丝束相连，从而将微丝固定。肌动蛋白丝之间由许多绒毛蛋白和毛缘蛋白组成的横桥相连，毛缘蛋白与微丝束的形成有关。绒毛蛋白的作用受 Ca^{2+} 浓度的调节，在低 Ca^{2+} 浓度下绒毛蛋白可使微丝聚集成束，而在高 Ca^{2+} 浓度下又能使微丝断裂。

2. 形成应力纤维

应力纤维（stress fiber）位于细胞内紧邻细胞膜下方，为由微丝束构成的较为稳定的纤维状结构，也称为张力纤维，常与细胞的长轴平行分布并贯穿细胞的全长（图 8-8A）。微丝束具有极性，一端与细胞膜的特定部位相连，另一端插入到细胞质中，或与中间丝

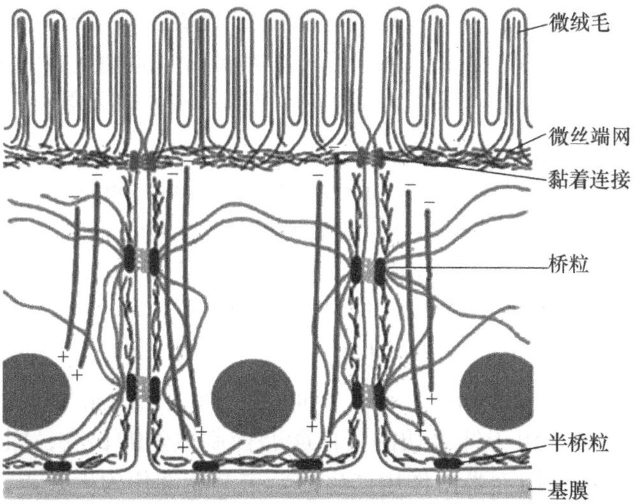

图 8-7 极性上皮细胞中细胞质骨架示意图（Alberts et al.，2014）

微绒毛内部由微丝（肌动蛋白丝）支持，微绒毛基部与肌动蛋白丝组成的端网联系；桥粒、半桥粒与细胞内部的中间丝联系，半桥粒通过整联蛋白与细胞外基膜联系；微管的正端指向极性细胞基底面，微管的负端指向极性细胞顶面；红色线代表微丝；绿色线代表微管；淡蓝色线代表中间丝

结合。非肌细胞中的应力纤维与肌原纤维有很多类似之处，都包含Ⅱ型肌球蛋白、原肌球蛋白、细丝蛋白（filamin）和α-辅肌动蛋白。应力纤维具有收缩功能，但不运动，用于维持细胞的形状和赋予细胞韧性及强度。培养的成纤维细胞中具有丰富的应力纤维，并通过黏着斑固定在基质上。在体内应力纤维使细胞具有抗剪切力。

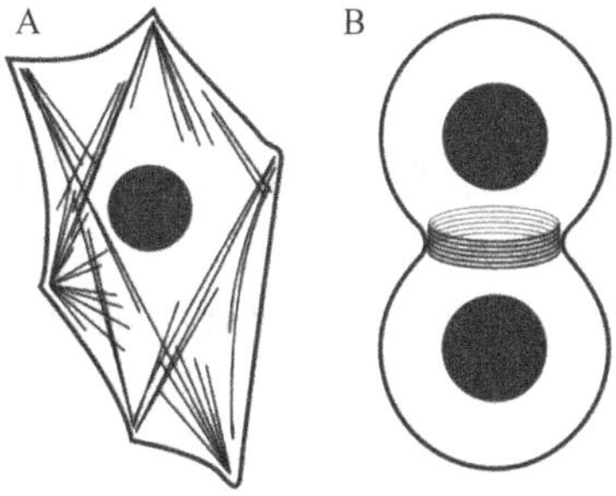

图 8-8 微丝行使多种功能

A. 应力纤维；B. 细胞分裂时的收缩环。微丝用红色的线表示

（二）参与细胞运动

1. 细胞分裂

有丝分裂的末期，两个即将分离的子细胞内产生收缩环（contractile ring）或称缢环（图 8-8B），收缩环由平行排列的微丝和肌球蛋白组成，这些微丝具有不同的极性。通过肌动蛋白与肌球蛋白分子的相互作用产生收缩的动力，在肌球蛋白的作用下，不同极性的微丝之间发生相对滑动，使收缩环收缩，形成分裂沟，使细胞一分为二。干扰肌动蛋白或肌球蛋白都能抑制收缩环的功能，如在细胞松弛素存在的情况下，不能形成胞质分裂环，因此形成双核细胞。

2. 变形运动

很多动物细胞可以爬行，而不是依靠鞭毛或纤毛划动来运动。动物细胞爬行移动时多采用变形运动的方式，如变形虫、巨噬细胞、成纤维细胞和白细胞以及早期发育时的胚胎细胞等，这些细胞含有丰富的微丝，依赖肌动蛋白和微丝结合蛋白的相互作用，可进行变形运动（图 8-9）。细胞的变形运动分为 4 步（图 8-10）：①肌动蛋白纤维聚合，使细胞表面突出，形成片足（lamellipodium），也称为片状伪足或丝状伪足；②在片足与基质接触的位置形成黏着斑；③在肌球蛋白的作用下肌动蛋白纤维滑动，使细胞主体前移；④解除细胞后方的黏附点。如此不断循环，细胞向前爬行移动。

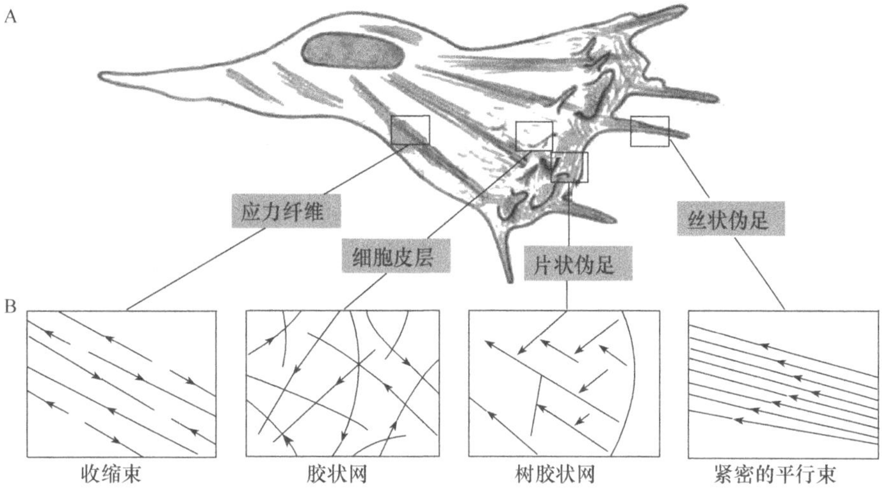

图 8-9　肌动蛋白丝促使细胞爬行移动示意图（Alberts et al.，2014）

A. 爬行中的成纤维细胞显示从前端表面伸出的片状伪足和丝状伪足；B. 成纤维细胞的 4 个区域中肌动蛋白的排列情况，箭头指向肌动蛋白丝的方向

细胞前端的肌动蛋白丝的形成和生长需要大量的微丝结合蛋白的协助，其中微丝相关蛋白（Arp）促进片状伪足内肌动蛋白丝的形成（图 8-11）。

（三）参与肌肉收缩

骨骼肌细胞的收缩单位是肌原纤维（图 8-12），肌原纤维由粗肌丝和细肌丝装配形成，粗肌丝的主要成分是肌球蛋白，而细肌丝的主要成分是肌动蛋白、原肌球蛋白和肌钙蛋白（图 8-13）。关于肌节的结构请参阅生理学或组织学书籍。

1. 肌球蛋白：依赖于微丝的分子马达

细胞内有些蛋白质，利用水解 ATP 提供的能量有规则地沿着微丝或微管等骨架纤

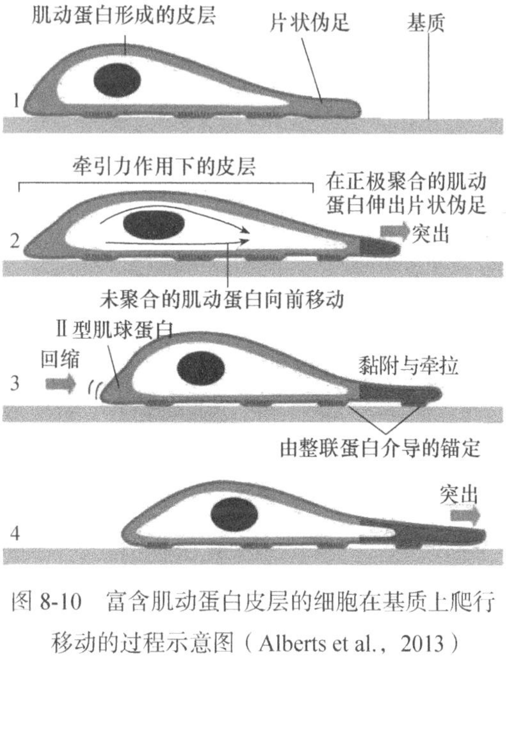

图 8-10　富含肌动蛋白皮层的细胞在基质上爬行移动的过程示意图（Alberts et al.，2013）

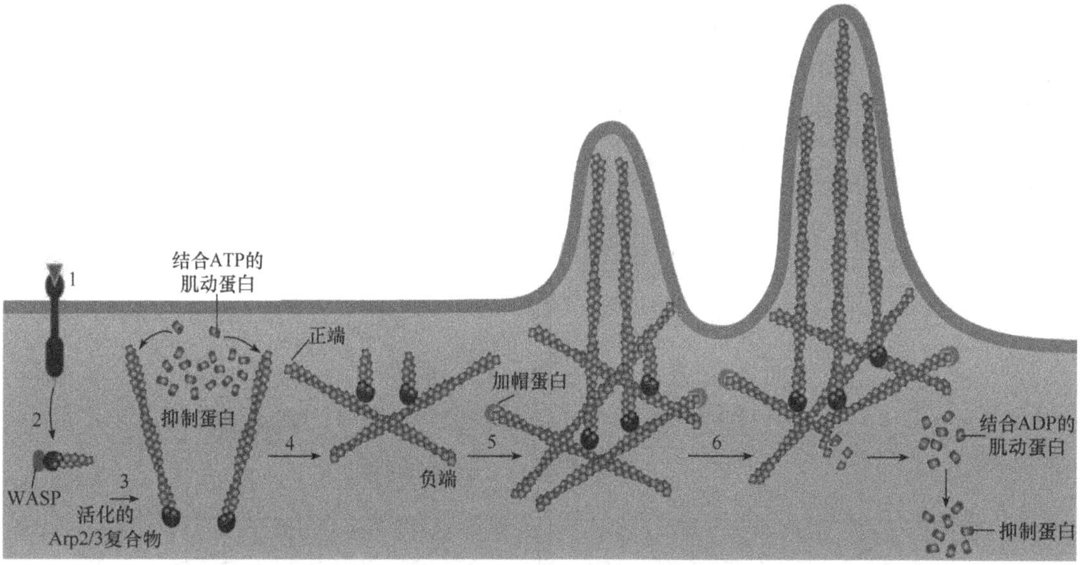

图 8-11　非肌肉细胞前缘肌动蛋白的聚合和伪足的形成示意图（翟中和等，2011）

1. 细胞表面接受一个刺激；2. 导致 Arp2/3 复合物被位于细胞膜附近的 WASP 家族的一个成员激活；3. 激活的 Arp2/3 复合物起始肌动蛋白聚合的成核作用，导致肌动蛋白纤维的形成；4. 纤维一旦形成，Arp2/3 复合物就结合到纤维的侧面；5. 侧向分支相对于其锚定的原有纤维以大约 70° 角向外延伸；6. 向外推动细胞膜，引起片足前缘向外延伸

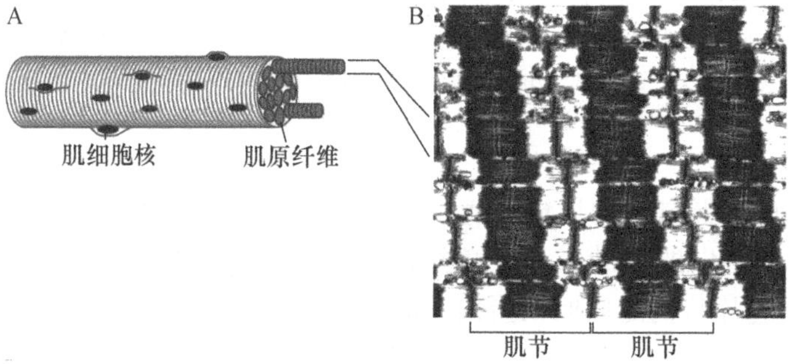

图 8-12　骨骼肌细胞（肌纤维）和肌原纤维的结构（Alberts et al.，2014）

A. 在人体内，这些多核的肌细胞（也称肌纤维）的典型直径为 50μm，长度可达几厘米。一个肌细胞中含有许多肌原纤维，其中肌动蛋白丝和肌球蛋白丝排列形成高度有序的结构，使得肌原纤维外观呈条纹状。B. 兔骨骼肌细胞纵切面的低倍电镜照片，示肌节有规律的排列。肌节是肌原纤维的收缩单位

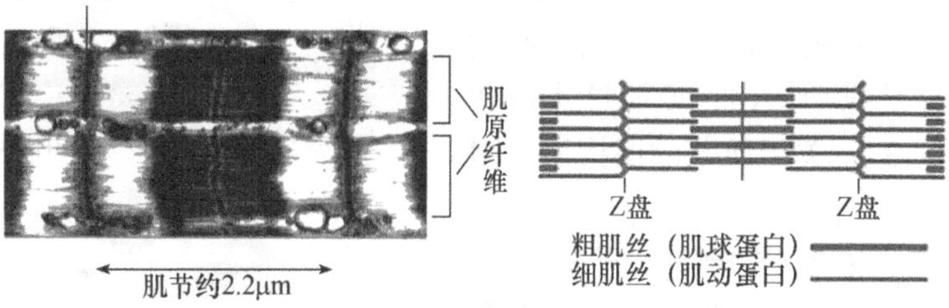

图 8-13　肌节是肌肉收缩的基本单位（Alberts et al.，2014）

A. 显示在标出的一个肌节范围内的两个肌原纤维。B. 每个肌节的模式图。显示显微镜下所见的深浅条纹的由来。肌节两端的 Z 盘是肌动蛋白丝的附着位点；位于中央的粗肌丝（绿色）是由许多Ⅱ型肌球蛋白分子组成的

维运动，这些蛋白质既具有与微丝或微管结合的马达结构域，又有与膜性细胞器或大分子复合物特异性结合的“货物”结构域，这些分子被称为分子马达（molecular motor）或马达蛋白（motor protein）。细胞内参与物质运输的马达蛋白有 3 类：沿微丝运动的肌球蛋白（myosin）、沿微管运动的驱动蛋白（kinesin）和动力蛋白（dynein）。关于分子马达的相关知识请参阅本章的数字资源。

肌球蛋白属于马达蛋白，最早在肌肉组织中发现，可利用 ATP 产生机械能，引起粗肌丝和细肌丝相对滑动，导致肌肉收缩。20 世纪 70 年代后逐渐发现许多非肌细胞中也有肌球蛋白，目前已知肌球蛋白超家族至少有 18 种肌球蛋白（myosin Ⅰ～ⅩⅧ），肌肉组织中的肌球蛋白为Ⅱ型肌球蛋白（myosinⅡ），称为常规肌球蛋白或传统肌球蛋白（conventional myosin），其他 17 类为非传统的肌球蛋白（unconventional myosin）。

myosinⅡ 是构成肌纤维的主要成分之一。由 2 条重链和 4 条轻链组成，重链形成一个双股 α 螺旋，一半呈杆状，另一半与轻链一起折叠成两个球形区域，位于分子一端，球形的头部具有 ATP 酶活性（图 8-14）。

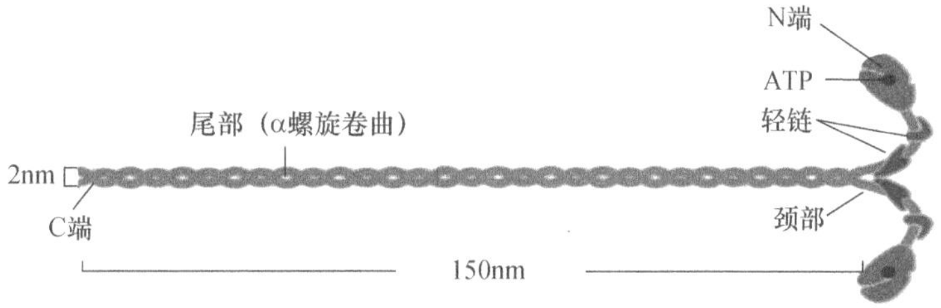

图 8-14 Ⅱ型肌球蛋白分子结构示意图（翟中和等，2011）

2. 原肌球蛋白

原肌球蛋白（tropomyosin，Tm）相对分子质量为 6.4×10^4，是由两条平行的多肽链扭成螺旋，每个 Tm 的长度相当于 7 个肌动蛋白，呈长杆状（图 8-15）。原肌球蛋白与肌动蛋白结合，位于肌动蛋白双螺旋的沟中，主要作用是加强和稳定肌动蛋白丝，抑制肌动蛋白与肌球蛋白结合。

3. 肌钙蛋白

肌钙蛋白（troponin，Tn）相对分子质量为 8.0×10^4，含 3 个亚基，肌钙蛋白 C 特异地与钙结合，肌钙蛋白 T 与原肌球蛋白有高度亲和力，肌钙蛋白 I 抑制肌球蛋白的 ATP 酶活性，细肌丝中每隔 40nm 就有一个肌钙蛋白复合体（图 8-15）。

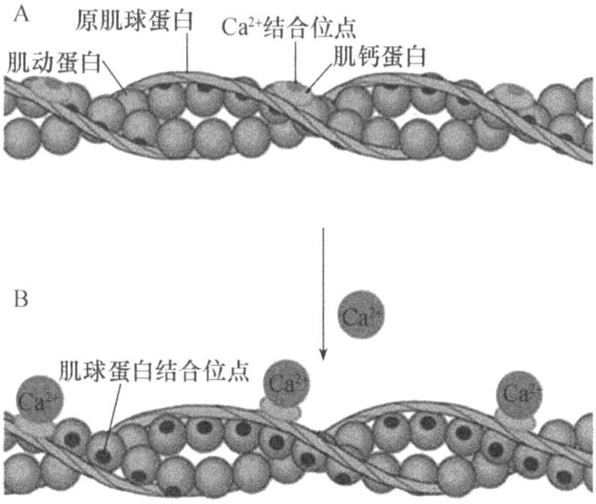

图 8-15 细肌丝的分子结构示意图（Karp，2009）

显示原肌球蛋白和肌钙蛋白沿肌动蛋白丝的分布状态，原肌球蛋白分子嵌在肌动蛋白丝的沟槽内，1 个原肌球蛋白分子前后连接 7 个肌动蛋白亚基。A. 肌动蛋白分子上肌球蛋白的结合位点被原肌球蛋白占据，肌肉不收缩；B. 当 Ca^{2+} 结合肌钙蛋白后，肌钙蛋白移除原肌球蛋白，肌动蛋白分子上肌球蛋白的结合位点暴露出来，肌肉收缩

4. 肌肉收缩的滑动模型

关于肌动蛋白和肌球蛋白怎样相互作用

引起肌肉收缩的问题，在20世纪50年代取得了关键性的突破，提出滑动模型：肌节的缩短并不是因肌原纤维的缩短引起的，而是细肌丝向肌节中央滑动，细肌丝滑进A带导致细肌丝与粗肌丝重叠部分增加，使得I带和H带的宽度缩小，其结果是肌节缩短，肌纤维长度变短（图8-16）。

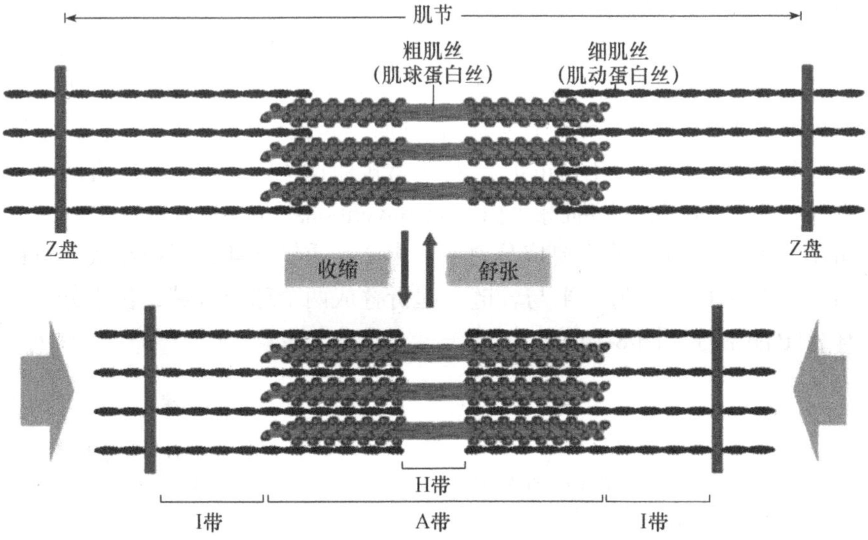

图8-16 肌肉收缩的滑动模型（Alberts et al.，2009）

肌肉收缩的滑动模型很快被接受，并不断完善，之后对肌肉收缩的分子机制有了更为清晰的认识，其基本过程如下。

（1）动作电位的产生：来自脊髓运动神经元的神经冲动经轴突传导到神经肌肉的接电——运动终板，使肌细胞膜去极化，并经T小管传至肌质网。

（2）Ca^{2+}释放，原肌球蛋白位移：肌细胞上的动作电位引起肌质网Ca^{2+}电位门通道开启，肌浆中Ca^{2+}浓度升高，肌钙蛋白与Ca^{2+}结合，引发原肌球蛋白构象改变，暴露出肌动蛋白与肌球蛋白的结合位点。肌动蛋白通过结合与水解ATP，不断发生周期性的构象改变，引起粗肌丝和细肌丝的相对滑动。

（3）肌动蛋白的工作原理可概括为（图8-17）：在初始状态，组成粗肌丝的肌球蛋白头部（马达结构域）没有结合ATP时，突出于粗肌丝表面的头部与细肌丝上的肌动蛋白亚基紧密结合，肌球蛋白头部呈僵直构象。

（四）参与胞内信息传递

细胞表面的受体在受到外界信号作用时，可触发细胞膜下肌动蛋白的结构变化，从而启动细胞内激酶变化的信号转导过程。微丝主要参与Rho蛋白家族有关的信号转导。Rho蛋白家族（Rho protein family）是与单体的GTP酶有很近亲缘关系的蛋白质，它的成员有：cdc42、Rac和Rho。Rho蛋白通过GTP结合状态和GDP结合状态循环的分子转变来控制细胞转导信号。活化的cdc42触发肌动蛋白聚合作用和成束作用，形成线状伪足或微棘。活化的Rac启动肌动蛋白在细胞外周的聚合形成片足和褶皱。活化的Rho既可启动肌动蛋白纤维通过肌球蛋白Ⅱ纤维成束形成应力纤维，又可通过蛋白质的结合形成点状接触。

（五）顶体反应

在精卵结合时，微丝使顶体突出，穿入卵子的胶质里，融合后受精卵细胞表面积增大，形成微绒毛，微丝参与形成微绒毛，有利于吸收营养。

在细胞中微丝还有其他的功能，如细胞器运动、细胞膜的流动性、胞质环流均与微丝的活动有关，抑制微丝的药物（细胞松弛素）可增强膜的流动、破坏胞质环流。

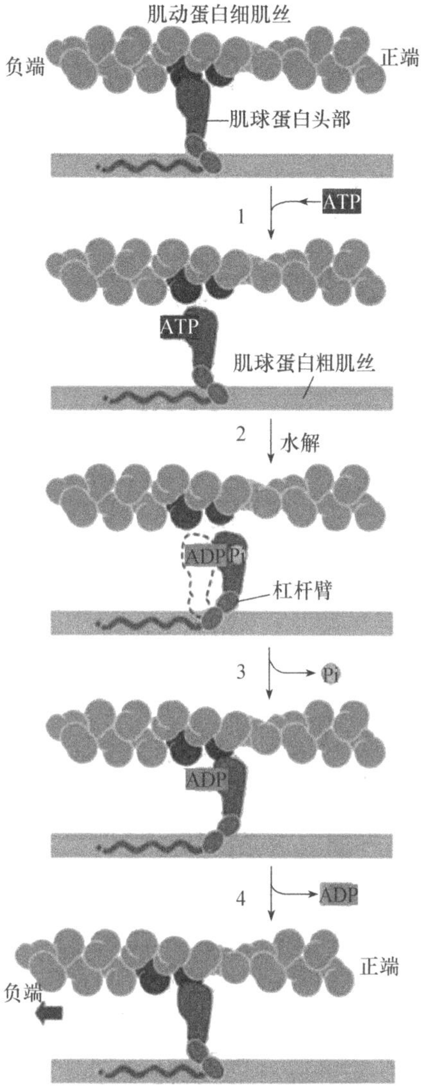

图 8-17 肌肉收缩过程肌动蛋白的工作原理图解（Alberts et al.，2014）

1. ATP 结合到肌球蛋白头部导致与肌动蛋白的结合力下降，引起头部与肌动蛋白细肌丝分离；2. ATP 水解为 ADP＋Pi，但水解产物仍与肌球蛋白结合，获能的肌球蛋白头部发生旋转，向细肌丝正端抬升；3. 在 Ca^{2+} 存在的条件下，肌球蛋白头部与靠近细肌丝正端的一个肌动蛋白结合，同时 Pi 释放，肌球蛋白颈部结构域发生构象变化，导致肌球蛋白头部与细肌丝的角度发生变化，拉动头部向 M 线方向弯曲（微丝的负端），引起细肌丝相对于粗肌丝的滑动；4. ADP 释放，肌球蛋白头部结构域与细肌丝之间又回到僵直状态。如此循环

第二节 微 管

微管（microtubule，MT）是细胞质骨架系统中的主要成分，几乎存在于所有真核细胞中，正如它的名称一样，微管是一种两端结构明显不同的中空管子，外径平均为 24nm，内径为 15nm。大部分微管在细胞质中形成暂时性的结构，如间期细胞的细胞质微管、分裂细胞的纺锤体微管；另外一些微管形成相对“永久性”的结构，如存在于鞭毛和纤毛的轴丝微管、神经元突起内部的微管束等（图 8-18）。

一、微管的结构组成和类型

（一）微管是由 αβ- 微管蛋白异二聚体组成的极性管状多聚体

微管是由微管蛋白（tubulin）亚基组装而成，2 个相似的球状蛋白亚基（α- 微管蛋白和 β- 微管蛋白）靠非共价键结合以异二聚体的形式存在，这种 αβ- 微管蛋白异二聚体是细胞质内游离态微管蛋白的主要存在形式，在细胞质中基本上无游离的 α- 微管蛋白或 β- 微管蛋白，总是一分子的 α- 微管蛋白和一分子的 β- 微管蛋白相连在一起，构成相对分子质量大约为 1.0×10^5 的微管蛋白异二聚体。由于 α- 微管蛋白和 β- 微管蛋白在形态上接近球形，因

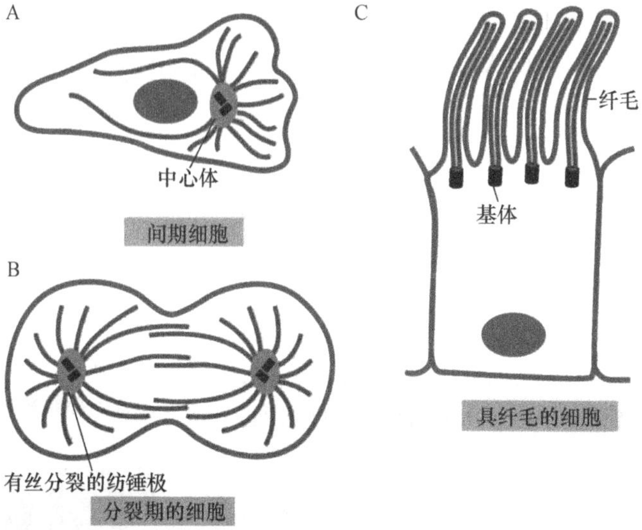

图 8-18 真核细胞中微管的分布

A. 中心体和微管；B. 纺锤极和微管；C. 纤毛基体和微管

显示微管从微管组织中心长出来

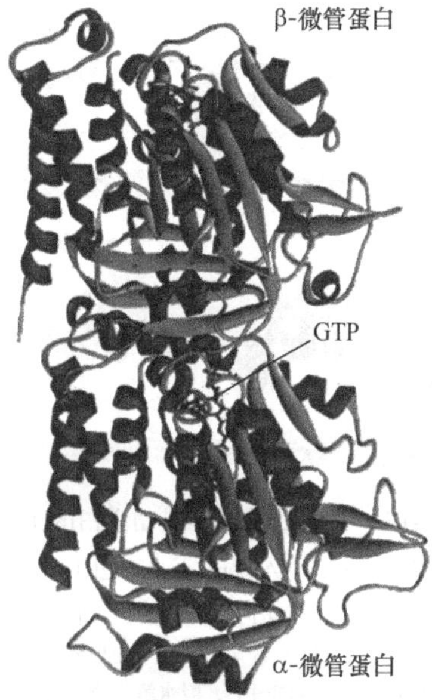

图 8-19 微管蛋白异二聚体 3D 结构模型（基于 PDB 数据 4U3J 结构修改绘制）

显示 α- 微管蛋白、β- 微管蛋白单体及它们与非交换的 GTP 和交换型 GDP 的结合部位；α- 微管蛋白和 β- 微管蛋白具有相似的三维结构，能够紧密地结合成二聚体，作为微管组装的基本亚单位

此该异二聚体外形类似于花生（图 8-19）。α- 微管蛋白与 β- 微管蛋白具有非常相似的结构，在二聚体中呈线性排列，一个蛋白质的前部结合在另一个蛋白质的后部（图 8-20）。α- 微管蛋白与 β- 微管蛋白在化学性质上极为相似，两种蛋白质之间有 35%～40% 的氨基酸序列相同。微管蛋白分子在生物进化上可能是最稳定的蛋白分子之一。

每一个微管蛋白二聚体有两个 GTP 结合位点，一个位于 α 亚基，另一个位于 β 亚基上。α 亚基上的 GTP 结合位点是不可逆的结合位点，结合在 β 亚基上的 GTP 能够被水解成 GDP，所以这个位点又称为可交换的位点（exchangeable site，E 位点），可见 β 亚基也是一种 G 蛋白。在微管组装时，结合于 β 亚基上的 GTP 能够被水解成 GDP，导致异二聚体构象发生变化，这种变化在微管的动态周转中发挥重大的作用。此外，微管蛋白分子上还有一个秋水仙素结合位点，一个长春花碱的结合位点和二价阳离子 Mg^{2+} 的结合位点。

αβ- 微管蛋白异二聚体是构成微管的基本亚单位，电镜观察微管横切面上有 13 个球形蛋白亚基，用负染的方法观察到的微管管壁是由 αβ- 微管蛋白异二聚体纵向排列而成的原纤维（protofilament）构成，13 根原纤维合拢形成微管管壁（图 8-20）。由于相邻的原纤维之间在排列上存在 1nm 左右的交错，以致微管蛋白沿微管的周围呈螺旋状排列，在微管合拢的位置微管蛋白构成的螺旋被终止，出现 α- 微管蛋白和 β- 微管蛋白之间的横向结合，并产生纵贯微管长轴的“接缝”，很可能这个“接缝”对微管的组装发挥了重要作用。在同一根微管的 13 条原纤维中，所有 αβ- 微管蛋白二聚体的取向都是相同的，形成的微管两个末端在结构上是不对称的，形成了微管的极性，即所有的微管都有确定的极性（图 8-20）。细胞内所有由微管构成的亚细胞结构也是有极性的。

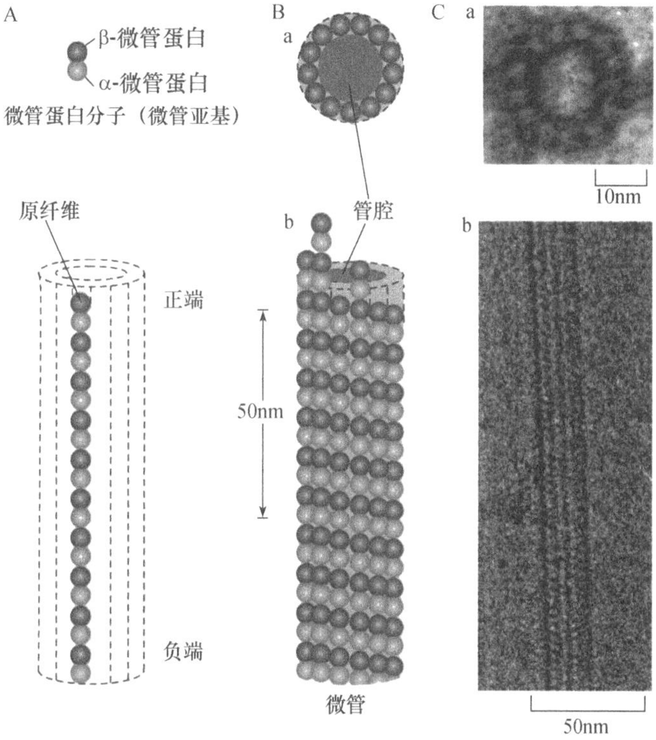

图 8-20 微管是由微管蛋白组成的中空结构（Alberts et al.，2014）

A. 显示一个 αβ- 微管蛋白二聚体和一根原纤维，以及二聚体和原纤维的排列；B. 显示微管蛋白分子相互聚集，a. 13 个微管蛋白分子的横断面；b. 微管的侧面，显示 13 根原纤维合拢成微管；C. 电镜下的微管图像，a. 横切面，b. 微管负染图像

（二）微管的类型

微管可装配成单管（singlet）、二联管（doublet）（纤毛和鞭毛中）、三联管（triplet）（中心粒和基体中）（图 8-21）。

在多数情况下，微管都是以简单的单管存在，大部分细胞质微管是单管，它在低温、Ca^{2+} 和秋水仙素作用下容易解聚，属于不稳定微管。虽然绝大多数单体是由 13 根原纤维组成的一个管状结构，在极少数情况下，也有由 11 根或 15 根原纤维组成的微管，如线虫神经节微管就是由 11 条或 15 条原纤维组成的。

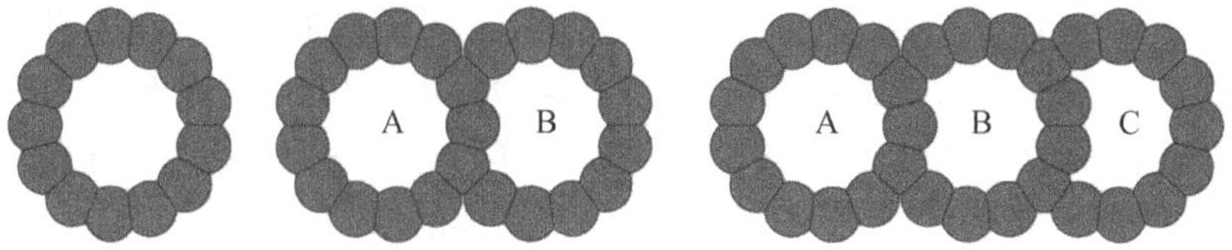

图 8-21 细胞内微管的 3 种类型

二联管是构成纤毛和鞭毛的外围小管，是运动类型的微管。组成二联管的单管分别称为 A 管和 B 管，其中 A 管是由 13 根原纤维组成，B 管是由 10 根原纤维组成，与 A 管共用 3 根原纤维，一个二联管有 23 根原纤维。

三联管见于中心粒和基体，由 A、B、C 三个单管组成，A 管由 13 根原纤维组成，B 管和 C 管均由 10 根原纤维组成，分别与 A 管和 B 管共用 3 根原纤维，所以一个三联管共有 33 根原纤维。二联管和三联管对于低温、Ca^{2+} 和秋水仙素的作用稳定。

二、微管的组装和去组装

（一）微管的组装和踏车

除了特化细胞的微管外，大多数细胞质微管都是不稳定的，能够很快地组装（assembly）和去组装（disassembly）。低温、提高 Ca^{2+} 浓度、用某些化学试剂（如秋水仙素）处理生活细胞都会破坏细胞质微管的动态变化。

微管组装方面的资料主要来源于体外实验。微管蛋白的体外组装分为成核（nucleation）和延长（elongation）两个阶段，其中成核反应是微管组装的限速步骤。由于缺乏中心体，微管在体外的成核比较特别，一些微管蛋白异二聚体首先纵向聚合成短的丝状结构的复合体，但这种复合体通常会解离。然而在很少情况下，这种丝状复合体可以结合更多的二聚体，并相互侧向连接，一旦形成 6～12 个二聚体的复合体就倾向于继续加长，该过程即所谓的成核反应。成核反应结束时，形成很短的微管，此时二聚体以比较快的速度从两端加到已形成的微管上，使其不断加长。α- 微管蛋白和 β- 微管蛋白形成长度为 8nm αβ- 二聚体，αβ- 二聚体先形成原纤维，经过侧面增加而扩展为片层，至 13 根原纤维时，即合拢形成一段微管。游离的微管，在 β- 微管蛋白的交换位点结合有 GTP，αβ- 二聚体会不断地结合到这一端点使之延长（图 8-22）。

纯化的微管蛋白异二聚体可以自发形成微管组装必需的侧向键和纵向键，因此微管的组装是一种自组装（self-assembly）过程，形成最终结构的信息都储存在它的亚基中。其他自组装的例子还有微丝的多聚化和一些病毒外壳组装。

目前的微管装配动态模型认为，在一定条件下，微管两个端点的装配速度不同，表现出明显的极性。微管的一端发生 GTP- 微管蛋白的添加，使微管不断延长，称为正端（＋），而在另一端具有 GDP- 微管蛋白发生解聚而使微管缩短，则为负端（－），当体系中 αβ- 二聚体的浓度处于临界浓度时，微管蛋白在正端组装的速度与在负端去组装的速度相

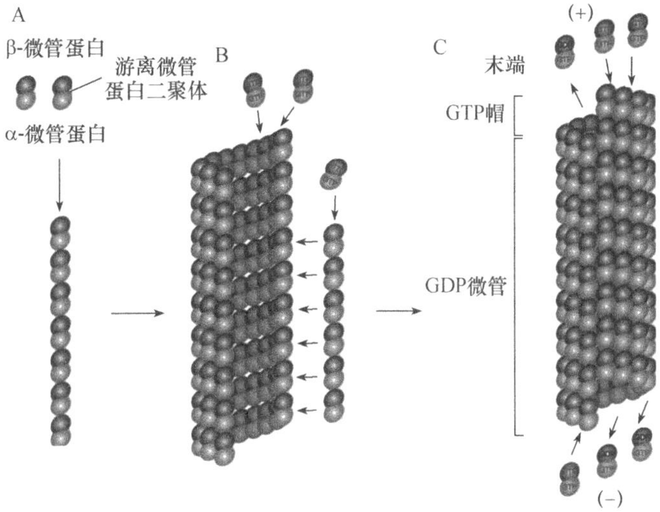

图 8-22 微管的装配过程（翟中和等，2011）

A. 原纤维的装配，αβ- 二聚体首尾相接，以同一方向排列，组装成的原纤维是有方向性的，因此微管在结构上有明确的极性；B. 侧面层装配，原纤维侧向相互作用形成片层；C. 微管延伸，在大多数毗邻的原纤维中，α- 微管蛋白和 α- 微管蛋白相邻，β- 微管蛋白和 β- 微管蛋白相邻，在“接缝”处 α- 微管蛋白和 β- 微管蛋白之间横向结合

等，此时微管的长度保持不变，微管的这种装配方式称为踏车运动（图 8-23）。

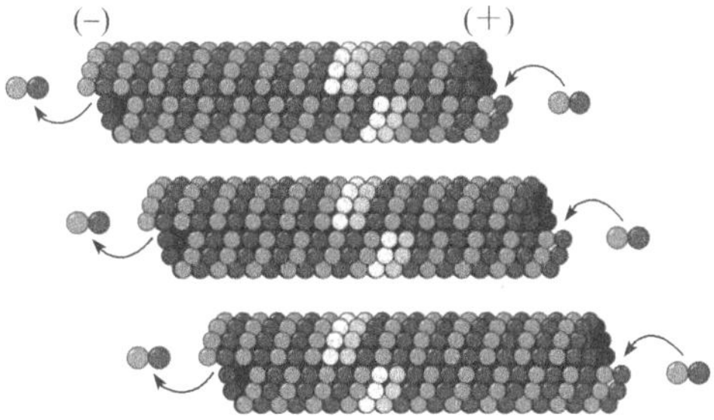

图 8-23 微管的踏车运动（Lodish et al.，2016）

在某些情况下，微管经历踏车行为过程，此时微管蛋白亚基优先添加在微管的正端，在负端脱落。通过在正端（＋）添加，负端（－）脱落，微管中的微管蛋白亚基以“踏车”方式从负端输送到正端

（二）微管极性的含义

一是组装的方向性，二是生长速度的快慢。由于微管是以 αβ- 二聚体作为基本构件进行组装的，并且是以首尾排列的方式进行组装，所以每一根原纤维都有相同的极性（方向性），这样，组装成的微管的一端是 α- 微管蛋白亚基组成的环（称为负端），而相对的一端是以 β- 微管蛋白亚基组成的环（称为正端）。极性的另一层含义是两端的组装速度是不同的，正端生长得快，负端则慢，同样微管去组装也是正端快负端慢（图 8-22C）。微管的极性不只存在于末端，而是存在于整个微管。只要观察微管表面的任何一点，甚至是远离任何一端的位置，都能够辨别哪个方向延伸至正端，哪个方向延伸至负端。微管的极性使它们成为分子马达蛋白的定向运输的轨道，而且这种极性对于微管和马达蛋白发挥细胞内部结构的功能是必需的。

三、微管特异性药物

有些药物能够抑制与微管的组装和去组装有关的细胞活动，这些药物是研究微管功能的有力工具，主要是因为这些药物只同微管或微管蛋白二聚体结合，而且药物在细胞中的浓度很容易控制。这些药物中用得最多的是秋水仙素（colchicine）、诺考达唑（nocodazole）和紫杉醇（taxol）等。

秋水仙素是一种生物碱，能够与微管特异性结合。秋水仙素同微管蛋白二聚体结合，形成的复合物可以阻止微管的成核反应。秋水仙素和微管蛋白二聚体复合物加到微管的正负两端，可阻止其他微管蛋白二聚体的加入或丢失。不同浓度的秋水仙素对微管的影响不同。用高浓度的秋水仙素处理细胞时，细胞内的微管全部解聚，但是用低浓度的秋水仙素处理动物和植物细胞，微管保持稳定，并将细胞阻断在中期。

紫杉醇是红豆杉属植物中的一种复杂的次生代谢产物，紫杉醇只结合到聚合的微管上，不与未聚合的微管蛋白二聚体反应，当紫杉醇与微管结合后可以阻止微管去组装，但不影响微管末端的组装，细胞接触紫杉醇后会在细胞内积累大量的微管，这些微管的积累干扰了细胞的各种功能，导致细胞周期运行终止。临床上将一些影响微管组装和去组装的药物用于肿瘤的治疗就是基于这种机制。

四、微管组织中心

体外纯化的微管蛋白组装成微管的过程分为成核和延伸两个阶段，但是细胞是利用一种特殊的细胞器——微管组织中心（microtubule organizing center，MTOC）起始微管组装的。在活细胞内，存在于细胞质中决定微管在生理状态或实验处理解聚后重新组装的结构叫微管组织中心。微管组织中心是微管组装的起始点，其主要作用是帮助大多数细胞质微管组装过程中的成核反应。微管从MTOC开始生长，这是细胞质微管组装的一个独特的性质，即细胞质微管的组装由统一的功能位点控制。中心体是动物细胞中主要的微管组织中心，此外基体是纤毛和鞭毛的微管组织中心。

（一）中心体

一个中心体（centrosome）包括一对互相垂直的桶状中心粒（centriole）和中心体周围基质（pericentriolar matrix）（图8-24）。在间期细胞中，中心体位于细胞核的附近；在有丝分裂期细胞中，中心体位于纺锤体的两极。

中心粒直径为0.2μm，长为0.4μm，是中空的短圆柱状结构，圆柱的壁由9组间距均匀的三联管组成。中心粒和基体是同源的，在某些时候可以相互转变。基体和中心粒均具有自我复制性质，一般情况下，新的中心粒由原来的中心粒于S期复制，在某些细胞中，中心粒能自我发生。

（二）γ-微管蛋白在微管组装中的作用

中心粒对于中心体中微管的成核过程并无作用，尤其在植物细胞中并没有中心粒存在也能形成微管，另外在神经细胞轴突内，大部分微管起源于轴突的某一位置，尽管它们的正端都指向轴突的顶端，但轴突的微管并不连接到细胞体内的中心体上。在

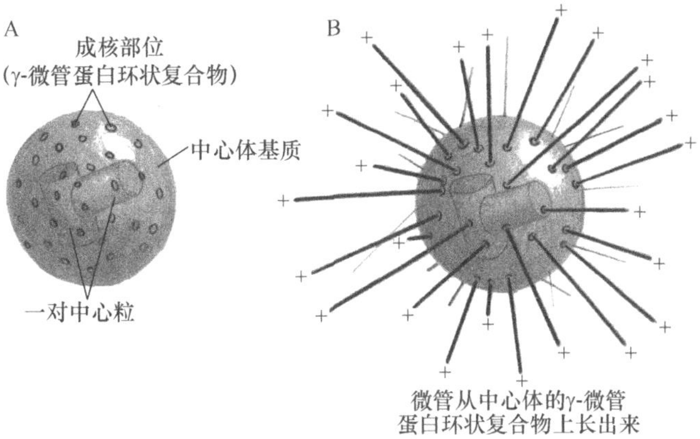

图 8-24 γ- 微管蛋白在中心体中的成核作用（Alberts et al.，2009）

A. 一个中心体由一对中心粒以及周围无定形的基质和起成核作用的 γ- 微管蛋白组成；B. 中心体及其附着的微管。每根微管都是从成核的 γ- 微管蛋白环状复合物长出，微管的负极端埋在中心体中，正极端游离在细胞质中

树突内部，约有 50% 的微管的正端指向细胞体，这些微管显然不可能与中心体相连（图 8-25）。

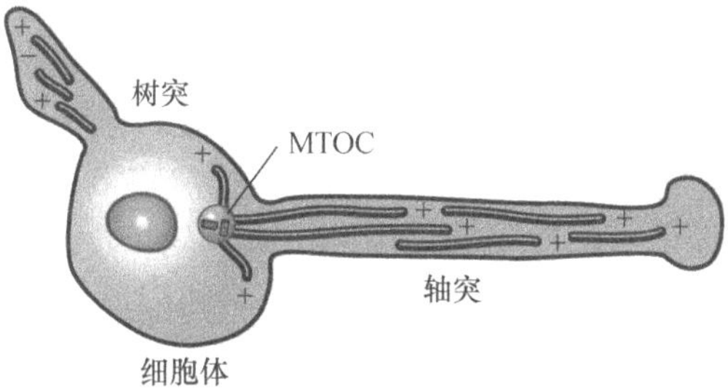

图 8-25 神经细胞轴突和树突中微管的示意图（Lodish et al.，2016）

表示轴突的微管并非全部连接到细胞体内的中心体上；在树突内部，约有 50% 的微管的正端指向细胞体

遗传学的研究发现，中心体包含另一种微管蛋白——γ- 微管蛋白（γ-tubulin），其组成的成百个环状结构对微管的形成具有重要作用（图 8-24）。γ- 微管蛋白不是构成微管的主要成分，只占微管蛋白总含量的 1% 以下，但在微管执行功能过程中是必不可少的。γ- 微管蛋白相对分子质量约为 5.0×10^4，由 455 个左右的氨基酸组成。γ- 微管蛋白在细胞质中是以一种约 25S 的复合物形式存在于微管组织中心，称为γ- 微管蛋白环状复合物（γ-tubulin ring complex，γ-TuRC）（图 8-26），这一复合物由 α- 微管蛋白、β- 微管蛋白、γ- 微管蛋白和 4 种其他蛋白质（P75、P109、P133 和 P195）组成。γ- 微管蛋白通过与 αβ- 微管蛋白异二聚体的相互作用帮助微管的成核反应（nucleation）。非微管蛋白决定螺旋形支架（基底部分），13 个 γ- 微管蛋白和 1 个或 2 个 αβ- 微管蛋白异二聚体结合到支架上。所有微管遵循同一原则由相似的蛋白质亚基装配而成，微管蛋白以环状的 γ- 微管蛋白环状复合物为模板核化，帮助球状的 α- 微管蛋白和 β- 微管蛋白聚合为微管纤维。

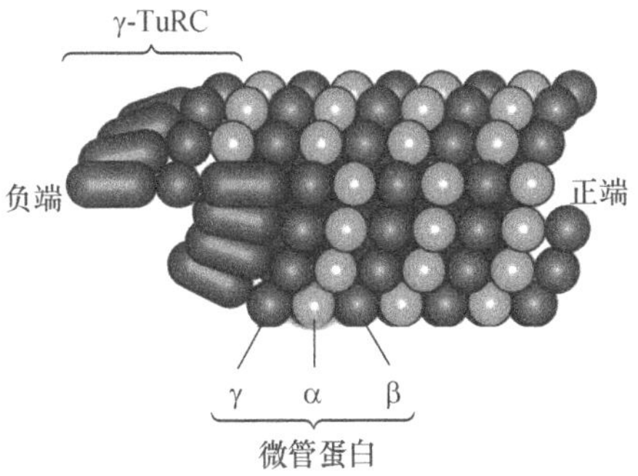

图 8-26 通过 γ- 微管蛋白环状复合物（γ-TuRC）组装微管成核的模型（Lodish et al.，2016）

（三）其他类型的微管组织中心

基体（basal body）是纤毛和鞭毛中的微管组织中心，基体只含一个中心粒而不是一对中心粒。其他类型的细胞具有不同类型的 MTOC，如真菌的细胞有初级 MTOC，称为纺锤极体（spindle pole body）。植物细胞既没有中心体，也没有中心粒，植物细胞的 MOTC 是细胞核外被表面的成膜体。

（四）微管组织中心与微管的方向

微管组织中心（MTOC）不仅为微管提供了生长的起点，而且还决定了微管的方向性。靠近 MTOC 的一端由于生长慢而称为负端（minus end），远离 MTOC 一端的微管生长速度快，称为正端（plus end），所以正端（＋）指向细胞质基质，常常靠近细胞膜。在有丝分裂的极性细胞中，纺锤体微管的负端（－）指向细胞的一极，而正端（＋）指向细胞中心，通常是纺锤体的正端（＋）同染色体接触。

五、微管结合蛋白

现已发现有几种蛋白质与微管密切相关，附着于微管多聚体上，参与微管的装配并增加微管的稳定性。然而，在实验条件下，微管蛋白可以在去除这些蛋白质的情况下装配。因此这些蛋白质称为微管结合蛋白或微管相关蛋白（microtubule-associated protein，MAP），包括 MAP1、MAP2、MAP3、MAP4、Tau 蛋白等（图 8-27）。一般认为，微管结合蛋白由两个区域组成：一个是碱性的微管结合区域，该结构域可以与微管结合，加速微管的成核作用；另一个是酸性的突出区域，以横桥的方式与其他骨架纤维相连接，突出区域的长度决定微管在成束时的间距大小。在电子显微镜下观察，外伸的结构域像是从微管壁上伸出的纤维臂，从微管上伸出的臂与膜、中间丝及其他微管结合。

（1）MAP1：对热敏感，是一类高相对分子质量（2.0×10^5～3.0×10^5）的蛋白质，常见于神经轴突和树突中。MAP1 常在微管间形成横桥，它可以控制微管的延长，但不能使微管成束。MAP1 有 3 种不同的亚型：MAP1A、MAP1B 和 MAP1C。MAP1C 是一种胞质动力蛋白（dynein），是一个由 9～12 个亚基组成的蛋白质复合体，具有 ATP 酶活性，与轴突中逆向的物质运输有关。MAP1A 见于成熟轴突中；MAP1B 见于新生长的轴突中。

（2）MAP2：是一类高相对分子质量（多为 2.0×10^5～3.0×10^5）的蛋白质，具有热稳定性，存在于神经细胞的胞体和树突中。MAP2 能在微管间以及微管与中间丝之间形成横桥，与依赖于 cAMP 的蛋白激酶有高度亲和性。与 MAP1 不同，MAP2 能使微管成束（图 8-28）。MAP2 有 3 种不同的亚型：MAP2A、MAP2B 和 MAP2C。MAP2A 相对分子质量为 2.7×10^5，在神经元发育过程中表达不断增加；MAP2B 的相对分子质量也为 2.7×10^5，在神经元发育过程中的表达保持恒定；MAP2C 的相对分子质量为 7.0×10^4，存在于不成熟的神经元树突中。

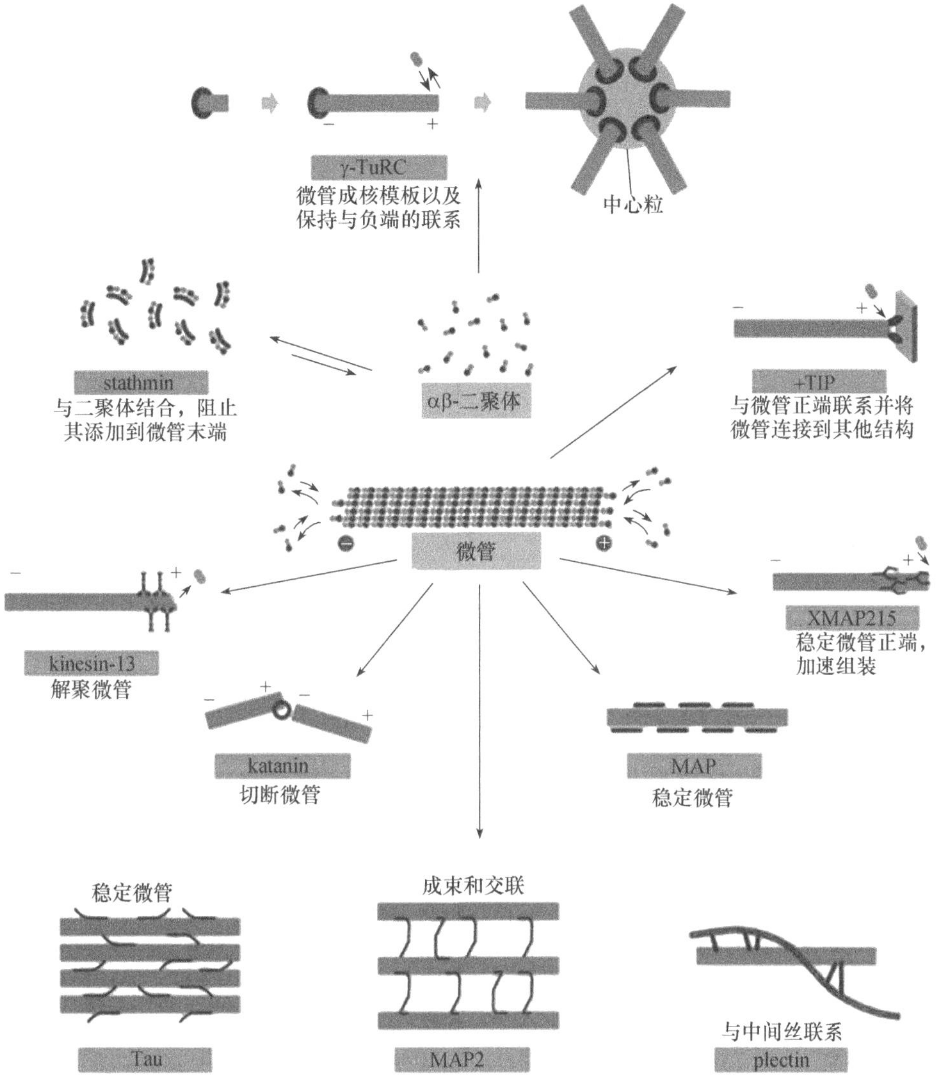

图 8-27 主要的微管蛋白相关蛋白（Alberts et al.，2014）

（3）MAP3 和 MAP4：MAP3 相对分子质量为 1.8×10^5，MAP4 相对分子质量为 2.0×10^5 左右，广泛存在于各种细胞中。在进化上具有保守性，具高度热稳定性。

（4）Tau 蛋白：Tau 蛋白有 5 种不同的类型，由同一基因编码，是一类低相对分子质量（5.5×10^4～6.2×10^4）的辅助蛋白，也称装饰因子，存在于神经细胞轴突中，具有热稳定性。其功能是加速微管蛋白的聚合，形成 18nm 臂，横向连接相邻微管以稳定微管（图 8-28）。另外 Tau 蛋白也有控制微管延长的作用。Tau 蛋白可被钙调素激酶Ⅱ、蛋白激酶 A 及 P^{42}MAP 激酶磷酸化。

（5）正端追踪蛋白：最近研究表明，有一类称为正端追踪蛋白（plus-end-tracking protein）或“＋TIP”的微管结合蛋白，定位于微管的正端，它在微管形成的控制、微管与细胞膜或动粒的连接及微管的踏车运动中起作用。“＋TIP”有两个亚系：CLIP-170 家族和

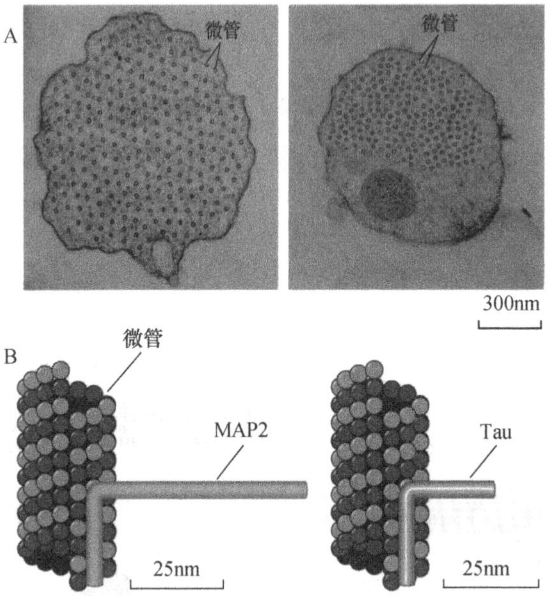

图 8-28　MAP2 和 Tau 蛋白诱导产生的微管束结构（Lodish et al.，2016）

A. 左为 MAP2 诱导产生的细胞突起内的微管束结构，相邻微管之间的距离为 60～70nm，与树突内微管束的结构相似；右为 Tau 蛋白诱导产生的细胞突起内的微管束结构，相邻微管之间的距离为 20～30nm，与轴突内微管束的结构相似；B. 左为 MAP2 的 C 端微管结合域与微管结合，其 N 端突出于微管表面；右为 Tau 蛋白的 C 端微管结合域与微管结合，其 N 端突出于微管表面

EB1 家族。CLIP-170 结合到游离的微管蛋白异二聚体或寡聚体，然后通过共聚合作用，共同结合到微管的正端。在动物细胞中，CLIP-170 家族的调节因子也已经发现，被称为 CLIP 相关蛋白（CLIP-associated protein，CLASP），通过磷酸化来调节与微管之间的联系。有一些正端结合蛋白如 EB1 微管戴帽蛋白结合在微管的末端可以控制微管的定位，可以帮助生长的微管末端特异性地靶向细胞皮层的蛋白质。

（6）stathmin：是一种小分子的蛋白质，一分子 stathmin 结合两个微管蛋白异二聚体以阻止异二聚体添加到微管的末端。细胞中高活性水平的 stathmin，会降低微管延长的速率。stathmin 的磷酸化会抑制 stathmin 结合到微管蛋白上，导致 stathmin 磷酸化的信号能加速微管的延长和动力学上的不稳定性。

（7）XMAP215：是一种普遍存在的蛋白质，能优先结合在微管旁边，稳定微管的游离末端，抑制微管从生长到缩短的转变。在有丝分裂过程中 XMAP215 的磷酸化可抑制这种活性。

总之 MAP 具有多方面的功能：①使微管相互交联形成束状结构，也可以使微管同其他细胞结构交联，这些结构包括细胞膜、微丝和中间丝等；②通过与微管成核点的作用促进微管的聚合；③在细胞内沿微管转运囊泡和颗粒，因为一些分子发动机能够同微管结合转运细胞内的物质；④由于 MAP 与微管壁的结合，自然就改变了微管组装和解聚的动力学。MAP 同微管的结合能够控制微管的长度，防止微管的解聚，提高微管的稳定性。

六、微管的功能

（一）支架作用

在神经细胞的轴突和树突中，微管束沿长轴排列，起支撑作用；在胚胎发育阶段微管帮助轴突生长，突入周围组织；在成熟的轴突中，微管是物质运输的路轨（图 8-29）。在培养的细胞中，微管呈放射状排列在核外，（＋）端指向细胞膜，形成平贴在培养皿上的形状。

（二）细胞内运输

微管起细胞内物质运输的路轨作用（图 8-29），单根微管上的物质运输可以是双向的，破坏微管会抑制细胞内的物质运输。与微管结合而起运输作用的马达蛋白有两大类：驱动蛋白（kinesin）和动力蛋白（dynein），两者均需 ATP 提供能量。

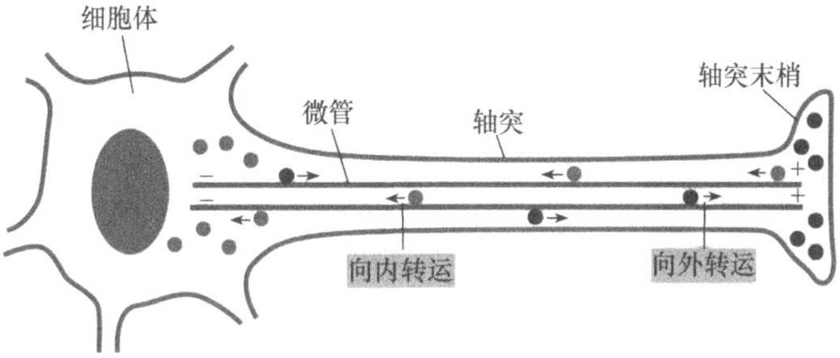

图 8-29 神经细胞轴突运输示意图（Alberts et al.，2009）
显示在轴突中小泡沿微管轨道双向运动

在有些动物体内存在色素细胞，色素颗粒也是沿微管运输的。例如，许多两栖类的皮肤和鱼类鳞片的色素细胞，在神经肌肉控制下，这些细胞中的色素颗粒可在数秒内迅速分布到细胞各处，从而使皮肤颜色变黑；又能很快运回细胞中心，而使皮肤颜色变浅，以适应环境的变化。研究发现，色素颗粒实际上是沿微管而转运的（图 8-30）。

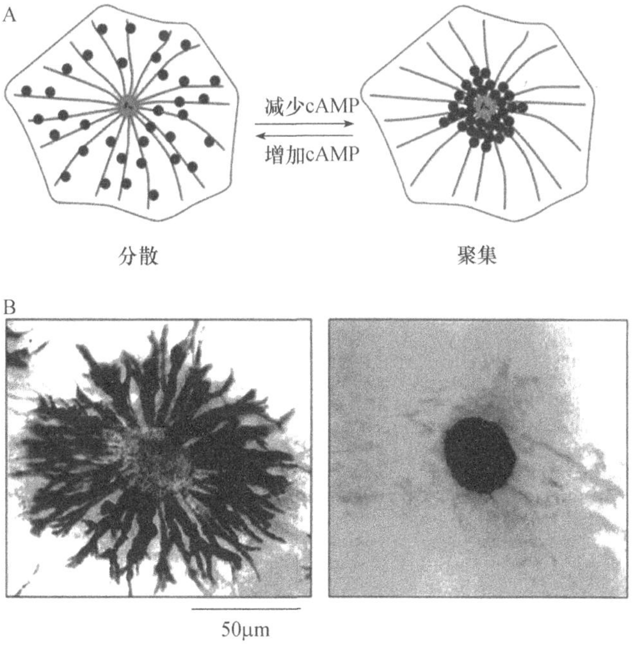

图 8-30 鱼色素细胞中黑色素颗粒的运输（Alberts et al.，2008）
A. 色素细胞示意图；B. 黑色素细胞单细胞显微图像，色素的重新分配都是沿着微管运输的。cAMP 减少时，色素颗粒集中；cAMP 增加时，色素颗粒分散

（三）纺锤体组装与解聚

纺锤体是一种由微管构成的动态结构，其作用是在分裂细胞中牵引染色体到达分裂极。当细胞从间期进入分裂期时，间期细胞的细胞质微管网架崩解，微管解聚为微管蛋白，经重装配形成纺锤体，介导染色体的运动；分裂末期，纺锤体微管解聚为微管蛋白，经重装配形成细胞质微管网（图 8-31）。

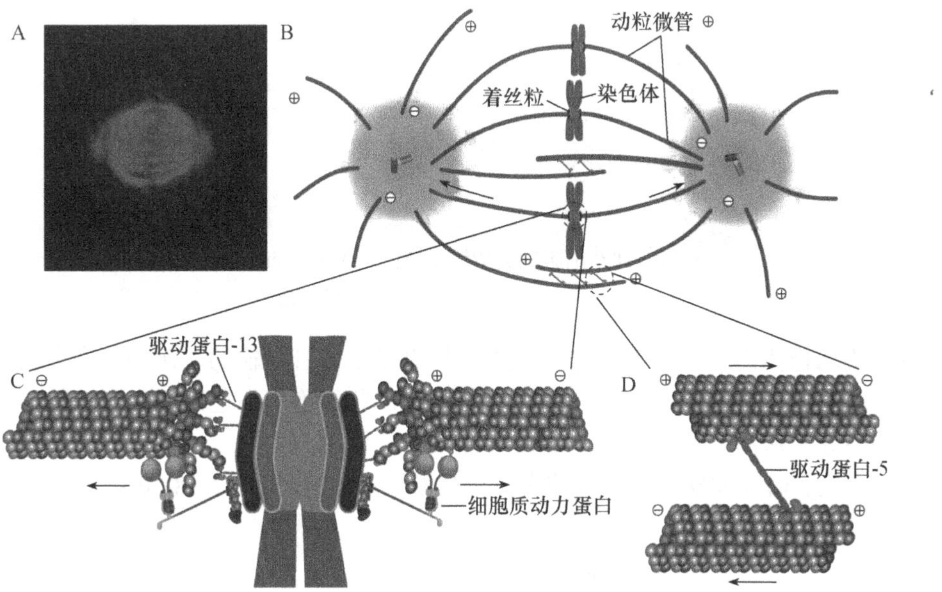

图 8-31　有丝分裂中期的纺锤体与马达蛋白（翟中和等，2011）

A. 免疫荧光显示有丝分裂中期纺锤体微管和染色体的排列方式。B. 有丝分裂中期纺锤体的结构模式图，显示动粒微管与染色体之间的连接，极微管之间通过驱动蛋白相互作用。C. 显示动粒结构域与微管之间通过细胞质动力蛋白和驱动蛋白 -13（kinesin-13）相互作用。此时姐妹染色单体即将分离，细胞质动力蛋白将向微管负端运动，而 kinesin-13 作用于动粒微管的正端，导致此处微管解聚。D. 显示驱动蛋白 -5（kinesin-5）作用于来自纺锤体两极的微管，并通过两端的马达结构域向微管的正端运动，这一过程导致纺锤体两极间的距离变长

纺锤体微管可分为 3 类：①动粒微管，连接动粒与两极的微管；②极微管，从两极发出，在纺锤体中部互相交错重叠的微管；③星微管，从中心体向周围呈辐射状分布，形成星体（见第十二章）。

有关染色体运动的分子机制曾有两种学说：①动力平衡学说，认为染色体的运动与微管的装配 - 去装配有关；②滑行学说，认为染色体的运动与微管间的相互滑动有关。

（四）纤毛与鞭毛的运动

纤毛（cilia）和鞭毛（flagellae）是细胞表面相似的两种细胞特化结构，具有运动功能。前者较短，长 5～10μm；后者较长，约 150μm，两者直径相似，均为 0.15～0.3μm。

鞭毛中的微管为“9+2”结构，即由 9 个二联体微管和一对中央微管构成，其中二联体微管由 A、B 两个管组成，A 管由 13 条原纤维组成，B 管由 10 条原纤维组成，两者共

用3条。A管对着相邻的B管伸出两条动力蛋白臂，并向鞭毛中央发生一条辐（图8-32）。

纤毛和鞭毛均由基体和鞭杆两部分构成，纤毛轴心含有一束“9+2”排列的平行微管，中央微管均为完全微管，外围二联体微管由A、B亚纤维组成，A亚纤维为完全微管，由13个球形亚基环绕而成，B亚纤维仅由10个亚基构成，另3个亚基与A亚纤维共用（图8-32）。

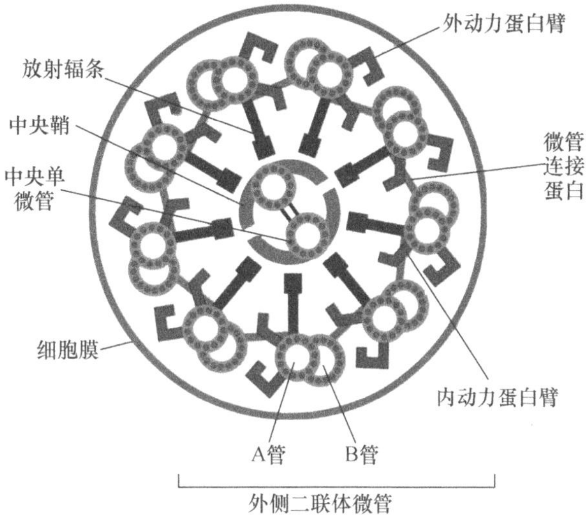

图8-32 鞭毛或纤毛中的微管，显示“9+2”的排列方式（Alberts et al.，2009）

纤毛和鞭毛轴心的主要蛋白结构有：①微管蛋白二聚体，二联体中的微管蛋白二聚体无秋水仙素结合部位。②动力蛋白臂（dynein arm），由微管二联体A亚纤维伸出，与相邻微管二联体B亚纤维相互作用使纤毛弯曲。动力蛋白最初是在鞭毛和纤毛中发现的，是一种多亚基组成的高分子ATP酶，能为Ca^{2+}、Mg^{2+}所激活。近年来在细胞质中亦发现动力蛋白，与微管多种功能活动有关，如细胞内运输、染色体向两极运动。③微管连接蛋白（nexin），将相邻微管二联体结合在一起。④放射辐条（radial spoke），有9条，由外围微管二联体A亚纤维伸向中央微管。⑤中央鞘（图8-32）。

利用改变pH等方法处理细胞使细胞表面的鞭毛脱落，再去掉鞭毛表面的膜，并用蛋白酶轻微处理打断二联体之间的微管连接蛋白，使相邻的二联体微管失去其他蛋白质的捆绑，仅靠动力蛋白联系。如果此时加入ATP，就可以看到二联体之间会以类似望远镜拉张的方式滑动，相邻二联体因相互滑动而分开（图8-33A）。导致二联体相互滑动的是一个外

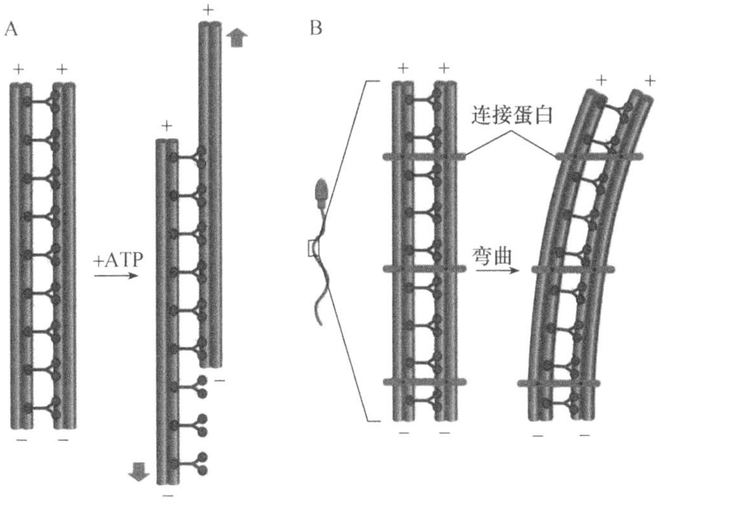

图8-33 纤毛或鞭毛运动过程中相邻二联体微管滑动的模型（Alberts et al.，2009）

A. 在分离的二联体微管中，动力蛋白引起微管滑动；B. 在正常的鞭毛中，动力蛋白引起微管弯曲

周二联体 A 亚纤维伸出的动力蛋白马达结构域在相邻的二联体 B 亚纤维上运动，因此相邻的二联体之间相互滑动。但是在细胞中鞭毛和纤毛的内部，组成轴丝的微管之间以及微管与中央鞘之间还有其他的辅助蛋白将微管横向连接，因此二联体微管之间的滑动是受整体结构的影响的，动力蛋白驱动产生的动力引起鞭毛弯曲，而不是拉伸。

总结鞭毛和纤毛的运动机制：滑动学说认为纤毛运动由相邻二联体微管之间相互滑动所致（图 8-33）。① A 亚纤维伸出的动力蛋白头部与 B 亚纤维的接触促使动力蛋白结合的 ATP 水解产物释放，同时造成头部角度的改变；②新的 ATP 结合使动力蛋白头部与 B 亚纤维脱开；③ ATP 水解，其释放的能量使头部的角度复原；④带有水解产物的动力蛋白头部与 B 亚纤维上另一位点结合，开始又一次循环。

第三节 中 间 丝

中间丝最初是在平滑肌细胞中发现的，由于其直径约 10nm，介于肌肉细胞的粗肌丝和细肌丝之间，称为中间丝（又称中间纤维，intermediate filament，IF）。与微管不同的是中间丝是最稳定的细胞骨架成分，它主要起支撑作用。中间丝具有很强的抗拉能力，因而其主要功能是使细胞在被牵伸时能经受住机械力的作用。中间丝在细胞中围绕着细胞核分布，成束成网，并扩展到细胞膜，与细胞膜相连接（图 8-34）。当用高盐和非离子去垢剂处理细胞时，其余的大部分细胞骨架都被破坏了，只有中间丝可以保留。

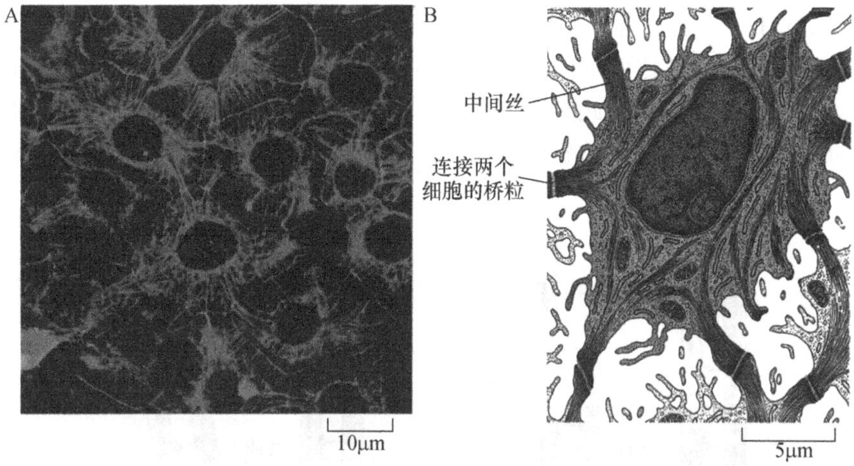

图 8-34 中间丝在细胞质中形成一个坚固而耐久的网络（Alberts et al.，2009）

A. 体外培养的单层上皮细胞的免疫荧光照片，显示中间丝网络包围细胞核，并遍布细胞质。每一个细胞内的中间丝通过桥粒和相邻的细胞连接。B. 参考上皮细胞的电镜照片绘制的示意图，显示细胞质中的中间丝与桥粒相联系

一、中间丝的类型与组成

与微丝和微管相比，中间丝的组成成分复杂。依据中间丝的组织来源及免疫原性可分为 5

类：①角蛋白纤维（keratin filament），存在于上皮细胞，相对分子质量为 4.0×10^4～6.8×10^4；②波形纤维（vimentin filament），存在于间质细胞和中胚层来源的细胞，相对分子质量为 5.5×10^4；③结蛋白纤维（desmin filament），存在于肌细胞，相对分子质量为 5.3×10^4；④神经元纤维（neurofilament），存在于神经元，相对分子质量为 6.8×10^4～2.0×10^5；⑤神经胶质纤维（neuroglial filament），存在于神经胶质细胞，相对分子质量为 5.1×10^4。中间丝的分布具有严格的组织特异性。这一点已被应用于肿瘤临床鉴别诊断，以鉴别肿瘤细胞的组织来源。

基于 DNA 和蛋白质氨基酸序列的同源性，将中间丝家族的蛋白质主要分为 6 类（表 8-1）：Ⅰ. 酸性角蛋白；Ⅱ. 中性和碱性角蛋白；Ⅲ. 波形纤维蛋白，结蛋白，胶质丝酸性蛋白，外周蛋白，微管成束蛋白；Ⅳ. 神经元纤维蛋白；Ⅴ. 核纤层蛋白；Ⅵ. 巢蛋白（nestin）、联丝蛋白（synemin）和 desmuslin。在神经系统发育过程中，Ⅳ型中间丝包括 3 种神经元纤维蛋白亚基（NF-L、NF-M、NF-H）和 α- 介连蛋白组成异聚体，神经元纤维蛋白提供弹性使神经纤维易于伸展和防止断裂。另外晶状体中发现的晶状体蛋白（phakinin/CP49）和丝晶蛋白（filensin）属于孤儿（orphan）类型。中间丝具有组织特异性，不同类型细胞含有不同 IF。肿瘤细胞转移后仍保留源细胞的 IF，因此可用 IF 抗体来鉴定肿瘤的来源。例如，乳腺癌和胃肠道癌，含有角蛋白，因此可断定它来源于上皮组织。大多数细胞中含有一种中间丝，但也有少数细胞含有 2 种以上，如骨骼肌细胞含有结蛋白和波形蛋白。

表 8-1 中间丝蛋白的类型和组织分布

类别	中间丝类型	相对分子质量 /$\times10^3$	组织分布
Ⅰ	酸性角蛋白	40～64	上皮细胞
Ⅱ	中性和碱性角蛋白	50～70	上皮细胞
Ⅲ	波形纤维蛋白	55	各种中胚层来源以及某些体外培养的细胞
	结蛋白	52	肌细胞
	胶质丝酸性蛋白	51	星形胶质细胞
	外周蛋白	57	外周神经系统神经元
	微管成束蛋白	54	肌细胞
Ⅳ	神经元纤维蛋白	68～200	中枢神经系统
	α- 介连蛋白	66	中枢神经系统
Ⅴ	核纤层蛋白 A/C	72/62	细胞核
	核纤层蛋白 B1	65	细胞核
	核纤层蛋白 B2	78	细胞核
Ⅵ	巢蛋白	240	异质的
	联丝蛋白	182	肌肉
	desmuslin	140	肌肉
未归类	晶状体蛋白	46	晶状体
	丝晶蛋白	83	晶状体

中间丝蛋白来源于同一基因家族，具有高度相似性。中间丝蛋白分子由一个 310 个氨基酸残基形成的 α 螺旋杆状区，以及两端非螺旋化的球形头部（N 端）和尾部（C 端）构成。螺旋杆状区是高度保守的，螺旋区形成双股超螺旋，即 40～50nm 的杆部（rod），装配为中间丝的主干（backbone），这是中间丝的共同结构特征（图 8-35）。

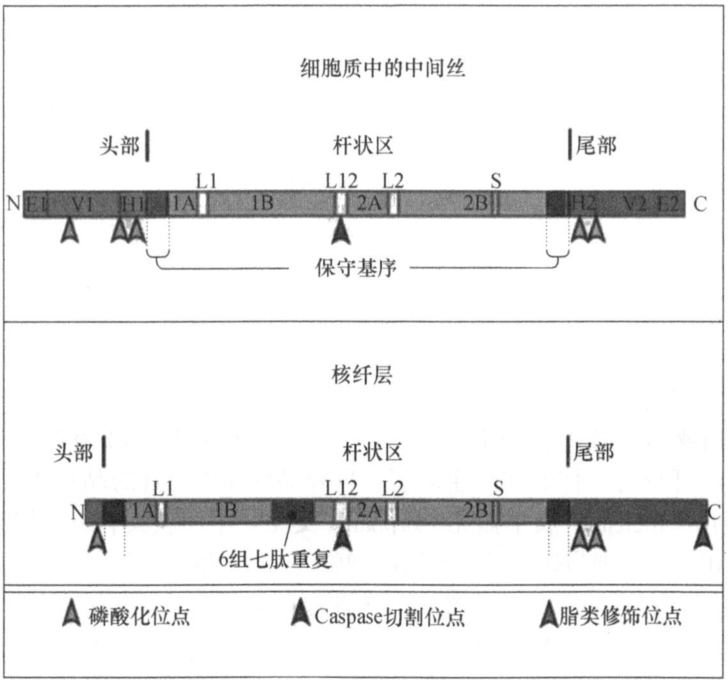

图 8-35 中间丝蛋白的分子结构示意图（Alberts et al.，2009）

同一类型的中间丝蛋白其杆状区氨基酸序列有 70%～90% 的相似性，但不同型的中间丝蛋白的相似性则低于 30%。中间丝蛋白杆状区由螺旋 1 和螺旋 2 构成，螺旋 1 和螺旋 2 的长度约为 22nm，杆状区长度在 47nm 左右。螺旋 1 和螺旋 2 又可分为 A、B 两个亚区，4 个螺旋区间由 3 个非螺旋式的连接区相连接，其中 L12 连接螺旋 1 和螺旋 2，L1 和 L2 分别连接 1A 与 1B 和 2A 与 2B。中间丝蛋白分子非螺旋化的头部（N 端）和尾部（C 端）的氨基酸顺序和肽链长度在各类不同中间丝蛋白分子中有很大差异。对于每一特定类型的中间丝蛋白，其头部和尾部又可进一步分为不同的亚区：① H 亚区，同源区；② V 亚区，可变区；③ E 亚区，末端（图 8-35）。

二、中间丝的装配

中间丝蛋白杆状区形成中间丝的核心，不同的中间丝蛋白的中央杆状区域的大小和氨基酸序列都是类似的，所以当它们聚集在一起时，往往形成直径和内部结构都相同的纤维，直径为 8～9nm。中间丝蛋白头尾的末端大多凸出于中间丝的核心之外，中间丝真正的直径取决于肽链末端的大小，通常为 12～16nm，中间丝直径在电镜下一般为 10nm 左右。由中间丝核心伸出的头尾末端区暴露在纤维的表面，使之与细胞质中其他的结构发生相互作用。

根据 X 线衍射、电镜观察和体外装配的实验结果推测，中间丝的装配过程如下（图 8-36）。

首先，两个单体的杆状区形成麻花状的双股超螺旋，即二聚体。Ⅰ、Ⅱ型中间丝蛋白分子（角蛋白）装配为异型二聚体（heterodimer），尽管在体外装配中同型二聚体

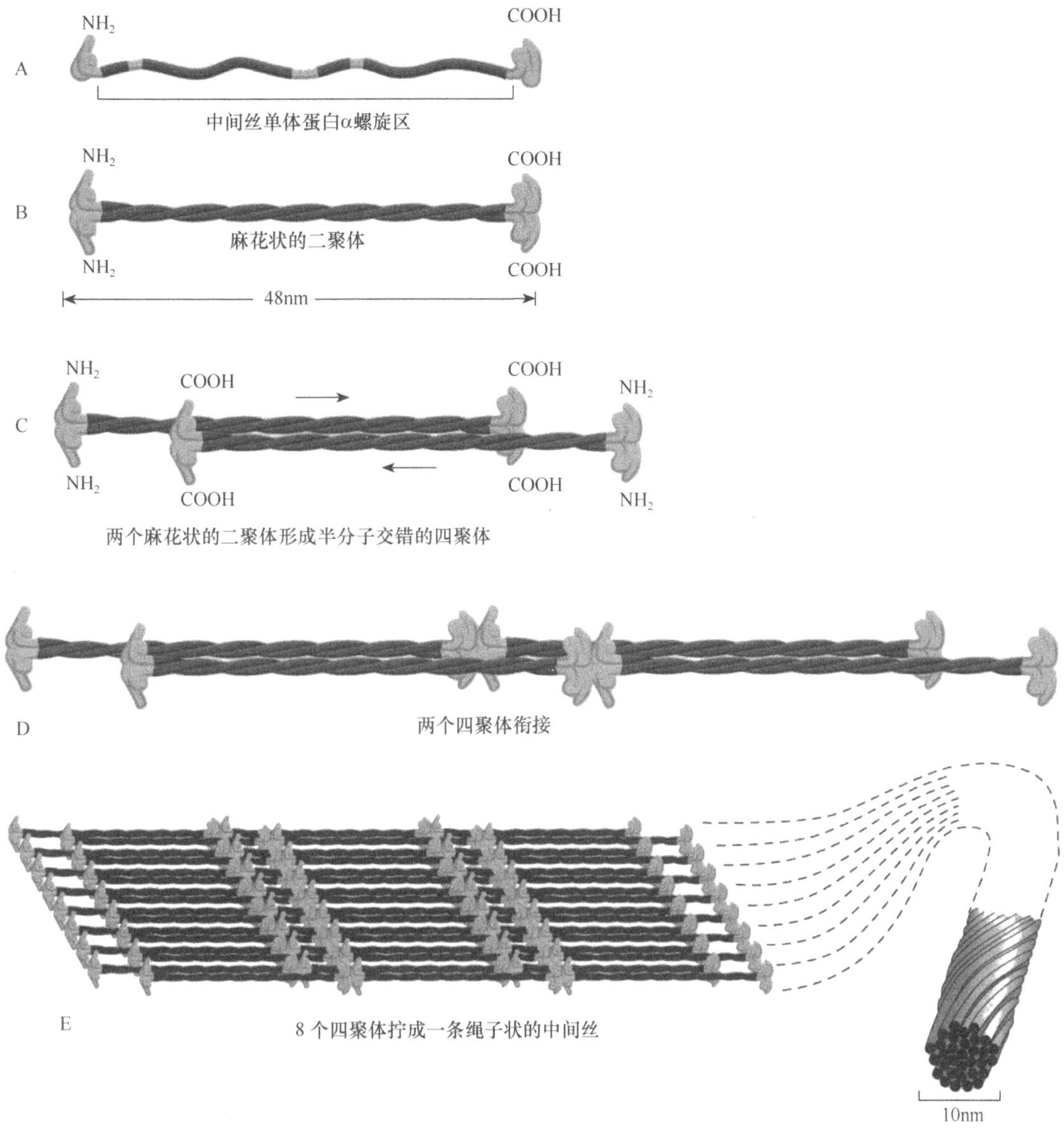

图 8-36 中间丝的装配过程示意图（Alberts et al.，2009）

A. 中间丝蛋白单体；B. 相同单体形成二聚体；C. 二聚体并列成四聚体；D. 四聚体中的二聚体彼此交错排列；E. 8 个四聚体扭缠为杆状的直径为 10nm 的中间丝

（isodimer）是可能形成的，但一般由一种Ⅰ型角蛋白和一种与之相配对的Ⅱ型角蛋白装配成二聚体。Ⅲ～Ⅳ型中间丝蛋白分子由相同的分子装配为二聚体，即同型二聚体，二聚体的长度约 50nm。

目前认为，装配的第二步是两个二聚体以反向平行和半分子交错的形式组装成四聚体（tetramer），四聚体可能是细胞质内中间丝组装和解聚的最小亚单位。对于四聚体如何排列形成中间丝，目前尚不十分清楚。装配好的中间丝具有多态性，一般是由 8 个四聚体或 4 个八聚体装配为中间丝，中间丝横截面可由 32 个分子组成；也有一些中间丝，在横截面上包含 5～6 个或 11～12 个四聚体。此外，中间丝可能有原纤维（四聚体）或原丝（八聚体，protofibril）等中间类型。由于四聚体是两个二聚体反向平行的方式组装而成的，所以它没有极性。另外，细胞内的中间丝蛋白绝大部分组装成中间丝，而不像微丝和微管那样存在蛋白质库，仅约 50% 的处于装配状态。再者中间丝的装配与温度和蛋白质浓度无关，不需要 ATP 或 GTP。

研究表明，中间丝的装配与去装配是动态的，但是与微丝和微管不同的是，中间丝的装配和去装配没有表现出明显的踏车行为。向细胞内导入荧光标记的中间丝蛋白分子，观察中间丝的组装过程，结果显示带荧光标记的中间丝蛋白可以从已经存在的中间丝纤维的多个部位加入，而不是像微丝和微管那样仅仅从末端加入。随后整个中间丝上都显示荧光标记，说明中间丝的组装模式与微丝和微管完全不同，新的中间丝蛋白可能是通过交换的方式掺入到原有的纤维中的。

在一定的生理条件或实验条件下，中间丝或中间丝网会发生改变，如有丝分裂过程中中间丝发生解聚和重装配。其他如胰酶消化、秋水仙素处理、显微注射中间丝蛋白抗体、热休克、病毒感染、酒精肝、阿尔茨海默病都可对细胞内中间丝网的组织状态产生影响，使中间丝网崩塌。

用胰蛋白酶处理体外培养的成纤维细胞，在细胞变圆的同时，中间丝网络解聚。去除胰蛋白酶后，新的中间丝似乎是从细胞核的周围开始组装的，逐渐向细胞边缘扩展延伸，这时中间丝好像是从头开始组装的，新的中间丝蛋白加到纤维的末端使中间丝延长。

三、转录后修饰调控中间丝蛋白的构型

与微管不同，中间丝的装配不需要组织中心。在体外，中间丝蛋白容易装配而且不需要任何辅助因子，纤维的非极性意味着装配可以发生在任何一端。

中间丝蛋白游离的单体很少，合成后基本上全部组装成中间丝，但是在某些细胞，如进入有丝分裂的细胞和刚刚结束有丝分裂的细胞中也能看到中间丝的动态平衡的特性。在这些细胞中，中间丝在有丝分裂前解聚，而在有丝分裂产生的子细胞中进行装配。在另外一些情况下，如含有角蛋白的表皮细胞的整个细胞分裂过程中，中间丝都保持聚合状态。

细胞内的中间丝蛋白均受到不同程度的化学修饰，包括磷酸化、糖基化、法尼基化，以及头部和尾部结构域的转谷氨酰胺作用，磷酸化是细胞内中间丝重建的主要机制。

细胞分裂过程中，核膜破裂时，核纤层里的中间丝解聚；形成子细胞时，核膜和内侧的核纤层重新组装。核纤层的组装和解聚是由蛋白激酶（CDK1）催化核纤层蛋白的磷酸化和去磷酸化调控的。另外细胞质中的中间丝在有丝分裂时短暂变得松弛以便细胞可以分裂成两个。

磷酸化也是周期外细胞中的中间丝重排的重要机制。中间丝的组装和解聚不依赖于核苷（ATP 或 GTP）的水解，而是依赖于磷酸化和去磷酸化，磷酸化位点位于非螺旋的头部和尾部结构域。例如，成肌细胞分化过程中巢蛋白以磷酸化来调节其表达；神经纤维蛋白

尾部的结构域是高度磷酸化的，这导致带负电荷的尾部结构域相互排斥并且在轴突的正确位置延伸。磷酸化也可以与其他信号分子一起调节中间丝蛋白的相互作用。

中间丝蛋白的水解对于凋亡细胞的清除是十分重要的，作为凋亡细胞快速清除的一部分，中间丝蛋白被胱天蛋白酶 Caspases 降解，已经在角蛋白、核纤层蛋白 K18 中发现 Caspases 的裂解位点。核纤层蛋白和Ⅰ型角蛋白在 α 螺旋杆状结构域正中央的连接处有一个保守的 Caspases 靶位点。Ⅱ型角蛋白缺少这个位点，但是没有Ⅰ型角蛋白，Ⅱ型角蛋白不能聚合，因此只需要破坏细胞中这两类角蛋白中的一类就可以使中间丝网络解聚（Caspases 见第十四章）。

四、中间丝的功能

迄今为止没有找到一种能够同中间丝结合的药物，对中间丝的功能了解较少，主要的功能有以下几个方面。

1. 中间丝赋予动物细胞机械稳定性

从细胞水平看，中间丝在细胞质内形成一个完整的支撑网架系统。它在外面与细胞膜和细胞外基质相连，在内部与细胞核表面和核基质直接联系，中间丝直接与微管、微丝及其他细胞器相连，赋予细胞一定的强度和机械支持力（图 8-37）。

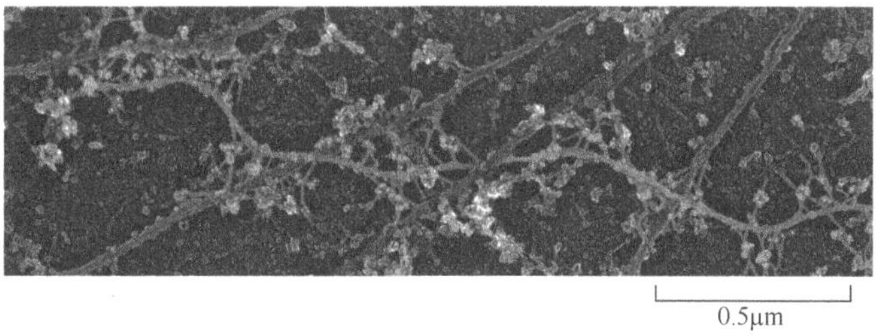

图 8-37 选择性去除肌动蛋白纤维后的成纤维细胞的局部细胞骨架冰冻蚀刻电镜照片

（Alberts et al.，2009）

网蛋白帮助中间丝集结成束，并将中间丝连接到其他中间丝、微管或微丝（图中未显示微丝）上。图中色彩为伪彩色，网蛋白（绿色）；微管（红色）；中间丝（蓝色）；胶体金颗粒标记的抗体（黄色）定位网蛋白

中间丝之间的相互作用或中间丝同细胞其他结构相互作用是由中间丝结合蛋白（intermediate filament-associated protein，IFAP）介导的，这些结合蛋白（如网蛋白）能够将中间丝相互交联成束以增强其排列。除了将中间丝集结成束之外，这些中间丝结合蛋白还能使中间丝连接到微管、微丝以及细胞桥粒的黏附结构上（图 8-34）。网蛋白的基因突变引起严重的人类疾病，小鼠缺失网蛋白导致出生几天后死亡。尽管网蛋白对中间丝的最初形成可能不是必需的，但是网蛋白与中间丝的交叉结合对于脊椎动物耐受机械压力是必不可少的。IFAP 可能的一个作用是将中间丝同微丝、微管交联起来形成大的细胞骨架网络。

与肌动蛋白结合蛋白以及微管结合蛋白不同，没有发现有中间丝切割蛋白、加帽蛋白，也没有发现与中间丝有关的马达蛋白。

2. 参与细胞连接

中间丝参与锚定连接中的桥粒连接和半桥粒连接，在这些连接中，中间丝在细胞中形成一个网络，既能维持细胞形态，又能提供支持力（图 8-34）。

3. 中间丝维持细胞核膜稳定

在细胞核内膜的下面有一层由核纤层蛋白组成的网络，对于细胞核形态的维持具有重要作用。此外，中间丝在胞质溶胶中也组成网络结构，分布在整个细胞中，维持细胞的形态。

复习思考题

一、名词解释

细胞骨架　微管蛋白　肌球蛋白　微丝结合蛋白　踏车行为　中间丝　肌动蛋白　驱动蛋白　微管相关蛋白　肌原纤维　肌动蛋白丝　动力蛋白　微管组织中心　应力纤维　马达蛋白　原肌球蛋白　基体　γ-微管蛋白　肌钙蛋白　微管特异性药物　中心体

二、问答题

1．细胞骨架由哪 3 类成分组成，各有什么主要功能？

2．简述微丝的结构特点。

3．怎样理解“骨架”的概念？结合细胞骨架的装配理解生命体的自主装配原则。

4．微管是如何组装的？简要说明微管的生物学功能。

5．说明常用的微丝和微管特异性药物有哪些？有何作用？

6．简述鞭毛和纤毛的结构与功能。

7．简述中间丝的结构与功能特点。

8．什么是分子马达？举例说明。

9．细胞中同时存在几种骨架体系有何意义？如何理解它们的功能和关系？

10．紫杉醇与秋水仙素的作用相反。紫杉醇与微管紧密结合并使微管稳定。若将紫杉醇添加到细胞中，可促进游离微管蛋白亚基装配成微管。与之相反，秋水仙素则阻止微管的装配。紫杉醇与秋水仙素都是细胞分裂的毒素，都可用作抗癌剂。说明为什么这两种药物的作用相反但都是细胞分裂的致毒剂。

第九章 >>>

细胞核与染色体

本章彩图
扫码可见

内容提要

细胞核是细胞最重要的细胞器之一，是细胞内 DNA 复制和 RNA 转录的场所，是细胞遗传与代谢等众多生命活动的调控信息中心。细胞核由核膜、染色质、核仁及核骨架等结构组成。不同细胞的细胞核形状不一（圆形、网状或分支状），数量不等（一个或多个），多位于细胞中央（有的位于细胞边缘）。本章主要介绍细胞核与染色体的基本概念、结构组成（核孔复合体、核纤层、染色体、核仁等）、形态特征以及在生命活动过程中承担的生物学功能。

第一节　核膜与核孔复合体

一、核膜的结构及功能

核膜（nuclear envelope）又称核被膜，位于间期细胞核的最外层，是细胞核与细胞质之间的界膜，由内外两层平行但不连续的单位膜构成（图 9-1）。每层单位膜的厚度为

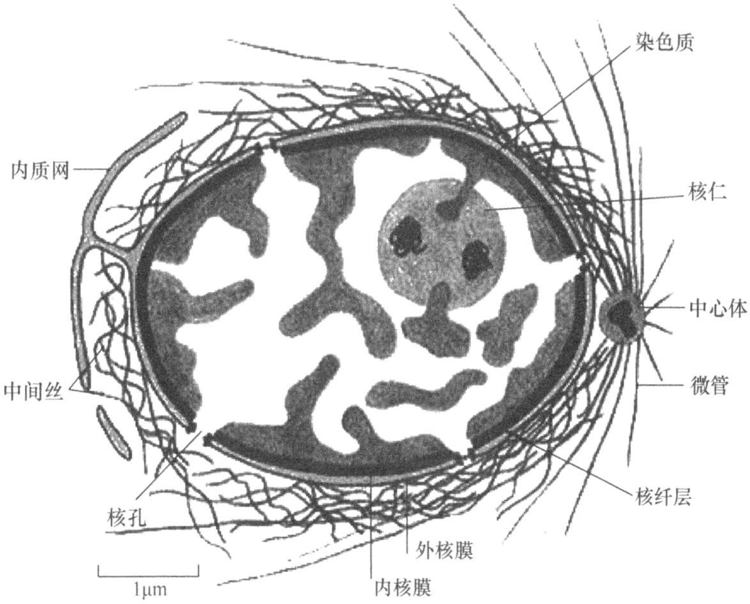

图 9-1　细胞核结构示意图（Alberts et al.，2002）

7.5nm。由外到内分别为：①外核膜（outer nuclear membrane），表面附有大量的核糖体颗粒，常与糙面内质网膜相连续；②内核膜（inner nuclear membrane），面向核质，表面光滑没有核糖体颗粒，有特定的蛋白质成分（如核纤层蛋白B受体等）；③核纤层（nuclear lamina），位于内核膜的内表面的纤维网络结构，可支持核膜，并与染色质及核骨架相连。在内外核膜之间有宽20～40nm的透明空隙，称为核周隙（perinuclear space），与内质网腔相连通。内外核膜常常在某些部位相互融合形成环状开口，称为核孔（nuclear pore），核孔的直径为80～120nm，它是细胞核与细胞质之间相互交流的双向选择性通道。在核孔上镶嵌着一种复杂的结构，称为核孔复合体（nuclear pore complex，NPC）。

尽管核膜与内质网膜相连续，位于外核膜与内核膜的多类蛋白质并不在内质网膜上富集与定位。第一类核膜蛋白是由30多种不同的多肽组成的核孔蛋白（nucleoporin，Nup），它们是核孔复合体的重要组成部分。第二类核膜蛋白特异性定位于内核膜，它们大多数为整合跨膜蛋白，与核纤层蛋白互作。内核膜蛋白在染色质组装、基因表达和DNA代谢方面表现出至关重要的作用。第三类核膜蛋白特异性定位于外核膜，它们的种类和功能更加多样。其中含KASH结构域（Klarsicht，ANC-1 and Syne homology）整合蛋白可与内核膜蛋白互作，而另一种蛋白nesprin可以与肌动蛋白细胞骨架直接互作。外核膜可能在细胞核定位、核迁移、细胞极性以及合胞体维持等过程中起重要作用。

因此，核膜的主要功能是：①构成核、质之间的天然选择性屏障，避免生命活动的彼此干扰；②保护核内分子不受细胞骨架运动所产生的机械力的损伤；③调节核质之间的物质交换与信息交流。

二、核孔复合体

核孔复合体镶嵌在内外核膜融合的核孔上。它像一个塞子嵌在核孔中，连接细胞质和核质。有关核孔复合体的精细结构，长期以来一直是细胞生物学形态结构功能研究的重点之一，尽管不断有新的结构模型提出，但由于受到技术和方法的限制，仍有一些关键性的问题需要完善。近年来，随着高分辨率场发射扫描电镜技术（HR-FESEM）和快速冷冻干燥制样技术的发展，人们对核孔复合体的形态结构有了更深入的了解。综合起来，该复合体由环、辐、栓等结构亚单位组成（图9-2）。由外向内有4种结构组分：①胞质环（cytoplasmic ring），位于核孔边缘的细胞质一侧，又称外环，在环上有8条短纤维对称分布并伸向细胞质；②核质环（nucleocytoplasmic ring），位于核孔边缘的核质面一侧，又称内环，环上也连有8条纤维伸向核内并且在纤维末端形成一个小环，这样整个核质环就像一个“捕鱼笼”

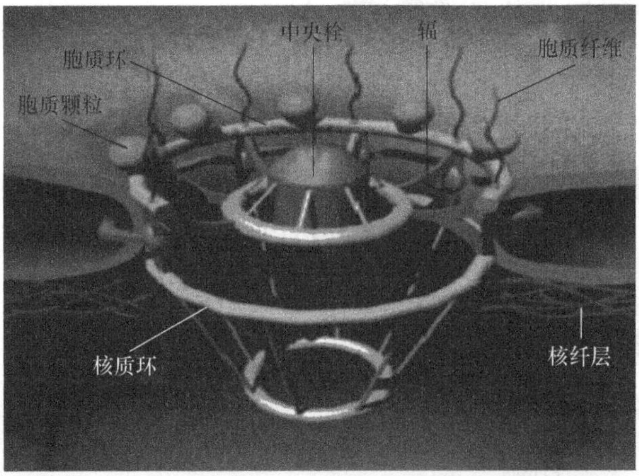

图9-2 核孔复合体结构模型（Alberts et al.，2002）

(fish-trap)样的结构，也有人称为核篮(nuclear basket)结构；③辐(spoke)，由核孔边缘伸向核孔中央，呈辐射状排列，连接内外环，起支撑作用；④中央栓(central plug)，位于核孔的中心，推测其可能在核/质交换中起一定作用，所以被称为转运器(transporter)。核孔复合体主要由蛋白质构成，可能含有100余种不同的多肽，共1000多个蛋白质分子。在脊椎动物细胞的核膜中平均有1000个核孔复合体，它根据细胞类型和生命周期的阶段而变化。人核孔复合体(hNPC)中的核孔蛋白大约一半包含有螺线管蛋白结构域(一个α螺线管或一个β折叠)，而另一半具有典型的“天然未折叠”的结构特征(即高度灵活，但缺乏有序的三级结构)，这些无序蛋白质是FG(苯丙氨酸-甘氨酸二肽重复序列)核孔蛋白。它们填补核孔复合体中心通道的渗透屏障，以赋予核孔复合体的选择性与特异性。

核孔复合体的蛋白质在进化上是高度保守的，在不同物种中有很强的同源性。其中gp210蛋白是一种定位于核孔的跨膜糖蛋白，其作用是介导核孔复合体与核膜的连接，将核孔复合体锚定在孔膜上，对稳定核孔复合体的结构有重要作用。此外，它可能在内外核膜融合形成核孔及核孔复合体的核质交换功能活动中起一定作用。P62代表一类功能性的核孔复合体蛋白，也参与核质交换活动，在维持核孔复合体行使正常功能中发挥作用。

三、核孔复合体的功能

核孔复合体在功能上可被认为是一种特殊的跨膜运输蛋白复合体，并且是一个双功能、双向性的亲水性核质交换通道。双功能表现在它有两种运输方式：被动扩散与主动运输。双向性表现在信号介导的核输入和信号介导的核输出(图9-3)。

(一)通过核孔复合体的被动扩散

核孔复合体作为被动扩散的亲水通道，通道功能有效直径为9～10nm，离子、小分子和10nm以下的物质原则上可以自由通过。通过实验表明，相对分子质量小的分子(小于5×10^3)注射于细胞质中，可自由扩散通过核膜，相对分子质量为1.7×10^4的蛋白质在2min内可达到核质间平衡，相对分子质量为4.4×10^4的蛋白质需38min达到平衡，而相对分子质量大于6.0×10^4的球蛋白几乎不能进入核内，即不能经自由扩散通过核孔。因此，当低分子质量的溶质注入细胞质，它们通过简单扩散快速通过核孔。现在认为这样的溶质通过连接NPC的胞质环和核质环的辐之间的缝隙进行扩散。大分子蛋白(大多数重要的蛋白质和核糖核蛋白)通过细胞质进入核的能力则与它们在细胞中所处的位置有关。当非核蛋白，如牛血清白蛋白，经放射性标记后注入细胞质，它将留在细胞质中。而对核质蛋白做相同的实验，标记蛋白很快进入细胞核。

(二)通过核孔复合体的主动运输

生物大分子的核质分配主要是通过核孔复合体的主动运输完成的，具有高度的选择性，并且是双向的。主动运输是一个信号识别与载体介导的过程，需要消耗能量。亲核蛋白(nucleophilic protein)是指在细胞质内合成后，需要或能够进入细胞核内发挥功能的一类蛋白质，亲核蛋白在向核内运输时，核孔复合体对它们是有选择性的。Robert Laskey及其同

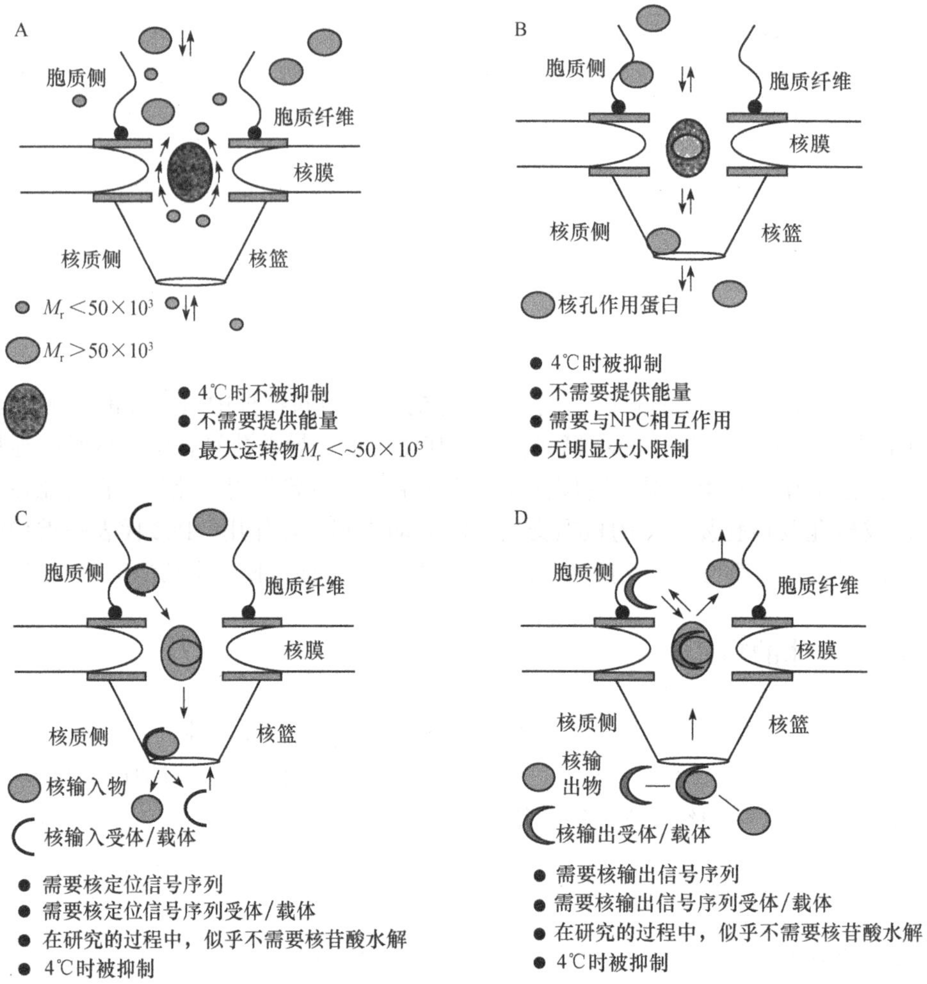

图 9-3 通过核孔复合体物质运输的功能示意图（Talcott and Moore，1999）

A. 自由扩散；B. 协助扩散；C. 信号介导的核输入；D. 信号介导的核输出

事于 1982 年发现核质蛋白（nucleoplasmin），它是一种含量丰富的亲核蛋白，具有明确的头、尾两个不同的结构域。用蛋白酶进行有限水解，可将其头尾分开。体外实验证明只要有一个尾部结构，就可将全部的头部带入细胞核。通过对核质蛋白的入核转运的进一步研究，发现了入核信号，又称核定位信号（nuclear localization signal，NLS）。NLS 是存在于亲核蛋白内的一段特殊的氨基酸序列，它富含带正电荷的碱性氨基酸残基，如 Lys、Arg，此外还常含有 Pro。例如，猿猴空泡病毒 40（SV40 病毒）编码的 T 抗原含有一个 NLS，这个 NLS 由 8 个氨基酸残基构成：Pro-Pro-Lys-Lys-Lys-Arg-Lys-Val。如果该序列中的碱性氨基酸之一被非极性氨基酸取代，则阻断了抗原向核内转移，经免疫荧光技术检测，可见后者细胞核内无荧光，表明 T 抗原保留在细胞质中（图 9-4）。相反，如果将该序列融合到一个非核蛋白上，如血清白蛋白，将其注入细胞质后，被修饰的蛋白也能被转移到核内。以后又发现一些其他亲核蛋白的 NLS 序列。这些特殊短肽确保其所在蛋白质能够通过核孔复合体被转运到细胞核内。因此靶蛋白运输到细胞核的原理原则上与其他蛋白质运输到细胞

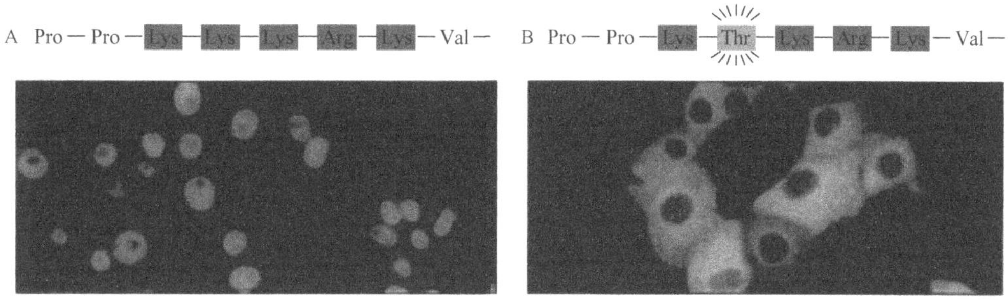

图 9-4　免疫荧光法显示含有或缺少作为核定位信号的短肽的 SV40 病毒 T 抗原的细胞定位

A. 野生型 T 抗原蛋白含有赖氨酸（Lys）丰富的序列，它可被输入核内的作用位点；B. 当 T 抗原蛋白带有一个改变的核定位信号时，即苏氨酸（Thr）代替赖氨酸（Lys），则 T 抗原保留在细胞质中

器（如线粒体或过氧化物酶体）是相似的。在所有这些情况下，蛋白质含有的特殊“定位”或者“定向”序列决定了这些蛋白质具有最终的靶向“地址”，能被特异的受体识别，并通过该受体介导到特定的细胞器中。所不同的是，NLS 序列可定位在亲核蛋白的不同部位，而且与输入其他细胞器的信号肽或导肽不同，在指导完成核输入后并不被切除。

近年来研究表明，带有 NLS 序列的亲核蛋白进入细胞核分为两个阶段：①结合，NLS 识别并结合核孔复合体，不消耗能量；②转移，需 GTP 水解提供能量。该转运过程还有其他蛋白质因子的参与，并受多个因素的影响，因此 NLS 只是亲核蛋白入核的一个必要条件。

对于大分子通过 NPC 的出核转运机制了解甚少。多数输出核的分子是各种 RNA（mRNA、rRNA 和 tRNA），它们在细胞核内合成，在细胞质发挥作用。这些 RNA 以核糖核蛋白（RNP）形式通过 NPC 从细胞核输出。RNP 的蛋白质组分带有特定氨基酸序列，称为核输出信号（nuclear export signal，NES），由转运受体识别，并由输出蛋白携带穿过 NPC 到达细胞质。例如，由 RNA 聚合酶 Ⅰ 转录的 rRNA 分子总是在核仁中与从细胞质中转运来的核糖体蛋白形成核糖核蛋白颗粒，再转运出核，该过程需要能量。因此与核输入类似，核蛋白亚基和转录产物 RNA 的核输出也是一种由受体介导的信号识别的主动运输过程。

第二节　染色质与染色体

一、染色质与染色体的基本概念

1882 年，W. Flemming 提出了染色质（chromatin）这一术语，1888 年，W. Waldeyer 正式提出染色体（chromosome）的命名。染色质、染色体是遗传信息的载体，历经一个多世纪的研究，对其已有了相当深入的认识。染色质是指间期细胞核内由 DNA、组蛋白、非组蛋白及少量 RNA 组成的线性复合结构，是间期细胞遗传物质存在的形式（图 9-5）。染色体是指细胞在有丝分裂或减数分裂过程中，由染色质聚缩而成的棒状结构。因此，染色质与染色体是同一种物质在细胞周期中不同时期的两种表现形态。

根据对碱性染料反应的差异，可将染色质分为常染色质（euchromatin）和异染色质（heterochromatin）。

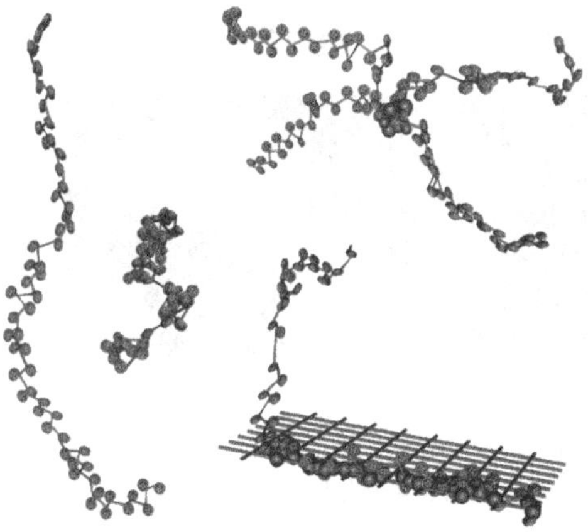

图 9-5 染色质 3D 结构（van Steensel，2011）

染色质具有高度可变性，使其可以在不同的构象之间变化。不同染色质之间也可以通过特定的蛋白质复合体实现长距离接触。特定的染色体区域也可以锚定到核纤层上

常染色质是指间期核内染色质纤维折叠压缩程度低，处于伸展状态，用碱性染料染色时着色浅的那些染色质。在常染色质中，DNA 组装比为 1/2000～1/1000，即 DNA 实际长度为染色质纤维长度的 1000～2000 倍。构成常染色质的主要是单一序列 DNA 和中度重复序列 DNA。常染色质状态是基因具有转录活性所必需的，但并非所有基因都具有转录活性，基因转录激活还需要其他条件。

异染色质是指间期核中，染色质纤维折叠压缩程度高，处于聚缩状态，用碱性染料染色时着色深的那些染色质。异染色质又分为结构异染色质（或组成型异染色质，constitutive heterochromatin）和兼性异染色质（facultative heterochromatin）。结构异染色质在细胞周期中除复制期以外均处于聚缩状态，形成多个染色中心。在中期染色体上，它们多定位于着丝粒区、端粒、次缢痕及染色体臂的某些节段，具有显著的遗传惰性，不转录也不编码蛋白质，具有保护着丝粒、控制同源染色体配对以及调节作用。

兼性异染色质是指在某些细胞类型或一定的发育阶段，原来的常染色质聚缩，并丧失基因转录活性，变为异染色质。例如，雌性哺乳动物体细胞核内有两条 X 染色体，但其中只有一条具有转录活性。另一条染色体保持固缩成为染色质块（图 9-6），这个异固缩的 X 染色体被称为巴氏小体（Barr body，以发现者名字命名）。在多形核白细胞的核内，此 X 染色体形成特殊的“鼓槌”结构。异染色质化的 X 染色体可用于性别鉴定，如检查羊水中的胚胎细胞可预测胎儿的性别；也可用于检查不正常的性染色体，如 XXX 女性、XXY 男性等。

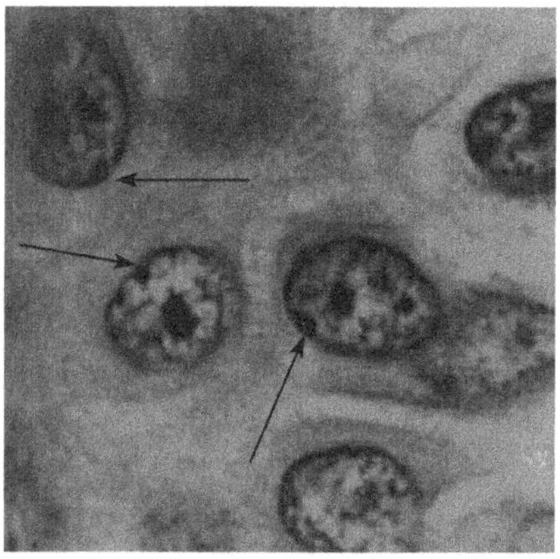

图 9-6 失活的 X 染色体（Karp，1999）

二、染色质的化学组成

真核生物染色质的主要成分是 DNA、组蛋白、非组蛋白及少量 RNA。其中 DNA 与组蛋白含量的比率相近似，非组蛋白的蛋白质含量比率变动较大，而 RNA 的含量则较少（表 9-1）。下面主要对染色质 DNA 和染色质蛋白质进行叙述。

表 9-1 染色质的化学组成比率

成分	核酸		蛋白质	
	DNA	RNA	组蛋白	非组蛋白
比率	1	0.05	1	0.5～1.5

（一）染色质 DNA

凡是具有细胞形态的所有生物其遗传物质都是 DNA，只有少数病毒的遗传物质是 RNA。在真核细胞中每条未复制的染色体含有一个 DNA 分子。狭义而言，某一生物的细胞中储存于单倍染色体组中的总的遗传信息，组成该生物的基因组（genome）。真核细胞的 DNA 含量远远大于原核细胞，但基因组的大小与生物有机体的复杂性并不完全相关。在生物界存在有“*C* 值矛盾现象”（*C*-value paradox）。所谓 *C* 值是指物种单倍体基因组 DNA 的总量。真核生物中 *C* 值一般随生物进化而增加，但是某些生物出现反常现象，如肺鱼的 *C* 值为 112.2，两栖鲵是 84，而人的 *C* 值为 3.2。

染色质 DNA 存在重复序列（repeated sequence）。根据重复序列的频率可将 DNA 分为三类：非重复序列 DNA、中度重复序列 DNA 和高度重复序列 DNA。非重复序列 DNA 在基因组内一般只有一个拷贝（单一基因，具有单一性），如丝心蛋白基因、卵清蛋白基因。中度重复序列 DNA 的平均长度约为 300bp，在基因组中有多个拷贝，所占比例大，包括组蛋白基因、rRNA 基因、tRNA 基因、5S RNA 基因等。在物种进化过程中，中度重复序列 DNA 是基因组中可移动的遗传元件，并且影响基因表达。高度重复序列 DNA 由一些短的 DNA 序列呈串联重复排列，可进一步分为几种不同类型：①卫星 DNA（satellite DNA），重复单位长 5～100bp，主要分布在染色体着丝粒部位；②小卫星 DNA（minisatellite DNA），重复单位长 12～100bp，重复 3000 次之多，又称数量可变的串联重复序列，常用于 DNA 指纹技术（DNA finger-printing）做个体鉴定；③微卫星 DNA（microsatellite DNA），重复单位序列最短，只有 1～5bp，具高度多态性，在不同个体间有明显差别，但在遗传上却高度保守，因此可作为重要的遗传标记，用于构建遗传图谱（genetic map）及个体鉴定等。

DNA 分子的一级结构具有多样性，其二级结构和高级结构也具有多态性。DNA 二级结构构型分 3 种（图 9-7）：A 型 DNA、B 型 DNA（右手双螺旋 DNA）和 Z 型 DNA。生理条件下，B 型 DNA 双螺旋是最主要的存在形式，是活性最高的 DNA 构象；A 型 DNA 是 B 型 DNA 的重要变构形式，仍有活性；Z 型 DNA 呈左手螺旋，也是 B 型 DNA 的另一种变构形式，活性明显降低。在这几种构象的 DNA 结构特征中，沟（groove）特别是大沟（major groove）的特征在遗传信息表达过程中起关键作用，因为它是调控蛋白识别遗传信息的位点。同时沟的宽窄及深浅也直接影响碱基对的暴露程度，从而影响调控蛋白对 DNA 遗传信息的识别。3 种构型的 DNA 处于动态转变之中，通过构型转变来调节活性。此外，DNA 通过正、负超螺旋进一步扭曲盘绕形成特定的高级结构，DNA 二级结构的变化与高级结构的变化是相互关联的，这种变化在复制、修复、重组与转录中具有重要的生物学意义。

（二）染色质蛋白质

与染色质 DNA 结合，并负责 DNA 分子遗传信息的组织、复制和阅读的蛋白质，分为组蛋白和非组蛋白两类。

组蛋白（histone）是真核生物染色质的主要结构蛋白，它在基因表达调控中也起重要作用。组蛋白是一类碱性蛋白，等电点一般在 pH10.0 以上，这是由于它们富含带正电荷的碱性氨基酸（如 Lys、Arg 等），属碱性蛋白质，可与酸性的 DNA 紧密结合，这种结合是非

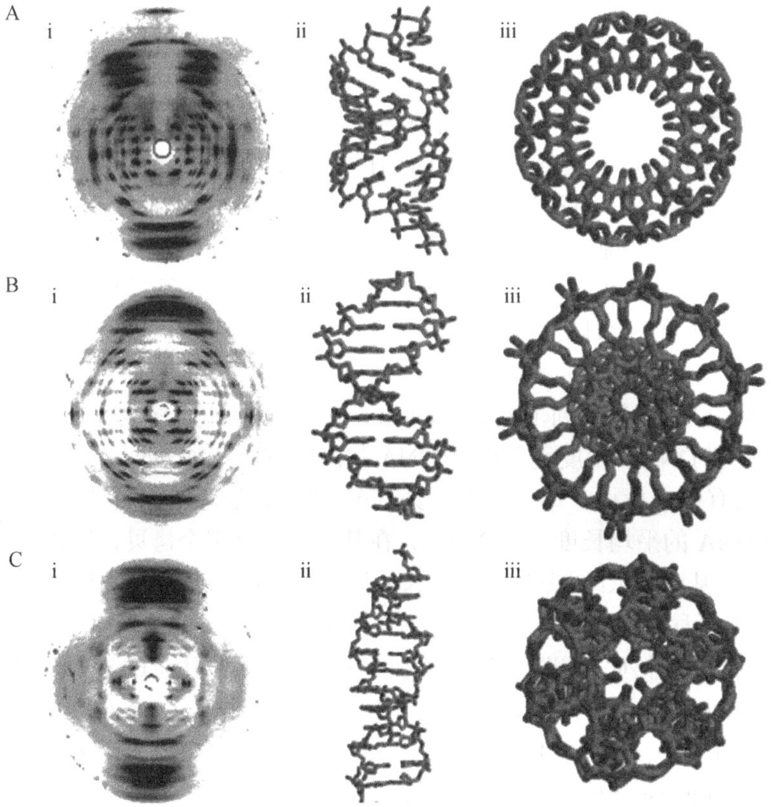

图 9-7 DNA 二级结构（Arnott，2006）

A. A-DNA；B. B-DNA；C. Z-DNA。i. DNA 双螺旋电子衍射图；ii. DNA 双螺旋分子结构模式图；iii. DNA 双螺旋俯视图

序列特异性的。用聚丙烯酰胺凝胶电泳（PAGE）可以区分 5 种不同的组蛋白：H1、H2A、H2B、H3 和 H4。这 5 种组蛋白几乎存在于所有的真核细胞。从功能上这 5 种组蛋白可分为两组：①核小体组蛋白（nucleosomal histone），包括 H2A、H2B、H3 和 H4，它们有相互作用形成聚合体的趋势。这 4 种组蛋白没有种属及组织特异性，在进化上十分保守，帮助 DNA 卷曲形成核小体的稳定结构。② H1 组蛋白。在进化上不如核小体组蛋白那么保守，有一定的种属和组织特异性。H1 组蛋白在构成核小体时起连接作用，它赋予染色质以极性。

非组蛋白（non-histone）主要是指与特异 DNA 序列相结合的蛋白质，又称序列特异性 DNA 结合蛋白（sequence specific DNA binding protein）。非组蛋白也称为酸性蛋白（acidic protein），以区别于碱性的组蛋白。近年来根据非组蛋白特异 DNA 序列亲和的特点，通过凝胶延滞实验（gel retardation assay），可以在细胞抽提物中进行检测。未结合蛋白质的 DNA 迁移最快，结合蛋白质的 DNA 有迁移延滞现象，结合蛋白质分子越大的 DNA，其迁移延滞现象越明显；再经放射自显影，可见一系列 DNA 带谱，每条带代表不同的 DNA- 蛋白质复合物；然后再用细胞组分分离法将其进一步分开。非组蛋白有以下特性：①多样性和异质性；②具有识别结合的特异性；③具有功能多样性，包括基因表达的调控和协助染色质高级结构的形成。

在真核细胞中迄今已发现诸多的特异 DNA 序列结合蛋白，根据它们与 DNA 结合的结构域不同，可将其分为不同的结合蛋白家族。下面是结合蛋白的几种主要结构模式（图 9-8）。

1）α 螺旋 - 转角 -α 螺旋模式（helix-turn-helix motif）　该模式最早在原核基因的激活蛋白和阻遏蛋白中发现，也是最简单的 DNA 结合蛋白模式。这种蛋白质与 DNA 结合形成对称的同型二聚体结构。构成二聚体的每个单位由 20 个氨基酸组成 α 螺旋 - 转角 -α 螺旋结构，两个 α 螺旋相互连接构成转角，其中一个 C 端的 α 螺旋为识别螺旋（recognition helix），负责识别 DNA 大沟的特异碱基信息，另一个螺旋没有特异性，与 DNA- 磷酸戊糖骨架接触，在与 DNA 特异结合时，以二聚体形式发挥作用，识别螺旋的氨基酸侧链与 DNA 特定碱基对间以氢键结合。

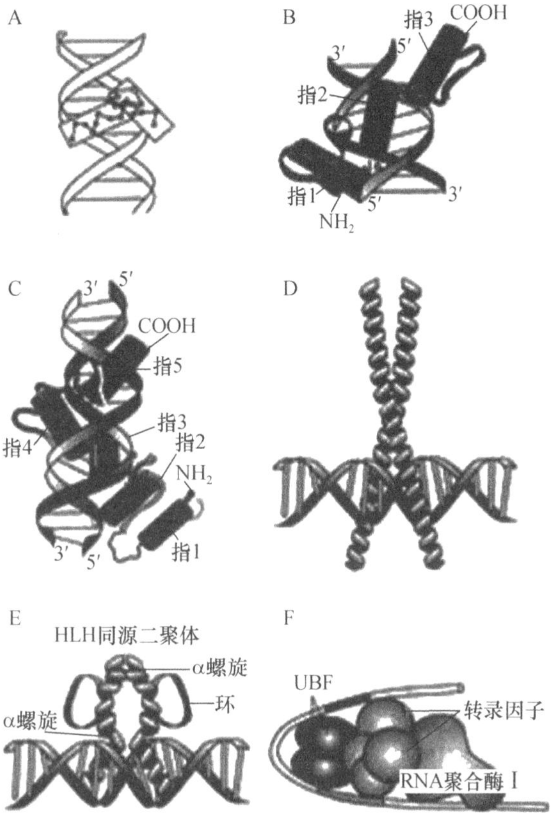

图 9-8　序列特异性 DNA 结合蛋白的不同结构模式

A. α 螺旋 - 转角 -α 螺旋模式；B、C. 锌指模式；D. 亮氨酸拉链模式；E. 螺旋 - 环 - 螺旋结构模式；F. HMG 盒结构模式

2）锌指模式（zinc finger motif）　该模式的共同特点是以锌离子作为活性结构的一部分，同时都通过 α 螺旋结合于 DNA 双螺旋结构的大沟中。许多转录因子都含有锌指结构。每个“手指”上的锌离子与两个半胱氨酸残基和两个组氨酸残基形成共价键。两个半胱氨酸残基是位于锌指一侧的双链 β 折叠的一部分，而两个组氨酸残基是位于锌指另一侧的短的 α 螺旋的一部分。这些蛋白质通常含有多个指状结构，它们独立起作用，相互间有一定距离，以便于插入靶 DNA 相邻的大沟内。第一个发现的锌指蛋白是 TFⅢA，含 9 个锌指。其他含有锌指结构的蛋白包括 Egr（参与细胞分裂相关基因的激活）和 GATA（参与心肌发育）。通过对比许多锌指蛋白，人们发现锌指结构为多种氨基酸序列提供了识别各种 DNA 序列的结构框架。

3）亮氨酸拉链模式（leucine zipper motif，ZIP）　其得名来自在约 35 个残基的 α 螺旋中，每 7 个氨基酸就有一个亮氨酸。由于 α 螺旋每 3.5 个残基重复一次，所以这些亮氨酸残基都在螺旋的同一个方向出现。与大多数其他转录因子一样，这类蛋白质与 DNA 特定的结合都是以二聚体形式发挥作用。具有该类结构模式的转录因子有酵母转录激活因子（GCN4），癌蛋白 Jun、Fos，以及增强子结合蛋白 C/EBP 等。

4）螺旋 - 环 - 螺旋结构模式（helix-loop-helix motif，HLH）　顾名思义，这种结构模式由两个 α 螺旋和它们之间的环状结构组成。每个 α 螺旋由 15～16 个氨基酸残基组成，并含有几个保守的氨基酸残基。与上述亮氨酸拉链结构模式相似，HLH 同样形成蛋白二聚体并与靶 DNA 序列结合。研究表明，α 螺旋在 HLH 蛋白与 DNA 的结合过程中起重要作用。如缺少与 DNA 结合的 α 螺旋时，HLH 蛋白虽能形成异源二聚体，但不能与 DNA 牢固结合。参与引发肌肉细胞分化的转录因子 MyoD、原癌基因产物 Myc 等蛋白包含有此类结构。

5）HMG 盒结构模式（HMG box motif） HMG 盒因含有丰富的高迁移率蛋白家族（high mobility group，HMG）而得名。HMG 盒由 3 个 α 螺旋组成，形成可移动平台样的结构模式，具有弯曲 DNA 的能力。因此，具有 HMG 框结构的转录因子又称“构件因子”（architectural factor），它们通过弯曲 DNA，促进了结合位点附近的转录因子间的相互作用。SRY 是一种 HMG 蛋白，在男性性别分化中起关键作用。SRY 蛋白由 Y 染色体上的基因编码，在睾丸分化途径中激活基因转录。SRY 基因突变使其编码的蛋白质不能结合 DNA，导致“性反转”。性反转个体虽然具有 XY 染色体但却发育成女性。另一种 HMG 蛋白为 UBF，它激活由 RNA 聚合酶 I 所执行的 rRNA 基因的转录。UBF 以二聚体的形式结合 DNA。其两个亚基包含 10 个 HMG 盒。通过与 DNA 上连续位点的相互作用，UBF 扭曲 DNA 双螺旋链，并使 DNA 缠绕在蛋白质分子上。DNA 环化使相距 120bp 的两个调控序列靠近，导致一个或更多的转录因子协同结合，从而有利于进行转录。

三、染色质的基本结构单位——核小体

1974 年，Kornberg 等对染色质进行酶切和电镜观察，发现核小体（nucleosome）是染色质的基本结构单位，提出了染色质结构的“串珠”模型。

主要的实验证据有：①铺展染色质的电镜观察。未经处理的染色质自然结构为直径 30nm 的纤丝，经盐溶液处理后解聚的染色质呈现一系列核小体彼此连接的串珠状结构，串珠直径为 10nm（图 9-9）。②用微球菌核酸酶（micrococcal nuclease）消化核小体链一定时间后，连接 DNA 被降解，获得了核小体的核心颗粒（图 9-10）。③应用 X 线衍射、中子散射和电镜三维重建技术研究，发现核小体颗粒是直径为 11nm、高 6.0nm 的扁圆柱体，具有二分对称性（dyad symmetry），核心组蛋白的构成是先形成 $(H3)_2$-$(H4)_2$ 四聚体，然后再与两个 H2A-H2B 异二聚体结合形成八聚体（图 9-11）。④ SV40 微小染色体（minichromosome）分析与电镜观察结果基本一致，证明约 200bp 构成一个核小体。

核小体结构要点：①每个核小体单位包括 200bp 左右的 DNA 超螺旋和一个组蛋白八聚体及一个分子 H1；②组蛋白八聚体构成核小体的盘状核心结构，八聚体各含两个分子

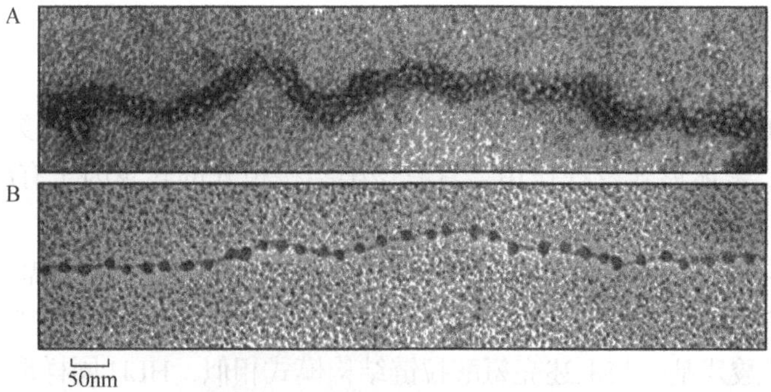

图 9-9 处理前后的染色质丝的电镜照片（Alberts et al.，2002）

A. 自然结构：30nm 的纤丝；B. 解聚的串珠结构

的 H2A、H2B、H3 和 H4；③ 146bp 的 DNA 分子超螺旋盘绕组蛋白八聚体 1.75 圈，组蛋白 H1 在核心颗粒外结合额外 20bp DNA，锁住核小体 DNA 的进出端，起稳定核小体的作用；④两个相邻核小体之间以连接 DNA（linker DNA）相连，典型长度为 60bp，不同物种变化值为 0～80bp（图 9-12）；⑤组蛋白与 DNA 之间的结合基本不依赖于核苷酸的特异序列，实验表明，核小体具有自组装（self-assembly）的性质；⑥核小体沿 DNA 的定位受不

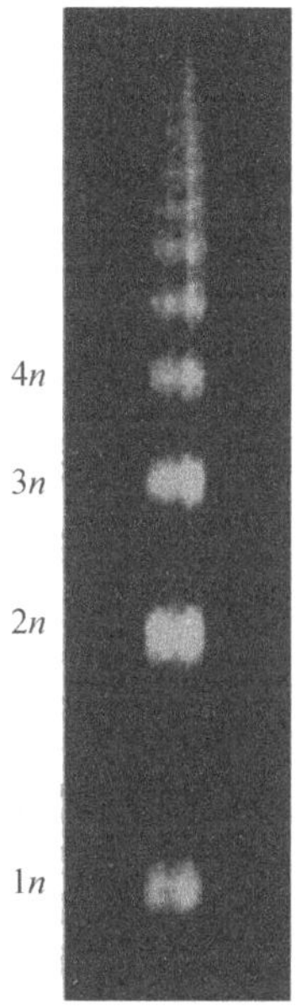

图 9-10　微球菌核酸酶消化核小体电泳带型（Kornberg and Klug，1981）

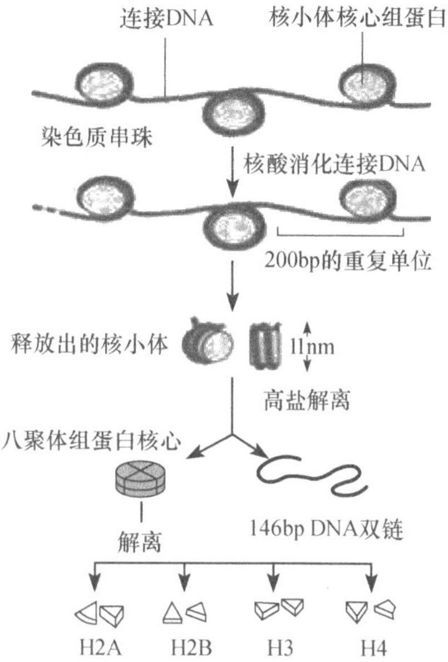

图 9-12　核小体的性质及结构要点示意图（Alberts et al.，2002）

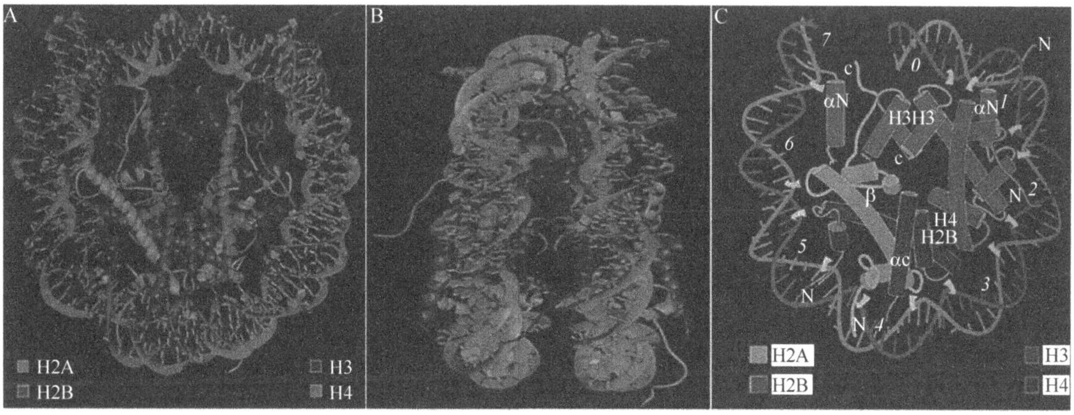

图 9-11　由 X 线晶体衍射所揭示的核小体三维结构（Luger et al.，1997）

A. 通过 DNA 超螺旋中心轴所显示的核小体核心颗粒 8 个组蛋白分子的位置；B. 垂直于中心轴的角度所见到的核小体核心颗粒的盘状结构；C. 半个核小体核心颗粒的示意模型，一圈超螺旋（73bp）和 4 种核心组蛋白分子，每种组蛋白由 3 个 α 螺旋和一个伸展的 N 端尾部组成

同因素的影响，进而通过核小体相位改变影响基因表达。

四、染色质的包装

核小体的发现使在电镜下看到的直径为 10nm 左右的纤维得到了合理的解释，但是在生活的细胞内染色质很少呈伸展的串珠样结构，而是由核小体链包装成更紧密有序的高一级结构，形成直径为 30nm 的染色质纤维。这些纤维是怎样形成的呢？染色质又如何进一步组装成更高级的结构，直至最终形成染色体的过程尚不是非常清楚，目前主要有两种模型。

图 9-13 核小体串珠结构包装成直径为 30nm 的螺旋管的图解（Alberts et al.，2002）

1. 多级螺旋模型（multiple coiling model）

由 DNA 与组蛋白自组装成核小体，在组蛋白 H1 的介导下核小体彼此连接形成直径约 10nm 的核小体串珠结构，这是染色质包装的一级结构。在组蛋白 H1 存在时，由核小体链螺旋盘绕，形成每圈 6 个核小体，外径 30nm、内径 10nm、螺距 11nm 的螺线管（solenoid）（图 9-13）。组蛋白 H1 对螺线管的稳定起重要作用。螺线管是染色质包装的二级结构。Bak 等（1977）在光镜和电镜下研究人胎儿成纤维细胞的染色体，分离出直径 0.4μm 的、长 11～16μm 的染色质纤维，称其为单位线（unit fiber）。在电镜下观察其横切面，表明它是由螺线管进一步螺旋化形成的直径为 0.4μm 的圆筒状结构，称为超螺线管（supersolenoid），这是染色质包装的三级结构。由超螺线管进一步螺旋折叠，形成长 2～10μm 的染色单体，即染色质包装的四级结构，故又称染色体的四级结构模型。总之由 DNA 到形成染色体经过四级包装，其 DNA 的压缩比例为：

$$\text{DNA} \xrightarrow{\text{压缩 7 倍}} \text{核小体} \xrightarrow{\text{压缩 6 倍}} \text{螺线管} \xrightarrow{\text{压缩 40 倍}} \text{超螺线管} \xrightarrow{\text{压缩 5 倍}} \text{染色单体}$$

四级包装结构共压缩了 8400 倍。

2. 骨架放射环结构模型（scaffold radial loop structure model）

关于染色质的包装，虽然在一级结构和二级结构上已基本取得了一致的看法，但从直径 30nm 的螺线管如何进一步包装成染色体尚有不同的看法。

Laemmli 等用 2mol/L 的 NaCl 或硫酸葡聚糖加肝素处理 HeLa 细胞中期染色体，去除组蛋白和大部分非组蛋白后，在电镜下可观察到由非组蛋白构成的染色体骨架（chromosomal scaffold）和与骨架相连的无数的 DNA 侧环（图 9-14）。此外，实验观察发现，一些特殊染色体如两栖类卵母细胞的灯刷染色体或昆虫细胞的多线染色体，几乎都含有类似的袢环结构域（loop domain），从而提示袢环结构可能是染色体高级结构的普遍特征。

关于染色体骨架和染色质袢环的研究，使染色体袢环结构模型近年来引起人们的重视。Pienta 和 Coffey（1984）对该模型进行了详细的描述：首先是直径 2nm 的双螺旋 DNA 与组蛋白八聚体构建成连续重复的核小体，其直径为10nm。然后以6个核小体为单位盘绕成30nm的螺线管。由螺线管形成DNA复制环，每18个复制环呈放射状平面排列，结合在核基质上形成微带（miniband）。微带是染色体高级结构的单位，大约10^6个微带沿纵轴构建成子染色体。

上述两种关于染色体高级结构的组织模型，前者强调螺旋化，后者强调环化与折叠。二者都有一些实验和观察的证据，然而染色体的超微结构具有多样性，染色体的结构模型也同样具有多样性。

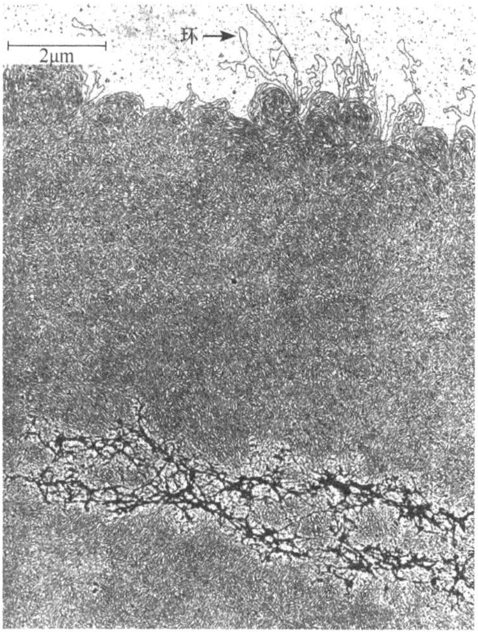

图 9-14　细胞去除组蛋白的中期染色体电镜照片（杜传书和刘祖洞，1992）

五、中期染色体的形态结构

细胞分裂的中期染色体具有比较稳定的形态，它由两条相同的姐妹染色单体（sister chromatid）构成，彼此以着丝粒相连。根据着丝粒在染色体上所处的位置，可将染色体分为4种类型（表9-2，图9-15）：中着丝粒染色体（metacentric chromosome），两臂长度相等或大致相等；亚中着丝粒染色体（submetacentric chromosome）；亚端着丝粒染色体（subtelocentric chromosome），具微小短臂；端着丝粒染色体（telocentric chromosome）。

表 9-2　根据着丝粒位置进行的染色体分类（Levan et al.，1964；Green et al.，1980）

着丝粒位置	染色体符号	着丝粒比①	着丝粒指数②
中着丝粒	m	1.00～1.67	0.500～0.375
亚中着丝粒	sm	1.68～3.00	0.374～0.250
亚端着丝粒	st	3.01～7.00	0.294～0.125
端着丝粒	t	7.01～∞	0.124～0.000

注：①长臂长度/短臂长度；②短臂长度/染色体总长度

染色体各部的主要结构如下。

1）*着丝粒*（centromere）*与着丝点*（*动粒*，kinetochore）　着丝粒位于染色体臂的缢缩处或染色体端部，该缢缩处称为主缢痕（primary constriction）。它与纺锤丝相连，与染色体移动有关，在分裂后期时，使染色单体分开移向两极。着丝粒是一种高度有序的整合结构，可将其分为3个结构域：动粒结构域（kinetochore domain）、中央结构域（central domain）和配对结构域（pairing domain）（图9-16）。动粒结构域位于着丝粒表面，具3层结构及其外的纤维冠（fibrous corona）。中央结构域包括着丝粒的大部分区域，是着丝粒区

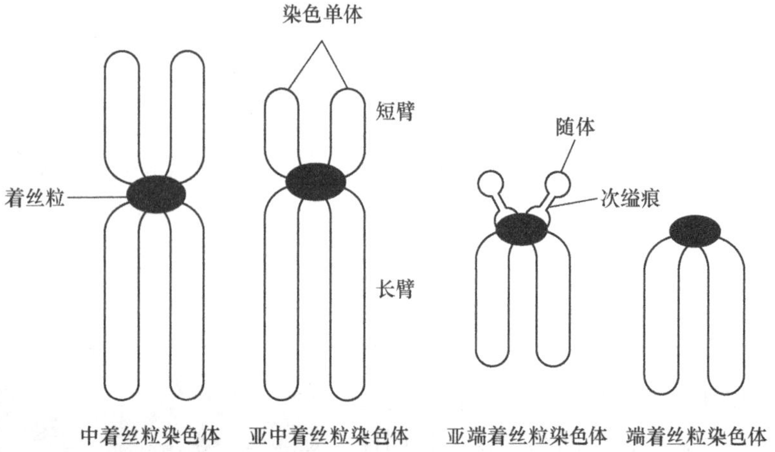

图 9-15　根据着丝粒位置进行的染色体分类图示（汪堃仁等，1998）

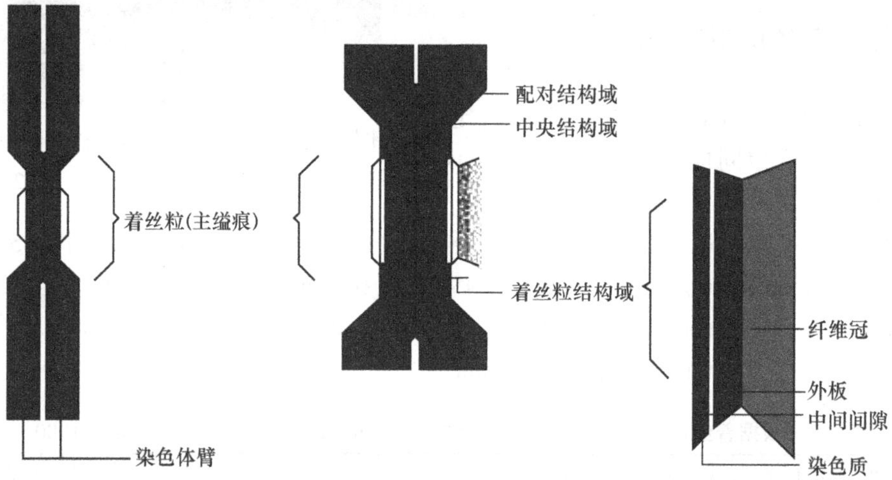

图 9-16　着丝粒的结构域组织（Rattner，1991）

的主体，由富含高度重复序列的 DNA 构成，在人类基因组为由高度重复的 α 卫星 DNA 组成。位于着丝粒内表面的配对结构域是中期两条染色单体的相互作用位点。虽然 3 种结构域具有不同的功能，但它们并不独自发挥作用，正是 3 种结构域的整合功能，才确保细胞在有丝分裂中染色体与纺锤体整合，发生有序的染色体分离。

2）次缢痕（secondary constriction）　除主缢痕外，在染色体上其他的浅染缢缩部位。它的数目、位置和大小是某些染色体所特有的形态特征，因此可作为鉴别染色体的标志。

3）核仁组织区（nucleolar organizing region，NOR）　位于染色体的次缢痕部位，但并非所有的次缢痕都是 NOR。染色体 NOR 的 rRNA 基因（5S rRNA 基因除外）所在部位与间期细胞核仁形成有关。

4）随体（satellite）　位于染色体末端的球形染色体节段，通过次缢痕与染色体主体部分相连。它是识别染色体重要形态特征之一，带有随体的染色体称为 sat 染色体。

5）端粒（telomere）　位于每条染色体的端部，通常由富含嘌呤的串联重复序列组成，如 TTAGGG 重复上千次，为染色体端部的异染色质结构。其作用在于维持染色体的独立性和稳定性，与染色体在核内的空间排布及减数分裂时同源染色体的配对有关。近年来的研究表明端粒的长度与细胞及生物个体的寿命有关。

六、染色体 DNA 的 3 种功能元件

在细胞世代中确保染色体的复制和稳定遗传，起码应具备 3 种功能元件（functional element）：①一个 DNA 复制起点，使染色体能自我复制，维持其遗传的稳定性；②一个着丝粒，使复制的染色体在细胞分裂时平均分配到两个子细胞中；③在染色体两端必须有端粒，使 DNA 能完成复制，并保持染色体的独立性和稳定性。构成染色体 DNA 的这 3 种关键序列（key sequence），称为染色体 DNA 的功能元件（图 9-17）。采用分子克隆技术，可将真核细胞染色体的复制起点、着丝粒和端粒这 3 种关键序列分别克隆出来，再将它们互相搭配连接构成人工染色体（artificial chromosome），或称人造微小染色体（artificial minichromosome）。

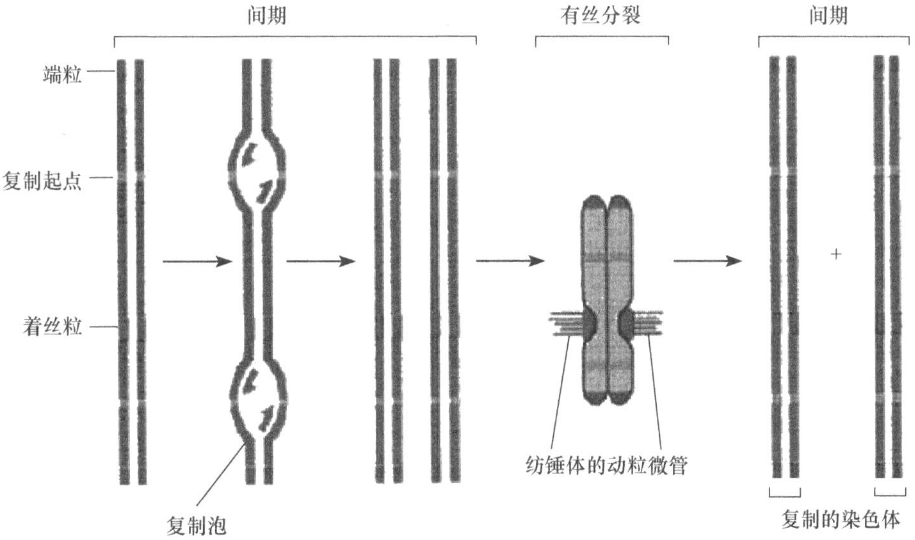

图 9-17 真核细胞染色体的 3 种功能元件示意图（Alberts et al.，2002）

1. 自主复制 DNA 序列（autonomously replicating DNA sequence，ARS）

应用 DNA 重组技术，将酵母的 DNA 片段（含遗传标记）重组到大肠杆菌的质粒中，以此重组质粒去转化酵母细胞，结果，重组质粒能在酵母细胞中复制、表达，而单纯的质粒则不能转化酵母细胞。这说明酵母 DNA 片段除具有遗传标记的基因外，还含有酵母染色体 DNA 自主复制起始序列。该序列首先在酵母基因组 DNA 序列中发现，它能使重组质粒高效表达，也能在酵母细胞中独立于宿主染色体而存在。对不同来源的 ARS 进行分析，发现它们都具有一段 11～14bp 的同源性很强的富含 AT 的共有序列（consensus sequence），此序列及其上下游各约 200bp 的区域是维持 ARS 的功能所必需的。大部分真核细胞的染色体具有许多 DNA 复制起始序列，以确保整个染色体能快速复制。

2. 着丝粒 DNA 序列（centromere DNA sequence，CEN）

上述插入 ARS 的重组质粒，虽然能在酵母细胞中复制和表达，但由于缺少着丝粒，因此不能在酵母细胞有丝分裂时平均分配到子细胞中去。如果将酵母染色体着丝粒 DNA 序列再插入这个 ARS 重组质粒中，结果这种新的重组质粒便能表现出正常染色体的行为——复制后分离。对不同来源的 CEN 分析结果表明，它们的共同特点是都有两个相邻的核心区，一个是 80～90bp 的 AT 区，另一个是 11bp 的保守区。一旦伤及这两个核心区序列，CEN 便丧失其生物学功能。

3. 端粒 DNA 序列（telomere DNA sequence，TEL）

如果将插入 ARS 和 CEN 序列的环状重组质粒在单一位点切开，形成一个具有两个游离端的线性 DNA 分子，虽然可以在酵母细胞中复制并附着到有丝分裂的纺锤体上，但最终还是要从子细胞中丢失。这是因为环状 DNA 变成线性 DNA 分子后无法解决“末端复制问题”，即新合成的 DNA 链 5′ 端 RNA 引物被切除后变短的问题。真核细胞对这一问题的解决，有赖于每条染色体末端进化形成了特殊的端粒 DNA 序列及能够识别和结合端粒序列的蛋白质——端粒酶（telomerase）。端粒位于真核染色体的末端，由端粒 DNA 和端粒相关蛋白组成。端粒 DNA 是由简单重复的非编码序列 TYAGGG 组成，这些序列在进化中高度保守。端粒的主要功能在于维持染色体的稳定性，参与细胞核中一系列活动，如染色体定位、转录抑制、异染色体形成等，在细胞内的有丝分裂中起“时钟”作用，从而保证细胞在有丝分裂时染色体能够准确分离。

端粒的长度维持在一定的范围内是细胞正常有丝分裂的保证。正常体细胞每传代一次，端粒丢失 50～150bp，当端粒缩短至 2～4kb 时，染色体的稳定性常受到破坏，细胞出现衰老迹象。在端粒长度的维持过程中有两类重要蛋白，即端粒相关蛋白和端粒酶。端粒相关蛋白在维持端粒稳定性方面起重要作用；端粒酶在维持端粒长度过程中有不可替代的作用。当 *p53*、*Rb* 等抑癌基因发生突变或缺失或经病毒整合后，少数细胞的端粒酶被激活，端粒功能得到恢复，细胞得到“永生”，成为肿瘤细胞。

端粒酶是一种反转录酶，以 RNA 为模板合成 DNA，但又与大多数反转录酶不同，端粒酶本身就含有作为模板的 RNA，能将新的重复单位加到突出链的 3′ 端。研究发现在人的生殖细胞和部分干细胞中有端粒酶活性，而在所有体细胞里则尚未发现端粒酶活性。肿瘤细胞具有表达端粒酶活性的能力，使癌细胞得以无限制增殖。

七、核型及染色体显带技术

核型（karyotype）是指染色体组在有丝分裂中期的表型，包括染色体数目、大小、形态特征。核型分析通常是将显微摄影得到的染色体照片剪贴、分组排列、测量统计并进行分析的过程。由于染色体的长度随其包装紧密程度不同而异，因此一般论及染色体的长短是指其相对长度，即该染色体长度占整套单倍染色体组总长的百分数。将一个染色体组的全部染色体逐个按其形态特征绘制下来，再按长短、形态等特征排列起来的图像称为核型模式图（idiogram），它代表一个物种的核型模式。

核型分析主要是根据染色体的形态特征进行的，因此有时对染色体仍不易精确地识别和区分。1968 年，瑞典学者 Casperson 首先应用荧光染料氮芥喹吖因（quinacrine mustard）处理染色体标本，在荧光显微镜下发现每条染色体沿其长轴出现宽窄和亮度不同的带纹，是为荧光带，而且每条染色体都有其特殊的带型（banding pattern）（图 9-18）。通过带型可清楚地识别每条染色体，这样，显带技术为深入研究染色体异常和基因定位等提供了基础，从此发展了多种显带技术。

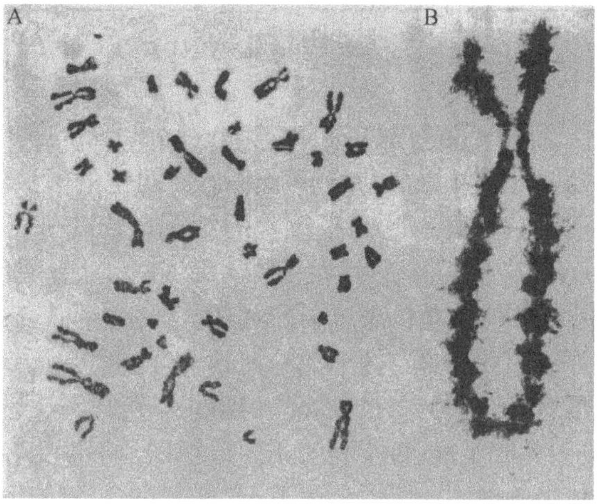

图 9-18 染色体核型图（周洁民等，1983）

A. 人体染色体核型的电镜照片；B. 中国仓鼠 6 号染色体 ×7500 固定后未经 Giemsa 染液染色处理呈现的天然 G 带，染色体纵长上出现融合浓缩的“染色粒”

经染色体显带技术处理所显示的染色体带纹类型，一类是染色体带分布在整个染色体长度上，如 Q 带、G 带和 R 带；另一类是局部性显带，如 C 带、N 带、F 带、cd 带、T 带等。Q 带（Q band）是用氮芥喹吖因或双盐酸喹吖因等荧光染料对有丝分裂中期的染色体进行染色，可使异染色质染色粒着色，从而在染色体的不同部位显示出不同的荧光带。在紫外线照射下呈现荧光亮带和暗带，一般富含 AT 碱基的 DNA 区段表现为亮带，富含 GC 碱基的 DNA 区段表现为暗带。G 带（G band）又称吉姆萨带（Giemsa band），是以胰酶或碱、热、尿素、去污剂等处理有丝分裂中期的染色体，然后用 Giemsa 染液染色后所呈现的染色体区带（图 9-18）。它与 Q 带相似，但又不完全一致。R 带（R band）又称反带（reverse band），用 pH4.0～4.5 的磷酸盐缓冲液，在 88℃恒温条件下处理中期染色体，以吖啶橙或 Giemsa 染液染色，结果所显示的带型和 G 带明暗相间带型正好相反。C 带（C band）主要显示着丝粒结构异染色质及其他染色体区段的异染色质部分，一般在着丝粒区、次缢痕处或端部。N 带（N band）又称核仁形成区带（nucleolus organizer region band），可在核仁形成区产生深色带纹。T 带（T band）又称端粒带（telomeric band），是中期染色体经吖啶橙染色后在端粒部位所呈现的带纹，可用于分析染色体末端的结构畸变。

核型和染色体带型具有种属特异性。染色体标准带型与核型是一个物种在进化上稳定的特征，特别是染色体带型在应用上具有更高的准确性。由于染色体带型能明确鉴别一个核型中的任何一条染色体，乃至一个易位片段，因此，通过核型和带型分析，可研究一些物种的分类和进化，以及研究遗传变异进行杂交育种，并应用染色体畸变的染色体带型所显示的姐妹染色体交换（sister chromatid exchange，SCE）作为手段和指标检测环境中的致突变物。

八、巨型染色体

顾名思义，巨型染色体（giant chromosome）是由于它比一般染色体巨大而得名，这类染色体包括多线染色体和灯刷染色体。

（一）多线染色体

多线染色体（polytene chromosome）是 1881 年由意大利细胞学家 Balbiani 首先在双翅目昆虫摇蚊（*Chironomus* sp.）幼虫的唾液腺细胞中发现的。它存在于双翅目昆虫的唾液腺、气管、肠和马氏管的细胞内，此外，在原生动物纤毛虫类的棘尾虫（*Stylonichia mytilus*）的大核内以及植物的助细胞和反足细胞中也发现了多线染色体。

多线染色体来源于核内有丝分裂（endomitosis），即核内 DNA 多次复制而细胞不分裂，复制后的子染色体不能分配到子细胞中，且有序地并行排列；又由于体细胞内同源染色体配对，紧密结合在一起从而阻止染色质纤维进一步聚缩，最终形成体积很大的多线染色体（图 9-19）。同种生物的不同组织以及不同生物的同种组织的多线化程度各不相同。在果蝇唾液腺细胞中，染色体进行 10 次 DNA 复制，因而形成 $2^{10}=1024$ 条同源 DNA 拷贝，形成的多线染色体比同种有丝分裂染色体长 200 倍以上，4 条配对染色体其全长可达 2mm。

图 9-19　果蝇唾液腺细胞全套多线染色体（翟中和等，2011）

在光镜下观察多线染色体，可见每条染色体上有一系列交替分布的带（band）和间带（interband）（图 9-20）。每条带和间带代表着一套 1024 个相同的 DNA 序列。带区的包装程度比间带高得多，估计有 85% 的 DNA 分布在带上，15% 的 DNA 分布在间带，所以带区为深染，而间带浅染。带和间带都含有基因，可能管家基因（house-keeping gene）位于间带，而有细胞类型特异的奢侈基因（luxury gene）位于带上。多线染色体上带的形态、大小及分布都相当稳定，每条带能按其宽窄和间隔予以识别，并给以标号，由此得到了多线染色体的带型图（polytene chromosome map）。

在果蝇个体发育的某个阶段，多线染色体的某些带区变得疏松膨大而形成涨泡（puff）。最大的涨泡称为 Balbiani 环。用 ^3H 标记的尿嘧啶核苷掺入多线染色体，以放射自显影检测，发现涨泡被标记，说明涨泡是基因活跃的形态学标志（图 9-21）。控制果蝇多线染色体基因转录活性的主要因素之一是蜕皮激素，这种激素在幼虫发育期间具有周期性的变化，当机体从一个发育阶段向另一阶段进行时，新的涨泡出现，老的涨泡缩回。一定的涨泡在发育的一定时间出现和消失，即当转录单位被激活或失去活性，则产生不同的 mRNA 和蛋白质。因此，涨泡的出现、发育和消失过程直接反映了基因转录的活性谱。

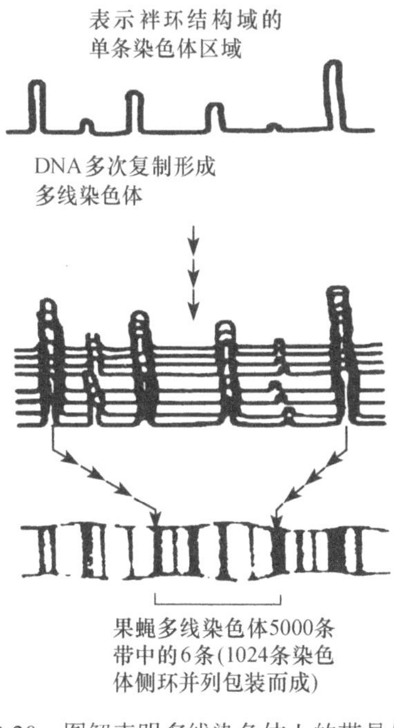

图 9-20 图解表明多线染色体上的带是如何通过同源染色体袢环区对应并行排列而成的（Alberts et al.，2002）

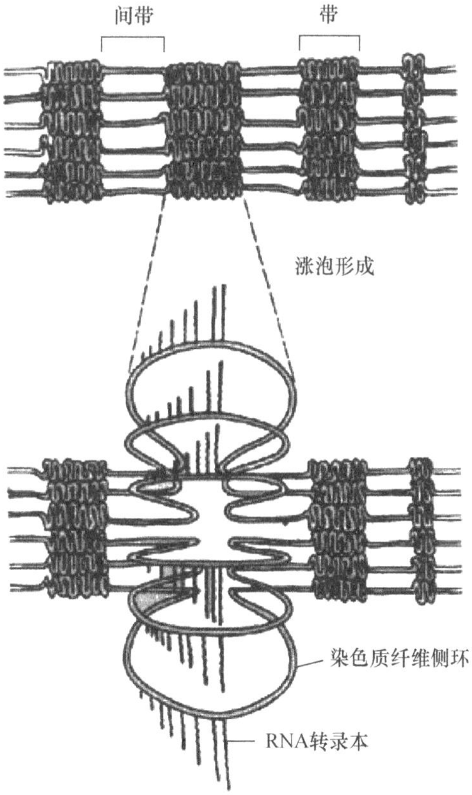

图 9-21 多线染色体的涨泡形成和 RNA 转录

（二）灯刷染色体

灯刷染色体（lampbrush chromosome）在 1882 年由 Flemming 在研究美西螈卵巢切片

时首次报道，但由于其形态特殊而未肯定它是一种染色体。1892 年，Rukert 研究鲨鱼卵母细胞时，给灯刷染色体以正式命名。灯刷染色体普遍存在于动物界的卵母细胞中，其中两栖类卵母细胞的灯刷染色体最典型（图 9-22）。在植物界，也有灯刷染色体报道，如一种大型单细胞藻——地中海伞藻（*Acetabularia mediterranea*）有典型的灯刷染色体，高等植物如玉米、垂花葱（*Allium cernuum*）在雄性配子减数分裂中出现不典型的灯刷染色体。

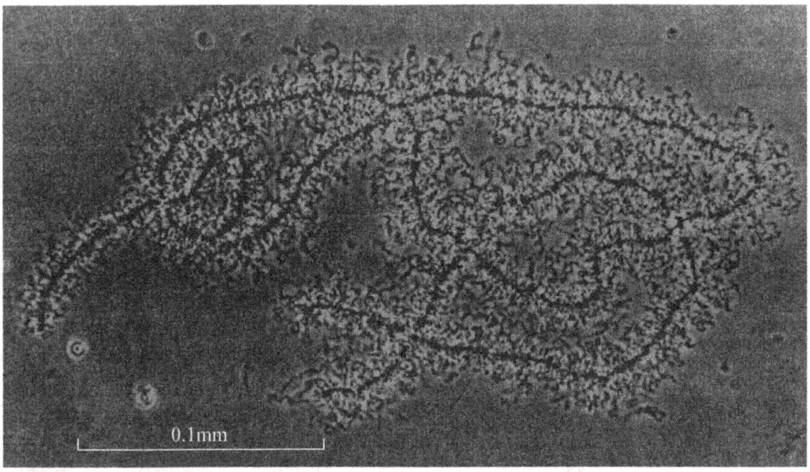

图 9-22　两栖类卵母细胞中的一个灯刷染色体（潘大仁，2007）

灯刷染色体是卵母细胞进行减数第一次分裂时停留在双线期的染色体，它是一个二价体，包含 4 条染色单体。双线期染色体的主要特点是交叉（chiasma）现象明显，常可见两条同源染色体间有几处交叉。这一状态在卵母细胞可维持数月或数年之久。

每条染色单体由一条染色质纤维构成，每条纤维分化为主轴以及主轴两侧数以万计的侧环，状如灯刷，故名灯刷染色体。大部分 DNA 包装于主轴上的染色粒中，没有转录活性，侧环是 RNA 转录活跃的区域。一个侧环往往是一个大的转录单位，有的是几个转录单位组合构成的。

第三节　核仁与核仁周期

核仁（nucleolus）是真核细胞间期核内最显著的结构。在光学显微镜下，核仁通常是匀质的球形小体，一个或多个。核仁的大小、形状和数目随生物的种类、细胞形状和生理状态而异。蛋白质合成旺盛、生长活跃的细胞如分泌细胞、卵母细胞等，核仁很大；不具蛋白质合成能力的细胞如肌肉细胞、休眠的植物细胞，其核仁很小，说明核仁与蛋白质合成关系密切。核仁中主要含蛋白质，为核仁干重的 80% 左右，RNA 为核仁干重的 10% 左右，DNA 含量较少，脂类含量极少。在细胞周期中，核仁又是一个高度动态的结构，在有丝分裂期间表现出周期性的消失与重建。真核生物的核仁具有重要功能，它是 rRNA 的合成、加工场所及核糖体亚单位的组装场所。

一、核仁的结构

在电镜下显示出的核仁超微结构与细胞质中大多数细胞器不同，在核仁周围没有界膜包裹，可识别出有 3 个特征性区域：纤维中心、致密纤维组分和颗粒组分（图 9-23）。

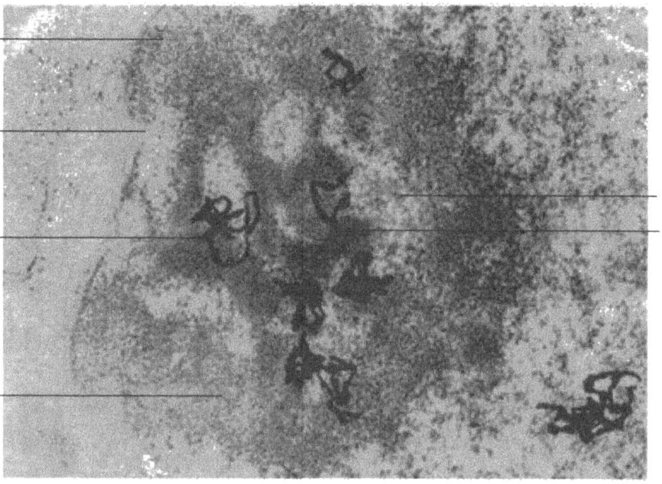

图 9-23 BHK-21 细胞核仁的电镜照片（翟中和等，2011）

银粒示 rRNA 转录部位

1. 纤维中心

在电镜下观察，纤维中心（fibrillar center，FC）是被密集的纤维成分不同程度地包围着的浅染的低电子密度区域。电镜细胞化学和放射自显影研究已经确证，在纤维中心存在 rDNA、RNA 聚合酶 Ⅰ 和结合的转录因子，并且光镜和电镜水平的原位杂交也证明了这种 DNA 具有 rRNA 基因的（rDNA）性质。另外，有证据表明，FC 中的染色质不形成核小体结构，并无转录活性，也没有组蛋白存在，但存在嗜银蛋白，其中磷蛋白 C23 的存在已得到免疫电镜的证明，并认为它是和 rDNA 结合在一起的，可能与核仁中染色质结构的调节有关。

2. 致密纤维组分

致密纤维组分（dense fibrillar component，DFC）是核仁超微结构中电子密度最高的部分，染色深，呈环形和半月形包围 FC，由致密纤维组成，通常见不到颗粒。用 ^3H 作为 RNA 前体物对细胞进行脉冲标记，放射自显影观察及电镜原位分子杂交等实验表明，DFC 是 rDNA 合成 rRNA 并进行加工的区域，在该区域还存在一些特异性结合蛋白，如核仁纤维蛋白（fibrillarin）、核仁素（nucleolin）和 Ag-NOR 蛋白。核仁素的存在，使核仁能被特征性地银染。由于 DFC 和 FC 在结构上非常靠近，有人认为应合在一起视为一个单位。

3. 颗粒组分

在代谢活跃的细胞的核仁中，颗粒组分（granular component，GC）是核仁的主要结构。该区域由电子密度较高的、直径 15～20nm 的核糖核蛋白（RNP）颗粒构成，可被蛋白酶和 RNase 消化，这些颗粒是正在加工、成熟的核糖体亚单位前体颗粒，间期核中核仁的大小差异主要是由颗粒组分数量的差异造成的。

除了上述 3 种基本核仁组分外，核仁被一些染色质包裹，称为核仁相随染色质（nucleolar associated chromatin）：一部分是包围在核仁周围的染色质，称为核仁周边染色质（perinucleolar chromatin）；另一部分是伸入核仁内的染色质，称为核仁内染色质（intranucleolar chromatin）。此外，应用 RNase 和 DNase 处理核仁，在电镜下看到的残余部分，称为核仁基质（nucleolar matrix）或核仁骨架。FC、DFC 和 GC 这 3 种组分都湮没在这种无定形的核仁基质中。

虽然核仁 3 种特征性区域的结构，以及它们以某种方式与 rRNA 的转录和加工有关的特性已被人们所共识，然而，关于 rRNA 基因转录的精确位点仍有许多争议。通常认为 FC 区域是 rDNA 基因的储存位点，DFC 与 FC 的交界处是 rDNA 进行转录的位点，GC 区域是核糖体亚基成熟和储存的位点。

二、核仁的功能

核仁的主要功能是合成、加工核糖体 RNA 和核糖体亚单位的装配。

1. rRNA 的合成

如前所述，蛋白质合成旺盛的细胞核仁大。蛋白质合成是在细胞质的核糖体进行的，而 rRNA 是在核仁中生成的。因此蛋白质合成旺盛的细胞，核仁中大量合成 rRNA，故核仁体积增大。

合成 rRNA 需要有 rRNA 基因，这些基因被定位在核仁组织区，该区域的基因编码 18S rRNA、28S rRNA 和 5.8S rRNA。实验表明，缺失核仁组织区（无核仁）的非洲爪蟾（*Xenopus laevis*）纯合突变型是致死的，由于它不能合成 rRNA 和形成核糖体，胚胎发育一个星期后即死亡。

rRNA 基因转录成 rRNA 的形态学过程，最早是 Miller 等（1969）在非洲爪蟾卵母细胞的核仁中看到的。他们首先从这种动物中分离出卵母细胞的核仁，低渗处理使核仁的颗粒状外层迅速散去，而由纤维状结构组成的核仁的核心部分张开，经福尔马林固定，制成电镜标本进行观察。结果发现，核仁的核心部分是由纠缠在一起的一根长 DNA 纤维组成。新生的 RNA 链从 DNA 长轴两侧垂直伸展出来，而且是从一端到另一端有规律地增长，构成箭头状，外形似“圣诞树”。沿 DNA 长纤维有一系列重复的箭头状结构单位，每个箭头状结构代表一个 rRNA 基因转录单位，所有的箭头具有相同的“极性”，都指向同一方向，表明了 rRNA 基因在染色质轴丝上串联重复排列的特征（图 9-24）。在箭头的结构间存在着裸露的不被转录的 DNA 间隔片段。由图可见，在 DNA 长轴和 RNA 纤维相连接的部位存在颗粒，即 RNA 聚合酶Ⅰ，它们一边读码一边沿 DNA 分子移动，结果使转录合成中的 RNA 逐渐加长，最终形成一个 18S rRNA、28S rRNA 和 5.8S rRNA 前体分子。

2. rRNA 前体的加工

每个 rRNA 基因转录单位在 RNA 聚合酶Ⅰ作用下产生原初转录产物 rRNA 前体。但在不同的细胞中 rRNA 前体和最终剪切分子大小是不同的，如哺乳动物 rRNA 前体为 45S，果蝇为 38S，酵母为 37S，大肠杆菌为 30S。由于真核生物的 rRNA 加工过程比较缓慢，其

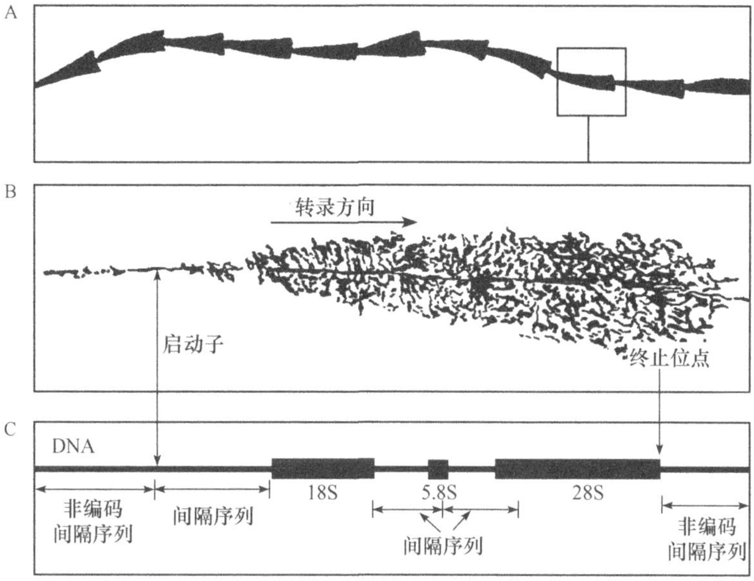

图 9-24 rRNA 基因串联重复排列，被非转录间隔所分开（汪堃仁等，1998）

A. 一个 NOR 铺展的电镜标本，可见 11 个转录单位；B. 一个 rDNA 转录单位的放大图；C. 一个 rDNA 单位的基因图谱示意图

中间产物可从各种细胞中分离出来，因此真核生物的 rRNA 加工过程比较清楚。

用 ^3H 标记 HeLa 细胞的 RNA，则可通过凝胶电泳分离到 45S rRNA 前体及其加工后产物。实验表明，rRNA 前体 45S（约 13kb）约在几分钟内合成，在核仁中很快被甲基化，然后 45S rRNA 前体被加工成为较小的组分约 41S、32S 和 20S 等中间产物；20S 很快裂解为 18S rRNA，并迅速被释放至细胞质中；32S 中间产物保留在核仁颗粒组分并被剪切为 28S 和 5.8S rRNA。真核生物中的 5S rRNA 基因（120bp）不定位在 NOR，由 RNA 聚合酶Ⅲ所转录，经适当加工后即参与到核糖体大亚基的组装。

在核糖体生物发生过程中，rRNA 前体被广泛修饰和加工，涉及一系列的核酸降解切割以及碱基修饰。与其他 RNA 转录物相比，rRNA 前体有两个特点，即含有大量甲基化的核苷酸和假尿嘧啶残基。甲基基团和假尿嘧啶的功能还不十分清楚，推测这些修饰可能在某种程度上保护 rRNA 前体免受酶的切割，促进 rRNA 折叠成最终的三维结构或促进 rRNA 与其他分子的相互作用。rRNA 前体的加工是在大量的核仁小 RNA 的帮助下完成的，这些 RNA 与特定的蛋白质包装成小分子核仁核糖核蛋白（small nucleolar ribonucleoprotein, snoRNP）颗粒。

3. 核糖体亚单位的组装

实验表明，45S rRNA 前体被转录后很快与蛋白质结合，因此，在细胞内 rRNA 前体的加工成熟过程是以核蛋白方式进行的。根据带有放射性标记的核仁组分分析，发现完整的 45S rRNA 前体首先与蛋白质结合被包装成 80S 核糖核蛋白（RNP）颗粒。在加工过程中，该颗粒再逐渐丢失一些 RNA 和蛋白质，然后剪切形成两种大小不同的核糖体亚基前体，最后在核仁中形成大、小亚基被输送到细胞质中。放射性脉冲标记和示踪实验表明，首先成熟的核糖体小亚基（含 18S rRNA）出现在细胞质中，而核糖体大亚基（包含 28S rRNA、5.8S rRNA 和 5S rRNA）的组装则完成较晚（图 9-25）。因此在核仁中包含较多未成熟的核糖体大亚基。其他被加工下来的蛋白质和小的 RNA 则存留在核仁中，可能起着催化核糖体构建的作用。

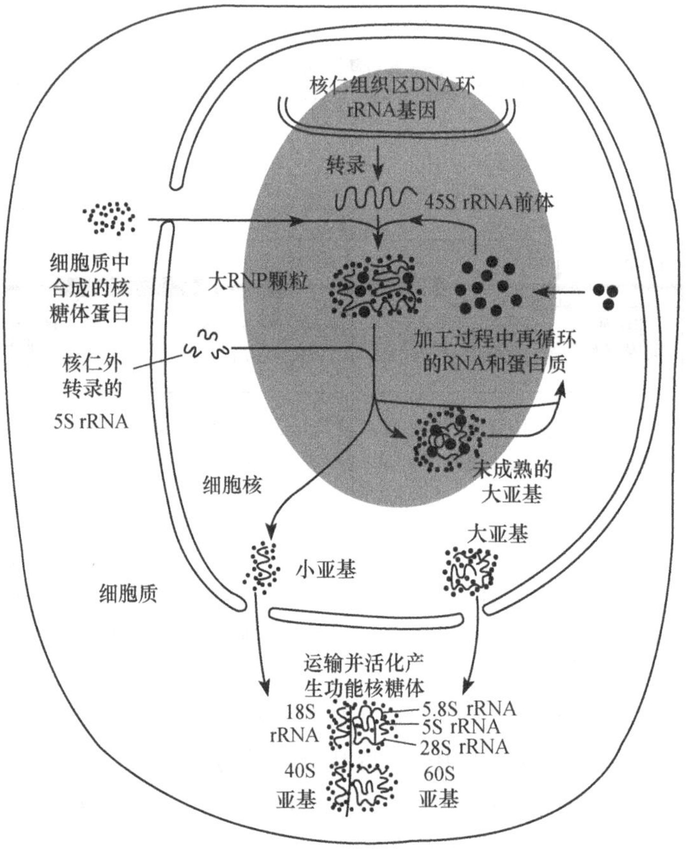

图 9-25　核仁在核糖体合成与组装中的作用（Albers et al.，2002）

一般认为，核糖体的成熟作用发生在细胞质，即大、小亚基单位被转移到细胞质后才能形成功能单位。这可能与阻止有功能的核糖体同细胞核中加工不完全的 hnRNA 发生作用有关。

三、核仁周期

在细胞周期中，核仁是一种高度动态的结构。在有丝分裂过程中其形态和功能上发生了一系列的变化（图 9-26）。当细胞进入有丝分裂时，核仁变形和变小，然后随着染色质凝集，核仁消失，所有 rRNA 合成停止，致使在中期和后期中没有核仁；进入有丝分裂末期，核仁组织区 DNA 解凝集，重新开始 rRNA 合成，极小的核仁重新出现在核仁组织区附近，而重现的核仁物质可能由一些小的核仁前体物聚集而来。

在细胞周期中核仁周期性变化的分子过程还不是十分清楚，但研究表明，核仁的动态变化是 rDNA 转录和细胞周期依赖性的。在细胞周期的间期，核仁结构整合性的维持，以及有丝分裂后核仁结构的重建，都依赖 rRNA 基因的转录活性。

第四节 核体与核基质（核骨架）

一、核体

虽然核仁是细胞核里最显著的结构，但细胞核内也存在其他一些核体（nuclear body）结构。这些结构包括：卡哈尔体（Cajal body）、双卷曲小体（Gemini of coiled body，GEMS）和染色质间颗粒（interchromatin granule clusters speckle）。与核仁一样，这些亚核结构没有膜的包被，并且是高度动态变化的。它们的出现可能是蛋白质和 DNA 或 RNA 相互作用的结果。这些组分与在基因表达过程中发挥作用的生物大分子的合成、组装和储存相关。Cajal body 和 GEMS 非常相似，它们常常在核内成对出现，不过并不清楚它们的结构是否真正不同。它们可能是核小 RNA（snRNA）和核仁小 RNA（snoRNA）最后加工及与蛋白质组装的场所。组成 snRNP 的 RNA 和蛋白质都是首先在细胞质中部分组装，然后转运到细胞核中进行最后的加工。Cajal body/GEMS 被认为也是 snRNP 循环利用的场所。而染色质间颗粒被认为是成熟的、可直接用于 pre-mRNA 剪接的 snRNP 的储存地点。

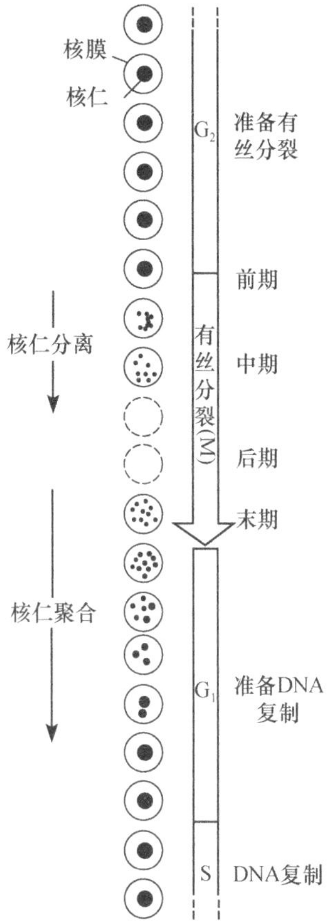

图 9-26　人的细胞周期不同时相中核仁的变化图解（刘凌云等，2002）

研究这些亚核结构的功能一直存在许多困难。然而，最新的研究表明：Cajal body 与端粒酶复合物（telomerase holoenzyme）有着直接的关系。端粒酶是维持祖细胞和癌细胞端粒长度的关键因子。端粒的长短直接与细胞及机体的寿命相关。Elizabeth H. Blackbum、Carol W. Greider 和 Jack W. Szostak 因在端粒酶的发现及相关功能方面的研究获得了 2009 年的诺贝尔生理学或医学奖。TCAB1（telomerase Cajal body protein 1）被发现是端粒酶复合物的成分之一。它参与端粒的维持，同时它也是 Cajal body 的成分之一，参与 RNA 的剪切修饰过程。用 RNA 干扰的方法去除 TCAB1 的功能，Cajal body 就不能与 TERC（telomerase RNA component）相结合，端粒酶也就不能维持端粒的长度。

通过遗传学的手段，科学家发现 GEMS 包含运动神经元生存（survival of motor neurons，SMN）蛋白。该蛋白质编码基因的突变导致可遗传的脊柱肌肉萎缩症（spinal muscular atrophy）。这一疾病的病因可能是 snRNP 组装的细微缺陷而引起的 pre-mRNA 剪接缺陷。

二、核基质（核骨架）

在真核细胞的核内除染色质、核膜与核仁外，还有一个以蛋白质成分为主的网架结构体系。这种网架结构最初由 Berezney 和 Coffey 等（1974）从大鼠肝细胞核中分离出来。他们用核酸酶（DNase 和 RNase）与高盐溶液对细胞核进行处理，将 DNA、RNA 和组蛋白抽提后发现核内仍残留有纤维蛋白的网架结构，他们将其命名为核基质（nuclear matrix），也称为核骨架（nuclear skeleton）。目前对核基质或核骨架的概念有两种理解：狭义概念仅指核基质，即细胞核内除了核膜、核纤层、染色质与核仁以外的网架结构体系；广义概念应包括核基质、核纤层（或核纤层 - 核孔复合体结构体系）以及染色体骨架。

（一）核基质的形态结构

最早 Coffey 等用非离子去垢剂、核酸酶与高盐缓冲液处理细胞核，分离出了核骨架。后来 Penman 等建立了细胞分级抽提结合电镜制样等方法，清晰地显示核骨架 - 核纤层 - 中间丝结构体系。此后又建立了更接近于生理条件的核骨架制备方法。1991 年，Coffey 等根据所得到的网络结构，提出了核基质的结构模型，认为由蛋白质纤维构成的网架结构充满核内的整个空间，残存的核仁被包围在该网架中（图 9-27）。核纤层由中间丝蛋白构成，位于内核膜下方，核基质的纤维网架与核纤层有着广泛的结构联系。核基质纤维粗细不均，直径为 3～30nm，推测其纤维单体的直径为 3～4nm，较粗的纤维直径呈 3nm 的倍数，粗纤维可能是单纤维的复合体。

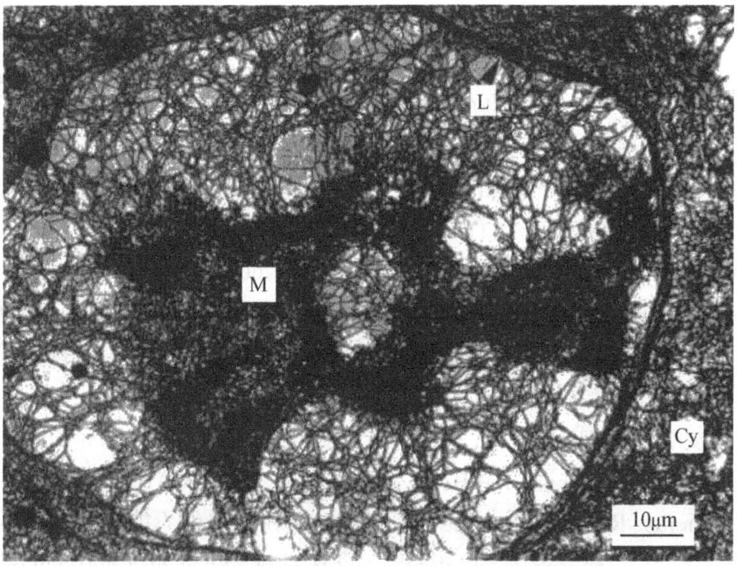

图 9-27　核基质核心纤维超微结构图（翟中和等，2000）

L. 核纤层；M. 核仁；Cy. 细胞质

（二）核基质的成分

核基质的成分比较复杂，不同类型细胞，其细胞周期不同阶段以及正常与癌变细胞的核基质成分都可能有所差别。核基质的主要成分是纤维蛋白，并含有少量的RNA。通常认为RNA在核基质结构之间起着某种联结和维系作用，它对保持核基质三维网络的完整性可能是必需的。在分离的核基质中常含有少量的DNA，但一般认为是核基质结构与DNA有功能的结合。组成核基质的蛋白质成分较为复杂，并且在不同类型的细胞中也有差异。除了组成核基质的蛋白质外，还发现有不少与核基质结合的蛋白质，如与DNA、RNA代谢合成有关的DNA多聚酶、RNA多聚酶；与细胞信号转导有关的蛋白质，如蛋白激酶C和钙调素结合蛋白等；癌基因与抑癌基因产物如c-Myc蛋白、Rb蛋白等。这些核基质结合蛋白与核基质蛋白一起共同完成核基质多种生物学功能。

（三）核基质的功能

近年来研究表明，核基质为细胞核内组分布局提供了一个结构支架，细胞核内许多重要的生命活动与核基质有关。

1. 核基质与DNA复制

Jacob等（1963）就曾设想真核细胞中DNA复制可能需要一个结构支架（structure framework），原核细胞的DNA复制是结合在细胞膜上进行的。真核细胞中是否存在类似的支撑结构？人们提出了核基质可能是DNA复制的基本位点。DNA以袢环（loop）形式锚定（anchor）在核基质纤维上。Pardolla等（1980）、Berezney和Buchholtz（1981）以3T3成纤维细胞和小鼠再生肝细胞为材料，不仅证实了DNA袢环固定在核基质上，而且实验也显示了新合成的DNA结合在核基质上，然后逐步转移，电镜放射自显影的实验也表明了DNA复制的位点结合于核基质上。现认为核基质可能是DNA复制的空间支架，DNA袢环的根部结合在核基质上。DNA以放射环的形式与DNA复制的酶及因子锚定于核骨架上形成DNA复制复合物（DNA replication complex）进行DNA复制合成。有令人信服的证据表明，真核细胞中的DNA聚合酶结合于核基质上，DNA聚合酶在核基质上可能具有特定的结合位点，DNA聚合酶通过结合于核基质上而被激活；近年来，证实DNA复制起始点是核基质结合序列。上述研究说明，核基质是DNA复制的空间支架。

2. 核基质与基因表达

在鸟类和哺乳动物细胞中，具有转录活性的基因是结合在核基质上的，基因只有结合在核基质上才能进行转录。核基质与基因表达的关系大致可分为两类：一是核基质与基因转录活性的关系；二是核基质与RNA加工修饰的关系。大量研究工作表明，真核细胞中RNA的转录和加工均与核基质有关。

Jackson等用^{3}H-UdR脉冲标记HeLa细胞，发现95%新合成的RNA结合于核基质，说明RNA是在核基质上进行合成的。研究发现利用雌激素促进鸡输卵管细胞卵清蛋白基因转录活性增高，只有活跃转录的卵清蛋白基因才能结合于核基质上，而不转录的β珠蛋白基因不结合；Hentzen等（1984）的研究则显示成红细胞中正在转录的β珠蛋白基因结合于核基质上。上述研究表明，具有转录活性的基因是结合在核基质上的；RNA聚合酶在核基质上具有结合位点；RNA的合成是在核基质上进行，基因只有结合在核基质上才能进行转录。另外，mRNA 的剪切加工与运输也是在核基质上进行。分子原位杂交表明 mRNA 前体（hnRNA）与核基质相结合，hnRNA 上的特异性片段 poly（A）可能是 hnRNA 在核基质上的附着点。

3. 核基质与染色体构建

研究发现，DNA 以复制环的形式锚定在核基质上，大量研究工作说明，DNA 复制环是真核细胞 DNA 高级结构的基本单位。细胞核内如此多的 DNA 复制环与核基质纤维网如何构建成染色质？核基质如何参与染色体构建？目前尚不清楚。

4. 核基质与病毒复制

研究表明，胞质病毒的代谢与细胞质基质有关，核内病毒的发生与核基质也有密切关系，如单纯疱疹病毒的核衣壳在核基质上装配。翟中和等（1987）进一步证实了腺病毒（adenovirus）核内 DNA 病毒的复制和装配与核基质关系密切，作为外源基因的病毒 DNA，其基因表达过程与高等真核细胞自身基因表达有相似的规律，其 DNA 复制、RNA 转录及加工均必须依赖核基质。

5. 核基质与细胞癌变

有些癌细胞如肝细胞的核基质结构很不规则，而且其蛋白质组成与正常细胞核基质有显著不同。肿瘤细胞核常呈异常的形态结构，与核基质结构及其蛋白质组成的异常密切相关。有实验证明癌基因要结合在核基质上才能转录。一些致癌物、促癌剂能与紧密核基质结合，并通过核基质发挥其致癌、促癌作用。某些抑制癌细胞增殖的药物可能是通过干扰核基质的 DNA 拓扑异构酶Ⅱ起作用的。

三、核纤层

核纤层（nuclear lamina）是位于细胞核膜内层下的纤维蛋白片层或纤维网络（图 9-28 和图 9-29），核纤层由 1～3 种核纤层蛋白多肽组成。核纤层与中间丝、核骨架相互连接，形成贯穿于细胞核与细胞质的骨架结构体系。间期细胞核中，核纤层与核膜在结构上有密切联系，与核孔位置的维持、核膜形态的维持以及为染色体提供结构支架有关。

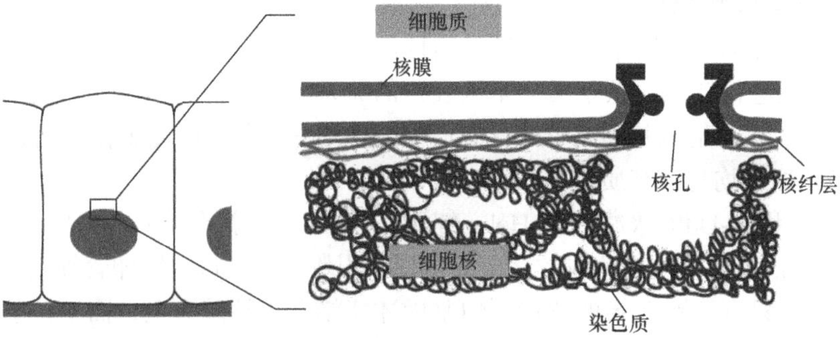

图 9-28 核膜内侧的核纤层示意图，显示核纤层为染色质提供附着位点
（Alberts et al.，2009）

1. 核纤层的形态结构

核纤层在高等真核细胞间期细胞核中普遍存在，厚度为30～100nm，只有将核膜与染色质去除后才能观察到。核纤层纤维的直径为10nm左右，纵横排列整齐，呈正交状编织成网络，分布于内核膜与染色质之间（图9-29）。核纤层结构整体观呈一球状或笼状网络，切面观呈片层结构。在分裂期细胞，核纤层解体，以蛋白质单体形式存在于细胞质中。

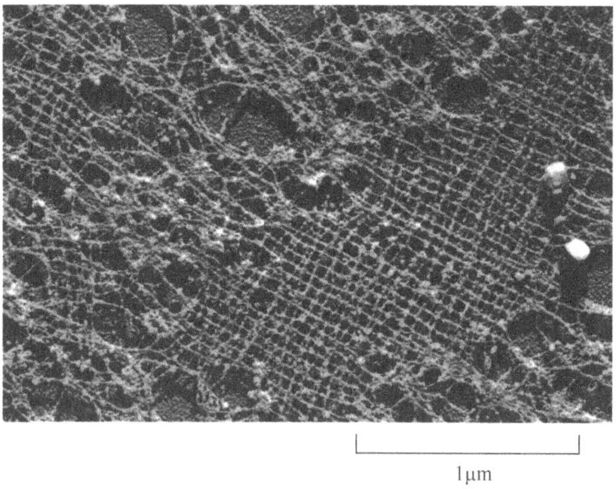

图 9-29　爪蟾卵细胞核纤层电镜照片，显示中间丝核纤层蛋白形成方格网状结构（其他类型细胞中的核纤层并不都像这里所显示的如此规律）（Alberts et al.，2009）

2. 核纤层的化学成分

核纤层由核纤层蛋白（lamin）构成，分子质量为60～80kDa。研究证实核纤层蛋白是一个蛋白质家族。在哺乳动物和鸟类细胞中，存在3种核纤层蛋白，即核纤层蛋白A、B和C（lamin A-C）。近年来证实核纤层蛋白A与C是同一基因的不同加工产物，因此又将核纤层蛋白分为两类：A型核纤层蛋白，包括核纤层蛋白A和C；B型核纤层蛋白，包括核纤层蛋白B。B型核纤层蛋白由几种基因编码，B1和B2存在于所有体细胞中。非洲爪蟾有4种核纤层蛋白，即核纤层蛋白Ⅰ、Ⅱ、Ⅲ、Ⅳ。果蝇细胞中存在2种核纤层蛋白。核纤层蛋白是中间丝蛋白家族成员，属于第Ⅴ型中间丝蛋白。

3. 核纤层的装配

哺乳动物核纤层蛋白能装配成杆状二聚体。二聚体由约50nm长的杆部和两个球状头部组成。球状头部由核纤层蛋白的C端区域构成，杆部由高度保守的α螺旋区构成。体外重组实验表明，核纤层蛋白A和核纤层蛋白C能在体外自我装配，首先形成二聚体，二聚体首尾相连形成多聚体，多聚体横向联合形成核纤层纤维，最后形成具有周期性结构的核纤层纤维网络（图9-30）。

核纤层蛋白的正确装配依赖NLS序列、C端的CaaX结构域和α螺旋区。核纤层蛋白在形成二聚体时依赖于α螺旋区形成的超螺旋，在NLS序列引导下被运入细胞核，并被装配到核纤层中。C端的CaaX结构域保证了核纤层只在核膜下进行装配而在细胞质中大量堆积。

4. 核纤层的功能

核纤层与核膜、染色质、核孔复合体及核骨架在结构上有密切联系，一般认为核纤层在细胞核中起支架作用。不仅为核膜及染色质提供了结构支架，还在DNA复制、mRNA分选以及细胞有丝分裂过程中核膜的崩解和重新形成等方面发挥重要作用。

1）*核纤层与核膜的崩解和重新形成*　　核纤层蛋白均有膜结合作用，而以核纤层蛋白B与膜的结合能力最强，内核膜上存在核纤层蛋白B受体（P58）介导核纤层蛋白B与核膜结合。

在细胞分裂期中，核膜与核纤层的行为密切相关，核纤层参与了核膜崩解和重新形成（图 9-30）。分裂期核纤层的可逆性解聚与重新装配对核膜的崩解与重新装配有调节作用，而核纤层蛋白的磷酸化是调节有丝分裂过程中核纤层解聚的机制。研究表明，核纤层蛋白是促分裂因子 $p34^{cdc2}$（MPF）亚基的直接作用底物，在有丝分裂前期，MPF 使核纤层蛋白分子杆状区两端的 Ser22 和 Ser392 磷酸化，引起核纤层蛋白去装配，导致核纤层解聚，为核膜崩解形成小泡提供了必要的微环境。核膜崩解后，核纤层蛋白 B 依靠受体与核膜残余小泡结合；核纤层蛋白 A 和 C 的疏水性 C 端被蛋白酶水解使 C 端的 CaaX 结构域丢失，核纤层蛋白 A 和 C 以可溶性蛋白形式弥散地释放到细胞质中。在有丝分裂末期，核纤层蛋白去磷酸化，重新装配时，间接介导了核膜围绕染色体的重新装配，核纤层蛋白将核膜小泡“引导”到染色体表面，经膜融合后构成新核膜。

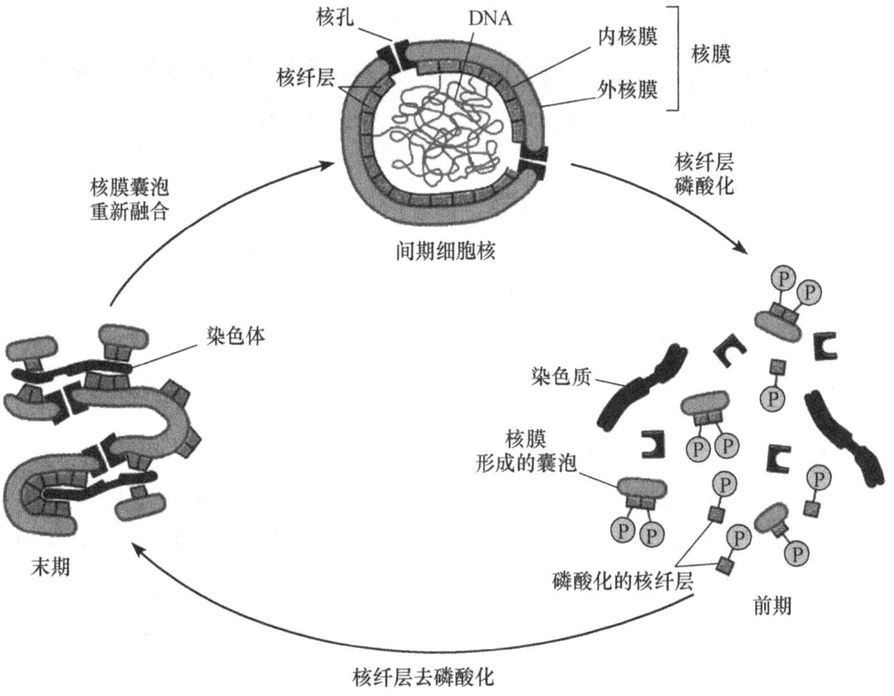

图 9-30 有丝分裂期中核膜的崩解与重新形成（Alberts et al.，2009）

2）*核纤层与染色质锚定* 核纤层是间期染色质的核周锚定位点，染色质通过核纤层与核膜相连，在核纤层蛋白中，A 型核纤层蛋白与染色质的结合能力较 B 型核纤层蛋白强。核纤层蛋白 A 和 C 具有与染色质结合的位点。核纤层与染色质的相互作用有助于维持和稳定间期染色质高度有序的结构。另外，核纤层可能在染色质 DNA 的复制起重要作用，实验表明只有染色质而无完整的核膜是不能进行 DNA 复制的。

3）*核纤层与基因表达* 核纤层参与基因表达的调控。核纤层与染色质的相互作用对基因表达的调控是十分重要的。核纤层蛋白 B 与核基质结合序列有特异的亲和力。核基质结合序列结合在核纤层蛋白 B 上，可为 DNA 与核纤层的相互作用提供有利条件。核纤层蛋白 B 和一些组蛋白的磷酸化参与了某些基因表达的调控，可诱导细胞的分化。

复习思考题

一、名词解释

染色体　染色质　常染色质　异染色质　核小体　核孔　核仁组织区　基因组　核纤层　亲核蛋白　核基质　核型　带型　核定位信号　端粒　核纤层

二、问答题

1. 简述核膜的超微结构与功能。
2. 怎样理解核孔复合体在核质物质交换中的双功能和双向性特点?
3. 比较组蛋白与非组蛋白的特点及其作用。
4. 试述染色质结构与基因转录的关系。
5. 试述从 DNA 到染色体的包装过程（多级螺旋模型）。
6. 试述核小体的结构要点及主要实验证据。
7. 分析中期染色体的 3 种功能元件的结构特点及其作用。
8. 巨大染色体在细胞学研究中有何重要意义?
9. 试述核仁的超微结构与功能。为什么凡是蛋白质合成旺盛的细胞核仁都明显偏大?
10. 什么是核基质？其作用是什么?

第十章 >>>

核 糖 体

内容提要

核糖体广泛存在于一切细胞内（除哺乳动物成熟的红细胞等个别高度分化的细胞），其唯一的功能是按照 mRNA 的指令由氨基酸高效且精确地合成多肽链。

核糖体是一种没有被膜包裹的颗粒状结构，其主要成分是蛋白质（称核糖体蛋白）和 RNA（称 rRNA）。核糖体在细胞内以两种状态存在：一种是附着在内质网表面的核糖体，称为附着核糖体；另一种是以游离状态分布在细胞质中的核糖体，称为游离核糖体。两种状态所合成的蛋白质种类不同，但它们的结构和化学成分却完全相同。

核糖体有两种基本类型：70S 的核糖体主要存在于原核细胞中；80S 的核糖体存在于所有真核细胞中。不论是 70S 还是 80S 的核糖体，均由大小两个亚基组成。

核糖体的装配是一个自我装配的过程。研究表明，不同细胞中的核糖体可能来源于一个共同的祖先，在进化上是非常保守的。

核糖体的活性部位约占其结构成分的 2/3，远高于一般酶的活性中心，其最主要的活性部位是 A 位点、P 位点、E 位点和肽酰转移酶的催化中心。

核糖体在细胞内不是单个独立地执行功能，而是由多个甚至几十个核糖体串联在一条 mRNA 分子上构成多聚核糖体，高效地进行肽链的合成。原核细胞和真核细胞在合成蛋白质上的主要区别之一是：原核细胞由 DNA 转录 mRNA 和由 mRNA 翻译成蛋白质是同时并几乎在同一个部位进行；而真核细胞的 DNA 转录在核内，蛋白质的合成在细胞质。

第一节 核糖体的结构与成分

一、核糖体的发现

核糖体（ribosome）作为生物体内最小的细胞器，最早是 Albert Claude 于 20 世纪 30 年代后期用暗视野显微镜观察细胞的匀浆物时发现的，当时称为微体（microsome），直到 50 年代中期，George Palade 在电子显微镜下观察到这种颗粒的存在。当时 George Palade 和他的同事研究了多种生物的细胞，发现细胞质中有类似的颗粒存在，尤其在进行蛋白质合成的细胞中特别多。1953 年，Ribinson 和 Broun 用电子显微镜观察植物细胞时发现细胞质中存在一种颗粒物质。1955 年，Palade 在动物细胞中也看到类似的颗粒。来自 20 世纪五六十年代的电子显微镜图片显示，细菌核糖体是椭圆形的，尺寸为 29nm×21nm。真核生物的核糖体大小不等，直径为 23～25nm，个别小的只有 8nm，大的可达 30nm，这种颗粒可单个或成群分布于细胞质中，也可附着在外核膜、内质网上，或存在于线粒体、叶绿体中。Philip Siekevitz 用亚细胞组分分离技术分离了电子显微镜下观察到的这种颗粒，并发现这些颗粒总是伴随内质网微粒体一起沉淀。化学分析揭示，这种微粒富含核糖体 RNA（rRNA），约占 60%，蛋白质（核糖体蛋白）约占 40%。1958 年，Roberts 根据化学成分建议将其命名为核糖核蛋白体，简称核糖体。

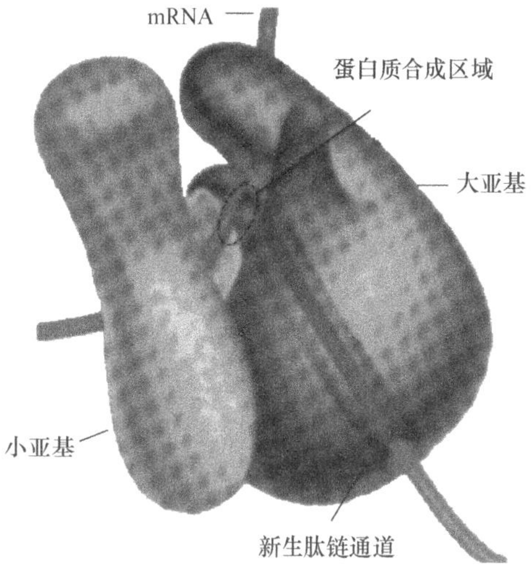

图 10-1 大肠杆菌 70S 核糖体的三维结构模型（Lake，1976）

二、核糖体的超微结构

用负染色高分辨电镜观察，大肠杆菌 70S 核糖体不是圆形颗粒，而是由大、小两个亚基组成的不规则颗粒（图 10-1）。

大亚基侧面观是底面向上的倒圆锥形，底面不是平的，边缘有 3 个突起，中央为一凹陷，似沙发的靠背和扶手。小亚基是略带弧形的长条，一面稍凹陷，一面稍外凸，约 1/3 处有一细缢痕，将其分为大小不等两个部分。小亚基趴在大亚基上，似沙发靠背上趴了一只小猴。大小亚基凹陷部分彼此对应相结合，就形成了一个内部空间。此部位可容纳 mRNA、tRNA 及进行氨基酸结合等反应。此外，在大亚基内有一垂直的通道为中央管，所合成的多肽链由此排放，以免受蛋白酶的分解。

进入 20 世纪 60 年代中期，核糖体是蛋白质合成场所的重大发现促使人们深入研究核糖体的精细结构。随着研究手段的不断更新，人们对核糖体结构的认识不断深入。通过 X 线晶体衍射分析法，目前已经建立高分辨率的 70S 核糖体的三维结构模型。

对不同物种的核糖体结构的研究已经深入到原子水平。虽然对人类核糖体的结构的认识过程存在一定的挑战，研究者已经通过高分辨率的单粒子冷冻电镜观察和原子模型的构建得到了人类的核糖体结构。

三、核糖体的基本成分

核糖体由 RNA 和蛋白质组成，没有被膜。核糖体 RNA 称为 rRNA。其中 rRNA 含量约占 60%，蛋白质含量约占 40%。核糖体蛋白主要分布在核糖体的表面，而 rRNA 则位于内部，二者靠非共价键组合在一起。与核糖体大、小亚基结合的核糖体蛋白分别记为 L 蛋白和 S 蛋白。

rRNA 中的某些核苷酸残基被甲基化修饰，原核细胞的 16S rRNA 一般有 10 个甲基化位点，23S rRNA 中约有 20 个甲基化位点。哺乳动物核糖体的 18S rRNA 和 28S rRNA 中甲基化位点分别为 43 个和 74 个，远高于原核生物细胞的 rRNA。

与 rRNA 或核糖体亚基结合的蛋白质有两类：一类与 rRNA 或核糖体亚基紧密连接，需高浓度盐和强解离剂（如 3mol/L LiCl 或 4mol/L 尿素）才能将其分离，这类蛋白质称为“真”

核糖体蛋白或简称为核糖体蛋白；另一类蛋白质则与有功能的核糖体亚基疏松缔合，能被0.5mol/L 单价阳离子（如 K^+、NH_4^+）从亚基上洗脱，并对核糖体循环发挥调节作用。

四、核糖体蛋白与 rRNA 的功能

核糖体的主要成分是 rRNA 和蛋白质，二者比例在原核细胞中为 1.5∶1，在真核细胞中为 1∶1，每个亚基中，以一条或两条高度折叠的 rRNA 为骨架，将几十种蛋白质组织起来，紧密结合，使 rRNA 大部分围在内部，小部分露在表面。由于 RNA 的磷酸基带的负电荷超过了蛋白质带的正电荷，故核糖体呈负电，易与阳离子和碱性染料结合。

（一）核糖体的活性位点

核糖体上具有一系列与蛋白质合成相关的结合位点与催化位点，各位点的功能、位置及组分不同（表 10-1）。

表 10-1　原核细胞核糖体上各活性位点的功能、位置及组分

活性位点	功能	位置	组分
RNA 结合位点	负责与 mRNA 和起始因子结合	30S 亚基，P 位点附近	S1、S18、S21；S3、S5、S12、16S rRNA 3′ 端区域
P 位点	与延伸中的肽酰 -tRNA 结合	大部分在 30S 亚基，一部分位于 50S 亚基	L2、L27 及 L14、L24、L33、16S 和 23S rRNA 3′ 端区域
A 位点	与新的氨酰 -tRNA 结合	主要在 50S 亚基，靠近 P 位点	S1、S18、S21；S3、S5、S12、16S 和 23S rRNA（16S 的 1400 区）
E 位点	与肽酰 -tRNA 结合	主要在 50S 亚基	23S rRNA 是重要的
5S 位点	和 23S rRNA 结合	P 位点和 A 位点的附近	L5、L18、L25 复合体
肽酰转移酶位点	将肽链转移到氨酰 -tRNA 上	50S 的中心突起	L2、L3、L4、L15、L16、23S rRNA 是重要的
EF-Tu 结合位点	氨酰 -tRNA 的进入	30S 外部	
EF-G 结合位点	移位	50S 亚基的界面上，L7/ L12 附近，近 S12	
GTP 酶位点	催化肽酰 -tRNA 从 A 位点到 P 位点提供能量	50S 的柄	L7、L12

（1）RNA 结合位点：与 mRNA 的结合位点，位于小亚基上。

（2）A 位点：又称氨酰基位点或受位：主要位于大亚基上，接受新掺入的氨酰 -tRNA 的位点。

（3）P 位点：又称肽酰基位点或供位，主要位于小亚基上，是延伸中的肽酰 -tRNA 的结合位点，也是肽酰 -tRNA 移交肽链后，tRNA 释放的部位。

（4）E 位点：主要位于大亚基上，肽酰转移后与即将释放的 tRNA 结合的位点。

（5）与肽酰 -tRNA 从 A 位点转移到 P 位点有关的转移酶（即延伸因子 EF-G）的结合位点。

（6）肽酰转移酶的催化位点（肽合成酶）：简称 T 因子，主要位于大亚基上，催化氨基酸间形成肽键，使肽链延长。

（7）GTP 酶位点：转位酶，简称 G 因子，可水解 GTP，为催化肽酰 -tRNA 从 A 位点到 P 位点提供能量。

（8）与蛋白质合成有关的其他起始因子、延伸因子和终止因子的结合位点。

（二）在蛋白质合成中肽酰转移酶的活性研究

核糖体中最主要的活性部位是肽酰转移酶的催化位点。早些时候人们普遍认为既然酶的本质是蛋白质，那么一定有某种核糖体蛋白与蛋白质合成中的催化作用有关。虽然 RNA 占核糖体的 60%，但长期以来它仅仅被看作核糖体蛋白的组织者，即形成核糖体的内部结构或是与蛋白质合成过程中所涉及的 RNA 碱基配对有关。现在，人们利用化学方法和遗传突变株对核糖体蛋白和 rRNA 的功能进行大量研究。

1. 核糖体蛋白

（1）很难确定哪一种蛋白质具有催化功能：在 *E. coli* 中核糖体蛋白突变甚至缺失对蛋白质合成并没有表现出“全”或“无”的影响。

（2）多数抗蛋白质合成抑制剂的突变株，并非由于核糖体蛋白的基因突变，而往往是 rRNA 基因发生了突变。

（3）在整个进化过程中 rRNA 的结构比核糖体蛋白的结构具有更高的保守性。

核糖体蛋白在翻译过程中也起重要的作用，如果缺失某一种核糖体蛋白或对它进行化学修饰，或者核糖体蛋白的基因发生突变，都将会影响核糖体的功能，降低多肽合成的活性。目前，关于核糖体蛋白活性的推测有：① rRNA 折叠成有功能的三维结构是十分重要的；②在蛋白质合成中，某些核糖体蛋白可能对核糖体的构象起“微调”作用；③在核糖体的结合位点上甚至可能在催化作用中，核糖体蛋白与 rRNA 共同行使催化功能。

2. 在核糖体中 rRNA 是起主要作用的结构成分

Noller 用高浓度的蛋白酶 K、强离子去污剂以及苯酚等试剂处理 *E. coli* 的 50S 大亚基，去掉与 23S rRNA 结合的各种核糖体蛋白，结果发现，得到的 23S rRNA 仍具有肽酰转移酶的活性。

用对肽酰转移酶敏感的抗生素处理或用核酸酶处理 rRNA 均可抑制其合成多肽的活性，但用阻断蛋白质合成其他步骤的抗生素处理 rRNA，则肽酰转移酶的活性不受影响。当然抽提后的 23S rRNA 中，还残存不到 5% 的核糖体蛋白，这些核糖体蛋白可能是维持 rRNA 构象所必需的。

1985 年，Cech 发现 RNA 具有催化 RNA 拼接过程的活性。

1992 年，Cech 又证明了 RNA 具有催化蛋白质合成的活性，这一重要的发现不仅有力地推动了对核糖体结构与功能的研究，而且对生命的起源与进化过程的探索也提供了重要的依据。

在核糖体中 rRNA 的主要功能是：①具有肽酰转移酶的活性；②为 tRNA 提供结合位点（A 位点、P 位点和 E 位点）；③为多种蛋白质合成因子提供结合位点；④在蛋白质合成起始时参与同 mRNA 选择性地结合，以及在肽链的延伸中与 mRNA 结合；⑤核糖体大小亚单位的结合、校正阅读、无意义链或框架漂移的校正，以及抗生素的作用等。

五、核糖体的类型

尽管原核生物和真核生物细胞内都有核糖体，核糖体、rRNA 和核糖体蛋白在大小和组成上各有不同（图 10-2）。

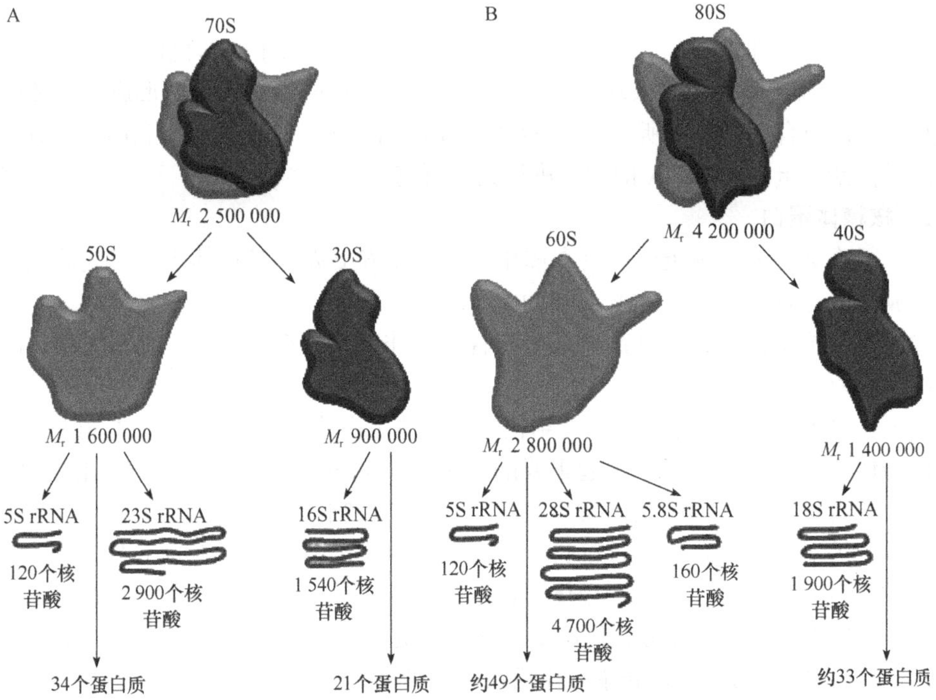

图 10-2 原核生物核糖体（A）和真核生物核糖体（B）的比较（Alberts et al.，2002）

原核细胞和真核细胞的核糖体组成既有相似性也有区别。

- 核糖体
  - 细胞质核糖体
    - 原核生物核糖体（70S）
      - 50S（23S、5S）
      - 30S（16S）
    - 真核生物核糖体（80S）
      - 60S（28S、5S、5.8S）
      - 40S（18S）
  - 细胞器核糖体
    - 线粒体核糖体（55～80S）
    - 叶绿体核糖体（70S）
      - 50S（23S、4.5S、5S）
      - 30S（16S）

核糖体通常用S值来划分，具体指用超速离心技术将它们可以从细胞内分离出来时的沉降系数。因此，在某种意义上可以将核糖体分为原核生物核糖体和真核生物核糖体。真核细胞中，核糖体进行蛋白质合成时，既可以游离在细胞质中，称为游离核糖体；也可以附着在内质网的表面，称为膜旁核糖体或附着核糖体（图 10-3）。

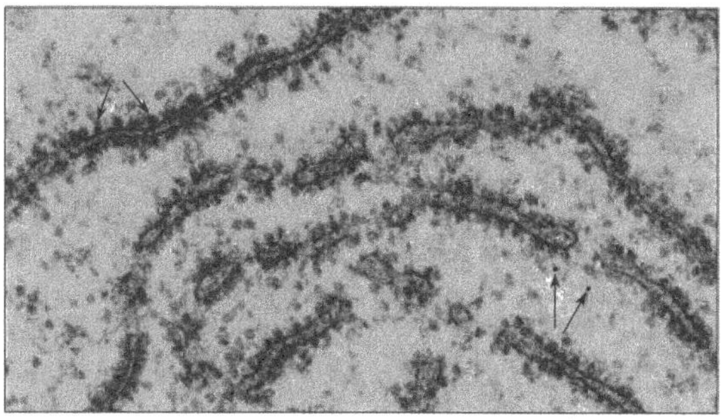

图 10-3 电子显微镜下真核生物的细胞质核糖体（Alberts，2002）

图中核糖体为箭头所指的黑点

真核生物核糖体可以游离在细胞质中或附着在糙面内质网上，也存在于线粒体和叶绿体内。因此，根据核糖体的存在部位，可以将真核生物的核糖体分为3类：细胞质核糖体、线粒体核糖体和叶绿体核糖体。

六、核糖体的形成

20 世纪 60 年代初期，Robert Perry 用紫外微光束破坏活细胞的核仁，发现破坏了核仁的细胞丧失了合成 rRNA 的能力，这一发现提示核仁与核糖体的形成有关。后来 Perry 又发现低浓度的放线菌素 D 能够抑制 ^{3}H- 尿嘧啶掺入 rRNA 中，而不影响其他种类的 RNA 合成。显微放射自显影也显示放线菌素 D 能够选择性阻止核仁 RNA 的合成，表明核仁与 rRNA 的合成有关。因此，核糖体的合成是在核仁中进行的。

真核细胞中核糖体的形成：首先要合成与核糖体装配有关的蛋白质，这些蛋白质包括核糖体结构蛋白和前体 rRNA 加工有关的酶。它们都是在细胞质的游离核糖体上合成，然后迅速集中到细胞核并在核仁区参与核糖体亚基的装配。在核仁部位 rRNA 转录出 45S rRNA，是 rRNA 的前体分子，与细胞质运来的蛋白质结合，再进行加工，经酶裂解成 28S、18S 和 5.8S 的 rRNA，而 5S rRNA 却是在细胞核中转录后运送到核仁中参与核糖体亚基的装配，28S、5.8S 及 5S rRNA 与蛋白质结合，形成核糖核蛋白（ribonucleoprotein，RNP）分子团，为大亚基前体，分散在核仁颗粒区，再加工成熟后，经核孔运送到细胞质中为大亚基，18S rRNA 也与蛋白质结合，经核孔入细胞质为小亚基，但是这个过程比较慢。如果这时有 mRNA 同小亚基结合的话，大亚基即可结合上去形成完整的核糖体，并进行蛋白质的合成。

当细胞质中 Mg^{2+} 浓度大于 0.001mol/L 时，大、小亚基结合形成完整单核糖体；当 Mg^{2+} 浓度小于 0.001mol/L 时，大、小亚基又重新解离。

第二节 核糖体的功能

1941 年，Brachet 和 Caspersson 发现细胞中蛋白质的合成与 RNA 的含量有联系。除哺乳动物成熟的红细胞外，一切活细胞（真核、原核细胞）中均有核糖体，它是进行蛋白质合成的重要细胞器。其唯一功能是按照 mRNA 的指令高效且精确地合成多肽链。rRNA 具有肽酰转移酶的活性，因此，核糖体属于核酶（ribozyme）的范畴。核糖体的主要催化中心（肽酰转移中心）与结合的 mRNA 和 tRNA 的大部分结合区域是由 RNA 组成的，使核糖体成为核酶研究的广泛而复杂的热点之一。此外，核糖体大规模的空间重排是其彻底发挥功能所必需的。单分子生物物理学的最新进展极大地丰富了我们对于其作为核酶和核糖开关（riboswitch）的认识。

一、蛋白质的合成过程

蛋白质合成不仅要有合成的场所，而且还必须有 mRNA、tRNA、20 种氨基酸原料和一些蛋白因子及酶、Mg^{2+}、K^{+} 等参与，并由 ATP、GTP 提供能量。合成中 mRNA 是编码合成蛋白质的模板；tRNA 是识别密码子，转运相应氨基酸的工具；核糖体则是蛋白质的装配机，它不仅组织了 mRNA 和 rRNA 的相互识别，将遗传密码翻译成蛋白质的氨基酸序列，而且控制了多肽链的形成，下面以真核生物为例简述蛋白质合成的过程。

蛋白质生物合成过程可分为两个阶段。

1. 氨基酸的激活和转运阶段

在细胞质中进行，氨基酸本身不认识密码子，自己也不会到核糖体上，必须依靠 tRNA。

$$\text{氨基酸}+\text{tRNA}\xrightarrow{\text{氨酰-tRNA 合成酶}}\text{氨酰-tRNA 复合物}$$

每一种氨基酸均由专一的氨酰 -tRNA 合成酶催化，此酶首先激活氨基酸的羟基，使它与特定的 tRNA 结合，形成氨酰 -tRNA 复合物。所以，此酶是高度专一的，能识别并作用于对应的氨基酸及其 tRNA，而 tRNA 能以反密码子识别密码子，将相应的氨基酸转运到核糖体上合成肽链。

2. 在多聚核糖体上的 mRNA 分子上形成多肽链

氨基酸在核糖体上的聚合作用，是合成的主要内容，可分为 3 个步骤。

（1）多肽链的起始：mRNA 从核到细胞质，在起始因子 eIF 和 Mg^{2+} 以及 GTP 的作用下，40S 亚基与带帽的 mRNA 5′ 端接触，并沿着 mRNA“扫描”一直抵达第一个 AUG 处再开始翻译。然而，起始 AUG 的选择还需要借助附近的 Kozak 序列（mRNA 5′-ACCAUGG-3′，由 Marilyn Kozak 定义），甲硫氨酰 -tRNA 的反密码子与 mRNA 上的起始密码 AUG 互补配对，接着大亚基结合上去，形成起始复合物。GTP 水解，eIF 释放，甲硫氨酸分子占据 P 位点，确定读码框架［注：原核生物多肽链的起始是甲酰甲硫氨酰 -tRNA 的反密码子识别并与 mRNA 的 AUG 配对形成起始复合物，起始时小亚基的 16S rRNA 与 mRNA 的 SD（Shine-Dalgarno，mRNA5′-AGGAGG-3′）序列相互作用并识别起始位点］。

（2）多肽链的延伸包括 3 个步骤：①氨酰 -tRNA 与延伸因子 EF-1、EF-2 和 GTP 形成的复合物结合；②延伸因子 EF-1 将氨酰 -tRNA 放在 A 位点，mRNA 上的密码子决定氨酰 -tRNA 的种类，到位后 EF-1 上的 GTP 水解，EF-1 连同结合在一起的 GDP 离开核糖体（注：原核生物延伸因子 EF-Tu 不与甲酰甲硫氨酰 -tRNA 反应，因此起始的 tRNA 不能送至 A 位点，所以 mRNA 中间的 AUG 密码子不能被起始的 tRNA 识读）；③肽链生成与移位，肽酰转移酶在延伸因子 EF-1 及其结合的 GTP 作用下，促使形成二肽酰 RNA，使肽酰 -tRNA 从 A 位点转移至 P 位点。原 P 位点空载的 tRNA 移到 E 位点后脱落，A 位点空出，如此反复循环，就使 mRNA 上的核苷酸顺序转变为氨基酸的排列顺序。

（3）多肽链的终止与释放：肽链的延长不是无限止的，当 mRNA 上出现终止密码子（UAG、UAA 和 UGA）时，就无对应的氨基酸运入核糖体，肽链的合成停止，释放因子 eRF 和 GTP 结合到核糖体上抑制肽酰转移酶作用，并促使多肽链与 tRNA 之间水解脱下，多肽链顺着大亚基中央管全部释放，离开核糖体，同时大、小亚基与 mRNA 分离，可再与 mRNA 起始密码子处结合，也可游离于细胞质中或被降解，mRNA 也可被降解。

这时在一个核糖体上氨基酸聚合成肽链，每一个核糖体 1s 可翻译 40 个密码子形成 40 个氨基酸肽键，其合成肽链效率极高。可见，核糖体是肽链的装配机（图 10-4）。

原核生物蛋白质合成与真核生物的基本相同，由于原核生物的 mRNA 没有帽子结构，故其蛋白质合成的起始过程不同于真核生物的起始。关于蛋白质合成过程的细节及其与核糖体的关系，详见生物化学中的专题阐述。

二、多聚核糖体

1. 多聚核糖体的概念

核糖体在细胞内并不是单个独立地执行功能，而是由多个甚至几十个核糖体串联在一条 mRNA 分子上高效地进行肽链的合成，这种具有特殊功能与形态结构的核糖体与 mRNA 的聚合体称为多聚核糖体（图 10-5）。

2. 多聚核糖体的形成

在 mRNA 的起始密码子部位，核糖体亚基装配成完整的起始复合物，然后向 mRNA 的 3′ 端移动，直到到达终止密码子。当第一个核糖体离开起始密码子后，空出的起始密码子的位置足够与另一个核糖体结合时，第二个核糖体的小亚基就会结合上来，并装配成完整的起始复合物，开始蛋白质的合成。同样，第三个核糖体、第四个核糖体……依次结合到 mRNA 上形成多聚核糖体（图 10-6）。根据电子显微镜照片推算，多聚核糖体中，每个核糖体间相隔约 80 个核苷酸。

原核生物在 mRNA 合成的同时，核糖体就结合到 mRNA 上，基因转录和蛋白质翻译是同时并几乎在同一部位进行，所分离的多聚核糖体常常与 DNA 在一起。

3. 多聚核糖体的生物学意义

由于蛋白质的合成是以多聚核糖体的形式进行，因此，同一条 mRNA 被多个核糖体同时翻译成蛋白质，大大提高了蛋白质合成的速率，更重要的是减轻了细胞核的负担，减少了基因的拷贝数，也减轻了细胞核进行基因转录和加工的压力。

不论细胞内合成多肽分子质量的大小或是 mRNA 的长短如何，单位时间内所合成的多肽分子数目都大体相等。

三、核糖体的异常改变和功能抑制

电镜下，多聚核糖体的解聚和糙面内质网的脱离都可看作蛋白质合成降低或停止的一

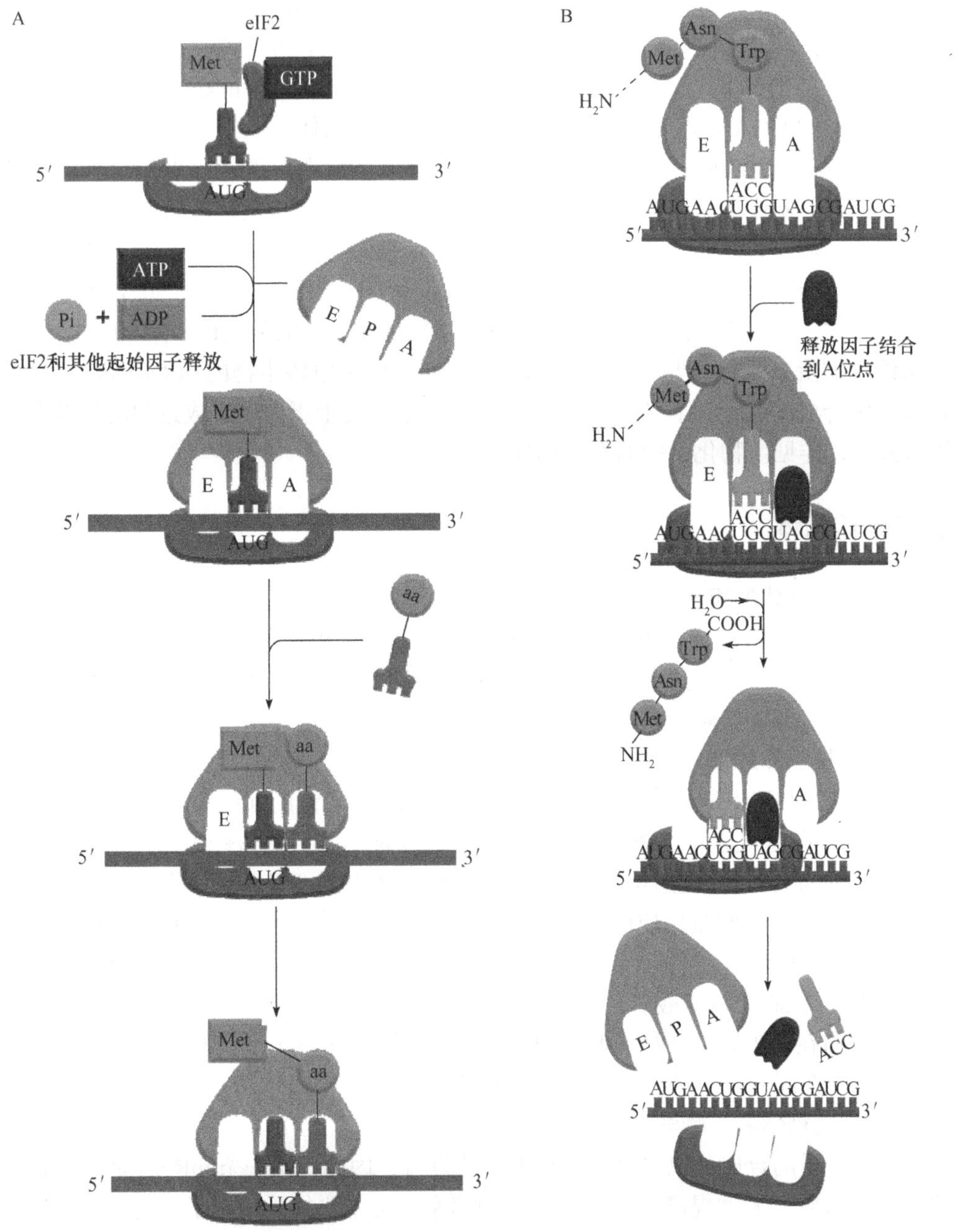

图 10-4　核糖体上多肽链合成过程示意图（Alberts et al.，2008）

A. 在起始因子和 GTP 的作用下，甲硫氨酰 -tRNA 与小亚基结合的 mRNA 的起始密码子 AUG 结合，位于 P 位点。GTP 水解释放能量，并释放起始因子，大亚基与小亚基结合，氨酰 -tRNA 结合到 A 位点，肽酰转移酶催化形成新的肽键，核糖体沿着 5′→3′ 方向向前移动 3 个核苷酸的位置，空出 A 位点，下一个氨酰 -tRNA 又结合 A 位点，如此循环延长肽链。B. 多肽合成的最后阶段。释放因子结合到 A 位点终止翻译，完整的多肽链释放，核糖体大小亚基分离，这一系列反应需要蛋白因子和 GTP 水解提供能量

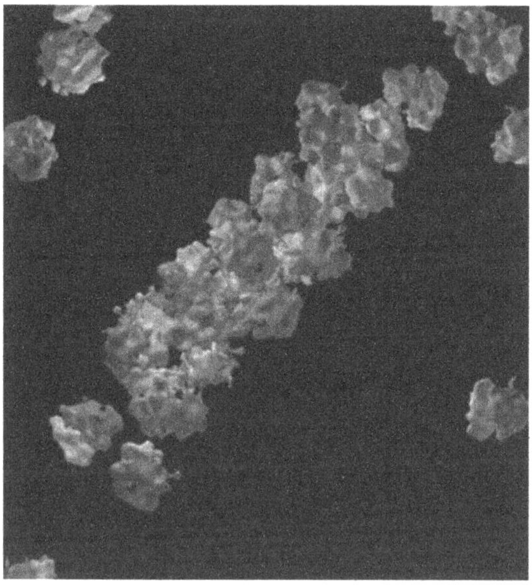

图 10-5 多聚核糖体示意图

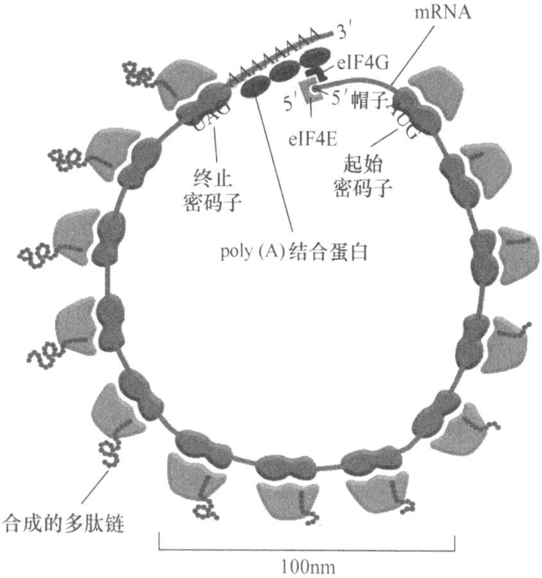

图 10-6 真核生物 mRNA 被多聚核糖体同时翻译的示意图（Alberts et al.，2008）

个形态指标。

多聚核糖体的解聚是指多聚核糖体分散为单体，失去正常的有规律排列，孤立地分散在细胞质中或附在糙面内质网膜上。一般认为，多聚核糖体的解聚将伴随着内源性蛋白质生成的减少。脱离是指糙面内质网上的核糖体脱落下来，分布稀疏，散在细胞质中，将伴随外输入蛋白的合成减少。

正常情况下，蛋白质合成旺盛时，细胞质中充满多聚核糖体，糙面内质网上附有许多念珠线状和螺旋状的多聚核糖体，当细胞处于有丝分裂阶段时，蛋白质合成明显下降，多聚核糖体也出现解聚，逐渐为分散孤立的单体所代替。

在急性药物（四氯化碳）毒性肝炎和病毒性肝炎，以及肝硬化患者的肝细胞中，经常可见到大量多聚核糖体解聚呈离散单体状，附着多聚核糖体脱落，分布稀疏，导致分泌蛋白合成减少，所以患者血浆白蛋白含量下降。

另外，一些药物、致癌物可直接抑制蛋白质合成的不同阶段。有的抑制起始阶段，有的抑制肽链延长和终止阶段，有的阻止小亚基与 mRNA 的起始结合，如四环素抑制氨酰 -tRNA 与原核细胞的小亚基结合，氯霉素抑制肽酰转移酶，阻止肽链形成，红霉素抑制转位酶，不能相应移位进入新密码。所以，抗生素的抗菌作用就是通过干扰细菌蛋白合成而抑制细菌生长。

四、RNA 在生命起源中的地位及其演化过程

生命是自我复制的体系。最早出现的简单生命体中的生物大分子，应该既具有信息载体功能又具有酶的催化功能。生物 3 种大分子 DNA、RNA 和蛋白质中，只有 RNA 分子既具有信息载体功能又具有酶的催化功能。因此，推测 RNA 可能是生命起源中最早的生物大分子。

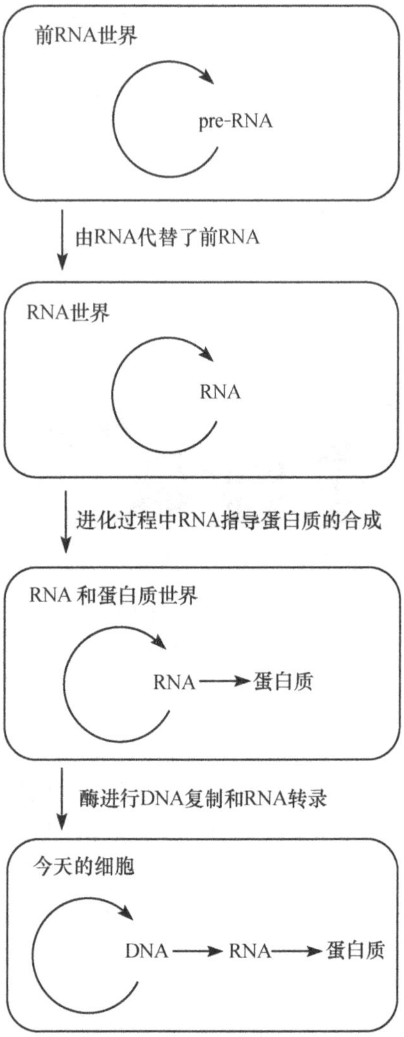

图 10-7 RNA 在生命起源中的地位及演化过程示意图（Alberts et al.，2008）

为了避免“先有蛋还是先有鸡”的无休止的争论，从根本上探索生命的起源，人们从化学进化和生物学进化的角度，提出了 RNA 学说，即认为生物大分子的进化过程可分为 4 个阶段：前 RNA 世界、RNA 世界、RNA →蛋白质世界和 DNA → RNA →蛋白质世界（图 10-7）。

认为生命起源于 RNA，其主要根据有：①研究表明，许多病毒只含单链 RNA 而不含 DNA；②研究发现，一些 RNA 具有酶的催化活性，如原核生物 70S 核糖体大亚基中的 23S rRNA 具有肽酰转移酶的活性；③由于 RNA 酶的发现，人们提出了从多核苷酸到多肽的学说；④在真核生物基因组中发现了断裂基因，即外显子与内含子相间出现的基因结构形式；⑤ RNA 各种编辑变换的发现，使人们对 RNA 功能的多样性有了更多的认识；⑥在一些病毒（如 HIV）中发现了反转录现象；⑦生物分子的功能与其结构（主要是三维结构）密切相关。

生命的基本特征是能够携带遗传信息，能够自我复制和能够催化生命过程的生物化学反应，并且为了适应环境的变化在生命进程中要能够不断地从低级到高级进化。以上结果正好说明 RNA 具有体现这些特征的功能。不过，迄今为止，RNA 学说很大程度上建立在 RNA 催化作用的若干实验的基础上，而对于作为原初信息载体则缺乏更多的实验事实支持。

蛋白质的催化功能：在“RNA 世界”假说中，核酸酶的功能在于利用它本身以外的 RNA 作为模板延长已有的 RNA 片段的长度，RNA 可能负责原始体系中的 RNA 复制。随着生物的进化，蛋白质以其侧链的多样性和构象的多变性取代 RNA 成为主要催化剂。

DNA 作为遗传信息的载体：在“RNA 世界”假说中进化的猜测是正确的，早期的细胞中 RNA 是储存遗传信息的载体，而不是 DNA。在进化过程中 RNA 先于 DNA 产生的证据为二者的化学组成不同。核糖同葡萄糖或者其他的碳水化合物一样，很容易在实验室模拟原始地球大气的条件下通过甲烷的化学反应获得，而脱氧核糖很难获得。现在细胞中的脱氧核糖主要是通过蛋白酶的催化形成，表明核糖比脱氧核糖产生得早。尽管 DNA 后出现，但是 DNA 比 RNA 更适合作为永久遗传信息的储存仓库。特别是糖磷酸骨架中的脱氧核糖使 DNA 链比 RNA 链更具有化学稳定性，因此很长的 DNA 链不会被破坏。另外，DNA 双链比 RNA 单链结构稳定；DNA 链中胸腺嘧啶代替了 RNA 链中的尿嘧啶，使之易于修复。

今天，在拥有大量的生物学实验结果和定性分析以及部分定量规律的条件下，生物学的研究正在从现象的描述走向机制的阐明，从直观走向抽象，从分散走向综合，从定性走向定量。在这样的格局下，对生命起源的研究，将会极大地推动对现实生命现象、生命过程、遗传信息流、大分子结构与功能，以及与人类生存和发展息息相关的重大科学问题的揭示及解决。

复习思考题

一、名词解释

多聚核糖体 核酶 Kozak 序列

二、问答题

1. 简述原核生物与真核生物核糖体的主要异同。
2. 核糖体上有哪些活性位点？在多肽的合成中各起什么作用？
3. 核糖体如何保证合成多肽的正确性?
4. 核糖体的大、小亚单位在蛋白质合成中的装配和解离有何生物学意义?

第三篇

细胞基本生命活动

第十一章 >>>

细胞信号转导

本章彩图
扫码可见

内容提要

多细胞生物通过细胞通信协调细胞行为，经过信号产生、信号识别和信号传递完成有序的细胞反应。细胞通信包括接触依赖性通信、间隙连接通信和分泌化学信号通信3种类型，其中以分泌化学信号进行通信的方式在生物体中存在最为广泛，又可分为自分泌、旁分泌、内分泌和化学突触4种方式。细胞接收的信号包括物理信号和化学信号，化学信号分子又可分为亲水性信号分子和疏水性信号分子。信号分子通过与受体结合被细胞感知，受体分为两大类：①细胞内受体，存在于细胞内，与可过膜的亲脂性小分子结合进行信号传递，包括细胞核内受体和细胞质内受体，细胞内受体引发的细胞效应可分为初级反应阶段和延迟的次级反应阶段；②细胞表面受体，存在于细胞膜，与胞外的化学信号分子结合，包括G蛋白偶联受体、酶联受体、离子通道偶联受体和其他细胞表面受体4种。G蛋白偶联受体通过与G蛋白的偶联，进行信息的跨膜传递，在细胞内产生第二信使或激活分子开关蛋白，引发细胞内的信号传递链，导致相应生物学效应。G蛋白偶联受体介导的信号通路包括cAMP信号通路和磷脂酰肌醇信号通路等。cAMP通路的信号途径为：激素→G蛋白偶联受体→G蛋白→腺苷酸环化酶→cAMP（第二信使）→cAMP依赖蛋白激酶→生理生化反应或基因转录。磷脂酰肌醇信号通路中同时产生IP_3和DAG两个胞内信使，启动IP_3-Ca^{2+}和DAG-PKC两个信号传递途径，因此也称为“双信使系统”。酶联受体一般具有酶催化活性，当配体与受体结合后，受体聚合为二聚体并发生相互磷酸化而被激活。受体酪氨酸激酶介导RTK-Ras信号通路，通过激活分子开关蛋白Ras，并进一步激活丝裂原活化蛋白激酶（MAPK）级联放大系统等途径进行信号传递。整联蛋白属于其他细胞表面受体类型，介导细胞之间的黏附及信号转导过程，通过连接细胞骨架和激活蛋白激酶Scr、FAK等进行细胞信号转导。细胞信号传递是多通路、多环节、多层次和高度复杂的可控过程，具有收敛和发散的特点。细胞各个通路之间相互交叉调控，形成了一个复杂的细胞信号网络系统。

第一节　细胞通信概述

一、细胞通信

1. 细胞通信的概念

细胞通信（cell communication）是指一个细胞发出的信息通过介质（信号）传递到另一个细胞，并与靶细胞上相应的受体相互作用，通过细胞信号转导产生胞内一系列生理生化变化，最终表现为细胞整体的生物学效应的过程。细胞通信包括信号产生、信号感受（识别）、信号传递和生物学效应产生等过程。

2. 细胞通信的分类

细胞通信有 3 种方式（图 11-1A）：①细胞通过分泌化学信号进行细胞间通信，是多细胞生物普遍采用的通信方式；②细胞间接触依赖性通信，是细胞膜上的信号分子与相邻细胞膜上受体通过直接接触进行通信的方式；③间隙连接通信，是通过间隙连接或胞间连丝进行小分子交换来实现代谢偶联或电偶联的通信方式。细胞分泌化学信号的通信方式根据信号分子的运输和作用方式又可分为 4 种（图 11-1B）：①内分泌（endocrine），由内分泌细胞分泌信号分子（激素）到血液中，通过血液循环运输到身体各处的靶细胞；②旁分泌（paracrine），细胞分泌局部化学介质到细胞外液中，通过局部扩散作用于邻近的靶细胞；③自分泌（autocrine），细胞分泌化学信号到细胞外再作用于自身；④化学突触（chemical synapse），神经细胞末梢分泌化学信号（神经递质或神经肽等）至突触间隙后，通过靶细胞膜上配体门控通道将化学信号传递到细胞内。

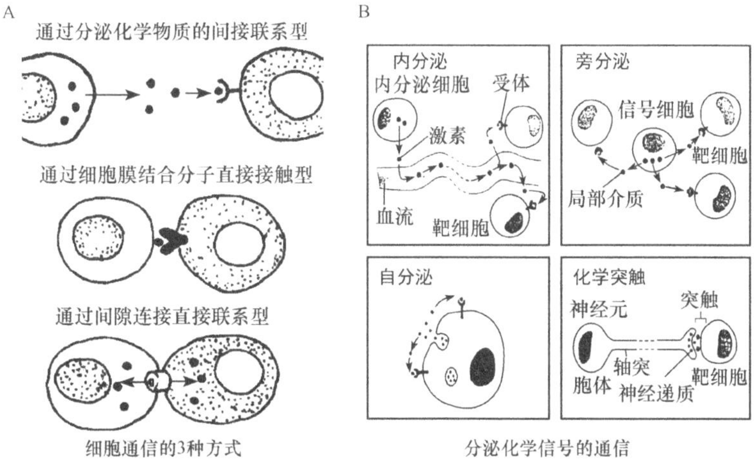

图 11-1 细胞通信的方式（翟中和等，2000）

此外，有些生物通过分泌信息素（pheromone），将信息释放到个体周围环境中，作用于其他个体，这种信息传递也属于通过化学信号进行细胞间通信。

二、信号的分类

信号（signal）是信息的载体，信号的种类多种多样，根据细胞可接收信号的理化特性，可以将信号分为物理信号和化学信号。在细胞通信过程中，细胞外的信号分子是通信的主要介质。

1. 物理信号

物理信号指以物理载体形式存在的信号，包括光、声波、温度、湿度、电场、磁场等。物理信号通常由生物所处的外部环境产生。

2. 化学信号

化学信号指以化合物分子或离子形式存在的信号分子，通常指化学分子，大多在机体内部产生。根据信号分子的溶解特性可以分为亲水性信号分子（hydrophilic signal molecule）和疏水性信号分子（hydrophobic signal molecule）两类。亲水性信号分子包括蛋白质大分子、多肽、水溶性激素、局部介质、神经递质、离子等；疏水性信号分子包括甾类激素、甲状腺素、NO等。疏水性信号分子可直接穿过细胞膜进入靶细胞内，与胞内受体结合，因此称为细胞内通信的信号分子；不能穿过膜的亲水性信号分子只能在细胞外通过与膜受体结合将信息传递到细胞内，因此又称为细胞间信号分子。

化学信号分子的共同特点是：①特异性，只能与特定的受体结合；②高效性，少量分子即可产生明显的生物学效应；③可被灭活，完成信息传递后可通过降解或修饰使之失去活性，保证信息传递的完整性和细胞免于疲劳。

三、受体

1. 受体的概念

受体（receptor）是一种能识别和选择性结合某种配体（信号分子）的大分子，当与配体结合后，通过信号转导作用，将细胞外信号转换为胞内信号，以启动一系列过程，最终表现为生物学效应。大多数受体位于细胞膜表面，也称为细胞表面受体，但也有些受体位于细胞质或细胞核中，因此称为细胞内受体。信号对生物体的调控通过受体完成，每个信号都有相应的信号识别系统（受体）和信号传递系统。

2. 受体的结构特点

受体在细胞信号转导中具有接收和传递信号的功能，因此其结构上也具备两个基本功能区域：一是能与信号分子（配体）特异识别和结合的区域，即信号感知功能域；二是产生效应的区域，能通过结构或活性的改变将信号在细胞内传递下去，即信号传递功能域。受体与信号间的作用具有特异性、饱和性、高亲和性的特性。

3. 受体的分类

根据靶细胞上受体存在的部位，可将受体分为细胞内受体和细胞表面受体。细胞表面受体介导细胞外的亲水性信号分子的信息传递，包括G蛋白偶联受体、酶联受体、离子通道偶联受体和其他细胞表面受体4类。细胞表面受体是位于细胞膜上的跨膜蛋白，且多为糖蛋白，它们在结构上含有至少3个结构区域：胞外结构域、跨膜结构域和胞内结构域，介导激素、神经递质、细胞因子等胞间信号分子的信号传递。细胞内受体位于细胞质或细胞核中，介导胞内信号分子如甾类激素、甲状腺素和NO等疏水性信号分子的信息传递。

四、第二信使和分子开关

1. 第二信使

20世纪50年代，Southerland在研究肾上腺素对肝糖原的降解时发现了环腺苷酸（cAMP），由此提出了第二信使（second messenger）学说，认为信号经细胞表面受体进行跨膜传递后，在靶细胞内产生新的具有调控作用的信号分子，来进一步调节下游信号通路。第二信使指在细胞内最早产生的信号分子。第二信使为非蛋白类小分子，通过其浓度变化（增加或减少）应答细胞外信号。传统的第二信使包括环腺苷酸（cAMP）、环鸟苷酸（cGMP）、肌醇三磷酸（IP_3）、二酰甘油（DAG）、钙离子（Ca^{2+}），近年来磷脂酰肌醇三磷酸（PIP_3）、一氧化氮（NO）、一氧化碳（CO）等也被认为可以作为第二信使参与调控细胞内信号转导过程。能诱导产生第二信使的细胞间信号分子则称为第一信使，第一信使主要包括激素、神经递质、生长因子、细胞因子等。作为胞内或细胞间的信号分子一般为不参与能量或物质代谢、具有信息传递功能的生物分子。Ca^{2+} 在体内是一个非常重要的信号分子，在胞内可以被第一信使如乙酰胆碱等诱导产生，也可以被第二信使如 IP_3 等诱导产生，在细胞的多个生理反应中发挥着重要的调控功能。

2. 分子开关

分子开关（molecular switch）是指信号传递过程中控制反应开（激活——信号转导进行）或关（失活——信号转导终止）的蛋白质分子，这些分子通过快速的活性状态转变实现对信号通路的开启和关闭。目前有两类分子开关蛋白（图 11-2）：一类是可逆磷酸化的调节蛋白，在信号转导中由蛋白激酶（protein kinase，PK）催化发生磷酸化或由蛋白磷酸酯酶（protein phosphatase，PP）催化发生去磷酸化，通过改变磷酸化状态来转变蛋白质活性状态（激活或抑制）的信号通路蛋白；另一类是 GTP 结合蛋白，结合 GTP 时为活化状态，开启信号通路，结合 GDP 为失活状态，关闭信号通路。GTP 结合蛋白本身具有 GTP 酶活性，能将结合的 GTP 水解为 GDP 从而变为失活状态，包括异三聚体 GTP 结合蛋白和单体 GTP 结合蛋白。分子开关蛋白通过活性和非活性状态间的转换控制细胞信号转导通路的开启和关闭。

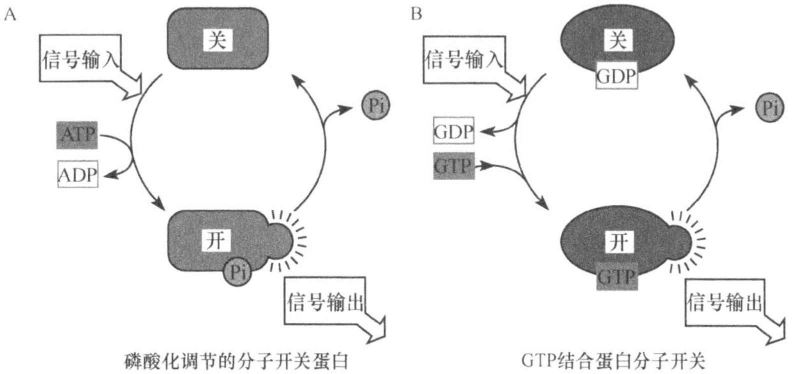

图 11-2　分子开关蛋白包括磷酸化调节蛋白（A）和 GTP 结合蛋白（B）（翟中和等，2000）

五、细胞通信的生物学效应

信号经细胞表面受体或细胞内受体介导传递到细胞内后，通过一系列信号传递过程引起细胞内产生相应的生理生化变化或基因表达，导致细胞结构或功能的变化。细胞信号转导引发的生化变化往往是由酶活性的改变而导致，发生过程迅速，因而被称为对信号的快速应答，也叫初级应答；而由信号引起的基因表达所导致的蛋白质水平的改变，因为需要经历转录、翻译等阶段而显得滞后，常被称为缓慢应答，即次级应答。细胞对信号做出的反应，除包括信号的激活和应答外，也包括信号的解除和细胞反应的终止。

第二节 细胞信号转导的途径

细胞信号转导（cell signaling transduction）是信息在细胞内的转换和传递过程，其传递途径亦称信号通路，一般包括细胞产生信号、靶细胞上的受体感知信号、信号在细胞内传递、细胞产生生物学效应。在细胞信号传递过程中，受体起着至关重要的作用，按照受体的分布和作用方式不同细胞信号转导分为细胞表面受体介导的细胞信号转导和细胞内受体介导的细胞信号转导，其中细胞表面受体介导的细胞信号转导又可分为G蛋白偶联受体介导的细胞信号转导、酶联受体介导的细胞信号转导、离子通道偶联受体介导的细胞信号转导和其他细胞表面受体介导的细胞信号转导。

一、G蛋白偶联受体介导的细胞信号转导

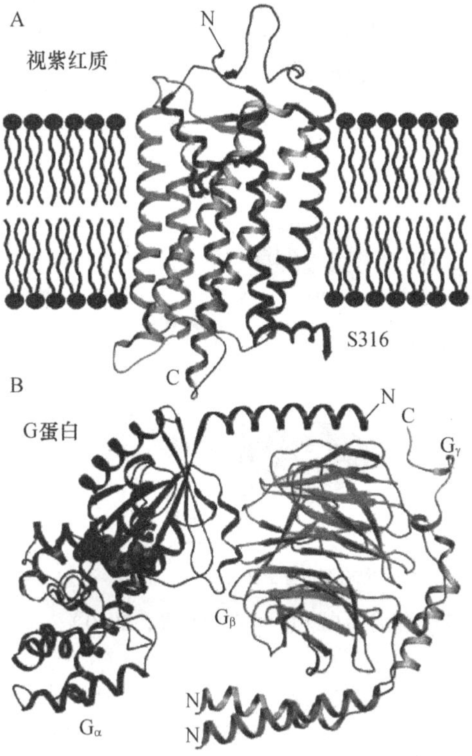

图 11-3 G蛋白偶联受体和G蛋白的结构模型（Hamm，2001）

A. G蛋白偶联受体视紫红质有7个跨膜结构域，S316以后的氨基酸序列未展示；B. G_α蛋白与G_β和G_γ形成异三聚体G蛋白

（一）G蛋白偶联受体和G蛋白

1. G蛋白偶联受体

G蛋白偶联受体（G protein coupled receptor，GPCR）是通过与G蛋白偶联来介导细胞外信号跨膜传递的一类细胞表面受体，在真核细胞中普遍存在，它的显著特征是具有7个跨膜结构域（图11-3）。G蛋白偶联受体的N端区域位于细胞膜外侧，常被糖基化修饰，C端区域位于细胞膜内侧，是G蛋白结合区域。受体的N端特定区域或7个跨膜区的细胞膜外侧区域常常作为配体的结合位点，位于细胞膜内侧的C端区域是G蛋白的结合位点，其中第5个和第6个跨膜结构域之间的胞内环状结构区域对于受体与G蛋白之间的结合具有重要作用。G蛋白偶联受体种类繁多，是动物细胞表面受体中最大的多样性受体家族，如在线虫基因组19 000个基因中就有1000种不同的G蛋白偶联受体基因。G蛋白偶联受体介导的信号非常多样，包括光、嗅、声音等物理信号，以及肽类激素、局部介质、神经递质、氨基酸及脂肪酸衍生物等胞间化学信号，如视紫红质是介导视觉信号的一个典型的G蛋白偶联受体。

2. G 蛋白

G 蛋白偶联受体偶联的 G 蛋白（G protein）是一类三聚体 GTP 结合调节蛋白（trimeric GTP-binding regulatory protein），由 G_α、G_β 和 G_γ 3 个亚基组成（图 11-3）。G_α 具有 GTP 结合位点并有 GTP 酶活性，能水解 ATP 为 ADP，是分子开关蛋白，G_α 结合 GTP 时为活化状态，即“开”的状态，将信号向下游传递；结合 GDP 时为失活状态，即“关”的状态，信号转导通路关闭。G_β 和 G_γ 两个亚基的 N 端螺旋相互绞在一起，两个亚基在信号转导中互相不分离（简称 $G_{\beta\gamma}$），G_α 和 $G_{\beta\gamma}$ 分别通过共价结合的脂分子锚定在细胞膜上，两个亚基共同参与对信号转导途径的调控。人基因组至少编码 27 种不同的 G_α 亚基、5 种不同的 G_β 亚基和 13 种不同的 G_γ 亚基，不同的亚基可以组合成特异的异三聚体 G 蛋白来调控细胞内多种多样的生物应答机制。

3. G 蛋白的活化

如图 11-4 所示，当信号分子（如激素）到达细胞外时，被特异的 G 蛋白偶联受体识别后结合，结合配体的受体构象随之改变，胞内域暴露出 G_α 结合部位并与非活性状态的三聚体 G 蛋白结合，导致 G_α 的构象也随之改变，释放 GDP，改为结合 GTP 并与 G_β 和 G_γ 亚基解离，游离的 G_α-GTP 处于活化的开启状态，暴露出效应器结合位点。活化的 G 蛋白与效应器蛋白结合，效应器发生构象变化并形成活性部位，结合并催化下游靶蛋白被激活从而将信号传递下去。G 蛋白调节的效应器主要包括细胞膜上的离子通道蛋白、酶等，它们可能主要受 G_α 调节，也可能被 $G_{\beta\gamma}$ 共同调节。当 G_α-GTP 水解为 G_α-GDP 时，G_α 处于失活状态，终止信号传递，并与 $G_{\beta\gamma}$ 重新组装成异三聚体 G 蛋白，细胞恢复为静息状态。

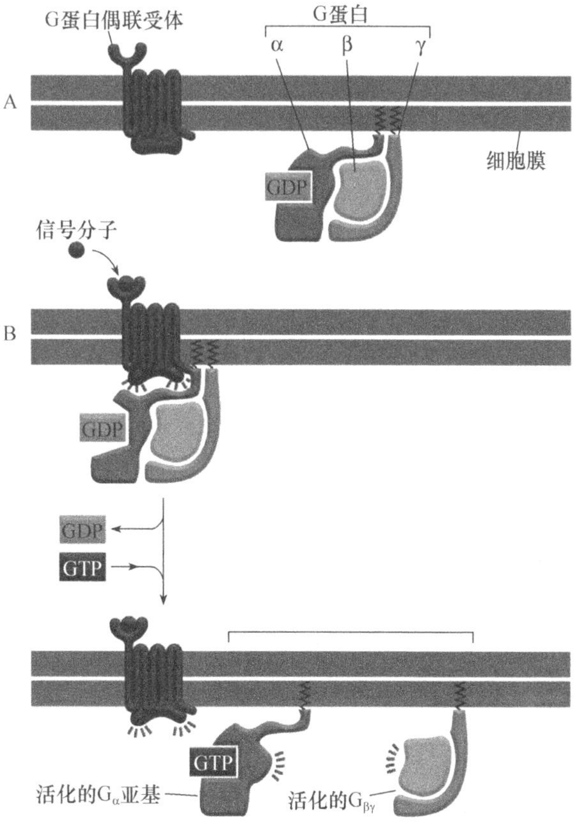

图 11-4 G 蛋白的活化（Alberts et al.，2010）

A. 无信号分子状态；B. 信号分子结合受体后的 G 蛋白变化

4. G 蛋白偶联受体介导的信号通路

G 蛋白偶联受体介导的信号通路产生的胞内信号分子和效应器蛋白不同，主要介导 cAMP 信号通路、磷脂酰肌醇信号通路、离子通道偶联受体信号通路等信号通路。通路中 G 蛋白偶联受体激活的效应器蛋白各不相同：cAMP 信号通路中激活腺苷酸环化酶，产生 cAMP 进行信号传递；磷脂酰肌醇信号通路中激活磷脂酶 C，通过产生 IP_3 和 DAG 两个信号分子分别进行信号传递；离子通道偶联受体信号通路中激活离子通道蛋白，通过产生的离子浓度变化或电化学梯度变化来进行信号传递。

（二）cAMP 信号通路

1. cAMP 信号通路概述

cAMP 信号通路（cAMP signaling pathway）是真核细胞应答激素反应的主要机制之一。信号通路中的效应蛋白为腺苷酸环化酶（adenylate cyclase，AC），腺苷酸环化酶在细胞内以 ATP 为底物催化产生 cAMP，cAMP 作为第二信使调节下游信号事件。cAMP 信号通路的主要途径可概括为：信号分子通过激活 G 蛋白偶联受体激活腺苷酸环化酶，催化产生 cAMP，生成的 cAMP 激活依赖 cAMP 的细胞质蛋白激酶 A（protein kinase A，PKA），PKA 调控下游多个靶蛋白，最终影响细胞内的代谢反应或基因表达，产生细胞应答。通过 cAMP 信号通路进行信号转导的受体包括肾上腺素 β 受体、胰高血糖素受体、促甲状腺素受体、乙酰胆碱 M 受体等。

2. 肾上腺素介导的 cAMP-PKA 信号通路

由肾上腺素（adrenaline）诱导的肝糖原降解的信号途径是 G 蛋白偶联受体介导的 cAMP 信号通路（图 11-5）的典型范例。动物受到惊吓时会立即分泌肾上腺素，导致血压升高，肝脏糖原分解和血液中葡萄糖水平增加。肝细胞的细胞膜上存在肾上腺素受体，当信号分子肾上腺素到达时，受体胞外域与配体结合，形成受体 - 配体基复合物，受体活化，活化的受体与 G_{α} 结合导致 G_{α} 被活化，G_{α} 与 $G_{\beta\gamma}$ 分离，活化的 G 蛋白作用于腺苷酸环化酶

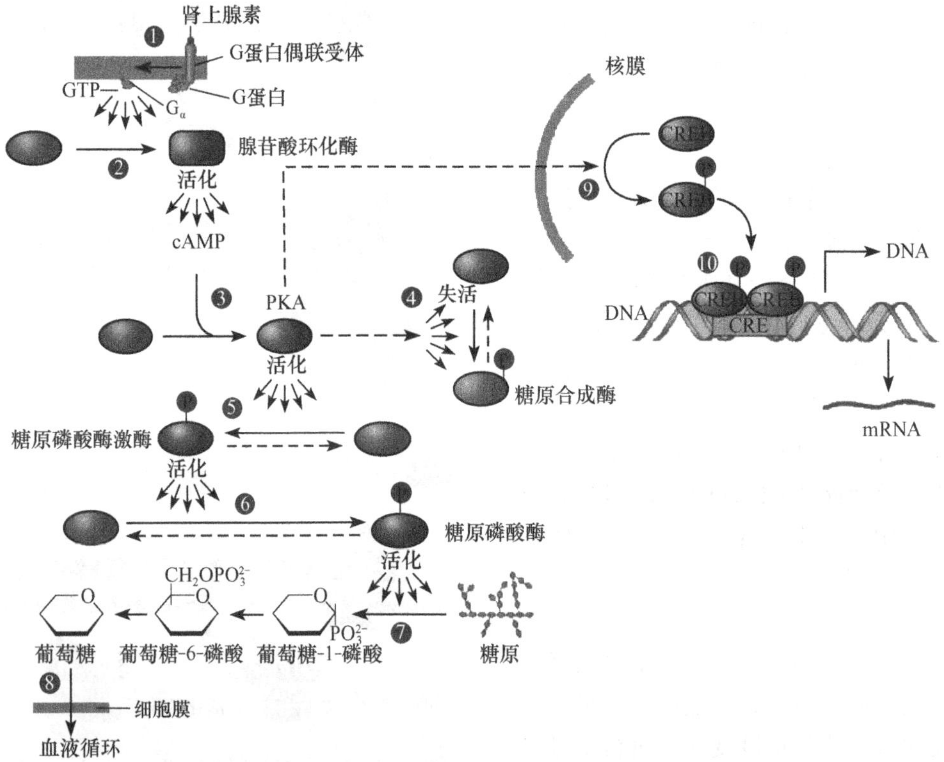

图 11-5　G 蛋白偶联受体介导的 cAMP 信号通路对糖原降解的调控机制（Karp，2006）

并使之活化，催化 ATP 产生胞内第二信使 cAMP，cAMP 水平的升高使细胞内的 PKA 被活化，活化的 PKA 进一步使糖原磷酸酶激酶（GP）发生磷酸化而具有活性，促进糖原分解为葡萄糖 -1- 磷酸，又可使糖原合成酶（GS）磷酸化失活，抑制糖原合成，共同导致葡萄糖水平升高。

除调控酶活性外，cAMP 还可通过激活 PKA 调节基因表达，非活性状态的 PKA 由两个催化亚基和两个调节亚基（起抑制作用）组成，PKA 活化后催化亚基从调节亚基上被释放解离，催化亚基由细胞质进入细胞核中，与转录因子 cAMP 响应元件结合蛋白（cAMP response element binding protein，CREB）结合，CREB 由于被磷酸化而激活，活化的 CREB 可与 DNA 分子上的 cAMP 响应元件（cAMP response element，CRE）结合，调节相关基因表达。

cAMP 可特异性地被环腺苷酸磷酸二酯酶（PDE）水解从而使第二信使 cAMP 被灭活，磷酸化的 CREB 可被蛋白磷酸酶 PP-1 脱去 Ser133 的磷酸基团而终止 CREB 的活性，从而终止对基因表达的信号调节。

（三）磷脂酰肌醇双信使信号通路

1．磷脂酰肌醇信号通路概述

磷脂酰肌醇信号通路（phosphatidylinositol signaling pathway）的效应酶主要是磷脂酶 C（phospholipase C，PLC），信号通路中胞外信号分子通过 G 蛋白偶联受体引起细胞膜上磷脂酶 C 的活化，使细胞膜肌醇磷脂中的磷脂酰肌醇 -4，5 二磷酸（phosphatic dylinositol-4，5 diphosphate，PIP_2）被磷脂酶分解为肌醇三磷酸（inositoltrisphosphate，IP_3）和二酰甘油（diacylglycerol，DAG）两个第二信使。IP_3 能诱导细胞内钙库（一般为内质网）释放 Ca^{2+}；DAG 能激活蛋白激酶 C（PKC）并引发细胞内一系列生物反应。因为产生了 IP_3 和 DAG 两个胞内信号分子，磷脂酰肌醇信号通路也称为双信使信号系统（double messenger system）。

2．磷脂酰肌醇信号通路的信号传递途径

胞间信号分子（如乙酰胆碱等）可激活 G 蛋白偶联受体（图 11-6），通过 G 蛋白激活

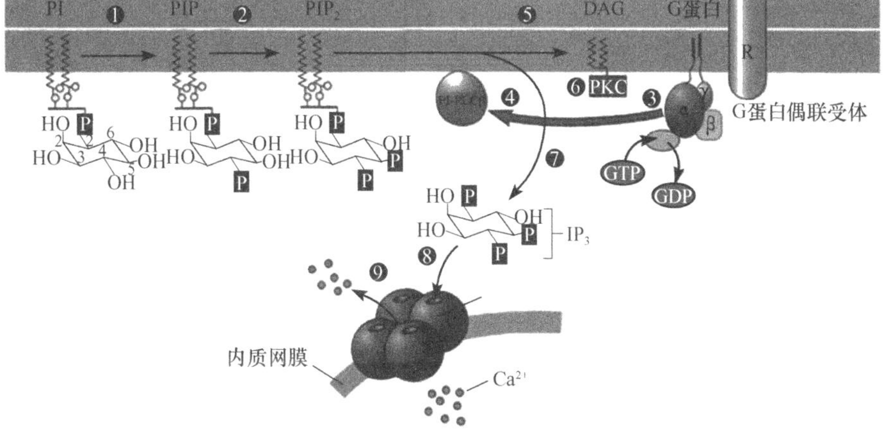

图 11-6　双信使的产生和信号转导（Karp，2006）

位于细胞膜上的磷脂酰肌醇特异的磷脂酶 C（PI-PLCβ），PI-PLCβ 能催化由磷脂酰肌醇（PI）被磷酸化后形成的 PIP_2 发生分解，PIP_2 甘油链上第三位磷脂键断开，形成 IP_3 和 DAG 双信使，IP_3 扩散到细胞质中，DAG 锚定于细胞膜上，二者分别激活各自不同的效应蛋白，形成 IP_3-Ca^{2+} 和 DAG-PKC 两个信号途径。

1）IP_3-Ca^{2+} 信号途径　IP_3 产生后扩散到细胞质中，与内质网上的受体 IP_3R（钙通道蛋白）结合，受体被活化，导致钙通道的开启，内质网中的 Ca^{2+} 通过钙通道流入细胞质，胞内 Ca^{2+} 浓度升高，激活各类依赖钙离子的蛋白质（如钙调素等），这些蛋白质催化或激活细胞内靶蛋白并发生相应生化反应，产生生物应答。

IP_3 诱导的细胞内 Ca^{2+} 水平升高是暂时的，升高的 Ca^{2+} 会降低 IP_3 与 IP_3R 的亲和性，抑制 Ca^{2+} 释放，同时也会激活内质网或细胞膜上的 Ca^{2+} 泵，将 Ca^{2+} 运进内质网或运出细胞外，使升高的钙离子水平下降。

2）DAG-PKC 信号途径　DAG 产生后由于其疏水特性结合于细胞膜上，可活化与细胞膜结合的 PKC。通常情况下 PKC 以非活性形式分布于细胞质中，胞内 Ca^{2+} 稍微升高可使其转位到细胞膜内表面成为“待激活状态”，与细胞膜上的 DAG 结合并被之活化，激活的 PKC 对其底物蛋白进行磷酸化导致靶蛋白被激活，PKC 的作用底物非常广泛，会调节丝裂原活化蛋白激酶（MAPK）磷酸化级联放大途径、NF-κB 等途径，最后导致众多的生理效应。

DAG 和 IP_3 信号的终止即它们的进一步代谢转化过程。DAG 在 DAG 激酶的作用下被磷酸化形成磷脂酸（phosphatidic acid，PA）进入磷脂代谢循环，最终与肌醇合成为 PI；或者被 DAG 脂酶水解成单酰甘油（monoacylglycerol，MAG）和脂肪酸。IP_3 的灭活也有两种途径：① IP_3 可以被连续脱磷酸形成 IP_2、IP，甚至自由的肌醇，再进入肌醇代谢循环；② IP_3 被连续地磷酸化作用形成 IP_4、IP_5，甚至 IP_6 等。

二、酶联受体介导的细胞信号转导

（一）酶联受体

1. 酶联受体的概念

酶联受体（enzyme-linked receptor）是指本身具有酶活性或偶联具有酶活性的蛋白质，通过酶的催化活性将胞外信号传递到胞内的一类受体，也称为催化性受体（catalytic receptor）。这类受体都是一次跨膜蛋白质，当胞外的配体结合域与信号分子结合后，形成二聚体，酶活性被激活。

2. 酶联受体的类型

酶联受体根据自身酶催化特点分为受体酪氨酸激酶、受体丝/苏氨酸激酶、受体酪氨酸磷酸酯酶、受体鸟苷酸环化酶、酪氨酸蛋白激酶联系的受体等。

（1）受体酪氨酸激酶（receptor tyrosine kinase，RTK）是动物中最大的一类酶联受体，具有酪氨酸激酶活性，是胰岛素和多种生长因子的受体，根据其胞外配体结合结构域的不同分为表皮生长因子受体（epidermal growth factor receptor，EGFR）、胰岛素受体（insulin receptor，InSR）、成纤维细胞生长因子受体（fibroblast growth factor receptor，FGFR）、血管内皮生长因子受体（vascular endothelial growth factor receptor，VEGFR）、神经生长因子受体（nerve growth factor receptor，NGFR）等亚家族。受体酪氨酸激酶与生长因子结合后，受体发生二聚化，彼此磷酸化胞内肽段中的酪氨酸残基而被活化，主要通过 RTK-Ras 途径、PI3K-PKB 途径等进行信号传递，参与调节细胞增殖、分化、存活等生命活动。

（2）受体丝 / 苏氨酸激酶（receptor serine/threonine kinase，RSTK）是转化生长因子 β（transforming growth factor β，TGFβ）的受体，因此也称为 TGFβ 受体。动物细胞中 TGFβ 受体分为 RⅠ、RⅡ、RⅢ3 种类型，胞外结构域富含半胱氨酸，在结合配体后，主要通过调控转录因子 Smad 蛋白来调节靶基因的表达。TGFβ-Smad 信号途径主要参与调控个体和器官的分化及细胞增殖等生物学过程。

（3）受体酪氨酸磷酸酯酶（receptor tyrosine phosphatase）是由多种成员组成的受体家族，包含一个胞外结构域、一个跨膜结构域和一个具有蛋白酪氨酸磷酸酯酶的活性的胞内区域，其配体目前尚不清楚。受体酪氨酸磷酸酯酶被激活后可使特异的胞内信号蛋白的磷酸化的酪氨酸残基发生去磷酸化，以此降低胞内蛋白的酪氨酸磷酸化水平，维持细胞具有较低的磷酸酪氨酸残基水平。

（4）受体鸟苷酸环化酶（receptor guanylate cyclase，RGC）是动物中尿钠肽（natriuretic peptide，NP）的受体，具有一个胞外域、一个跨膜域和一个胞内区域，其胞内区域往往包含具有鸟苷酸环化酶活性和蛋白激酶活性的两个酶活性结构域，受体结合配体活化后，激活其鸟苷酸激酶活性，催化生成 cGMP 第二信使，通过激活 cGMP 依赖的信号分子，产生诸如扩大血管、促进钠尿排泄等细胞生理效应。

（5）酪氨酸蛋白激酶联系的受体（tyrosine kinase linked receptor）是一类与酪氨酸蛋白激酶偶联的受体，其配体是细胞因子（cytokine），因此也被称为细胞因子受体。受体为单次跨膜蛋白，本身不具有酶活性，但它的胞内域具有与细胞质酪氨酸蛋白激酶（Janus kinase，JAK）结合的位点。受体活化后可以激活 JAK，引起酪氨酸参加磷酸化，通过激活具有 SH2 结构域的信号转导子和转录激动子（STAT）来调控基因表达。细胞因子受体通过 JAK-STAT 途径调控细胞发育、分化、成熟等生物学过程。

（二）受体酪氨酸激酶介导的 RTK-Ras 信号通路

受体酪氨酸激酶识别生长因子等多肽或蛋白类激素信号，当信号分子（如生长因子）与受体酪氨酸激酶结合后（图 11-7），受体发生二聚化（dimerization），受体激酶活性被激活，彼此在酪氨酸残基发生磷酸化反应，磷酸化的酪氨酸残基可被含有 SH2 结构域的蛋白（如接头蛋白 Grb2）识别并与之结合，进而招募鸟苷酸交换蛋白（SOS），使 Ras 蛋白由结合 GDP 状态转换为结合 GTP 状态而被活化。Ras 是一种小 G 蛋白，是分子开关蛋白，通过结合 GTP 或 GDP 进行活性转换并“开”“闭”信号通路，是信号途径的关键组分，所以酪氨酸信号途径也称为 RTK-Ras 信号通路。

Ras 调控的蛋白激酶磷酸化级联反应过程包括：活化的 Ras 与 Raf（MAPKKK）的 N 端结构域结合使 Raf 被激活，Raf 激活下游的 MAPKK，MAPKK 接着激活其唯一的底物

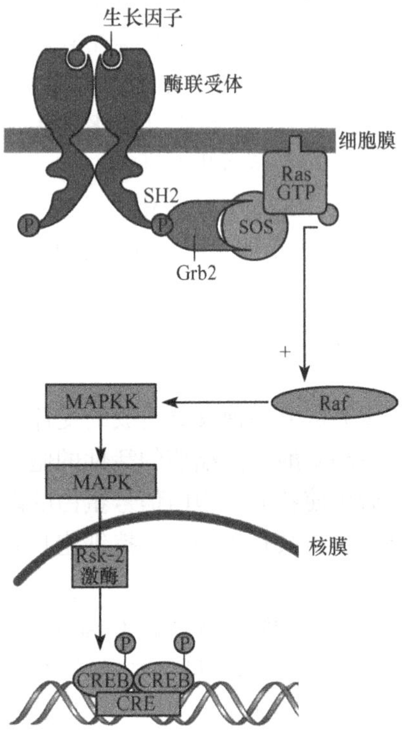

图 11-7 RTK-Ras 信号转导途径（Karp，2006）

MAPK，MAPK 进入细胞核使许多底物蛋白（如激酶或转录因子等）发生丝 / 苏氨酸残基磷酸化，启动一系列基因（如细胞周期与分化相关基因）表达。RTK-Ras 途径中胞外信号分子包括多种生长因子、胰岛素等，主要调控细胞生长和分化的生命活动。

受体酪氨酸激酶可以通过胞吞作用被内化后进入溶酶体被降解失活，也可以被细胞内的蛋白酪氨酸磷酸酶去磷酸化而失活。

三、其他细胞表面受体介导的细胞信号转导

1. 其他细胞表面受体

细胞表面受体除 G 蛋白偶联受体、离子通道偶联受体和酶联受体外，还有一些其他类型的细胞表面受体，包括整联蛋白、肿瘤坏死因子受体（TNFR）、Wnt 受体、Notch 受体、Hedgehog 受体等，它们识别的胞外信号分子和介导的细胞信号转导机制都与前 3 种细胞表面受体有很大不同，这里重点介绍整联蛋白及其介导的细胞信号通路。

2. 整联蛋白介导的细胞信号转导

1）整联蛋白　整联蛋白（integrin）是细胞表面的单次跨膜受体蛋白，普遍存在于真核细胞中，是由 α 和 β 两个亚基组成的二聚体，可作为纤连蛋白等细胞外基质成分的受体并介导其信号转导通路。整联蛋白的胞外结构域具有与胞外基质成分结合的位点，可以与层粘连蛋白、纤连蛋白、胶原等含有 Arg-Gly-Asp（RGD）三肽序列的细胞外基质组分结合，胞内域可以与踝蛋白、α- 辅肌动蛋白等细胞骨架相关蛋白结合，进而与细胞内的肌动蛋白纤维相联系。通过细胞骨架，整联蛋白参与细胞与细胞外基质的黏附及信号转导。

2）整联蛋白通过黏着斑介导的信号通路

整联蛋白是黏着斑和半桥粒的跨膜黏附性蛋白，大多数正常细胞依靠黏着斑附着在细胞外基质上才能生长，黏着斑的装配既受信号调控又具有信号转导功能，整联蛋白在黏着斑的装配和信号转导中发挥重要作用，通过黏着斑由整联蛋白介导的信号通路包括细胞表面到核和细胞表面到核糖体两条通路。

整联蛋白通过黏着斑介导的信号通路如图 11-8 所示，整联蛋白与胞外配体结合后，引发整联蛋白快速与细胞质中的肌动蛋白丝（微丝）和踝蛋白结合并聚集在一起形成黏着斑，接着招募胞内蛋白激酶 Src 和黏着斑激酶（focal adhesion kinase，FAK），使特异的酪氨酸发生磷酸化而被活化，磷酸化的酪氨酸残基通过接头蛋白 Grb2 和鸟苷酸交换蛋白（SOS）使 Ras 蛋白被活化，活化后的 Ras 通过 MAPK 级联反应途径，将信号传递至细胞核中，调控生长与增殖相关基因表达。另外，活化的 FAK 可以使具有 SH2 结构域的 PI3K

被活化，并通过进一步活化激酶使得核糖体小亚基中的S6蛋白被磷酸化，从而调控细胞增殖相关的周期蛋白的翻译，合成从G_1期向S期转换的蛋白质，推动细胞增殖过程。

四、细胞内受体介导的信号转导

细胞内受体（intracellular receptor）位于细胞质基质或核基质中，接收并传递进入细胞内的信号，这些信号分子常为一些疏水性小分子，如甾类激素和NO等，可以由细胞外经被动运输进入细胞内，与细胞内受体结合后，通过胞内受体介导的信号转导，调控细胞生命活动。

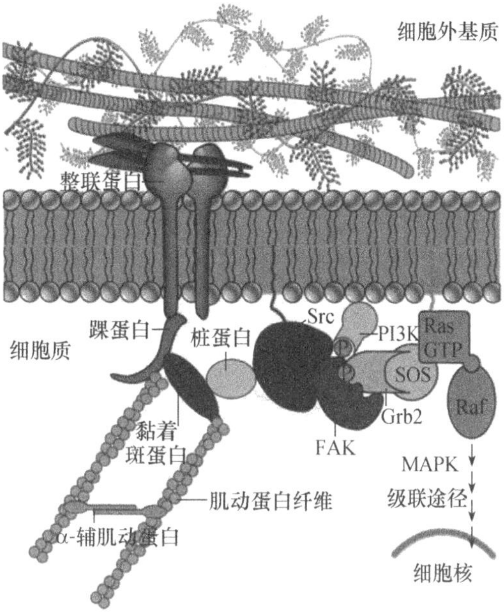

图 11-8　整联蛋白通过黏着斑介导的信号通路（Karp，2006）

1. 甾类激素介导的信号转导途径

甾类激素（steroid hormone）是一类亲脂性的小分子，包括类固醇激素、视黄醛、维生素D、甲状腺素等，可通过自由扩散的方式透过细胞膜进入细胞质或细胞核。甾类激素的细胞内受体本质是依赖激素激活的基因调控蛋白，在细胞内通常与抑制性蛋白（如Hsp90）结合，处于非活化状态，信号分子的结合可以使其脱离抑制蛋白被激活。各种甾类激素与细胞各自的核内受体结合（图 11-9），形成激素-受体复合物，激素与受体的结合会使胞内受体构象发生变化，导致抑制因子的解离，暴露出DNA结合域，进而结合于特异的DNA调控序列来调节基因表达。

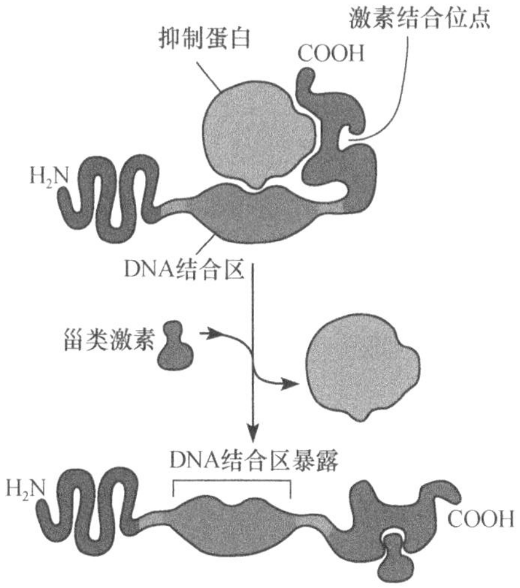

图 11-9　甾类激素受体的激活（翟中和等，2000）

甾类激素诱导基因表达的调控过程可分为两个阶段：①初级反应，直接活化少数特殊基因转录，反应发生迅速；②次级反应，初级反应的基因产物再活化其他基因，产生更多的反应产物，对初级反应起放大作用，具有延迟的效果。例如，将蜕皮激素注射到果蝇后，5～10min可以看到唾液腺染色体上有6个基因位点被激活进行转录（初级反应），一段时间后就有上百个位点开始基因转录（次级反应），大量合成的次级反应蛋白产物进而影响细胞分化等长期生物学效应。

2. NO介导的信号转导途径

NO是一种在体内产生的气体信号分子，血管内皮细胞和神经细胞是NO的主要生产

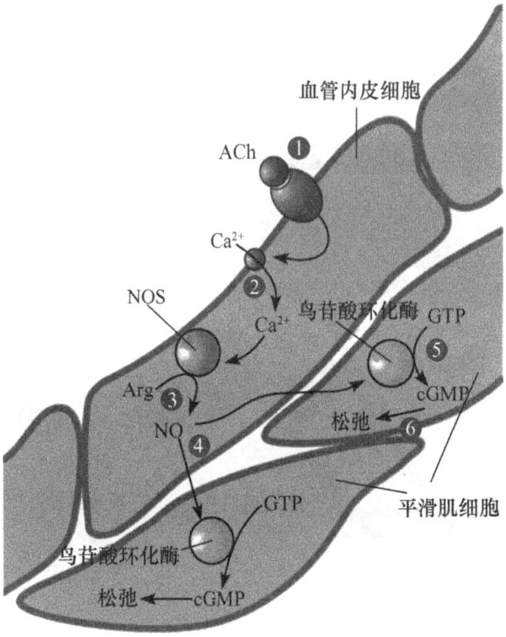

图 11-10 NO 在血管平滑肌细胞中的信号转导途径（Karp，2006）

细胞，NO 是由一氧化氮合酶（nitric oxide synthase，NOS）催化产生，可快速穿越细胞膜，作用于邻近细胞，产生生物学效应。以 NO 对血管平滑肌的调节作用为例（图 11-10），在受到乙酰胆碱（ACh）信号刺激时，血管内皮细胞膜上的乙酰胆碱受体（钙通道蛋白）感受信号刺激，被活化后引起自身钙通道开放，钙离子进入胞内，胞内升高的 Ca^{2+} 浓度激活 NOS，NOS 以 L- 精氨酸为底物催化生成 NO，NO 扩散至邻近的平滑肌细胞，激活细胞质中的鸟苷酸环化酶（guanylyl cyclase，GC），鸟苷酸环化酶以 GTP 为底物催化合成环鸟苷酸（cGMP），cGMP 通过激活 cGMP 依赖的蛋白激酶 G（PKG）抑制肌动蛋白 - 肌球蛋白复合物信号通路，引起血管平滑肌的舒张，使血管扩张，血流通畅。NO 在细胞外不稳定，很快被氧化为硝酸根（NO_3^-）和亚硝酸根（NO_2^-）而失活，因此只能在组织局部进行扩散。

硝基甘油（nitroglycerin）治疗心绞痛有百年的历史，其作用机制为硝基甘油在体内被转化为 NO，通过对血管平滑肌的调控，起到舒张血管增加心脏供氧能力。

五、细胞信号转导的特征

1. 特异性

特异性（specificity）是指每种信号分子可以与各自的受体特异性地结合，信号分子与受体在结构上的互补是细胞信号转导具有特异性的重要基础。不同类型的细胞都有其独特的受体和信号转导系统，细胞对信号的反应不仅取决于其受体的特异性，而且与细胞的特征有关，不同类型的细胞对同一信号会具有不同的受体，因而启动不同的信号转导通路产生不同的反应，如同样的乙酰胆碱可引起骨骼肌收缩、心肌收缩频率降低、唾液腺分泌等。

2. 级联放大

信号级联放大效应（signaling cascade amplification）是指信号转导过程具有对信号的放大作用，即少数的信号分子可以激活下游多个效应器分子，产生明显的生物学效应。例如，RTK-Ras 途径中 MAPK 磷酸化级联反应的激活，一般 Ras 活化后维持的时间相对短暂，而通过 MAPK 磷酸化级联放大系统可以使一系列激酶被磷酸化后激活，起到信号放大的效果，这种信号放大的机制又受到适度调控，最终表现为信号放大作用启动的生物学效应。

3. 整合性

整合性（integration）是指有些看起来不相关的信号在细胞内传递后，收敛成激活一个共同的效应器或同一个信号被发散后激活不同效应器，信号被整合后产生综合的生理、生化反应和相应细胞行为。例如，来自受体酪氨酸激酶、G 蛋白偶联受体和整联蛋白受体等的信号在细胞内都收敛到 Ras 蛋白，然后沿 MAPK 级联反应途径向下传递，调控基因表达。另外，来自相同信号分子（如表皮生长因子、胰岛素等）的信号，又可以经不同的受体介导，激活细胞内不同的效应器，导致细胞产生多样化的应答反应。

4. 反馈调控

信号转导途径在调控细胞生理过程中也始终处于被调控的状态，即信号途径是被控制的，这种调控可分为负调控或负反馈（negative feedback）和正反馈（positive feedback）。负反馈包括对信号分子、受体和通路蛋白的负调控等，来实现对信号转导通路进行关闭或弱化调控。信号分子的灭活方式包括细胞重吸收、信号分子被氧化水解等。受体的调控可以通过减少受体的数目或降低受体与信号分子的亲和力，来减弱细胞对外界信号的敏感度，也称之为受体失敏。信号通路组分蛋白可通过失活、修饰反应、降解等，来关闭或减弱信号通路的传递，使信号传递受阻。正反馈调节可以加强和维持信号转导反应的速率和强度。细胞通过正、负反馈调节细胞信号转导，对刺激做出适度反应，以维持细胞正常生命活动。

5. 网络化

网络化（networked）是指细胞无时无刻不处于复杂环境的“信息轰炸”之下，多种信号都对细胞产生各种各样的调控，信号转导在细胞内并非只是简单的线性传递，而是在各个信号调控通路之间相互关联，互相影响，形成复杂的信号网络系统。人们将信号网络系统中各种通路之间的相互关系，形象地称为“交谈”（cross talk），信号在复杂的网络中传递、交谈，最后整合为一个最终的生理性效应。

复习思考题

一、名词解释

细胞通信　信号　受体　第一信使　第二信使　分子开关　信号通路　受体失敏

二、问答题

1. 细胞通信中细胞外的信号分子有哪些？各有什么特性？
2. 简要回答 G 蛋白偶联受体的结构特性及对 G 蛋白的活化过程。
3. 简述 cAMP 信号通路的信号传递过程。
4. 为什么磷脂酰肌醇信号通路被称为双信使信号系统？分别简述两个信使调控的信号通路。
5. 总结 G 蛋白偶联受体识别的信号分子和作用的效应器。
6. 一个胞内信号蛋白在向下游传递信号时是如何将信号放大的？
7. 酶联受体有哪些类型？受体酪氨酸激酶的信号转导途径中的 Ras 是如何被活化的？
8. 整联蛋白是如何通过黏着斑进行信号传递的？
9. 信号转导中信号的解除和细胞反应的终止同样重要，分析信号转导终止的调节途径。

第十二章 >>>

细胞分裂与细胞周期调控

本章彩图
扫码可见

内容提要

细胞生长增殖是生命的基本特征，是地球物种繁衍、个体发育、机体修复等的基础。从一个受精卵发育为初生婴儿，细胞数目增至10^{12}个，长至成年有10^{14}个，而成人体内每秒仍有数百万新细胞产生，以补偿血细胞、小肠黏膜细胞、上皮细胞的衰老和死亡。细胞增殖是通过细胞分裂来实现的。细胞周期是细胞分裂增殖的周期。细胞分裂有不同方式，即有丝分裂和无丝分裂。在细胞有丝分裂过程中，根据细胞周期运行过程中的规律和特征将细胞周期分为G_1期、S期、G_2期和M期。减数分裂是生殖细胞具有的特殊的有丝分裂。在减数分裂过程中，遗传物质DNA复制一次，生殖细胞进行两次连续分裂。

在细胞周期运行过程中，细胞所表现的形态结构变化，如DNA复制且仅复制一次，染色体凝集、中心粒复制、纺锤体组装、染色体分离以及减数分裂中同源染色体联会等都受到严格的调控。细胞周期的调控与各时期的周期蛋白依赖的蛋白激酶（CDK）的活性变化直接相关，并受多种因素的调节，包括相应时期的周期蛋白、CDK、细胞周期检验点、癌基因、抑癌基因、生长因子，以及外界因素如离子辐射、化学物质作用、病毒感染、温度变化、pH变化等。

细胞周期的有序运行是通过相关基因的严格监视和调控来保证的。细胞的增殖和有效的监控是保证有机体正常生长发育的基础。

第一节　细胞分裂周期

一、细胞周期

（一）细胞周期概念

细胞周期（cell cycle）指由细胞分裂结束到下一次细胞分裂结束所经历的过程，所需的时间为细胞周期时间。根据细胞周期运转过程的基本内在特征，人为分为4个阶段，即G_1期（gap 1 phase），指从细胞有丝分裂完成到DNA复制之前的时间；S期（DNA synthesis phase），指DNA复制的时期；G_2期（gap 2 phase），指DNA复制完成到有丝分裂开始之前的一段时间；M期又称D期（mitosis or division），指细胞分裂开始到结束。根据细胞生长过程中的形态变化，细胞周期一般分为有丝分裂间期（interphase，由G_1期、S期和G_2期组成）和分裂期（M期）（图12-1）。

按照细胞增殖的特征，可将高等动物的细胞分为3类，即连续分裂细胞，在细胞周期中连续运转（也称周期细胞），如表皮生发层细胞、部分骨髓细胞；休眠细胞，暂不在细胞

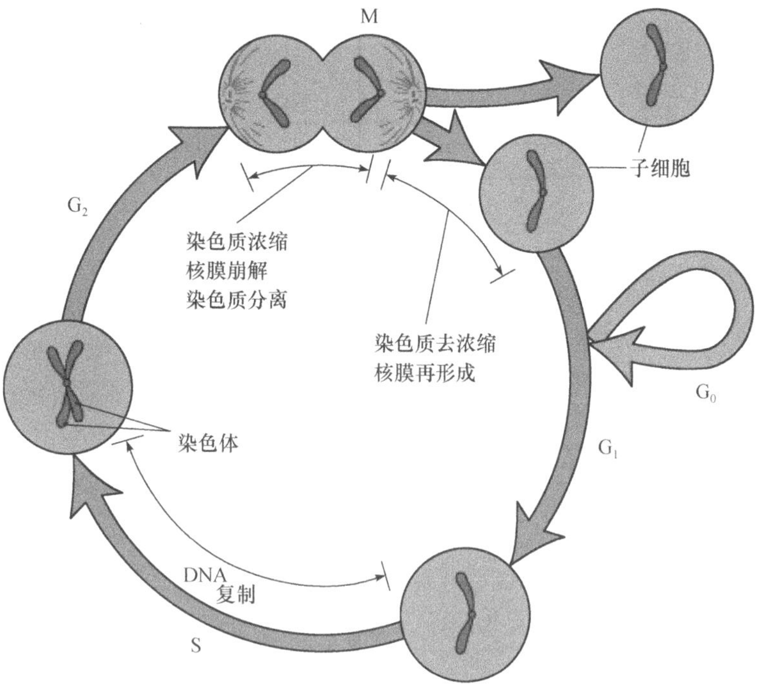

图 12-1　标准的细胞周期

一个标准的细胞周期一般包括 4 个时期：DNA 合成期（S）、细胞分裂期（M）、介于二者之间的 G_1 期和 G_2 期；细胞周期从 G_1 期开始，到 M 期结束

周期中运转的细胞，但在适当的条件下可重新进入细胞周期，又称 G_0 期细胞，如淋巴细胞、肝细胞、肾细胞等；不分裂细胞，指不可逆地脱离细胞周期，不再分裂的细胞，又称终端细胞，如神经细胞、肌肉细胞、多形核细胞等。不同类型细胞的 G_1 期长短不同，是造成细胞周期长短差异的主要原因。

（二）细胞周期时间的测定

细胞种类众多，增殖速度有快有慢，细胞周期长短差别很大。细胞周期的时间长短与物种的细胞类型有关。例如，小鼠十二指肠上皮细胞为 10h，人类胃上皮细胞为 24h，骨髓细胞为 18h，体外培养的人成纤维细胞为 18h，HeLa 细胞为 21h，而中国地鼠卵巢细胞（CHO）为 14h。细胞周期长短与细胞所处的外界环境也有密切关系。就环境温度而言，在一定范围之内，温度高，细胞分裂增殖速度加快，温度低，则分裂增殖速度减慢。

在某些工作中，常常会涉及细胞周期时间的测定。细胞周期测定方法多种多样，在此简单介绍较常用的方法。

1. 脉冲标记 DNA 复制和细胞分裂指数观察测定法

这种方法主要适用于细胞种类构成相对简单、细胞周期时间相对较短、周期运转均匀的细胞群体。

其测定原理是：首先，应用 ^{3}H-TdR 短期培养细胞，数分钟至 30min 后，将 ^{3}H-TdR 洗

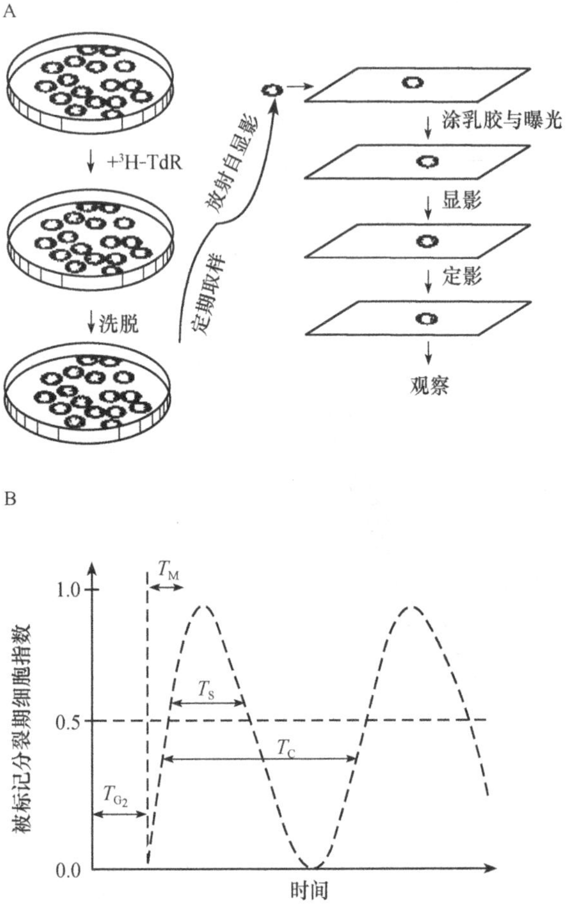

图 12-2 脉冲标记 DNA 复制和细胞分裂指数观察测定法测定细胞周期时间（翟中和等，2000）

A. 用放射性同位素 ^{3}H-TdR 标记细胞；B. 放射自显影结果分析

脱，置换新鲜培育液并继续培养。随后，每隔 30min 或 1h 定期取样，作放射自显影观察，结合细胞形态进行分析，从而确定细胞周期各个时相的长短。其结果分析方法如图 12-2 所示。经 ^{3}H-TdR 短暂标记后，凡是处于 S 期的细胞均被标记。置换新鲜培养液后培养一定时间，被标记的细胞将陆续进入 M 期。最先进入 M 期的标记细胞是被标记的 S 期最晚期细胞。所以，从更换培养液培养开始，到被标记的 M 期细胞开始出现为止，所经历的时间为 G_2 期时间（T_{G_2}）。从被标记的 M 期细胞开始出现，到其所占 M 期细胞总数的比例达到最大值时，所经历的时间为 M 期时间（T_M）。从被标记的 M 期细胞数占 M 期细胞总数的 50% 开始，到最大值，再下降到 50%，所经历的时间为 S 期时间（T_S）。从被标记的 M 期细胞开始出现并逐渐消失，到被标记的 M 期细胞再次出现，所经历的时间为一个细胞周期总时间（T_C）。

该实验方法的要点是：①待测细胞经 ^{3}H-TdR 标记后，所有 S 期细胞均被标记。② S 期细胞经 G_2 期才进入 M 期，所以一段时间内标记的分裂期细胞所占的比例（percentage labeled mitosis，PLM）为零。③开始出现标记 M 期细胞，表示处于 S 期最后阶段的细胞，已度过 G_2 期，所以从 PLM=0 到出现 PLM 的时间间隔为 T_{G_2}。④ S 期细胞逐渐进入 M 期，PLM 上升，到达到最高点的时候说明来自处于 S 期最后阶段的细胞，已完成 M 期，进入 G_1 期。所以从开始出现 M 期细胞到 PLM 达到最高点（≈100%）的时间间隔就是 M 期的持续时间（T_M）。⑤当 PLM 开始下降时，表明处于 S 期最初阶段的细胞也已进入 M 期，所以从出现标记的分裂细胞（LM）到 PLM 又开始下降的一段时间等于 S 期持续的时间（T_S）。⑥从 LM 出现到下一次 LM 出现的时间间隔就等于一个细胞周期持续的时间（T_C）。根据 $T_C=T_{G_1}+T_S+T_{G_2}+T_M$，即可得出的 T_{G_1} 长度。

事实上，由于一个细胞群体中 T_C 和各时期不尽相同，第一个峰常达不到 100%，以后的峰会发生衰减，PLM 不一定会下降到零，所以实际测量时，常以 $T_{G_2}+1/2T_M$ 减去 T_{G_2} 的方式求出 T_M。

2. 流式细胞仪测定法

流式细胞分选仪是一种快速测定和分析流体中细胞或颗粒物各种参数的大型实验仪器。

它可以逐个地分析细胞或颗粒物的某个参数，也可以结合各种细胞标记技术，同时分析多个参数，如细胞种类，DNA、RNA、蛋白质含量，以及这些物质在细胞周期中的变化等，还可以对某个细胞群体中的各种细胞进行分选。

流式细胞分选仪在细胞周期研究中应用广泛。从 DNA 含量着眼，G_1 期和 G_2/M 期细胞含有固定的 DNA 含量，分别为 1*C* 和 2*C*（2*n* 和 4*n*），S 期细胞的 DNA 含量介于 1*C* 和 2*C* 之间（图 12-3）。应用流式细胞分选仪测定细胞周期，可以通过监察细胞 DNA 含量在不同时间内的变化，从而确定细胞周期时间长短，也可以通过直接标记 DNA 复制，如应用上述放射性同位素标记技术，经过统计细胞数量和被标记的分裂期细胞百分比，对细胞周期进行综合分析。如果应用流式细胞分选仪技术并结合细胞周期同步化，综合分析细胞周期时间，将会使实验结果更加简便可靠。例如，应用某些药物处理，将细胞抑制在细胞周期中的某个特定时期。然后，将细胞从抑制中释放出来，所有细胞将会同步运转。应用流式细胞分选仪测定这些细胞的周期时间，实验既简单可靠，还可以通过改变某些因素，或加入某些物质，来研究这些物质因素对细胞周期的影响。

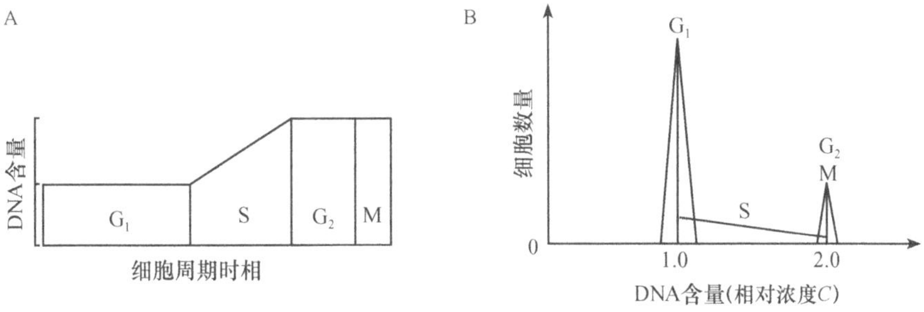

图 12-3 流式细胞分选仪测定细胞周期（翟中和等，2007）

A. 细胞周期中 DNA 含量变化；B. 用流式细胞分选仪测定每个细胞群体的处于不同时期的细胞数量和 DNA 含量，采用不同时间连续分析，即可综合分析细胞周期及各个时期的长短

除上述两种方法外，还有其他一些方法可用于细胞周期时间测定。例如，在仅需要测定细胞周期总时间时，只要通过在不同时间里对细胞群体进行计数，就可以推算出细胞群体的倍增时间，即细胞周期总时间。又如，应用活细胞成像技术，不仅可以得到准确的细胞周期时间，还可以得到分裂间期和分裂期的准确时间。

（三）细胞周期同步化

细胞周期同步化（synchronization）是指在自然过程中发生或经人为处理造成的细胞周期同步化，前者称自然同步化，后者称人工同步化。

1. 自然同步化

在自然界中已经存在一些细胞群体处于细胞周期的同一时期的例子。

（1）多核体：如一种黏菌 *Physarm polycephalum* 的变形体 Plasmodia，只进行核分裂而不进行胞质分裂，结果形成多核体结构。所有细胞核在同一细胞质中进行同步分裂，细胞核数量最终可以多达 10^8 个，细胞直径可达 5～6cm。疟原虫也具有类似的情况。

（2）某些水生动物的受精卵：如海胆卵可以同时受精，最初的 3 次细胞分裂是同步的；再如大量海参卵受精后，前 9 次细胞分裂都是同步化进行的。

（3）增殖抑制解除后的同步分裂：如真菌的休眠孢子移入适宜环境后，它们一起发芽，同步分裂。

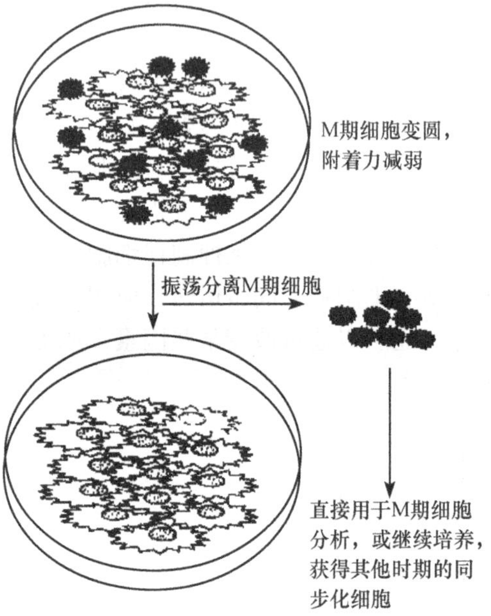

图 12-4　从培养细胞中收集 M 期细胞的同步化方法（翟中和等，2007）

2. 人工同步化

细胞周期同步化也可以人工选择或人工诱导，统称为人工同步化。

1）选择同步化　　人工选择同步化是指人为地将处于不同时期的细胞分离开来，从而获得不同时期的细胞群体。

（1）有丝分裂选择法（图 12-4）：使单层培养的细胞处于对数增殖期，此时细胞分裂活跃，有丝分裂细胞变圆隆起，与培养皿的附着性低。轻轻振荡细胞培养皿（瓶），使 M 期细胞脱离，悬浮于培养液中。收集培养液，再加入新鲜培养液，依法继续收集，则可获得一定数量的 M 期细胞。其优点是操作简单，同步化程度高，细胞不受药物伤害，缺点是获得的细胞数量较少（分裂细胞占 1%～2%），要获得足够数量的细胞，其成本大大高于采用其他方法。

（2）细胞沉降分离法：不同时期的细胞体积不同，而细胞在给定离心场中沉降的速度与其半径的平方成正比，因此可用离心的方法分离。其优点是可用于任何悬浮培养的细胞，缺点是同步化程度较低。

人工选择同步化的另一个方法是密度梯度离心法。有些种类的细胞，如裂殖酵母，不同时期的细胞在体积和重量上差别显著，可以来用密度梯度离心方法分离出处于不同时期的细胞。这种方法简单省时，效率高，成本低，但缺点是对大多数种类的细胞并不适用。

2）诱导同步化　　在同种细胞组成的一个细胞群体中，不同的细胞可能处于细胞周期的不同时期，为了某种目的，人们常常需要整个细胞群体处于细胞周期的同一个时期。许多动物细胞同步化可以通过人工诱导而获得，即通过药物诱导使细胞同步化在细胞周期中某个特定时期。目前应用较广泛的诱导同步化方法主要有两种，即 DNA 合成阻断法和分裂中期阻断法。

（1）DNA 合成阻断法：选用 DNA 合成的抑制剂，可逆地抑制 DNA 合成，而不影响其他时期细胞的运转，最终可将细胞群阻断在 S 期或 G_1/S 交界处。5- 氟脱氧尿嘧啶、羟基脲、阿糖胞苷、氨甲蝶呤，以及高浓度 AdR、GdR 和 TdR，均可抑制 DNA 合成使细胞同步化。其中高浓度 TdR 对 S 期细胞的毒性较小，因此常用 TdR 双阻断法诱导细胞同步化。

在细胞处于对数生长期的培养基中加入过量 TdR（如 HeLa，2mmol/L；CHO，7.5mmol/L），S 期细胞被抑制，其他细胞继续运转，最后停在 G_1/S 交界处；移去 TdR，洗涤细胞并加入新鲜培养液，细胞又开始分裂。当释放时间大于 T_S 时，所有细胞均脱离 S 期，再次加入过量 TdR，细胞继续运转至 G_1/S 交界处，被过量 TdR 抑制而停止（图 12-5）。

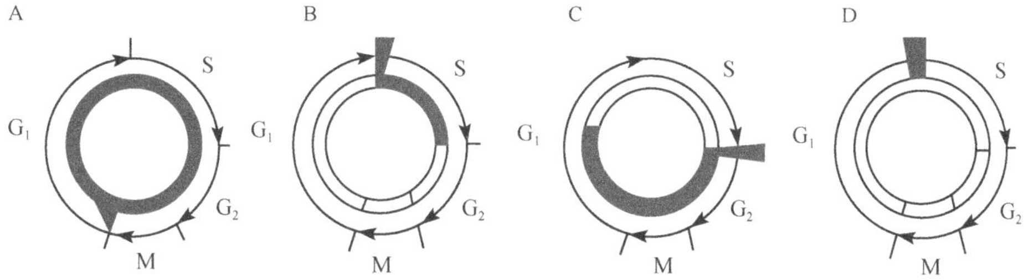

图 12-5　应用过量的 TdR 阻断法进行细胞周期同步化（翟中和等，2000）

A. 处于对数生长期的细胞；B. 第一次加入 TdR，所有处于 S 期的细胞立即被抑制，其他细胞运行到 G_1/S 交界处被抑制；C. 将 TdR 洗脱，解除抑制，被抑制的细胞沿细胞周期运行；D. 在解除抑制的细胞到达 G_1 期终点前，第二次加入 TdR 并继续培养，所有的细胞被抑制在 G_1/S 交界处

此法的优点是同步化程度高，适用于任何培养体系，可将几乎所有的细胞同步化。缺点是产生非均衡生长，个别细胞体积增大。

（2）分裂中期阻断法：利用破坏微管的药物将细胞阻断在前中期，常用的药物如秋水仙素、秋水仙酰胺和诺考达唑（nocodazole）等，可以抑制微管聚合，因而能有效地抑制细胞有丝分裂器的形成，将细胞阻断在细胞分裂前中期。通过轻微振荡，将变圆的分裂期细胞洗脱，经过离心，可以得到大量的有丝分裂前中期细胞。将分裂前中期细胞悬浮于新鲜培养液中继续培养，它们可以继续分裂并沿细胞周期同步运转，从而获得细胞周期不同阶段的细胞。此方法的优点是操作简便、效率高。缺点是这些药物的毒性相对较大，若处理的时间过长，所得到的细胞常常不能恢复正常细胞周期运转，可逆性较差。

在实际工作中，人们常将几种方法并用，以获得数量多、同步化程度高的细胞。

二、细胞分裂

（一）细胞分裂的类型

细胞分裂（cell division）可分为无丝分裂（amitosis）、有丝分裂（mitosis）和减数分裂（meiosis）三种类型。

无丝分裂又称为直接分裂，由 Remak 在 1841 年首次发现于鸡胚血细胞。表现为细胞核伸长，从中部缢缩，然后细胞质分裂，其间不涉及纺锤体形成及染色体变化，故称为无丝分裂。无丝分裂不仅发现于原核生物，同时也发现于高等动植物，如植物的胚乳细胞、动物的胎膜、间充组织及肌肉细胞等。

有丝分裂，又称为间接分裂，由 Strasburger 和 Fleming 先后在植物和动物中发现。特点是有纺锤体和染色体出现，姐妹染色单体被平均分配到子细胞，这种分裂方式普遍见于高等动植物。

减数分裂是指染色体复制一次而细胞连续分裂两次的分裂方式，是高等动植物配子形成的分裂方式。

（二）有丝分裂

以高等动物细胞为例介绍有丝分裂。根据细胞形态结构的变化，为了便于描述人为地将细胞有丝分裂划分为5个时期：前期（prophase）、前中期（prometaphase）、中期（metaphase）、后期（anaphase）和末期（telophase）（图12-6）。

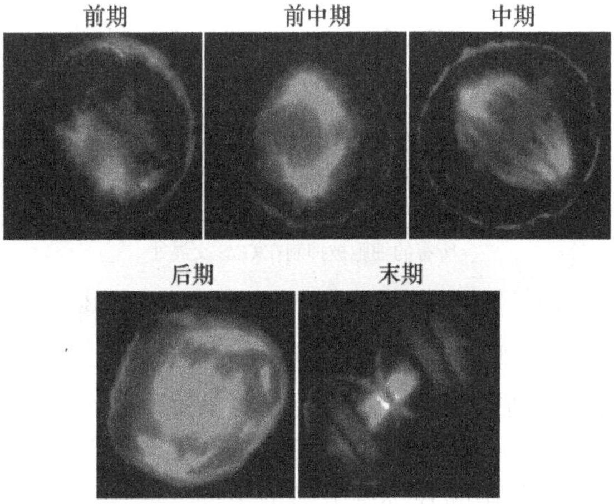

图12-6 高等动物细胞有丝分裂过程

体外培养的人宫颈癌细胞（HeLa细胞）固定后，应用特异性鼠抗微管蛋白（tubulin，绿色）和兔抗微丝蛋白（actin，红色）抗体进行免疫荧光染色，使用DNA结合荧光染料DAPI进行染色质/染色体的染色（蓝色）

1. 前期

前期细胞主要事件包括：①染色质凝集；②分裂极确立与纺锤体开始装配；③核仁解体。最显著的特征是染色质通过螺旋化和折叠，变短变粗，形成光学显微镜下可以分辨的染色体，每条染色体包含2个染色单体。

前期是有丝分裂过程的开始阶段。在每条染色单体上，都含有一段特殊的着丝粒DNA，其所在部位称为着丝粒（centromere）。两条染色单体的两个着丝粒对应排列。由于此处形态结构比较狭窄，也称为主缢痕（primary constriction）。前期的后期，在着丝粒处逐渐装配另一种蛋白质复合体结构，称为动粒（kinetochore）。动粒和着丝粒紧密相连。早在S期两个中心粒已完成复制。在前期，中心体分离并移向细胞两极，形成纺锤体的两极，两对中心粒之间逐渐形成纺锤体微管。

2. 前中期

前中期指由核膜解体到染色体排列到赤道面（equatorial plane）这一阶段。核膜破裂，标志着前中期的开始。

核膜破裂后，染色体将进一步凝集浓缩，变粗变短，形成明显的“X”形染色体结构。染色体在一定区域内剧烈运动。位于染色体着丝粒上的动粒逐渐成熟。从前期向中期转化过程中的另一个重要事件是纺锤体（spindle）装配完成。在前期，两个星体的形成和向两极的运动，事实上标志着纺锤体装配的开始。当核膜解体时，两对中心粒已到达两极，并在两者之间形成纺锤体。纺锤体微管根据分布位置不同，可分为：①动粒微管（kinetochore microtubule），由中心体发出，连接在动粒上，负责将染色体牵引到纺锤体上，动粒上具有马达蛋白；②星体微管（astral microtubule），由中心体向外放射出，末端结合有分子马达，负责两极的分离，同时确定纺锤体纵轴的方向；③极微管（polar microtubule），由中心体发出，在纺锤体中部重叠，重叠部位结合有分子马达，负责将两极推开（图 12-7 和图 12-8）。

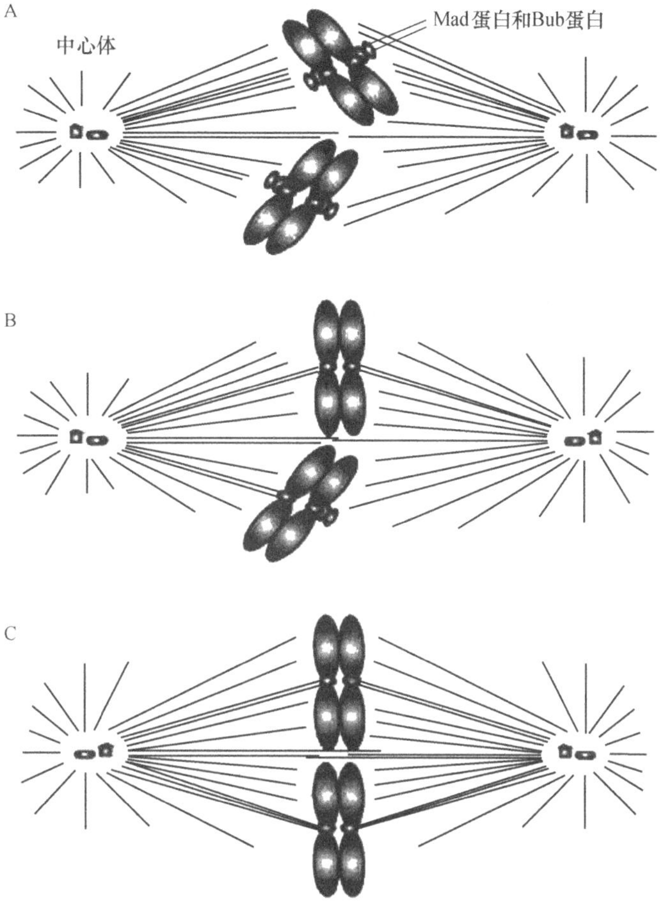

图 12-7　纺锤体形成与染色体整列（翟中和等，2007）

A. 细胞分裂前期和前中期，Mad 蛋白和 Bub 蛋白在染色体动粒上聚集，纺锤体微管与动粒结合；B. 微管与动粒结合后，Mad 蛋白和 Bub 蛋白消失，姐妹染色单体结合的各自微管作用力趋于均衡；C. 所有染色体的动粒与微管结合后，两侧动粒微管作用力均衡，染色体排列在赤道板

随之，星体微管逐渐伸长。有的星体微管迅速捕获染色体，并与染色体一侧的动粒结合，形成动粒微管。而由另一极星体发出的微管则迅速与染色体另一侧的动粒相结合。另一些星体微管的游离端也逐渐侵入胞内，形成极微管。动粒微管、极微管以及辅助分子，共同组成前期纺锤体。由于同一条染色体的两个动粒相连接的来自两极的动粒微管并不等长，染色体并不完全分布于赤道板，所以看起来其排列没有规律性（图 12-6 和图 12-7B）。随后，在各种相关因素的共同作用下，纺锤体赤道直径逐渐收缩，两极距离拉长，染色体逐渐向赤道方向运动。细胞周期也由前中期逐渐向中期运转。

3. 中期

当所有染色体排列到赤道板（equatorial plate）上，标志着细胞分裂已进入中期。中期指从染色体排列到赤道面上，到姐妹染色单体分离开始移向两极的一段时间。纺锤体呈现典型的纺锤样。位于染色体两侧的动粒微管长度相等，作用力均衡。整个纺锤体微管数量在不同物种之间变化很大，少则 10 多根，多的数千根甚至上万根。例如，须霉菌属（*Phycomyces*）真菌仅有 10 根纺锤体微管，而网球花属（*Haemanthus*）植物的纺锤体微管约有 10 000 根。除动粒微管外，许多极微管在赤道区域也相互搭桥，形成指状交叉，似连续微管结构（图 12-8）。染色体向赤道板上运动的过程称为染色体整列（chromosome alignment）或染色体中板集合（congression）。

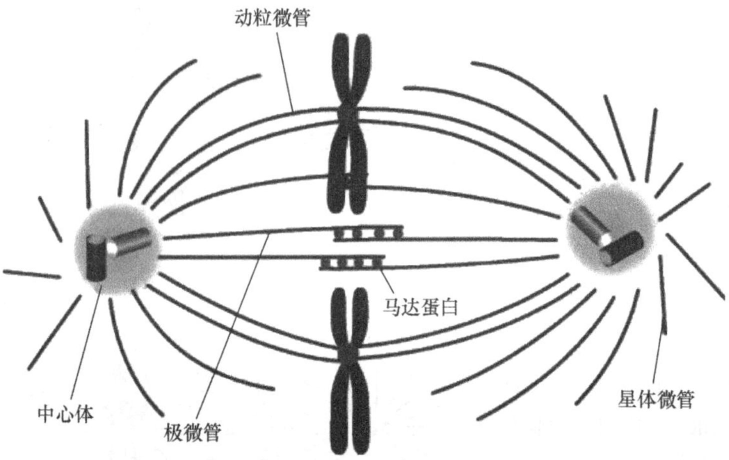

图 12-8 微管的种类和中期染色体排列在赤道板上（翟中和等，2011）

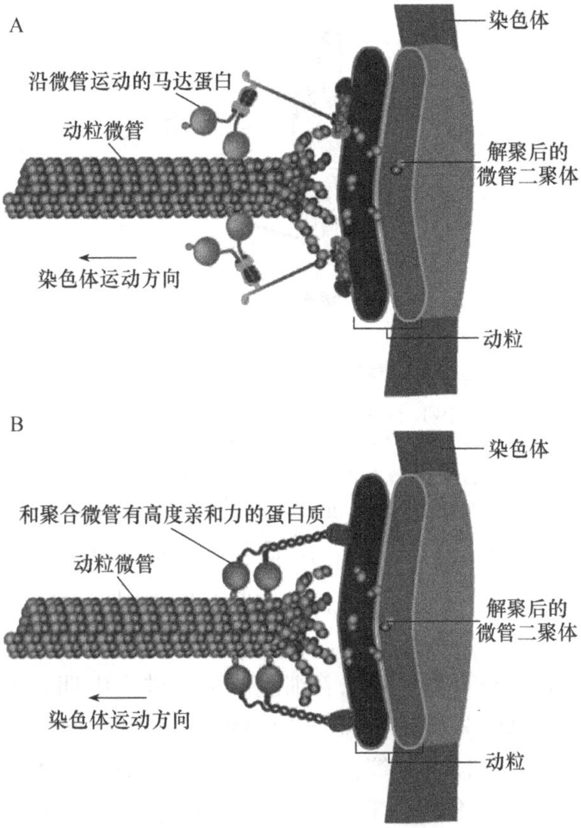

图 12-9 细胞分裂后期 A 动粒沿动粒微管向极部运动（翟中和等，2011）

A. ATP 驱动的染色体运动促使微管解聚；B. 微管解聚促使染色体运动后期开始时，动力蛋白沿动粒微管向微管负极行走，引导动粒和染色单体向极部运动；当动粒越过后，动粒微管的正极末端随之去装配

4. 后期

中期染色体的两条姐妹染色单体相互分离，形成子代染色体，标志着后期的开始。子代染色体向细胞两极移动，当子代染色体到达两极后，标志这一时期结束，后期可以分为两个阶段（图 12-9 和图 12-10）：①后期 A，指姐妹染色单体分离，开始向两极移动的过程。动粒微管在动粒处去组装而缩短，在分子马达的作用下染色体向两极移动。体外实验证明即使在 ATP 不存在的情况下，动粒也有连接到正在去组装的微管上的能力，使染色体发生移动（图 12-9）。此时来自纺锤体两极的极微管在纺锤体中间部位指状交叉，并相互捆绑束缚，形成纺锤体中央区（spindle midzone）。②后期 B，指两极间距离拉大，纺锤体延长的过程。这是因为一方面纺锤体中央区极微管延长，结合在极微管的马达蛋白提供动力，推动纺锤体延长。另一方面星体微管去组装而缩短，结合在星体微管正极的马达蛋白牵引，使纺锤体两极距离加大。可见染色体的分离是在微管与分子马达的共同作用下实现的（图 12-10）。整个

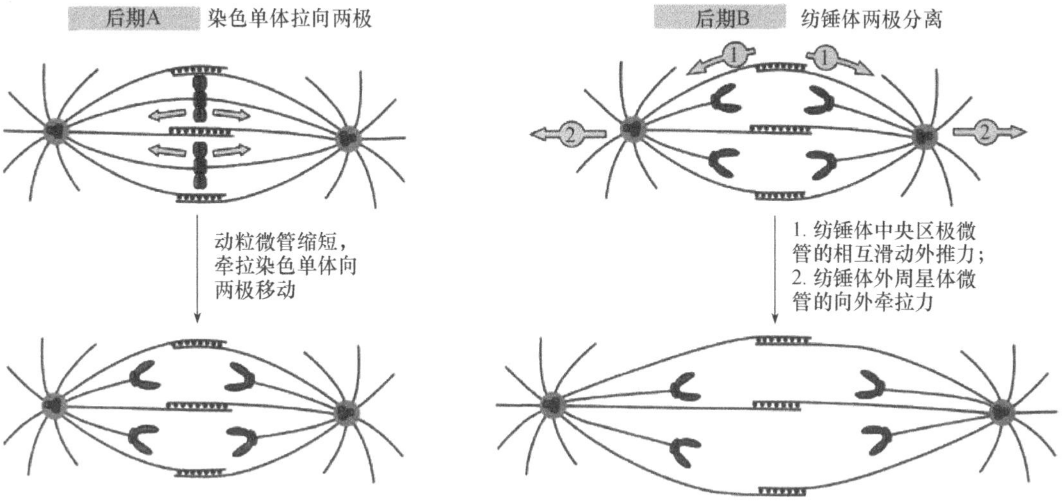

图 12-10　细胞分裂后期 B 纺锤体拉长（Alberts et al.，2002）

后期阶段约持续数分钟。染色体运动的速度为每分钟 1～2μm。

有两类马达蛋白参与染色体、分裂极的分离，一类是动力蛋白（dynein），另一类是驱动蛋白（kinesin）。植物没有中心粒和星体，其纺锤体叫作无星纺锤体，分裂极的确定机制尚不明确。

5. 末期

末期是从子代染色体到达两极，至形成两个新细胞为止的时期。到达两极的染色单体开始去凝集，在每一个染色单体的周围，核膜开始重新装配。前期核膜解体后，核纤层蛋白 B 与核膜残余小泡结合，末期核纤层蛋白 B 去磷酸化，介导核膜的重新装配。首先是核膜前体小膜泡结合到染色单体表面，小膜泡相互融合，逐渐形成较大的双层核膜片段，然后再相互融合成完整的核膜，分别形成两个子代细胞核。在核膜形成的过程中，核孔复合体同时在核膜上装配。随着染色单体去凝集，核仁也开始重新装配，核仁由染色体上的核仁组织中心（NOR）形成，几个 NOR 共同组成一个大的核仁，因此核仁的数目通常比 NOR 的数目要少。RNA 合成功能逐渐恢复。

6. 胞质分裂

胞质分裂（cytokinesis）是细胞核分裂后细胞质分裂的过程。虽然核分裂与胞质分裂是相继发生的，但属于两个相对独立的过程。例如，大多数昆虫的卵，核可进行多次分裂而无胞质分裂，某些藻类的多核细胞可长达数尺，以后胞质才分裂形成单核细胞。多数细胞胞质分裂开始于细胞分裂后期，完成于细胞分裂末期。

动物细胞胞质分裂开始时，在赤道板周围细胞表面下陷，形成环形缢缩，称为分裂沟（furrow）。分裂沟的定位与纺锤体的位置明显相关。人为地改变纺锤体的位置可以使分裂沟的位置改变。也有实验证明，钙离子浓度的变化也会影响分裂沟的形成。对分裂沟定位的分子作用机制目前尚不清楚。

在分裂沟的下方，除肌动蛋白之外，还有微管、小膜泡等物质聚集，共同构成一个环

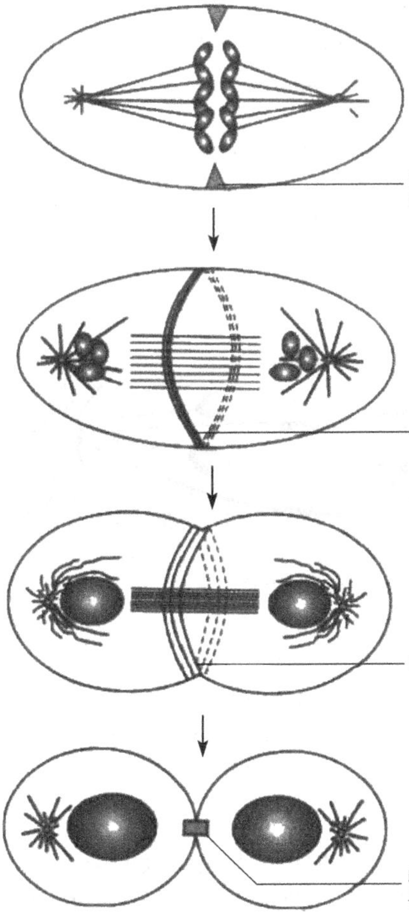

图 12-11 胞质分裂过程（翟中和等，2000）

形致密层，称为中间体（midbody）。胞质分裂开始时，大量的肌动蛋白和肌球蛋白在中间体处装配成微丝并相互组成微丝束，环绕细胞，称为收缩环（contractile ring）。收缩环在后期形成，分裂沟的产生是因收缩环的形成。实验证明，肌动蛋白和肌球蛋白参与了收缩环的形成及整个胞质分裂过程。用细胞松弛素或肌动蛋白和肌球蛋白抗体处理细胞，均能抑制收缩环的形成。胞质收缩环的收缩原理和肌肉收缩时相类似。

胞质分裂整个过程可以简单地归纳为 4 个步骤，即分裂沟位置的确立、肌动蛋白聚集和收缩环形成、收缩环收缩、收缩环处细胞膜融合并形成两个子细胞（图 12-11）。

植物细胞的胞质分裂的机制不同于动物。后期或末期细胞两极处微管消失，中间微管保留，且数量增加，形成成膜体（phragmoplast）。来自于高尔基体的囊泡沿微管转运到成膜体中间，融合形成细胞板。囊泡内的物质沉积为初生壁和中胶层，囊泡膜形成新的细胞膜。膜间有许多连通的管道，形成胞间连丝。源源不断运送来的囊泡向细胞板融合，使细胞板扩展，形成完整的细胞壁，最终将子细胞一分为二。

三、减数分裂

减数分裂是一种特殊形式的有丝分裂，仅发生于有性生殖细胞形成过程中的某个阶段。减数分裂的主要特点是，细胞 DNA 复制一次，而细胞连续分裂两次，形成单倍体的精子和卵子。此后再经过受精，形成合子，染色体数目恢复到体细胞的染色体数目。减数分裂过程中同源染色体间发生交换，使配子的遗传多样化。减数分裂的意义在于，既有效地获得父母双方的遗传物质，保持后代的遗传性，又可以增加更多的变异机会，确保生物的多样性，增强生物适应环境变化的能力。因而，减数分裂是生物有性生殖的基础，是生物遗传、生物进化和生物多样性的重要基础保证。

减数分裂可分为以下 3 种主要类型。①配子减数分裂（gametic meiosis），也叫末端减数分裂（terminal meiosis），其特点是减数分裂和配子的发生紧密联系在一起，在雄性脊椎动物中，一个精母细胞经过减数分裂形成4个精细胞，后者在经过一系列的变态发育，形成精子。在雌性脊椎动物中，一个卵母细胞经过减数分裂形成1个卵细胞和2～3个极体。②孢子减数分裂（sporic meiosis），也叫中间减数分裂（intermediate meiosis），见于植物和某些藻类。其特点是减数分裂和配子发生没有直接的关系，减数分裂的结果是形成单倍体的配子体（小孢子和大孢子）。小孢子再经过两次有丝分裂形成包含一个营养核和两个雄配子（精子）的成熟花粉（雄配子体）；大孢子经过3次有丝分裂形成胚囊（雌配子体），内含1个卵核、2个极核、3个反足细胞和2个助细胞。③合子减数分裂（zygotic meiosis），也叫初始减数分裂（initial meiosis），仅见于真菌和某些原核生物，减数分裂发生于合子形成之后，形成单倍体的孢子，孢子通过有丝分裂产生单倍体的后代。也就是说这类生物正常的生长个体是单倍体。此外某些生物还具有体细胞减数分裂（somatic meiosis）现象，如在蚊子幼虫的肠道中，有一些由核内有丝分裂形成的多倍体细胞（可高达32×），在蛹期又通过减数分裂降低了染色体倍性，增加了细胞数目。

减数分裂由相继连续的两次有丝分裂构成。通常减数分裂Ⅰ分离的是同源染色体，所以称为异型分裂（heterotypic division）或减数分裂（reductional division）。减数分裂Ⅱ分离的是姐妹染色单体，类似于有丝分裂，所以称为同型分裂（homotypic division）或均等分裂（equational division）。与有丝分裂相似，在减数分裂之前的间期阶段，也可以人为地划分为G_1期、S期、G_2期等3个时期。为区别于一般的细胞间期，常把减数分裂前的细胞间期称为减数分裂前间期（premeiotic interphase）。

（一）减数分裂前间期

减数分裂前间期的显著特点在于其S期持续时间较长（表12-1），同时也发生一系列与减数分裂相关的特殊事件。例如，在植物百合中发现，减数分裂前间期的S期仅复制DNA总量的99.7%～99.9%，剩下的0.1%～0.3%要等到减数分裂前期阶段才进行复制。

表12-1　减数分裂前S期与有丝分裂前S期持续时间比较（Wolfe，1993）

物种	减数分裂前S期	有丝分裂前S期
蝾螈	10天	12h
小鼠	14h	5～6h
小麦	12h	3.8h
酵母	1h	0.5h

研究发现，这些推迟复制的DNA被分割为5000～10 000个小片段，分布于整个基因组中，每个小片段长1000～5000bp。另外还发现，有一种蛋白质，称为L蛋白，在减数分裂前间期与上述DNA小片段结合，阻止其复制。这些DNA小片段被认为与减数分裂前期染色体配对和基因重组有关。

另外，根据生物种类不同，减数分裂前间期的G_2期的长短变化较大。有的G_2期短，

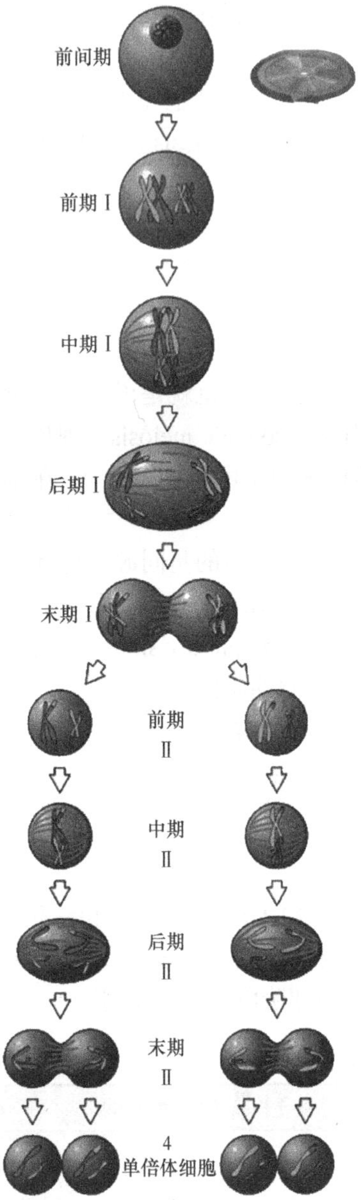

图 12-12 减数分裂过程示意图
（Karp et al.，2005）

有的和有丝分裂前间期的 G_2 期长短接近，也有的在 G_2 期停滞较长一段时间，直到新的刺激来启动进一步分裂。

（二）分裂期

减数分裂前 G_2 期细胞要进行两次有序的细胞分裂，即第一次减数分裂和第二次减数分裂。两次减数分裂之间的间期或长或短，但无 DNA 合成。减数分裂过程如图 12-12 所示。

1. 减数分裂期Ⅰ

减数分裂期Ⅰ（meiosis Ⅰ）可人为地划分为前期Ⅰ、前中期Ⅰ、中期Ⅰ、后期Ⅰ、末期Ⅰ和胞质分裂Ⅰ6 个阶段。但减数分裂期Ⅰ又有其鲜明的特点，其主要表现在分裂前期的同源染色体配对和基因重组以及其后的染色体分离方式等方面。

1）前期Ⅰ　前期Ⅰ持续时间较长，在高等生物，其可持续数周、数月、数年，甚至数十年。在低等生物，其时间虽相对较短，但也比有丝分裂前期持续的时间长得多。在这漫长的时间过程中，要进行同源染色体配对和基因重组，此外，也要合成一定量的 RNA 和蛋白质。根据细胞形态变化，又可以将前期Ⅰ人为地划分为细线期（leptotene）、偶线期（zygotene）、粗线期（pachytene）、双线期（diplotene）、终变期（diakinesis）5 个阶段（图 12-13）。必须注意的是这 5 个阶段本身是连续的，它们之间没有截然的界限。

（1）细线期：持续时间最长，占减数分裂周期的 40%。首先发生染色质凝集，染色质纤维逐渐折叠，螺旋化，变短变粗。细线期虽然染色体已经复制，但光镜下分辨不出两条染色单体。由于染色体细线交织在一起，偏向核的一方，所以又称为凝集期（condensation stage）。在细纤维样染色体上，出现一系列大小不同的颗粒状结构，称为染色粒（chromomere）。虽然已经知道染色粒由染色质组成，但其功能并不清楚。在有些物种中表现为染色体细线一端在核膜的一侧集中，另一端放射状伸出，形似花束，也称为花束期（bouquet stage）。

（2）偶线期：持续时间较长，占有丝分裂周期的 20%，亦称合线期，是同源染色体（homologous chromosome）配对（pairing）的时期，因而又称为配对期（pairing stage）。在

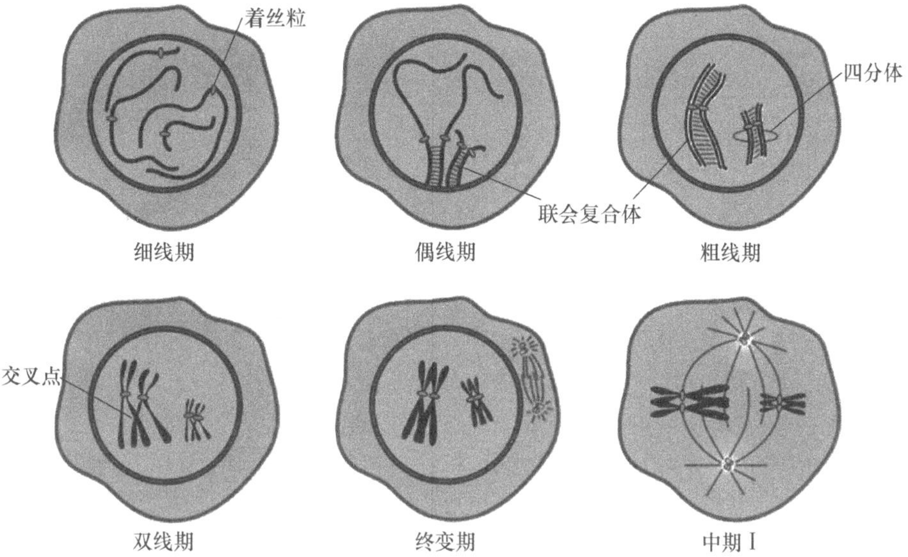

图 12-13 减数分裂前期Ⅰ可分为 5 个阶段（Karp et al.，2005）

光镜下可以看到两条结合在一起的染色体，称为二价体（bivalent），每一对同源染色体都经过复制，含 4 个染色单体，所以又称为四分体（tetrad）。但此时的四分体结构并不清晰可见。

同源染色体配对的过程称为联会（synapsis）。联会初期，同源染色体端粒与核膜相连的接触斑相互靠近并结合。从端粒处开始，这种结合不断向其他部位伸延，直到整对同源染色体的侧面紧密联会。联会也可以同时发生在同源染色体的几个点上。在联会的部位形成一种特殊复合结构，称为联会复合体。联会复合体沿同源染色体长轴分布，在电镜下可以清楚地显示其细微结构（图 12-14）。联会复合体被认为与同源染色体联会和基因重组有关。

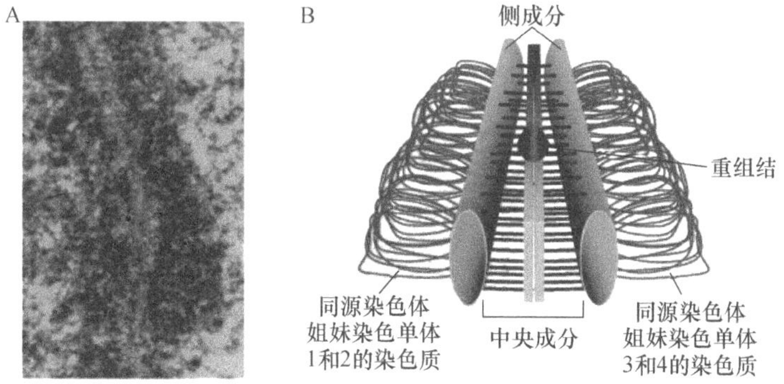

图 12-14 联会复合体和重组结结构（翟中和等，2011）

A. 联会复合体和重组结（电镜照片）；B. 联会复合体及其组分示意图

在偶线期发生的另一个重要事件是合成在 S 期未合成的约 0.3% 的 DNA（偶线期 DNA，即 zygDNA）。若用 DNA 合成抑制剂抑制 zygDNA 合成，联会复合体的形成将受到抑制。zygDNA 在偶线期转录活跃。转录的 DNA 被称为 zygRNA。zygDNA 转录也被认为与同源染色体配对有关。

（3）粗线期：开始于同源染色体配对完成之后，可以持续几天至几个星期。染色体变短，结合紧密，在光镜下只在局部可以区分同源染色体，这一时期同源染色体的非姐妹染色单体之间发生交换，产生新的等位基因的组合。此时在联会复合体部位的中间，有一个新的结构，呈圆球形、椭球形或长约 0.2μm 的棒状，称为重组结（recombination nodule，RN）（图 2-14）。有些生物，在整个减数分裂过程中不出现重组结，因此并无基因重组发生。在粗线期，也合成一小部分尚未合成的 DNA，称为 P-DNA。P-DNA 大小为 100～1000bp，编码一些与 DNA 剪切（nicking）和修复（repairing）有关的酶类。

粗线期另一个重要的特征是，合成减数分裂期专有的组蛋白，并将体细胞类型的组蛋白部分或全部置换下来。在许多动物的卵母细胞发育过程中，粗线期还发生 rDNA 扩增。例如，在非洲爪蟾卵母细胞中，经过 rDNA 扩增，可以产生大约 2500 个拷贝的 rDNA。这些 rDNA 将参与形成附加的核仁，进行 RNA 转录。

（4）双线期：重组阶段结束，同源染色体相互分离，但在交叉点（chiasma）上还保持着联系。同源染色体的四分体结构清晰可见。双线期染色体进一步缩短，在电镜下已看不到联会复合体。交叉的数目和位置在每个二价体上并不是固定的，而是随着时间推移，向端部移动，这种移动现象称为端化（terminalization），端化过程一直进行到中期。

植物细胞双线期一般较短，但在许多动物细胞中双线期持续时间一般较长，其长短变化很大。两栖类卵母细胞的双线期可持续将近一年，而人类的卵母细胞双线期从胚胎期的第 5 个月开始，短者可持续十几年，到性成熟期结束；长者可达四五十年，到生育期结束。

在鱼类、两栖类、爬行类、鸟类以及无脊椎动物的昆虫中，双线期的二价体解螺旋而形成灯刷染色体，在灯刷染色体上有许多侧环结构，是进行活跃转录 RNA 部位。RNA 转录、蛋白质翻译以及其他物质的合成等，是双线期卵母细胞体积增长所必需的。这一时期是卵黄积累的时期。

（5）终变期：二价体显著变短，并向核周边移动，四分体较均匀地分布在细胞核中。所以是观察染色体的良好时期。如果有灯刷染色体存在，其侧环回缩，RNA 转录停止。核仁此时开始消失，核膜解体，但有的植物，如玉米，在终变期核仁仍然很显著。终变期的结束标志着前期 I 的完成。

终变期由于交叉端化过程的进一步发展，故交叉数目减少，通常只有一至两个交叉，二价体的形状表现出多样性，如“V”形或“O”形。

2）中期 I　核仁消失，核膜解体，标志进入中期 I 。在此过程中，要进行纺锤体装配。纺锤体的形成过程和结构与一般有丝分裂过程相类似。中期 I 的主要特点是染色体排列在赤道面上。和有丝分裂不同的是，每个四分体含有 4 个动粒（图 12-15），姐妹染色单体的动粒定向于纺锤体的同一极，故称联合定向（coorientation）。

在减数分裂中期，四分体中同源染色体的两个动粒位于同侧，只与从同一侧发出的纺锤体微管相连接。

3）后期 I　配对的同源染色体相互分离并向两极移动，标志着后期 I 的开始。二价体中的两条同源染色体分开，分别向两极移动。由于相互分离的是同源染色体，所以染色体数目减半。姐妹染色单体通过着丝粒相连，每个子细胞的 DNA 含量仍为 2*C*。同源染色体分向两极是随机的，结果使母本和父本染色体重新组合，产生基因组的变异。例如，人类染色体是 23 对，染色体组合的方式有 2^{23} 种（不包括交换），再加上基因重组和精子与卵子的随机结合，因此除同卵孪生外，几乎不可能得到遗传上等同的后代。

4）末期Ⅰ　染色体到达两极，并逐渐进行去凝集。在染色体的周围，核膜重新装配，核仁形成，同时进行胞质分裂，形成两个子细胞。

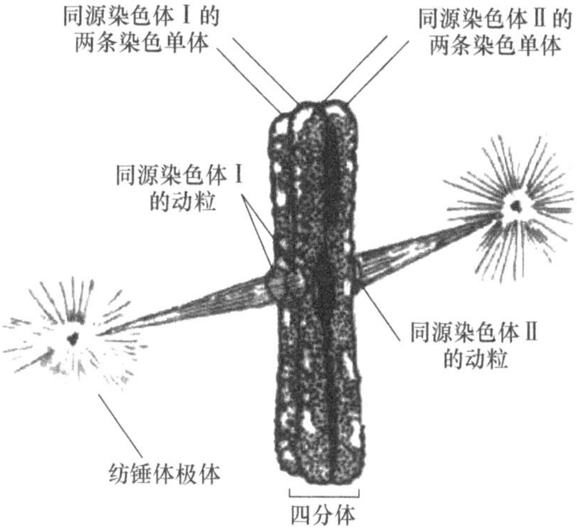

图 12-15　减数分裂中期Ⅰ动粒与纺锤体的联系示意图（翟中和等，2000）

减数分裂间期：在减数分裂Ⅰ和Ⅱ之间的间期很短，不进行 DNA 的合成。有些生物没有间期，而由末期Ⅰ直接转为前期Ⅱ。

2．减数分裂期Ⅱ

第二次减数分裂过程与有丝分裂过程非常相似，可分为前期Ⅱ、中期Ⅱ、后期Ⅱ、末期Ⅱ和胞质分裂Ⅱ等时期。

经过第二次减数分裂，形成 4 个子细胞。但它们以后的命运随生物种类不同而不同。在雄性动物中，4 个子细胞大小相似，称为精细胞，进一步发育成 4 个精子。在雌性动物中，第一次分裂产生一个次级卵母细胞和一个第一极体。第一极体将很快死亡解体，有时也会进一步分裂为两个小细胞，但没有功能。次级卵母细胞进行第二次减数分裂，产生一个卵细胞和一个第二极体。第二极体也没有功能，很快解体。因此，雌性动物减数分裂仅形成一个卵细胞。高等植物减数分裂与动物减数分裂类似，即初级精母细胞产生 4 个精子，而初级卵母细胞仅产生一个卵细胞。

（三）联会复合体

联会复合体（synaptonemal complex，SC）是减数分裂偶线期两条同源染色体之间形成的一种临时性结构，它与染色体的配对、交换和分离密切相关。这种结构是 Moses 于 1963 年用电镜观察蝲蛄卵母细胞时发现的。随后证实，联会复合体在动物和植物减数分裂过程中广泛存在。联会复合体在同源染色体联会处沿同源染色体长轴分布，形成似梯子样的结构。在电镜下观察，由位于中间的中央成分（central element）和位于两侧的侧成分（lateral element）共同构成。侧成分的外侧则为配对的同源染色体（图 12-16）。两侧的侧成分之间为宽约 100nm 的中央成分，侧成分宽 20～40nm。从两侧的侧成分向中央成分方向发出横向纤维（transverse fiber），粗 7～10nm，纤维交会于中央成分，使联会复合体外观呈梯子状。

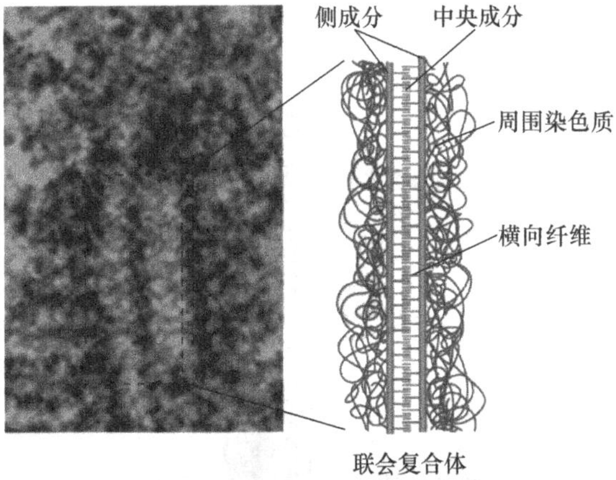

图 12-16 粗线期的联会复合体（翟中和等，2011）

框内为联会复合体与染色质纤维之间的关系图解

蛋白质是联会复合体的主要组成成分之一。用胰蛋白酶、链霉蛋白酶等处理联会复合体，其中央成分、侧成分以及横向纤维等结构消失。DNA 片段也是联会复合体的组成成分之一。这些 DNA 片段多长 50～550bp。序列分析显示，这些 DNA 片段中并无特殊的 DNA 序列。不同细胞之间，这些 DNA 片段的大小和碱基的排列顺序会有明显差别。在中央成分和侧成分中还发现有 RNA。因此，联会复合体中可能含有核糖核蛋白复合物。在磷钨酸染色的联会复合体中央，还可以看到呈圆形或椭圆形的重组结（RN）。RN 是同源染色体发生交叉的部位，RN 上有基因交换所需要的酶。

从形态学来看，联会复合体从细线期开始装配，到偶线期形成明显的联会复合体结构。到达粗线期，重组结开始装配。联会复合体的形成与偶线期 DNA（zygDNA）有关，在细线期或偶线期加入 DNA 合成抑制剂，则抑制联会复合体的形成。

第二节 细胞周期的调控

真核细胞周期有两个基本事件：① S 期进行遗传物质 DNA 的精确复制；② M 期将复制的遗传物质准确分离到两个子细胞中去。为确保细胞周期基本事件有条不紊地进行，真核细胞周期不仅存在着 G_1/S 转换和 G_2/M 转换两个重要的控制点，而且进化了一系列调控机制，对细胞周期运转进行严格地监控。

一、MPF 的发现及其作用

MPF 是在不同物种的不同研究时期发现的能够促进卵细胞成熟、有丝分裂和 M 期进行的因子，即促成熟因子（maturation promoting factor）或有丝分裂促进因子（mitosis-promoting factor）或 M 期促进因子（M phase-promoting factor），最早发现并被命名于 20 世纪 70 年代初期。随着研究工作的深入，不仅逐步鉴定了 MPF 的构成，同时也逐步验证其在细胞周期调控中的重要作用。

（一）早熟染色体凝集实验——有丝分裂促进因子

20 世纪 70 年代，Rao 和 Johnson 将 HeLa 细胞同步化在 M 期，然后与其他间期细胞混合，在灭活仙台病毒介导下，诱导细胞融合，并继续培养一定时间。结果发现，与 M 期细胞融合的间期细胞发生了形态各异的染色体凝集，称为早熟染色体凝集（premature

chromosome condensation，PCC）。此种染色体则称为早熟染色体。不同时期的间期细胞与M期细胞融合，产生的PCC的形态各不相同。G_1期PCC为细单线状；S期PCC为粉末状；G_2期PCC为双线染色体状（图12-17）。PCC的这种形态变化可能与DNA复制状态有关。不仅同类M期细胞可以诱导PCC，不同类的M期细胞也可以诱导PCC产生，如人和蟾蜍的细胞融合时同样有这种效果，这就意味着M期细胞具有某种促进间期细胞进入有丝分裂的因子，称为有丝分裂促进因子。

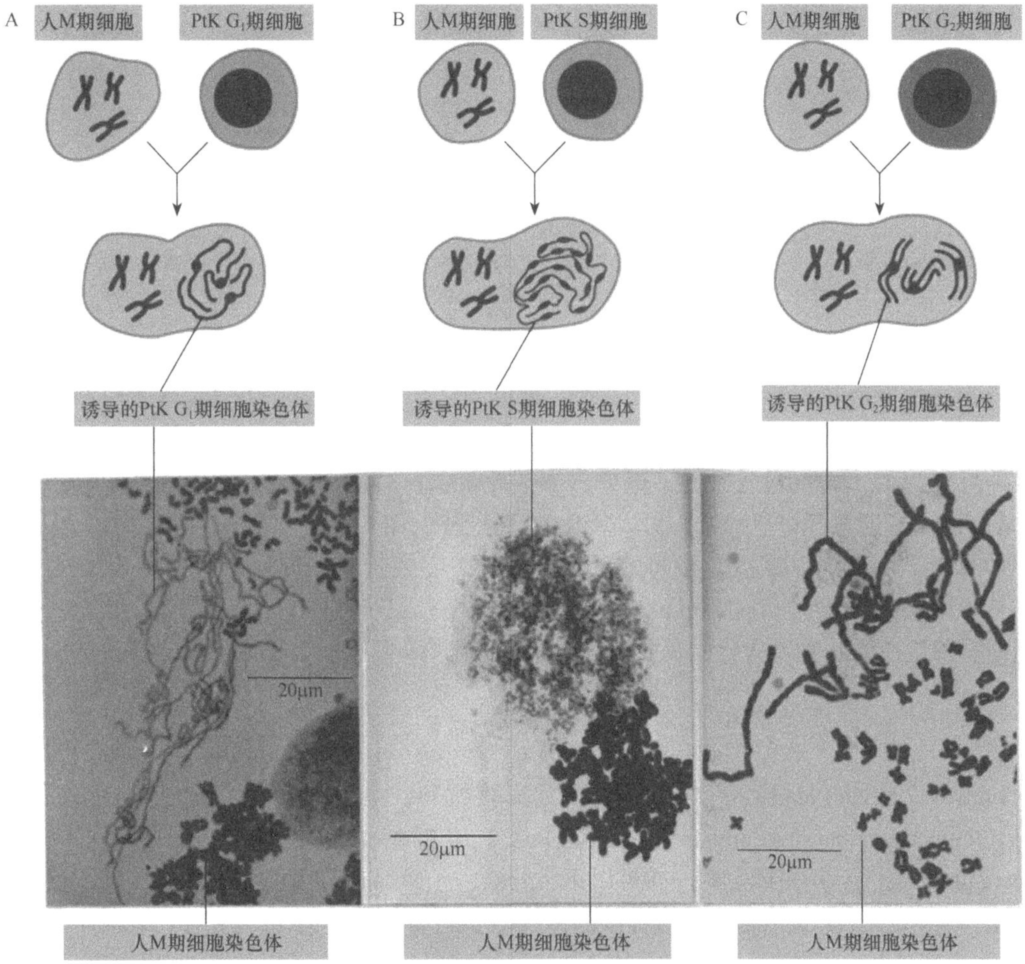

图12-17　人类M期细胞与袋鼠（PtK）G_1期、S期、G_2期细胞融合诱导早熟染色体凝集（Alberts et al.，1994）

A. M期细胞与G_1期细胞融合；B. M期细胞与S期细胞融合；C. M期细胞与G_2期细胞融合

（二）非洲爪蟾卵细胞质注射实验——促成熟因子

1971年，Masui和Markert用非洲爪蟾卵做实验，明确提出了MPF这一概念。在黄体酮作用下，生发泡破裂（germinal vesicle break down，GVBD），染色质凝集，进行第一次减数分裂。用细胞质移植实验研究发现，将黄体酮诱导成熟的卵细胞的细胞质注射到卵母细胞中，可以诱导后者成熟；再将后者的细胞质少量注射到一个新的卵母细胞中，新的卵母细胞仍被诱导成熟；再将刚被诱导成熟的卵细胞的细胞质少量注射到另一些新的卵母细胞中，仍然可以诱导卵母细胞成熟（图 12-18）。这些实验结果说明，在成熟卵细胞的细胞质中，必然有一种物质，可以诱导卵母细胞成熟。他们将这种物质称作卵细胞的促成熟因子，即 MPF。

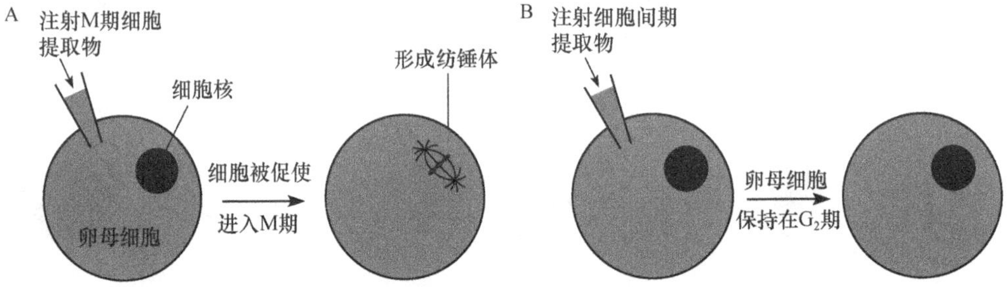

图 12-18　MPF 活性实验（Alberts et al.，1994）

A. 用非洲爪蟾 M 期的卵母细胞提取物注射非洲爪蟾非成熟期的卵母细胞，促使其进入 M 期，引起生发泡破裂，并形成纺锤体；B. 用细胞间期的提取物注射卵母细胞，不能促使卵母细胞进入 M 期

在蛋白质合成抑制剂存在的情况下，黄体酮不能诱导卵母细胞成熟，表明用黄体酮诱导卵母细胞成熟过程中需要蛋白质的合成。然而，若用成熟卵细胞的细胞质诱导卵母细胞成熟，即使有蛋白质合成抑制剂存在，也可以诱导卵母细胞成熟。这些实验结果说明，在成熟卵母细胞中，MPF 已经存在，但处于非活性状态，被称为前体 MPF（preMPF）。非活性态的 preMPF 通过翻译后修饰，可以转化为活性态的 MPF。

1988 年，Maller 实验室的 Lohka 等以非洲爪蟾卵为材料，分离获得了微克级的纯化 MPF，并证明其主要含有 p32 和 p45 两种蛋白质。p32 和 p45 结合后，表现出蛋白激酶活性，使多种蛋白质底物磷酸化，表明 MPF 是一种蛋白激酶。

（三）$p34^{cdc2}$ 激酶的发现及其与 MPF 的关系

1960 年，Leland Hartwell 以芽殖酵母为实验材料，分离获得了数十个温度敏感突变体（temperature-sensitive mutant）。突变体最基本的特点是，在允许温度（permissive temperature）条件下，和野生型一样可以正常分裂繁殖，而在限定温度条件下，则不正常分裂繁殖。利用阻断在不同细胞周期阶段的温度敏感突变株，分离出了几十个细胞分裂相关基因（cell division cycle gene，*cdc* 基因），如芽殖酵母的 *cdc28* 基因，在 G_2/M 转换点发挥重要的功能。1970 年，Paul Nurse 等以裂殖酵母为实验材料，也分离出了数十个温度敏感突变株。同样发现了许多细胞周期调控基因，如裂殖酵母 *cdc2*、*cdc25* 的突变型在限制的温度下无法分裂；*wee1* 突变型则提早分裂，而 *cdc25* 和 *wee1* 都发生突变的个体却能够正常地分裂。进一步研究发现，*cdc2* 和 *cdc28* 都编码一个 34kDa 的蛋白激酶，促进细胞周期的进行。而 *weel* 和 *cdc25* 分别表现为抑制和促进 *cdc2* 的活性。酵母中这些与细胞分裂和细胞周期调控有关的基因，被称为 *cdc* 基因。根据 *cdc* 基因被发现的先后顺序等，人们对这些基因进行了命名，如 *cdc2*、*cdc25*、*cdc28* 等，尽管当时 *cdc* 基因尚未被分离出来。

裂殖酵母 *cdc2* 基因是第一个被分离出来的 *cdc* 基因，它的表达产物是相对分子质量为

34×10^3 的蛋白质，被称为 $p34^{cdc2}$，且具有蛋白激酶活性，可以使多种蛋白底物磷酸化，也称为 $p34^{cdc2}$ 激酶。芽殖酵母 *cdc28* 基因是第二个被分离出来的 *cdc* 基因，其表达的产物也是一种相对分子质量为 34×10^3 的蛋白质，称为 $p34^{cdc28}$，也是一种蛋白激酶，是 $p34^{cdc2}$ 的同源物。研究发现，不管是 $p34^{cdc2}$ 还是 $p34^{cdc28}$，其本身并不具有激酶活性，只有当其与相关蛋白质结合后，激酶活性才能够表现出来。如 $p34^{cdc2}$ 必须和另一种蛋白质 $p56^{cdc13}$ 结合，才具有激酶活性。随后，James Maller 实验室和 Paul Nurse 实验室进行合作研究，证明 MPF 中的 p32 可以被 $p34^{cdc2}$ 特异抗体所识别，并且二者为同源蛋白。

1983 年，Timothy Hunt 首次发现海胆卵受精后，在其卵裂过程中两种蛋白质的含量随细胞周期剧烈振荡，一般在细胞间期内积累，在细胞分裂期内消失，在下一个细胞周期中又重复这一消长现象，故命名为周期蛋白（cyclin）。周期蛋白被分离和克隆出来后，进一步研究揭示其广泛存在于从酵母到人类等各种真核生物中。研究表明，周期蛋白为诱导细胞进入 M 期所必需。而且，各种生物之间的周期蛋白在功能上有互补性。将海胆周期蛋白 B 的 mRNA 引入非洲爪蟾卵非细胞体系中，其翻译产物可以诱导该非细胞体系进行多次细胞周期循环。将一种基因工程表达的抗降解的周期蛋白 Δ90 引入非洲爪蟾卵非细胞体系或直接显微注射到非洲爪蟾卵细胞中，可以稳定 MPF 活性。上述实验结果提示周期蛋白可能参与 MPF 的功能调节。James Maller 实验室和 Timothy Hunt 实验室随即进行合作，证明 MPF 的另一种主要成分为周期蛋白 B（cyclin B）。1990 年，Paul Nurse 进一步实验证明 p32 实际上是 cdc2 的同源物，而 p45 是 cyclin B 的同源物。

至此，MPF 的生化成分便被确定下来。它含有两个亚单位，即 cdc2 蛋白和周期蛋白 B。当两者结合后，表现出蛋白激酶活性。cdc2 为其催化亚单位，周期蛋白 B 为其调节亚单位。

2001 年，美国的 Leland Hartwell 和英国的 Paul Nurse、Timothy Hunt 因对细胞周期调控机制的研究而荣获诺贝尔生理学或医学奖。

二、周期蛋白依赖性激酶

酵母 *cdc2* 和 *cdc28* 基因被分离出来后，一些实验室进行 *cdc2* 或 *cdc28* 类同基因的分离工作，成功分离到了十多个 *cdc2* 相关基因。它们表达的蛋白质有两个共同的特点：①它们都含有一段类似的激酶结构域（kinase domain），②各种蛋白质分子在激酶结构域中均有一段保守序列，即 PSTAIRE 序列，与周期蛋白的结合有关（图 12-19）。这些蛋白质统称为周期蛋白依赖性激酶（cyclin-dependent kinase），简称

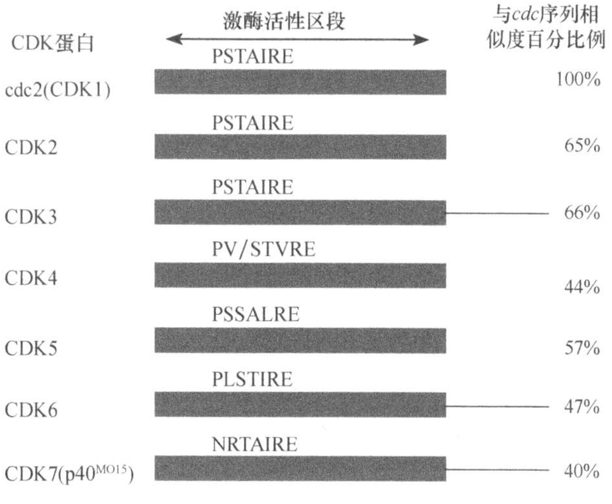

图 12-19　通过 PCR 技术测定的与 cdc2 类似的 CDK 蛋白分子图解（翟中和等，2007）

图中以 cdc2（CDK1）氨基酸序列为标准（100%），将其他 CDK 蛋白激酶结构域的氨基酸序列与其比较，得到序列相似度百分比

CDK。由于 cdc2 是第一个被发现的 CDK，因此 cdc2 被命名为 CDK1。目前已经发现并命名的 CDK 包括 CDK1、CDK2、CDK3、CDK4、CDK5、CDK6、CDK7、CDK8、CDK9、CDK10、CDK11、CDK12、CDK13 等。

三、周期蛋白

自从发现周期蛋白后，人们陆续从各种生物体中克隆分离了数十种周期蛋白，如酵母的 Cln1、Cln2、Cln3、Clb1～Clb6，脊椎动物中的周期蛋白 A1、A2、B1、B2、B3、C、D1、D2、D3、E1、E2、F、G、H、L1、L2、T1、T2 等。各种周期蛋白在细胞周期内表达的时期有所不同，所执行的功能也多种多样。有的主要在 G_1 期表达并只在 G_1 期和 S 期转化过程中发挥调节功能，称为 G_1 期周期蛋白，如周期蛋白 C、D、E、Cln1、Cln2、Cln3 等；有的虽然在间期表达和积累，但到 M 期时才表现出调节功能，所以常被称为 M 期周期蛋白，如周期蛋白 A、B 等。各种周期蛋白之间有着共同的结构特点，但也有各自特点。首先，均含有一段相当保守的氨基酸序列，称为周期蛋白框（cyclin box），框内含 100 个左右的氨基酸残基，介导周期蛋白与 CDK 的结合。不同的周期蛋白框识别不同的 CDK，组成不同的周期蛋白 -CDK 复合体，表现出不同 CDK 激酶活性。其次，M 期周期蛋白的分子结构在近 N 端含有一段由 9 个氨基酸组成的特殊序列（RXXLGXIXN，X 代表任一氨基酸），称为破坏框（destruction box）。破坏框主要参与泛素介导的周期蛋白 A 和周期蛋白 B 的降解。G_1 期周期蛋白分子中不含破坏框，但其 C 端含有一段特殊的 PEST 序列。PEST 序列被认为与 G_1 期周期蛋白的降解有关（图 12-20）。

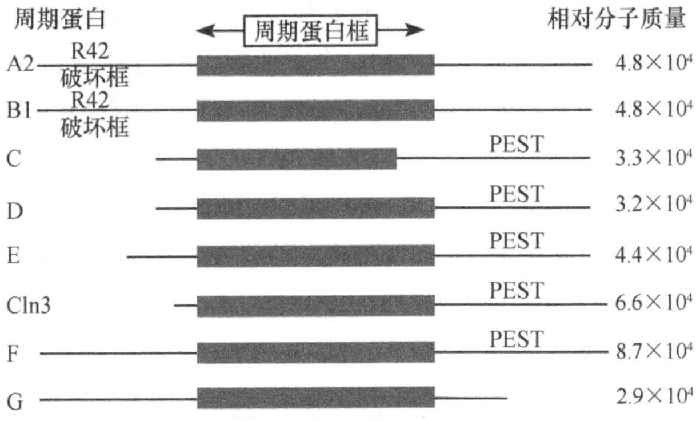

图 12-20 部分周期蛋白分子结构特征（翟中和等，2007）

图中除 Cln3 外，均为人类的周期蛋白分子。所有这些分子均含有一个周期蛋白框。M 期周期蛋白（A2，B1）分子的 N 端含有一个破坏框；G_1 期周期蛋白分子的 C 端含有一个 PEST 序列

不同的周期蛋白在细胞周期中表达的时期不同，并与之对应的 CDK 结合，调节相应 CDK 的激酶活性，促使细胞周期进行（表 12-2）。

表 12-2 某些 CDK 与周期蛋白的配对关系及执行功能的时期

CDK 种类	可能结合的周期蛋白	执行功能的可能时期
CDK1（$p34^{cdc2}$）	A，B1，B2，B3	G_2/M
CDK2	A，D1，D2，D3，E	G_1/S，S
CDK3		G_1/S
CDK4	D1，D2，D3	G_1/S
CDK5	D1，D2	
CDK6	D1，D2，D3	G_1/S
CDK7	H	
CDK8	C	

在哺乳动物细胞中，G_1 期 cyclin D 表达，并与 CDK4、CDK6 结合，使下游的蛋白质如 Rb 蛋白磷酸化，磷酸化的 Rb 蛋白释放出转录因子 E2F，促进许多基因的转录，如编码 cyclin E、cyclin A 和 CDK1 的基因。在 G_1/S 期，cyclin E 与 CDK2 结合，促进细胞通过 G_1/S 限制点而进入 S 期。cyclin A 在 G_1 期的早期即开始表达并逐渐积累，到达 G_1/S 交界处，其含量达到最大值并一直维持到 G_2/M 期。cyclin B 则从 G_1 期晚期开始表达并逐渐积累，到 G_2 期后期阶段达到最大值并一直维持到 M 期的中期阶段。在 G_2/M 期，cyclin A、cyclin B 与 CDK1 结合，激活 CDK1 蛋白激酶活性。CDK1 使底物蛋白磷酸化促使细胞进入有丝分裂，如将组蛋白 H1 磷酸化导致染色体凝缩，磷酸化核纤层蛋白使核膜解体等。在有丝分裂中期当 MPF 活性达到最高时，通过激活后期促进复合物（anaphase promoting complex，APC），将泛素连接在 cyclin B 上，导致 cyclin B 被蛋白酶体（proteasome）降解，促使细胞退出有丝分裂，从而完成一个细胞周期。

在裂殖酵母和芽殖酵母中，周期蛋白含量的消长情况与哺乳动物细胞有许多相似之处。图 12-21 显示了几种周期蛋白在哺乳动物细胞和酵母细胞中的表达和积累状况。

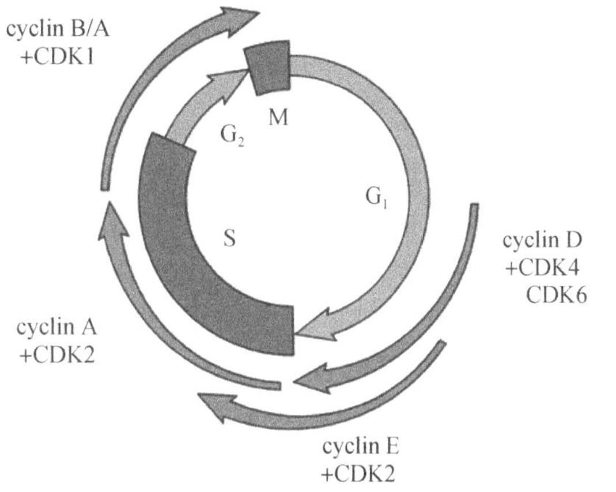

图 12-21　周期蛋白在细胞周期中的积累及其与 CDK 激酶活性的关系

四、CDK 激酶活性的调控

CDK 激酶活性受到多种因素的综合调节。周期蛋白与 CDK 结合是 CDK 活化的先决条件。但是，仅有周期蛋白与 CDK 结合，并不能使 CDK 激活，还需要进行其他几个步骤，CDK 才能表现出活性。例如，当 cyclin B 与 CDK1 结合形成复合物后，weel/mikl 激酶和 CDK1 活化激酶（CDK1-activiting kinase，CAK）分别磷酸化 CDK1 第 14 位上的苏氨酸（Thr14）、第 15 位上的酪氨酸（Tyr15）和第 161 位上的苏氨酸（Thr161）。此时 CDK1 不表现出激酶的活性（称为前体 MPF）。当 CDK1 在蛋白磷酸酶 cdc25C 的催化下，其 Thr14 和 Tyr15 去磷酸化，才表现出激酶的活性（图 12-22）。

此外，细胞内存在多种因子，对 CDK 分子结构进行修饰，参与 CDK 活性的调节。泛素（ubiquitin）介导蛋白酶水解途径，降解 cyclin-CDK 复合物中的 cyclin，使 CDK 活性丧失。除周期蛋白和一些修饰性调控因子对 CDK 活性进行调控之外，细胞内还存在一些对 CDK 激酶活性起负调控的蛋白质，称为 CDK 抑制物（cyclin-dependent kinase inhibitor，CDKI）。CDKI 结合活化形式的 CDK 形成 cyclin-CDK-CDKI 复合物，也是一种使 CDK 失活的途径。

研究发现，细胞内存在多种对 CDK 起负性调控的 CDKI，分别归为 CIP/KIP 家族和 INK4 家族。CIP/KIP 家族成员主要包括 p21CIP/WAP1、p27KIP1 和 p57KIP2，其中

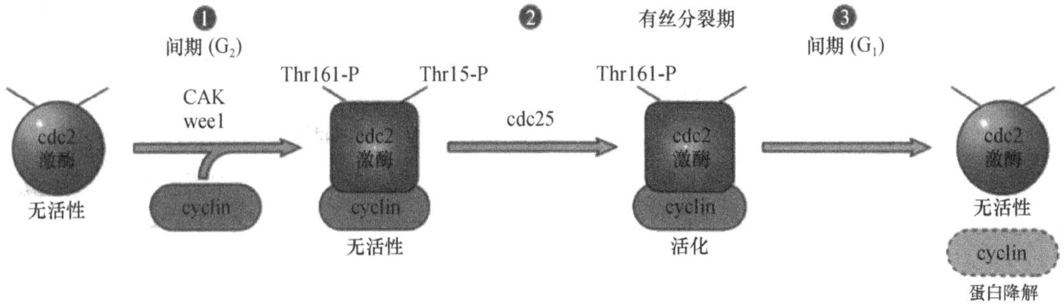

图 12-22　CDK1（cdc2）激酶活性综合调控示意图（Karp et al.，2005）

CDK1 激酶本身无蛋白激酶活性；当周期蛋白 B/A 含量积累到一定值时，二者相互结合成复合体，但不表现酶活性；在 weel/mikl 激酶催化下，CDK1 Thr14、Tyr15 和 Thr161 磷酸化，但此时的 CDK 仍不表现激酶活性；在磷酸酶 cdc25C 的催化下，Thr14 和 Tyr15 去磷酸化，CDK1 激酶活性才能表现出来；分裂中期过后，周期蛋白与 CDK1 分离，在 APC 的作用下经泛素化路径降解；虚线表示的周期蛋白为降解中的周期蛋白

p21CIP/WAF1 为此家族的典型代表。p21 在肿瘤中异常率低，含一相似的 60 氨基酸抑制区，广谱抑制 CDK 活性。p21 主要对 G_1 期 CDK（CDK2、CDK3、CDK4 和 CDK6）起抑制作用。p21 还可与增殖细胞核抗原（proliferating cell nuclear antigen，PCNA）直接结合。PCNA 是 DNA 复制聚合酶 δ 的辅助因子，为 DNA 复制所必需。p21 与 PCNA 结合，可以直接抑制 DNA 复制。INK 家族成员主要包括 p16、p15、pl8 和 p19 等，p16 为此家族的典型代表，在肿瘤中异常率高，含 4 次锚蛋白（ankyrin）重复结构，p16 主要抑制 CDK4 和 CDK6 的激酶活性。

五、细胞周期运转调控

研究表明，CDK 对细胞周期起着核心调控作用。不同种类的周期蛋白与不同种类的 CDK 结合，构成不同的 CDK 复合物，在不同细胞时期表现出活性，进而调控细胞周期的进行，实现细胞周期的运转。

（一）G_1/S 期转化

细胞由 G_1 期向 S 期转化是细胞繁殖过程中的重要生命活动之一。细胞由 G_1 期向 S 期转化主要受 G_1 期周期蛋白依赖性激酶 CDK 所控制。在哺乳动物细胞中，G_1 期周期蛋白主要包括周期蛋白 D、E，或许还有 A。发挥作用的 CDK 主要包括 CDK2、CDK4 和 CDK6 等。周期蛋白 D 主要与 CDK4 和 CDK6 结合并调节后者的活性，而周期蛋白 E 则与 CDK2 结合。周期蛋白 A 常常被归为 M 期周期蛋白，但周期蛋白 A 也可以与 CDK2 结合而使后者表现激酶活性，提示周期蛋白 A 可能参与调控 G_1/S 期转化过程。

在哺乳动物细胞中表达 3 种周期蛋白 D，即 D1、D2 和 D3，但三者的表达有细胞和组织特异性。据推测，在快速增殖的细胞中至少表达一种周期蛋白 D。一般情况下，一种细胞仅表达两种周期蛋白 D，即 D3 和 D1 或 D2。对周期蛋白 D-CDK 作用的底物研究不十分清楚，目前发现视网膜母细胞瘤蛋白（retinoblastoma protein，Rb 蛋白）为其底物。Rb 蛋白是 G_1/S 期转化的负调控因子，在 G_1 期的晚期阶段通过磷酸化而失活。

周期蛋白 E 也是哺乳动物细胞中 G_1 期表达的周期蛋白。它在 G_1 期的晚期开始合成，并一直持续到细胞进入 S 期。当细胞进入 S 期后，周期蛋白 E 很快即被降解。周期蛋白 E 与 CDK2 结合成复合物，呈现 CDK2 激酶活性。因而，周期蛋白 E-CDK2 激酶活性峰值时间为 G_1 期晚期到 S 期的早期阶段。在哺乳动物细胞中，TGFβ 是一种生长抑制因子。研究表明，周期蛋白 E-CDK2 是 TGFβ 的主要靶物质。TGFβ 可以有效地抑制周期蛋白 E-CDK2 激酶活性，进而将细胞抑制在 G_1 期。另外研究发现，周期蛋白 E 在肿瘤细胞中的含量比在正常细胞中要高得多。在细胞中提高周期蛋白 E 的表达，该细胞则快速进入 S 期，而且对生长因子的依赖性降低。

实验表明，细胞周期蛋白 E-CDK2 可以与类 Rb 蛋白 p107 和转录因子 E2F 结合成复合物。与 Rb 蛋白相似，p107 可以将人成骨肉瘤细胞抑制在 G_1 期。而 E2F 则可以促进与 G_1/S 期转化和 DNA 复制有关的基因转录。一般认为，当细胞周期蛋白 E-CDK2 与 p107 和 E2F 结合成复合物后,CDK2 催化 p107 磷酸化，使 p107 失去抑制作用。E2F 的作用被显现出来，促进有关基因的转录，促使细胞周期由 G_1 期向 S 期转化。此外，周期蛋白 E-CDK2 还直接参与了中心体复制的起始调控。

周期蛋白 A 也可以与 CDK2 结合，形成周期蛋白 A-CDK2。周期蛋白 A 的合成开始于 G_1/S 转化时期。进入 S 期后，周期蛋白 A-CDK2 成为该时期主要的 CDK。目前有实验显示周期蛋白 A-CDK2 与 DNA 复制有关。在 S 期，周期蛋白 A-CDK2 复合物位于 DNA 复制中心。将抗周期蛋白 A 的抗体注射到细胞中将抑制细胞 DNA 的合成，在体外，周期蛋白 A-CDK2 可以使 DNA 复制因子 RF-A 磷酸化并使后者的活性增强。此外，周期蛋白 A-CDK2 也可以与 p107 和 E2F 结合成复合物，进而影响后者的功能。

到达 S 期的一定时期，G_1 期周期蛋白通过泛素化途径降解，但与 M 期周期蛋白的降解有所不同。G_1 期周期蛋白的降解需要 G_1 期 CDK 激酶活性的参与，以及特殊的 E3 泛素连接酶 SCF（skp-culin-F-box protein）。G_1 期周期蛋白分子中不含有破坏框序列，而是含有 PEST 序列。PEST 序列对 G_1 期周期蛋白降解起促进作用。

细胞周期以 DNA 复制期为核心，DNA 复制的起始标志着细胞周期的启动。细胞周期的调控研究已成为细胞生物学重要的研究领域，而对 DNA 复制起始的研究是细胞周期研究领域的热点之一。细胞内存在多种因素对 DNA 复制起始活动进行综合调控。首先，DNA 复制起始点的识别是 DNA 复制调控中的重要事件之一，这个位点被称为 DNA 复制起始点（origin of DNA replication）。当前最为流行的观点是，DNA 复制起始点是通过起始蛋白质结合在特定的 DNA 顺式序列上形成的。虽然 DNA 复制的起始和复制的全过程限于 S 期，但对 DNA 复制的调控早在 M 期就开始了。研究发现，在 M 期的早期，Orc 和其他一些与复制起始点有关的蛋白质已经结合在染色体上，形成前复制复合体（pre-replication complex，pre-RC）。真核生物细胞周期的 G_1 期中存在一个 DNA 定点复制的调控点，这个点被称为 DNA 复制起始位置决定点（origin decision point，ODP）。这个细胞周期调控点首次把细胞周期调控和 DNA 复制的起始控制联系起来。已经发现，从酵母细胞到高等哺乳动物细胞，均存在一种称为复制起始点识别复合

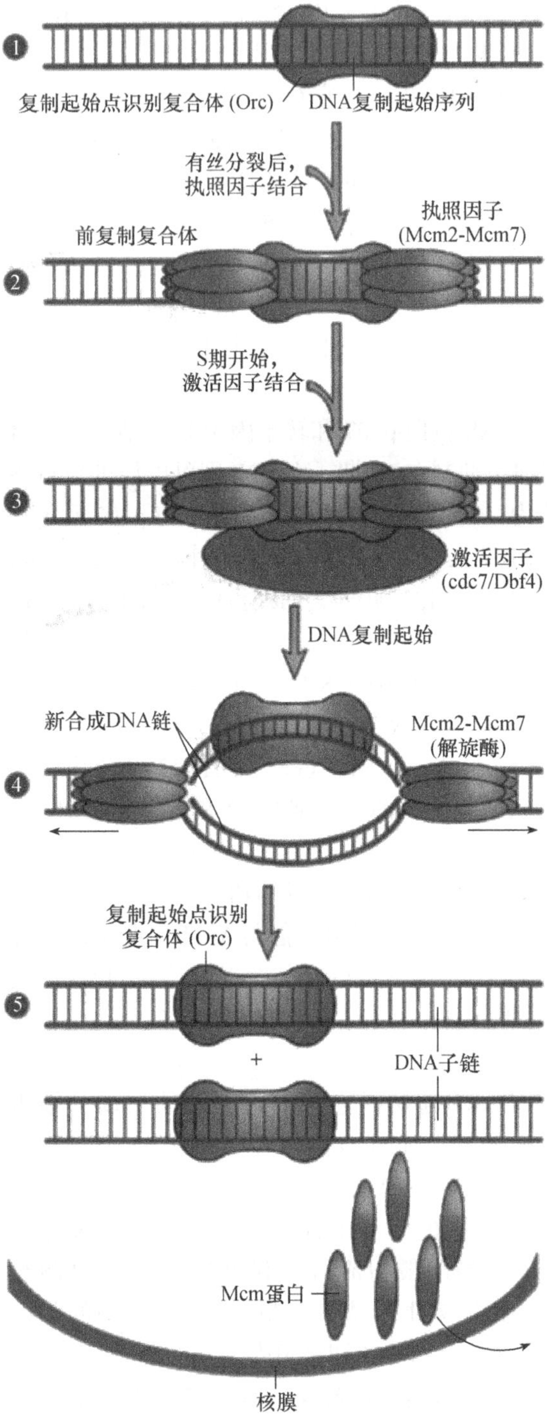

图 12-23 Orc 和 Mcm 蛋白与染色质的结合及其在 DNA 复制起始调控中的作用（Karp et al.，2005）

体（origin recognition complex，Orc）的蛋白质。Orc 含有 6 个亚单位，分别称为 Orc1、Orc2、Ocr3、Orc4、Orc5 和 Ocr6。Orc 识别 DNA 复制起始位点并与之结合，是 DNA 复制起始所必需的。其次，cdc6 和 cdc45 也是 DNA 复制所必需的调控因子。

另外，是什么因素控制细胞在“一个细胞周期中 DNA 复制一次，而且只能一次”呢？在 20 世纪 80 年代末，Julian Blow 和 Ron Laskey 通过实验提出，在细胞的细胞质内存在一种执照因子，对细胞核染色质 DNA 复制发行“执照”（licensing），提出了“DNA 复制执照因子学说”（DNA replication-licensing factor theory）。在 M 期，细胞核膜破裂，细胞质中的执照因子与染色质接触并与之结合，使后者获得 DNA 复制所必需的“执照”。细胞通过 G_1 期后进入 S 期，DNA 开始复制。随 DNA 复制过程的进行，“执照”信号不断减弱直到消失。到达 G_2 期，细胞核不再含有“执照”信号。只有等到下一个 M 期，染色质再次与细胞质中的“执照”因子接触，重新获得“执照”，细胞核才能开始新一轮的 DNA 复制。研究发现，微小染色体维持（minichromosome maintenance，Mcm）蛋白是 DNA 复制“执照”因子的主要成分。Mcm 蛋白共有 6 种，分别称为 Mcm2、Mcm3、Mcm4、Mcm5、Mcm6 和 Mcm7。在细胞中去除任何一种 Mcm 蛋白，都将使细胞失去 DNA 复制起始功能（图 12-23）。

（二）G_2 期转化

CDK1 即 MPF，或 $p34^{cdc2}$，由 $p34^{cdc2}$（或 $p34^{cdc28}$）蛋白和周期蛋白 B 结合而成。$p34^{cdc2}$ 蛋白在细胞周期中的含量相对稳定，而周期蛋白 B 的含量则呈现周期性变化。p34^{cdc2} 蛋白只有与周期蛋白 B 结合后才有可能表现出激酶活性。因而，CDK1 激酶活性首先依赖于周期蛋白 B 含量的积累。周期蛋白 B 一般在 G_1 期的晚期开始合成，通过 S 期，其含量不断增加，到达 G_2 期，其含量达到最大值。随周期蛋白 B 含量达到一定程度，CDK1 激酶活性开始出现。到 G_2 期晚期阶段，CDK1 活性达到最大值并一直维持到 M 期的中期阶段。CDK1 激酶活性和周期蛋白 B 含量的关系见图 12-24。周期蛋白 A 也可以与 CDK1 结合成复合物，CDK1 表现出激酶活性。

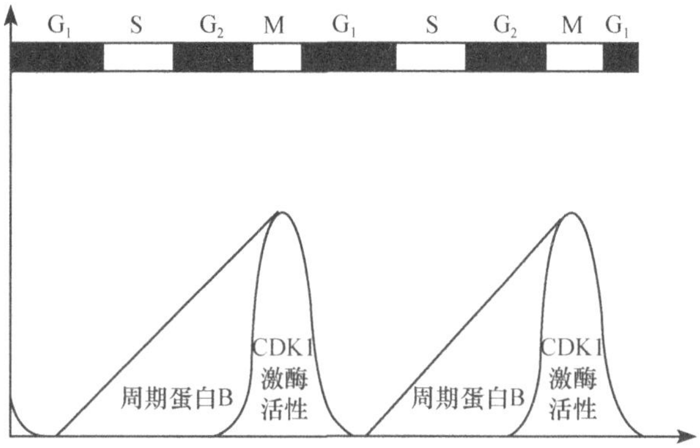

图 12-24　周期蛋白 B 在 CDK1 激酶活性调节过程中的作用（翟中和等，2007）

CDK1 的激酶活性首先依赖于周期蛋白 B 含量的积累；周期蛋白 B 的含量达到一定值并与 CDK1 蛋白结合，同时在其他一些因素的调节下，逐渐表现出最大激酶活性

CDK1 通过使某些蛋白质磷酸化，改变其下游底物蛋白质的构象和功能，实现其调控细胞周期的目的。CDK1 催化底物磷酸化有一定的位点特异性。它一般选择底物中特定序列中的某个丝氨酸或苏氨酸残基。CDK1 可以使许多蛋白质磷酸化，其中包括组蛋白 H1、核纤层蛋白 A～C，以及核仁蛋白（nucleolin）和 No38、p60$^{c\text{-}src}$、C-abl 等。组蛋白 H1 磷酸化，促进染色体凝集；核纤层蛋白磷酸化，促使核纤层解聚；核仁蛋白磷酸化，促使核仁解体；p60$^{c\text{-}src}$ 蛋白磷酸化，促使细胞骨架重排；C-abl 蛋白磷酸化，促使细胞形态调整等。

（三）分裂中期向后期转化

细胞周期运转到分裂中期后，M 期周期蛋白 A 和 B 迅速降解，CDK1 激酶活性丧失，上述被 CDK1 磷酸化的蛋白质去磷酸化，促使细胞周期从 M 期中期向后期转化。周期蛋白 A 和 B 的降解是通过泛素化途径（ubiquitination pathway）来实现的。泛素（Ub）是 76 个氨基酸组成的热稳定多肽，在进化中高度保守。细胞内蛋白质通过与之连接，由蛋白酶体介导而被选择性降解。

MPF 活性达到最高时，通过泛素连接酶催化泛素与 cyclin B 结合，cyclin B 随之被 26S 蛋白酶体水解。M 期周期蛋白在泛素化途径裂解过程中，其分子中的破坏框起着重要的调节作用。G_1 期周期蛋白也通过类似的途径降解，但其 N 端没有降解盒，C 端有一段 PEST 序列与其降解有关。共价结合泛素的蛋白质能被蛋白酶体识别和降解，这是细胞内短寿命蛋白和一些异常蛋白降解的普遍途径，泛素相当于蛋白质被摧毁的标签。26S 蛋白酶体是一个大型的蛋白酶，可将泛素化的蛋白质分解成短肽。

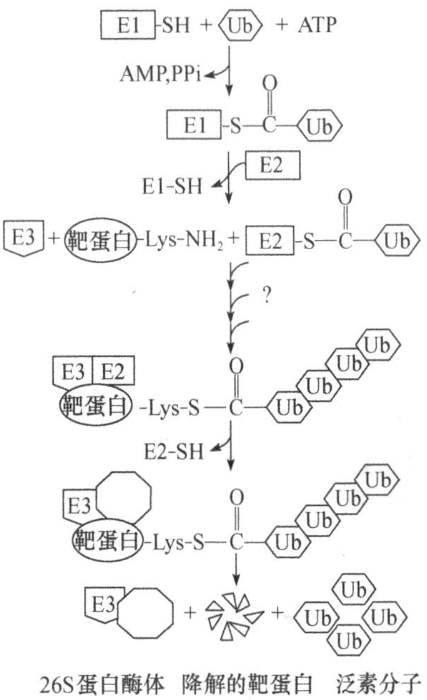

图 12-25 蛋白质泛素化途径裂解过程简图（翟中和等，2000）

在蛋白质降解的泛素化途径中，首先在 ATP 供能的情况下，泛素的 C 端与非特异性泛素激活酶（ubiquitin-activating enzyme）E1 的半胱氨酸残基共价结合，形成 E1- 泛素复合体。E1- 泛素复合体再将泛素转移给另一个泛素结合酶（ubiquitin-conjugating enzyme）E2。E2 则可以直接将泛素转移到靶蛋白赖氨酸残基的 ε 氨基基团上。但是，在通常情况下，靶蛋白泛素化需要一个特异的泛素蛋白连接酶（ubiquitin-ligase）E3。当第一个泛素分子在 E3 的催化下连接到靶蛋白上以后，另外一些泛素分子相继与前一个泛素分子的赖氨酸残基相连，逐渐形成一条多聚泛素链。参与细胞周期调控的泛素连接酶至少有两类，其中 SCF（3 个蛋白质构成的复合体）负责将泛素连接到 G_1/S 期周期蛋白和某些 CDKI 上，后期促进复合物（APC）负责将泛素连接到 M 期周期蛋白上。然后，泛素化的靶蛋白被蛋白酶体的蛋白质复合体逐步降解。多聚泛素也解聚为单个泛素分子，重新被利用（图 12-25）。

1995 年，Sudakin 等在青蛙卵中分离到了一个相对分子质量为 1500×10^3 的蛋白质复合体，称为 cyclosome。在 E1、E2、泛素和 ATP 再生体系存在的情况下，cyclosome 可以在体外将周期蛋白 A 和 B 通过泛素化途径降解。同年，King 等在非洲爪蟾卵中分离到了一个 20S 的蛋白质复合体，称为后期促进因子，能够使周期蛋白 B 通过泛素化途径体外降解。后来研究表明，cyclosome 和后期促进因子为同源物，简称为 APC。APC 至少由 15 种成分组成，分别称为 APC1～APC15。这些成分在不同物种中大部分已被鉴定。

APC 活性变化是探明细胞周期由分裂中期向分裂后期转化的关键问题之一。APC 活性也受到多种因素的综合调控。首先，APC 各个成分在分裂间期表达，但到达 M 期后才表现出活性。实验还发现 M 期 CDK 可以激活 APC，活化的 APC 则可以被磷酸酶作用而失活。其次，cdc20 为 APC 有效的正调控因子，cdc20 主要位于染色体动粒上，为姐妹染色单体分离所必需。APC 活性亦受到纺锤体装配检验点（spindle assembly checkpoint）的检控。纺锤体装配不完全，或动粒没有与微管全部结合，则 APC 不能被激活。在纺锤体装配检控过程中，Mad2 蛋白起着重要作用。纺锤体装配不完全，动粒不能被动粒微管捕捉，Mad2 则不能从动粒上消失。Mad2 与 cdc20 结合，有效地抑制 cdc20 的活性。当纺锤体装配完成以后，动粒全部被动粒微管捕捉，同时姐妹染色单体动粒两端联结的动粒微管的牵拉压力达到平衡，Mad2 即从动粒上消失，对 cdc20 的抑制作用被解除，促使 cdc20 结合活化 APC，从而降解 M 期周期蛋白，使 M 期 CDK 激酶活性丧失，推动细胞由中期向后期转化。

六、其他因素对细胞周期调控的作用

癌基因和抑癌基因均是细胞生命活动所必需的基因，其表达产物对细胞增殖和分化起着重要的调控作用。癌基因非正常表达可导致细胞转化，增殖过程异常，甚至癌变。目前已经分离了 100 多种癌基因。其表达产物大致可归为蛋白激酶、多种类生长因子、膜表面生长因子受体和激素受体、信号转导器、转录因子、类固醇和甲状腺激素受体、核蛋白等几个类型。它们在细胞周期调控过程中各自起着不同的作用。例如，生长因子与细胞表面的生长因子受体结合，可以促使处于生长静止状态（G_0 期）的细胞返回细胞周期，开始细胞增殖。抑癌基因表达产物对细胞增殖起负调控作用，如 p53、Rb 等。p53 是近年来研究得较多的人类抑癌蛋白之一，*p53* 基因突变，使细胞癌变的机会大大增加，已经证实，有许多肿瘤同时伴随 *p53* 基因突变。

外界因素如离子辐射、化学物质作用、病毒感染、温度变化、pH 变化等对细胞周期也有影响作用。离子辐射对细胞最直接的影响之一是 DNA 损伤。DNA 损伤后，细胞会很快启动其 DNA 损伤修复调控体系，抑制细胞周期运转，直到 DNA 损伤完全修复；或者最终不能完成修复，细胞走向死亡。化学物质种类繁多，有的可直接参与调控 DNA 代谢，影响细胞周期变化；有的可以通过其他途径，影响酶类或其他调控因素的变化，改变细胞周期进程。

病毒感染也是影响细胞周期进程的主要因素之一。有的病毒感染将快速抑制细胞周期，有的则可以诱导细胞转化和癌变，使整个细胞周期进程发生改变。

七、细胞周期检验点

细胞要分裂，必须正确复制 DNA 和达到一定的体积。在获得足够物质支持分裂以前，细胞不可能进行分裂。细胞周期的运行，是在一系列检验点的严格监控下进行的。当 DNA 发生损伤，复制不完全或纺锤体形成不正常，染色体分离异常时，细胞周期检验点被活化，细胞周期进行将停止。

细胞周期检验点（checkpoint）被认为也是信号转导通路，包括起始信号（signal）、检验异常事件发生的感受因子（sensor）、信号转导因子（transducer）和效应因子（effector）。主要细胞周期检验点包括 G_1/S 期的 R 点或限制点、DNA 损伤检验点（DNA damage checkpoint）、DNA 复制检验点（DNA replication checkpoint）、G_2/M 检验点、纺锤体装配检验点和染色体分离检验点（chromosome segregation checkpoint）等（图 12-26）。在这些检验点的作用下，监视和调控细胞周期高度准确地正常运转并按严格顺序进行。

G_1/S 检验点：在酵母中称 start 点，在哺乳动物中称 R 点（restriction point），控制细胞由静止状态的 G_1 进入 DNA 合成期。监控相关的事件包括：DNA 是否损伤？细胞外环境是否适宜？细胞体积是否足够大？

DNA 损伤检验点：监控细胞周期进行中，DNA 是否发生损伤，主要包括 *atm*（ataxia telangiectasia-mutated gene，毛细血管扩张性共济失调突变基因）和 *atr*（ataxia and rad related）两个与 DNA 损伤检验有关的重要基因。*atm*、*atr* 分别编码不同的蛋白激酶 ATM 和 ATR。

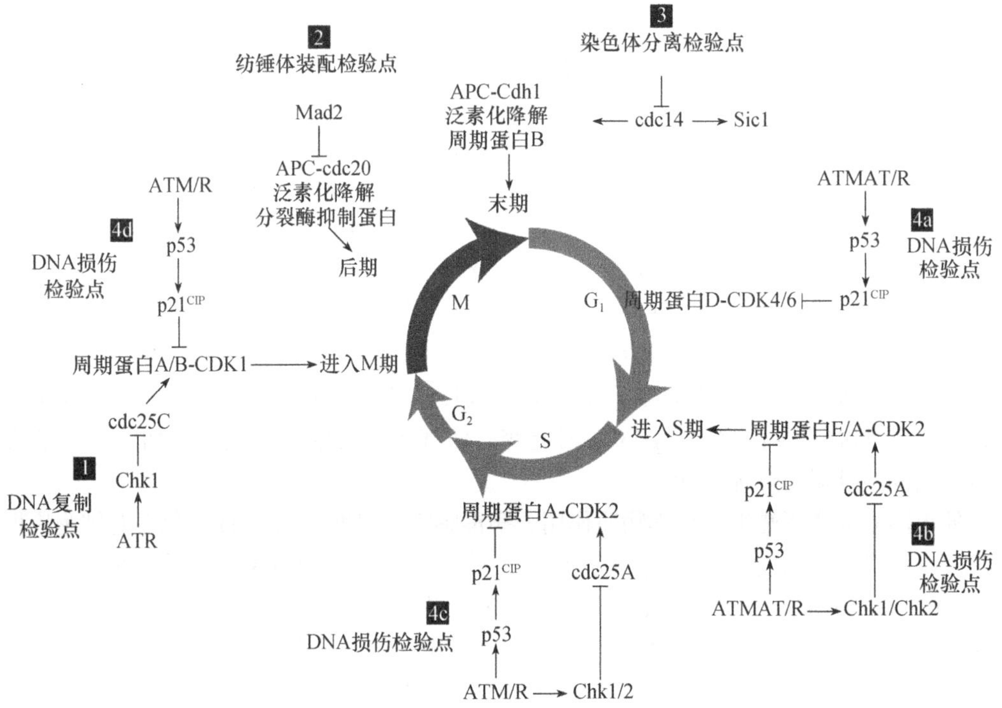

图 12-26　细胞周期检验点调控机制示意图（Lodish et al.，2016）

发生 DNA 损伤时，ATM/ATR 结合在损伤的 DNA 上，能将下游底物蛋白磷酸化，中断细胞周期。其信号通路主要有两条：一条是 ATR、ATM 分别激活检测点激酶（checkpoint kinase）Chk1 和 Chk2，引起 cdc25 的磷酸化，抑制 cdc25 的活性，进而抑制 CDK 的活性，使细胞周期中断；另一条是 ATM/ATR 使 p53 磷酸化而激活，p53 作为转录因子，导致 p21 的表达，p21 抑制各期 CDK 的活性，从而使细胞周期阻断。

S 期检验点（DNA 复制检验点）：监控 DNA 复制是否正确完成?

G_2/M 检验点：是决定细胞一分为二的控制点。监控相关的事件包括 DNA 是否损伤?细胞体积是否足够大?

M 期中 - 后期检验点（纺锤体装配检验点和染色体分离检验点）：任何一个动粒没有正确连接到纺锤体上，都会抑制 APC 的活性，引起细胞周期中断。

八、生长因子对细胞增殖的影响

单细胞生物的增殖取决于营养是否足够，多细胞生物细胞的增殖取决于机体是否需要。这种需要是通过细胞通信来实现的。生长因子是一大类与细胞增殖有关的信号物质，目前发现的生长因子多达几十种，多数有促进细胞增殖的功能，故又称有丝分裂原（mitogen），如表皮生长因子（EGF）、神经生长因子（NGF）；少数具有抑制作用，如抑素（chalone）、肿瘤坏死因子（TNF）；个别如转化生长因子 β（TGFβ）具有双重调节作用，能促进一类细胞的增殖，而抑制另一类细胞的增殖。

生长因子不由特定腺体产生，主要通过旁分泌作用于邻近细胞。生长因子的信号通路主要有：Ras 途径、cAMP 途径和磷脂酰肌醇途径。例如，通过 Ras 途径，激活 MAPK，MAPK 进入细胞核内，通过磷酸化修饰活化相关基因调控蛋白（转录因子等），促进细胞增殖相关基因的表达。又如，通过上述信号转导途径激活 c-Myc，c-Myc 作为转录因子促进周期蛋白 D、cdc25A、SCF、E2F 等 G_1/S 期有关的许多基因表达，促使周期蛋白 D1-CDK4/6（G_1-CDK）激酶活性的升高，进一步通过磷酸化 Rb 蛋白，释放 E2F，促使细胞进入 G_1/S 期（图 12-27）。

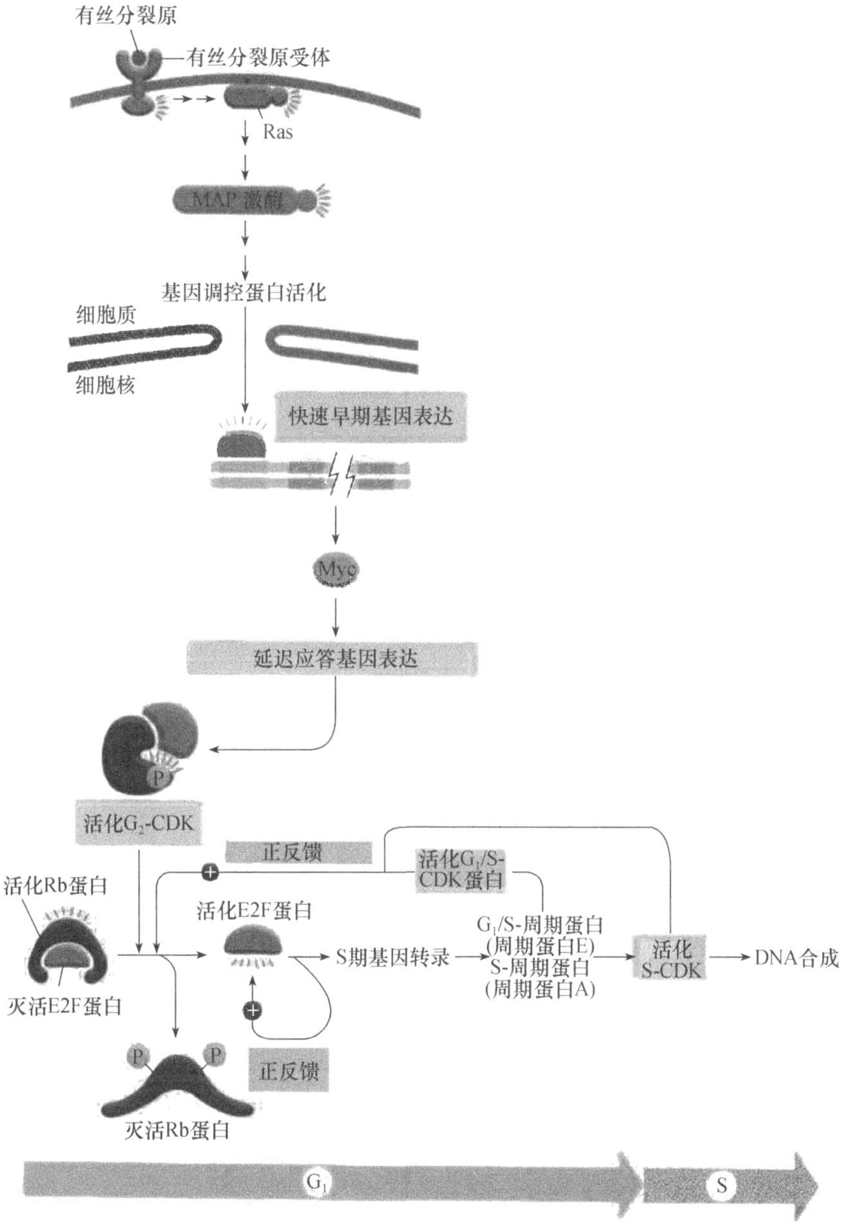

图 12-27　生长因子刺激细胞增殖（Alberts et al.，2002）

复习思考题

一、名词解释

细胞周期　有丝分裂　减数分裂　同源染色体　联会　胞质分裂　早熟染色体凝集　周期蛋白　周期蛋白依赖激酶　细胞周期检验点

二、问答题

1．如何理解细胞周期？各时期的主要特征是什么？
2．细胞周期时间是如何测定的？
3．简要说明细胞周期同步化的方法，并比较各方法的优缺点。
4．有丝分裂与减数分裂有何异同？
5．细胞周期中有哪些主要检验点，各起什么作用？
6．试述染色体排列到赤道板的机制及其生物学意义。
7．说明细胞分裂后期染色单体分离和向两极移动的调节机制。
8．试述动粒的结构及功能。
9．说明细胞分裂过程中核膜破裂和重装配的调节机制。
10．举例说明 CDK 在细胞周期中是如何执行调节功能的。

第十三章 >>>

细 胞 分 化

本章彩图
扫码可见

内容提要

细胞分化（cell differentiation）是有机体生长发育的途径之一，是细胞在形态、结构和功能上产生稳定性差异的过程。生命体各种类型的细胞都是通过细胞分化过程产生的。细胞分化本质是组织特异性基因选择性表达的结果。细胞分化受到细胞内外各种信号和因子的影响。

干细胞是各种特化细胞的来源，主要包括胚胎干细胞和成体干细胞两大类。这些细胞都具有自我更新和定向分化的潜能。干细胞治疗将广泛应用在生物医学领域。诱导多能干细胞（iPSC）的成功也极大地推动了干细胞的研究与应用。

细胞癌变往往是多次基因突变的结果。细胞一旦发生癌变，往往会脱离正常组织器官赖以构建和维持的规则的制约，呈现出一系列与正常细胞不同的特征。癌基因与抑癌基因这两大类基因的突变或异常表达，导致细胞增殖失控、分化异常，最后形成具有无限分裂潜能的癌细胞。肿瘤转移、肿瘤干细胞、肿瘤微环境、肿瘤异质性是近些年来肿瘤研究的热点和难点。

第一节 细胞分化的概念及其分子基础

在多细胞有机体中，不同类型的细胞形成了特定的组织和器官，并最终形成完整的生命体，这些不同类型的细胞均来自于单个受精卵细胞。在个体发育过程中，一个受精卵细胞逐渐形成形态、结构和功能具有稳定性差异的不同类型细胞的过程称为细胞分化。

细胞分化具有严格的方向性。在细胞发育分化过程中，细胞在发生可识别的形态特征变化之前就已确定了其未来分化的命运，并向着特定方向分化。细胞这种预先做出了分化的选择，称为细胞命运决定（cell fate determination）。决定先于分化，并制约着分化的方向和潜能；而且一旦决定之后，分化方向一般不会中途改变，最终会使细胞在形态、结构与功能方面产生稳定性差异。

以脊椎动物为例，其卵细胞在受精之后立刻进入反复的有丝分裂阶段，这一快速的分裂时期称为卵裂（cleavage）。通过卵裂产生的数千个细胞进而形成球状的囊胚（blastula），之后进入原肠胚（gastrulation）形成期。原肠胚产生内、中、外3个胚层，3个胚层分别代表不同的组织细胞类型。在原肠胚形成过程中，细胞迁移到特定部位，建成躯体雏形，此时形成未来器官的区域（细胞群）已基本确定。这些能形成未来器官的细胞群称为器官原基（primordium）。器官原基在3个胚层中分布不同，以致各胚层形成不同的组织、器官和系统。

在原肠胚内、中、外3个胚层形成时，虽然在形态学上看不出有太大差异，但此时形成各器官的预定区已经确定，每个预定区决定了它只能按照一定的规律发育分化成为特定的组织、器官和系统。细胞命运决定可以通过胚胎移植实验（grafting experiment）予以证明。例如，如果将两栖类胚胎中原肠胚早期预定发育为表皮的细胞（供体）移植到预定发育为脑组织的区域（受体），则供体细胞会在受体胚胎中发育为脑组织；而在原肠胚晚期阶段移植该供体细胞则仍将发育为表皮。这表明，在两栖类的早期原肠胚和晚期原肠胚之间的某个时期便开始了细胞命运决定，一旦其命运决定后，即使外界的因素不复存在，细胞仍然按照已经决定的命运进行分化。

细胞的分化贯穿于有机体的整个生命过程之中，但以胚胎期最为典型。研究表明，两栖动物在胚囊形成之前的卵裂球细胞、哺乳动物桑葚胚8细胞期之前的细胞和其受精卵一样，均能在一定条件下分化发育成为完整个体。通常将具有这种特性的细胞称为全能（干）细胞（totipotent stem cell）。在三胚层形成后，由于细胞所处的空间位置和微环境的差异，细胞的分化潜能受到限制，各胚层细胞只能向发育为本胚层组织和器官的方向分化，这些细胞通常称为多能（干）细胞（pluripotent stem cell）。经过器官发生，各种组织细胞的命运最终确定，细胞功能呈现单能化（unipotency）。这种在胚胎发育过程中，细胞逐渐由“全能”到“多能”，最后向“单能”的趋向，是细胞分化的普遍规律。应当指出的是，大多数植物和少数低等动物（如水螅）的体细胞仍具有全能性。而高等动物成年后，除一些组织器官保留了部分未分化的细胞（干细胞）之外，其余均为终末分化细胞。发育成熟的体细胞为什么丧失了全能性，其体细胞核是否含有个体发育的全套遗传信息？这些一直是人们关注的焦点。长期以来，人们对两栖动物和哺乳动物体细胞核的全能性问题进行了深入的研究，通过核移植（nuclear transplantation）实验证明，已特化（specialized）的体细胞核仍具备在一定条件下形成完整个体的潜能。

大量研究发现，细胞分化的本质是基因选择性表达的变化。在个体发育过程中之所以可以相继出现新的细胞类型是由于细胞内的所有基因并不是同时表达，而是它们的表达受时间和空间的调控。在一定的发育时期内，有的基因表达，有的处于沉默状态；而在另一发育时期内，原来表达的基因仍可能继续表达，也可能被关闭而不再表达；反过来，原来被关闭的基因则可能处于激活状态。成体组织的细胞虽然具备了全套遗传信息，但是只有部分基因得到表达。在个体发育过程中，基因按照一定程序，有选择地相继活化表达的现象称为基因的差异表达（differential expression）或顺序表达（sequential expression）。根据基因的表达是否是维持细胞最低生存状况所必需的，基因组内的基因可大致分为两类：一类是管家基因（house-keeping gene），它们是维持细胞最基本生命活动所必需的，它们编码产生基本生命活动所必需的结构和功能蛋白质，如组蛋白基因、tRNA基因、rRNA基因等。管家基因与细胞分化关系不大，一般对细胞分化只起协调作用。另一类是奢侈基因（luxury gene），它们编码决定细胞性状的特异蛋白。奢侈基因对细胞分化起直接的作用，而对细胞自身生存并无直接影响，也不是必需的，如编码肌细胞的肌球蛋白和肌动蛋白、红细胞的血红蛋白等的基因。细胞分化主要是奢侈基因中某些特定基因有选择地表达的结果。因此这种特异性差别基因选择性地表达调控是决定不同分化细胞的分子基础。

第二节 细胞分化的特点及其影响因素

高等脊椎动物体由200多种不同类型的细胞组成，这是细胞增殖和分化同时作用的结果。个体发育是通过细胞分裂、细胞生长、细胞分化和细胞死亡等生命活动来实现的。细胞分化是基因选择性表达的结果，即基因的差异表达导致了形态、功能各异的细胞。例如，红细胞呈圆盘状，含有血红蛋白，具有携带氧气及二氧化碳的功能；肌细胞呈柱形或梭形，合成肌动蛋白和肌球蛋白，具有收缩等功能。细胞分化过程基本上是不可逆的，因此个体发育也是不可逆的。

一、细胞分化的特点

细胞分化和细胞分裂虽有联系，但它们是两种不同的生命活动。细胞分化有其自身的特点。

1. 细胞分化的稳定性

细胞分化最显著的特点是稳定性，一旦分化启动，即使诱导分化的因子不存在时，分化仍可继续进行，而且是稳定的，不可能由分化状态逆转为原来未分化的细胞。例如，神经元和骨骼肌细胞在肌体的整个生命活动中始终保持着稳定分化状态，而不再进行分裂。在细胞培养条件下，细胞的分化有些是可逆的。例如，动物细胞培养中的转向决定，植物细胞培养中的脱分化。

2. 细胞来自共同的母细胞——受精卵，而后形成各层次的干细胞

这一点与细胞分裂相似，但分化使得不同子代细胞在形态、结构和功能上发生了差异，这是由基因的选择性表达造成的。

3. 细胞分化的可逆性

细胞分化是一个相对稳定和持久的过程，不会自发地逆转，但在一定的条件下具有增殖能力的组织中，已经分化的细胞可以逆转，并恢复到胚性状态，这种现象称为去分化（dedifferentiation）。例如，人的皮肤基底细胞在缺乏维生素A的培养基中培养时可转变为角化细胞，而在富含维生素A的培养基中却分化为黏膜上皮细胞。无论是动物还是植物，细胞分化的稳定性普遍存在，而分化的可逆性是有条件的，分化逆转时细胞核必须处于有利于分化逆转的环境中，且分化能力的逆转必须具有相应的遗传物质基础。

4. 时间和空间上的分化

某个细胞在不同的发育阶段可以有不同的形态和功能，这是时间上的分化。同源细胞一旦分化，由于各种细胞所处的空间位置不同，其环境也不一样，出现形态上的差异和功能上的分工，产生不同的细胞类型称为空间分化。单细胞生物只有时间上的分化，而多细胞生物既有时间上的分化又有空间上的分化。

5. 细胞分化是有限的活动，不是无限的

在个体中的几百万亿细胞中只有少数类型的分化细胞构成若干组织和器官。

6. 细胞分化的普遍性

细胞分化是一种普遍存在的生命现象，是生物个体发育的基础，在整个个体发育中均有细胞分化活动。

二、细胞分化的影响因素

基因的选择性表达主要是由调节蛋白所启动，调节蛋白的组合是影响细胞分化的主要的直接因素。一般来说，这种影响主要受胞外信号系统的调控，而胞外信号及细胞微环境又是通过细胞的信号转导调控网络来起作用。在很多物种中影响细胞分化的胞内因素可以追溯到单细胞受精卵中细胞质的作用。此外，外部的环境对某些物种细胞分化乃至个体发育也会产生很大影响。

1. 受精卵细胞质的不均一性在细胞分化中的作用

在细胞生命活动中，细胞核和细胞质彼此相互依赖协同作用，以履行细胞的生理功能，二者缺一不可。受精卵每次分裂，细胞核物质经复制倍增并均等分配到两个子细胞中，而卵中的细胞质分布及其在子细胞中的分配是不均等的，这种不均一性对早期胚胎发育有很大影响，在一定程度上决定细胞的早期分化。例如，海胆卵有动物极和植物极，如果海胆卵第一次卵裂，两者同时均等地分别进入两个子细胞，则两个子细胞都不能正常发育。这一实例说明了卵细胞的细胞质组分在子细胞中的分配对子代细胞分化和发育起决定性作用。在很多物种中，决定细胞向某一方向分化的初始信息储存于卵细胞中，卵裂后的细胞所携带的信息已开始有所不同，这种区别又通过信号分子影响其他细胞产生级联效应。这样，最初储存的信息不断被修饰并逐渐形成更为精细、更为复杂的指令，最终产生分化各异的细胞类型。

2. 细胞核在细胞分化中的作用

不同组织的细胞的形态、结构、功能有很大差异，但细胞核仍然保留着生命体的全部基因，机体的基因型也不会改变。细胞核在细胞分化中起关键作用，细胞质对细胞分化的决定作用是通过调控细胞核的基因表达来实现的。例如，在蝾螈受精卵第一次卵裂前将卵结扎，使结扎后的受精卵一侧有细胞质和细胞核，而另一侧则仅有细胞质而无核，结果只有有细胞核一侧进行卵裂。该实验表明了细胞核在细胞分化中起主导作用。

3. 细胞间的相互作用与位置效应对细胞分化的影响

细胞分化的过程是多种因素共同作用的结果。在胚胎发育过程中，一部分细胞对邻近的另一部分细胞产生影响并决定其分化方向，这种一部分细胞对邻近的另一部分细胞产生影响并决定其分化方向的作用称为胚胎诱导。胚胎诱导一般发生在内胚层与中胚层之间或外胚层与中胚层之间，从诱导的层次上看可分为初级诱导、次级诱导和三级诱导。脊椎动物器官的形成是一系列多级胚胎诱导的结果。例如，脊索中胚层诱导其表面覆盖的外胚层发育为神经板是初级诱导；神经板卷为神经管后，前端又发育为原脑，原脑两侧突起的视杯再去诱导覆盖在上面的外胚层进而形成眼晶状体是次级诱导；次级诱导的产物晶状体又诱导覆在表面的外胚层形成角膜，是三级诱导，最终形成眼球。诱导作用的物质基础可能是大分子蛋白质，也可能是胞嘧啶核苷酸、苯丙氨酸等小分子物质。

细胞所处的位置不同也对细胞分化的命运有明显的影响。实验证明，改变细胞所处的位置可导致细胞分化方向的改变，这种现象称为位置效应（position effect）。例如，在鸡胚发育的原肠胚期，在由脊索（notochord）细胞分泌的由 *shh*（sonic hedgehog，音因子）基因编码的信号蛋白的作用下，靠近脊索的细胞分化形成底板（floor plate），而远离脊索的细胞分化成运动神经元，如果将另一个脊索植入鸡胚中线一侧，则会以同样方式诱导底板和运动神经元的发育。

4. 外界环境对细胞分化的影响

在真核细胞中细胞分化也受到外界环境的影响，其中受细胞微环境的影响最大。例如，海马脑片微环境对不同分化程度细胞具有不同的影响。分化程度低的细胞在海马脑片微环境下会分化并产生极性，而高分化细胞不能产生极性。此外，环境的温度、化学药物的作用等均可不同程度地影响细胞的分化过程。

5. 激素对细胞分化的影响

在胚胎发育早期，邻近细胞之间的相互作用可以诱导细胞分化。在胚胎发育晚期，细胞分化也可以受到激素的调节。激素产生后通过血液循环将特定信息运送到不同部位从而影响细胞的分化，激素主要作用于基因水平引发靶细胞的分化。但是，激素必须通过细胞的受体才起作用，不同激素作用的靶细胞往往不同，作用机制也不相同。

第三节 细胞分化与干细胞

干细胞（stem cell）是具有自我更新和多向分化潜能的一类细胞，是多细胞生物有机体和各种组织器官的起源细胞。根据发育时期的不同，干细胞可大致分为胚胎干细胞和成体干细胞。干细胞的维持与分化受微环境信号和多种内在因子的调控。近些年来，干细胞的研究和应用已取得可喜进展，给临床细胞移植治疗、体外构建人工组织器官带来很大便利。

一、干细胞的概念及特点

在成体的许多组织中都保留着一部分未分化的细胞，一旦需要，这些细胞就可以按着发育途径进行细胞分裂和细胞分化，以维持机体各组织器官的稳态，机体中这部分未分化的细胞称为干细胞。简单来讲，干细胞是一类具有多向分化潜能和自我复制能力的未分化细胞。干细胞在形态上具有共性，通常呈圆形或椭圆形，细胞体积小，核相对较大，细胞核多为常染色质，具有较高的端粒酶活性。

干细胞在个体生长发育中表现出以下几个主要特点：①干细胞本身不是终末分化细胞，即不处于分化途径的终端。②干细胞能无限分裂和增殖。③干细胞通过两种分裂方式进行增殖和自我维持，一种是对称分裂，形成两个相同的干细胞或两个相同的分化的子细胞；另一种是非对称分裂，由于细胞质中的调节分化蛋白不均匀分配，一个子细胞不可逆地走向分化的终端成为功能专一的分化细胞，另一个保持亲代的特征，仍为干细胞。因此干细胞是具有自我更新和多向分化潜能的细胞。

二、干细胞的类型

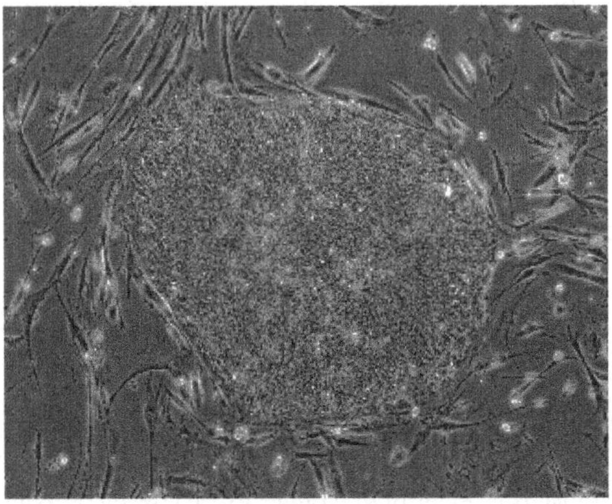

图 13-1 光镜下拍摄到的胚胎干细胞

根据干细胞来源的不同，可以将有机体中的干细胞分为胚胎干细胞（embryonic stem cell，ESC）和成体干细胞（adult stem cell，ASC）两大类。胚胎干细胞主要来源于早期胚胎内细胞团（inner cell mass，ICM）（图 13-1）。成体干细胞指来源于成年个体组织的各种干细胞，又称为组织干细胞，如神经干细胞、骨髓间充质干细胞、造血干细胞、表皮干细胞、肌肉干细胞等。

实际上，真正含义的哺乳动物全能干细胞只有受精卵和卵裂早期的细胞（一般不超过 16 个细胞的卵裂球）。它们不仅可以分化产生 3 个胚层中的各种类型的细胞，而且还能发育成胎盘组织，最终产生子代个体。多潜能干细胞通常是指在一定条件下，能分化产生 3 个胚层中的各种类型的细胞并形成器官的一类干细胞，如胚胎干细胞和生殖嵴（genital ridge）干细胞。

构成有机体的所有细胞都是由不同的干细胞分化而来。胚胎干细胞理论上可以分化产生各种类型的细胞，具有发育的全能性。存在于人体骨髓中的造血干细胞可以分化成红细胞、血小板和淋巴细胞等 10 种以上的血细胞（图 13-2），骨髓间充质干细胞则具有分化为成骨细胞、软骨细胞和脂肪细胞等的多向分化潜能，这些细胞属于成体干细胞的范畴，其分化的潜能有限，一般局限于分化产生同一胚层的细胞类型。单能干细胞仅能分化产生一种或少数几种类型的细胞，如小肠上皮中的干细胞可以分化为小肠上皮细胞等 4 种细胞，神经干细胞可分化产生神经元、寡突胶质细胞和星形胶质细胞 3 种细胞。在正常情况下，成年组织中所存在的干细胞起更新老化细胞的作用，不同的成体干细胞具有特定的发育方向，即在正常情况下

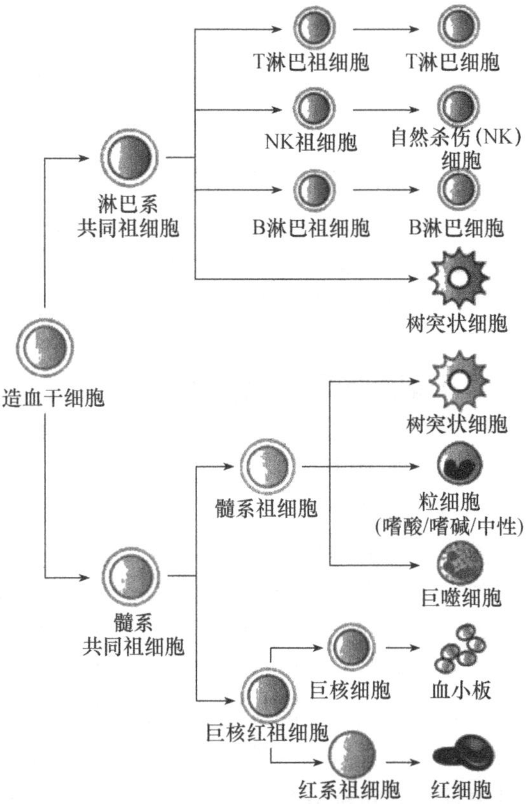

图 13-2 造血干细胞逐级分化为各种类型的血细胞（翟中和等，2011）

只分化形成所存在的特定组织的细胞。目前发现，成体终末分化细胞在某些特定条件下，也具有可以去分化形成干细胞的可塑性特征。另外，一个谱系的成体干细胞或终末分化细胞在一定的条件下还可转分化（transdifferentiation）为另一个谱系的成体干细胞或终末分化细胞。

三、胚胎干细胞

1981 年，Evans 和 Kaufman 首次在体外从发育中的小鼠囊胚的内细胞团（ICM）中分离得到小鼠胚胎干细胞。1998 年，Christoph 等从最终将分化为精细胞或卵细胞的小鼠早期胚胎原始生殖细胞中得到具有胚胎干细胞相似特性的细胞群，称之为胚胎种系（embryonic germ，EG）细胞。1998 年，Thomson 和 Gearhart 利用内细胞团和原始生殖细胞分别建立了人的胚胎干细胞系，使胚胎干细胞的研究又翻开了新的一页。

胚胎干细胞能够无限期地进行自我更新增殖，并具有向内胚层、中胚层和外胚层 3 个胚层的细胞分化的能力，将胚胎干细胞植入体内后可与完整胚胎形成嵌合体，随之胚胎干细胞能够参与正常的胚胎发育和器官形成，可以发育形成包括生殖细胞在内的一系列成体组织（图 13-3）。当处于合适的培养条件下，胚胎干细胞可以分化形成各种类型细胞。目前人们利用胚胎干细胞建立了多种体外分化系统，以研究细胞分化的分子机制。胚胎干细胞分化得到的多种细胞类型都曾成功植入胎鼠或成体鼠的体内，并能够形成功能性的细胞群。另外，利用胚胎干细胞还能够产生携带某些特定突变基因的动物，以用于研究相关基因在胚胎发育和疾病发生发展过程中的功能。

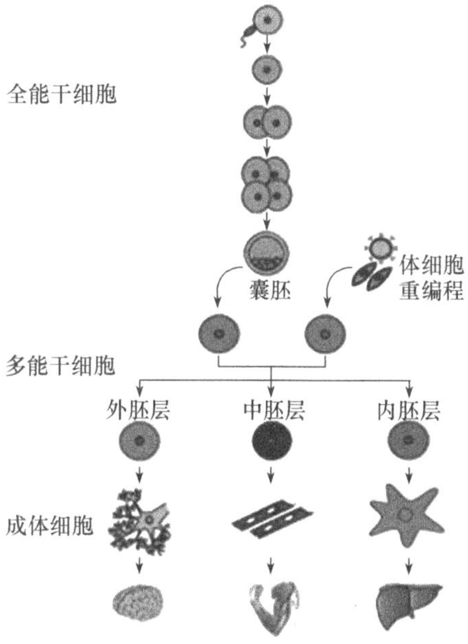

图 13-3　干细胞分类（Menon et al.，2016）

四、诱导多能干细胞

2006 年，Yamanaka 和 Takahashi 选择 24 种在小鼠早期胚胎、胚胎干细胞中丰富表达的转录因子，通过筛选、组合，发现 Sox-2、Oct-3/4、Klf-4 和 c-Myc 4 个转录因子与胚胎干细胞多能性更为密切相关。他们将这 4 个因子导入胚胎小鼠或成年小鼠的成纤维细胞，发现这些细胞发生重编程，获得与胚胎干细胞类似的多能性，被称为诱导多能干细胞（induced pluripotent stem cell，iPSC）。因此，诱导多能干细胞通常是指体细胞经过重编程，形成具有胚胎干细胞特性和功能的多能干细胞。这 4 个转录因子也被称为“Yamanaka 因子”或“OSKM 因子”，这 4 个因子相互协调，共同来启动重编程的分子通路。目前除了应用这 4 个转录因子获得诱导多能干细胞以外，人们还发现其他转录因子组合，以及 mRNA、微小

RNA、生物活性蛋白及小分子化合物等也可以用来直接诱导体细胞转变为诱导多能干细胞。

诱导多能干细胞可以自我更新并分化成各种类型的体细胞，具有与胚胎干细胞相似的形态与特征：克隆边界清楚、细胞核质比高、能无限增殖并维持不分化状态，以及具备向外胚层、中胚层和内胚层 3 个胚层分化的潜能。

尽管诱导多能干细胞与胚胎干细胞相似，但两者在多个方面存在差异。研究表明，诱导多能干细胞和胚胎干细胞在染色体畸变、拷贝数变异等方面存在差异。突变可能源自体外培养环境的改变，或是重编程技术本身，也可能来自体细胞遗留下来的突变。在表观遗传水平，诱导多能干细胞和胚胎干细胞也存在差异。来自体细胞的表观遗传记忆可能影响着诱导多能干细胞的分化潜能。例如，胚胎干细胞和来源于骨髓的造血前体细胞能分化成 B 细胞，然而 B 细胞来源的诱导多能干细胞却抵抗向 B 细胞分化。因此尽管诱导多能干细胞与胚胎干细胞相似，具有无限增殖和多向分化的潜能，但两者并非完全相同，这表明目前通过重编程技术所获得的诱导多能干细胞还未达到胚胎干细胞的全能状态，即重编程不彻底，也就是说重编程技术还有待进一步完善，以使诱导多能干细胞达到更原始的状态。

由于重编程技术无须经过胚胎阶段，就可使体细胞重编程进入多能干细胞状态，因此诱导多能干细胞避开了常规的来自胚胎内细胞团的胚胎干细胞所涉及的伦理问题。另外，人们已应用来自于许多不同疾病患者自身的体细胞通过重编程技术获得诱导多能干细胞，因此诱导多能干细胞是传统干细胞疗法的一个不断发展的替代方案，目前已开始用于细胞治疗、疾病建模和药物发现，为细胞再生技术走向临床应用开辟了更广阔的应用前景。

五、干细胞微环境

干细胞在组织稳态维持和组织再生中具有关键作用，干细胞的存活和维持，以及干细胞的增殖和分化均受干细胞微环境（niche）的严格调控。

干细胞微环境主要包括微环境基质细胞、微环境内储存的可溶性生长调节因子和细胞外基质（extracellular matrix，ECM）（图 13-4）。几乎所有的干细胞都必须在微环境内才能保持自我维持和自我更新的特性。

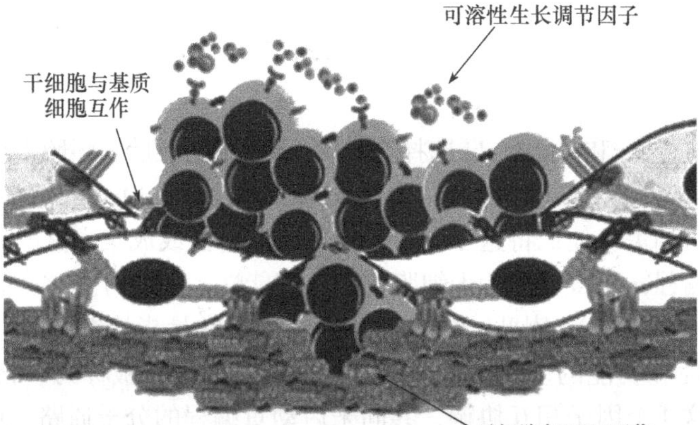

图 13-4　干细胞微环境（Votteler et al.，2010）

干细胞微环境给驻留干细胞提供信号来指定它们的身份。干细胞微环境的信号在小范围内起作用，使得只有干细胞才可以接收到自我更新信号，而远离干细胞微环境的子细胞则不能接收自我更新信号进行分化。果蝇的精巢是研究干细胞微环境的常用模式系统。首先，果蝇的精巢相对简单，其结构已经被研究清楚；其次，果蝇精巢含有单个活化的生殖干细胞，而且它们的支持细胞也已被准确地确定；再次，果蝇精巢中的生殖干细胞（germline stem cell，GSC）非对称分裂产生的两个子细胞总是一个仍然留在干细胞微环境中保留干细胞的特性，而另一个则离开干细胞微环境开始分化。

成年雄性果蝇含有一对精巢，每个都是一个长的盲端管。干细胞微环境位于精巢的盲端。在这里，生殖干细胞不对称分裂产生一个干细胞和另一个将要进行分化的细胞。如图 13-5 所示，果蝇精巢中枢细胞（hub）附着在睾丸顶端，围绕 hub 的是生殖干细胞（GSC）和胞囊干细胞（CySC），它们共享干细胞微环境。GSC 和 CySC 不对称分裂以实现自我维持和定向分化，GSC 产生精原细胞，经过一系列的分化，最终发育成精子；CySC 产生胞囊细胞，胞囊细胞包裹着正在发育的精原细胞（精母细胞和生精细胞）。

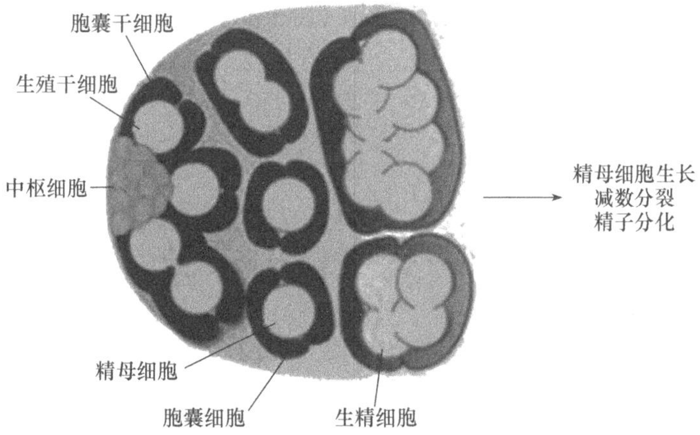

图 13-5 果蝇精巢干细胞微环境（de Cuevas and Matunis，2011）

果蝇干细胞微环境有以下几个特点：①由干细胞微环境产生的外源信号调节干细胞的维持和自我更新；②干细胞和微环境之间的黏附因子使干细胞锚定在干细胞微环境中；③干细胞微环境的物理结构使干细胞极化，为干细胞有丝分裂的纺锤丝处于正确的方向提供了空间上的线索，确保其非对称分裂的发生。

对果蝇干细胞微环境及其调控干细胞自我维持与定向分化的研究，将阐明干细胞维持与定向分化，为其他物种的干细胞研究和临床治疗方案开发奠定了理论基础。

六、干细胞的研究与应用

干细胞不仅具有不断增殖和自我复制并保持全能或多能分化的能力，还能产生各种分化类型的子代细胞。这种特性在组织的生长、发育和修复中发挥着重要作用。生命是通过干细胞的分裂和分化实现细胞的更新与生长的。组织器官的病损或功能障碍是人类健康所面临的主要危害之一，修复或替代因疾病、创伤或遗传因素所造成的组织器官缺损或功能障碍一直是难以攻克的医学难题。干细胞技术的发展，开创了制造组织和器官的“再生医学”时代。自1998年以来，干细胞组织移植技术发生了革命性的进步。21世纪，干细胞的广泛应用，必将促使干细胞技术相关产业的发展，同时成为生物技术领域最热点的产业之一。目前，干细胞的应用主要包括以下几个领域：细胞移植、组织构建、器官克隆、动物转基因、动物药物毒理与药物筛选以及生物学基础研究等。

总之，干细胞的研究和应用将有助于人类更深入地了解疾病形成的过程并促进基于干细胞的全新医疗技术的发展与应用。

第四节　细胞分化与细胞癌变

正常细胞的生长、增殖、分化与死亡等生命活动受到严格的调控，以维持机体各组织器官的稳态。多细胞有机体中细胞基因突变可能引起细胞生长与分裂失控，分化异常，脱离细胞衰老和死亡的正常调控而转化为肿瘤细胞（tumor cell），其中来源于上皮组织的肿瘤细胞通常称为癌细胞（cancer cell）。

一、肿瘤细胞的基本特征

细胞癌变往往是多次基因突变的结果。细胞一旦发生癌变，往往会脱离正常组织器官赖以构建和维持的规则的制约，呈现出一系列与正常细胞不同的特征。

1. 细胞生长与增殖失去控制

正常机体中细胞的生长与分裂受到严格调控。在成体组织中，新生细胞的增殖与衰老细胞的死亡，处于一定的动态平衡之中，以维持组织和器官的稳态。而癌细胞对生长因子的需求量降低，细胞增殖与细胞死亡之间的稳态失衡，细胞增殖失控，成为“不死”的永生细胞，最后形成癌组织。

2. 接触抑制现象丧失

细胞除受生长刺激信号调控以外，还受到生长抑制信号的严格调控。正常细胞在体外培养条件下贴壁生长，一旦相互汇合形成单层时，细胞即停止生长，呈接触抑制现象。但癌细胞的增殖并不会因为相互接触而停止，可持续增殖并形成多层生长的细胞聚集体。

3. 细胞代谢发生明显改变

为适应环境选择压力和自身快速增殖的需求，癌细胞的代谢发生重编程。与正常细胞相比，癌细胞通常需要消耗大量的葡萄糖。癌细胞可通过有氧糖酵解、磷酸戊糖通路等代谢通路产生大量的氨基酸、脂肪酸，以及细胞快速增殖和生长所需的其他代谢中间产物，从而促进肿瘤生长。因此肿瘤也常被认为是一种代谢性疾病。

4. 基因组不稳定

正常细胞的基因组稳定性受到各种检验点（checkpoint）的严格调控。癌细胞在形成过程中往往积累了系列基因突变，导致癌细胞基因组不稳定（genomic instability）；而癌细胞基因组不稳定又进一步导致癌细胞易发生染色体非整倍体突变等变异，获得其他恶性表型特征。除了基因组不稳定以外，癌细胞也常发生表观遗传改变（epigenetic change）。因此基因组不稳定既是癌细胞形成的重要原因，也是癌细胞进一步演进的重要基础。

5. 获得侵袭转移能力

肿瘤可大致分为良性肿瘤和恶性肿瘤两种基本类型。有些肿瘤细胞仅位于相应组织特定部位，周围通常有完整的结缔组织膜结构包裹，称为良性肿瘤；如果肿瘤细胞黏着性下降，侵袭转移能力增强，则易于浸润至周围健康组织，或通过血液循环或淋巴途径转移，在其他组织和器官黏着并进行定植性生长，最后形成转移灶，则称为恶性肿瘤。肿瘤转移（tumor metastasis）是一个多因素多步骤的复杂过程，是大多数肿瘤患者死亡的主要原因。

二、癌基因与抑癌基因

癌基因（oncogene）是控制细胞生长和分裂的一类正常基因，其突变可引起正常细胞发生癌变。癌基因可分为两大类：一类是病毒癌基因（viral oncogene，v-onc），指的是反转录病毒的基因组中含有的可使受病毒感染的宿主细胞发生癌变的基因；另一类是细胞癌基因（cellular oncogene，c-onc），又称为原癌基因（proto-oncogene）。原癌基因在正常情况下不仅对机体无害，而且这些原癌基因的正常表达是个体发育和细胞增殖等生命活动所必不可少的，这些基因只有发生突变才有致癌作用。癌基因编码的蛋白质主要包括生长因子、生长因子受体、信号转导通路中的分子、基因转录调节因子、细胞凋亡蛋白、DNA 修复相关蛋白和细胞周期调控蛋白等几大类型。

除了癌基因以外，细胞中还存在一类对细胞癌变起抑制作用的基因，这类基因的一对等位基因都缺失或都失活时，也可引起细胞癌变，称为抑癌基因（tumor-suppressor gene）。抑癌基因编码的蛋白质往往在细胞周期的检验点上起阻止周期进程的作用。抑癌基因与癌基因不同之处在于，抑癌基因的突变性质是隐形的，需要两个等位基因均发生突变失活才能引起细胞癌变；而癌基因只要有一个基因副本突变，即可导致细胞癌变，也就是说癌基因的突变性质是显性的。在正常细胞中，癌基因与抑癌基因这两大类基因协调配合，共同维持细胞的正常增殖等生命活动。而在癌变细胞中，癌基因与抑癌基因这两大类基因突变或异常表达，导致细胞增殖失控，最后形成具有无限分裂潜能的癌细胞。

三、肿瘤干细胞

肿瘤干细胞（cancer stem cell，CSC）又称为肿瘤起始细胞（tumor-initiating cell），指的是肿瘤组织或肿瘤细胞系中的一群具有干细胞自我更新能力且能在动物体内致瘤的细胞群。也就是说，肿瘤干细胞既具有类似于正常成体干细胞的自我更新能力，又具有形成不同肿瘤细胞的分化能力，而且少量的肿瘤干细胞接种就可在免疫缺陷小鼠体内形成肿瘤（图 13-6）。目前，人们已通过一系列肿瘤干细胞的标志分子从各类肿瘤组织中分选得到肿瘤干细胞，如白血病肿瘤干细胞、乳腺癌肿瘤干细胞和结肠癌肿瘤干细胞，有力地证明了肿瘤干细胞

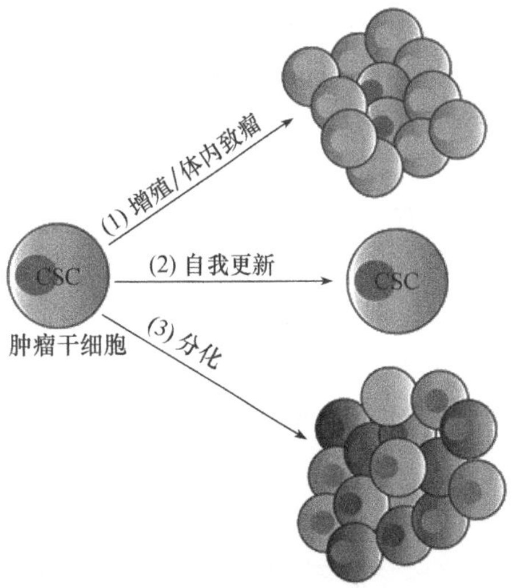

图 13-6 肿瘤干细胞的基本特性

的普遍存在。目前认为肿瘤干细胞与肿瘤发生发展的许多过程密切相关，而且肿瘤干细胞耐药性强，是肿瘤化疗失败和肿瘤复发的主要原因。肿瘤干细胞可来源于成体组织的正常成体干细胞，也可来源于成体干细胞分化过程中形成的前体细胞以及终末分化细胞。目前肿瘤干细胞理论是解释肿瘤发生发展的众多假说之一，有关肿瘤干细胞的研究将有助于进一步阐明肿瘤发生发展的机制，并将有助于肿瘤治疗策略的发展。

四、肿瘤微环境

早在 100 多年前，Stephen Paget 就提出了著名的“种子与土壤”（seed and soil）的概念，认为肿瘤与肿瘤微环境是一个不可分割的整体。肿瘤微环境（tumor microenvironment）是指肿瘤细胞增殖、生长、休眠及转移时所处的组织微环境，即肿瘤发生发展所处的包括各类细胞群体和基质的微环境。肿瘤微环境不仅包括肿瘤细胞周围的成纤维细胞、免疫细胞等各种细胞，同时也包括肿瘤细胞周围的微血管、细胞外基质和各类细胞因子以及肿瘤细胞本身。肿瘤微环境就像是一个小的生态环境，与其中的肿瘤细胞有着密切的联系。肿瘤细胞从机体原发部位转移到其他靶器官，不仅与肿瘤细胞的侵袭转移能力有关，同时也依赖于靶器官的组织微环境，以及肿瘤细胞与靶器官的组织微环境之间的相互作用，只有当靶器官的组织微环境利于肿瘤细胞的附着、生存和生长时才可促进转移灶的形成。因此，肿瘤细胞与肿瘤微环境相互作用，共同影响肿瘤的发生发展（图 13-7）。

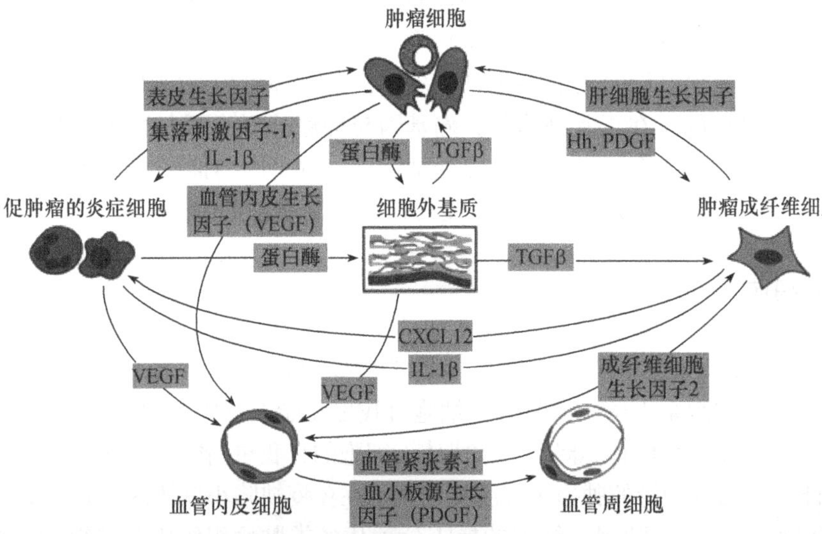

图 13-7 肿瘤微环境中的各组分之间的相互作用（Hanahan and Weinberg，2011）

肿瘤微环境与其正常组织微环境在理化性质方面有着许多不同的地方，比较显著的是具有低氧、低 pH 及高压等特点，而且肿瘤组织的硬度也往往比其正常组织高。根据肿瘤细胞所处的组织部位或特点可大致分为肿瘤干细胞微环境（cancer stem cell niche）、血管周边微环境（perivascular niche）、低氧微环境（hypoxic microenvironment）、转移微环境（metastatic niche）、转移前微环境（premetastatic niche）等肿瘤微环境。

五、肿瘤异质性

肿瘤异质性（tumor heterogeneity）是恶性肿瘤的重要特征之一，指的是在肿瘤发生发展过程中，肿瘤细胞经过多次分裂增殖，其子细胞呈现出基因型分子特征与表型等方面的改变，从而在肿瘤的生长、侵袭、药物敏感性及预后等方面产生差异。这种差异主要体现在基因突变的种类和类型、基因的表观遗传学修饰、蛋白质表达水平等。肿瘤异质性大致可分为肿瘤间异质性（inter-tumor heterogeneity）和肿瘤内异质性（intro-tumor heterogeneity）两类。肿瘤间异质性指的是不同肿瘤的细胞之间的基因型分子特征与表型特征不同；肿瘤内异质性则指的是相同肿瘤的不同细胞之间的基因型分子特征与表型特征不同。肿瘤异质性可体现为时间异质性、空间异质性、基因异质性、表观遗传异质性、物化特征异质性、临床耐药异质性和功能异质性等。另外，肿瘤微环境的高度差异性也是一种重要的肿瘤异质性。

目前认为，肿瘤异质性是“外因”（环境）与“内因”（基因）相互作用的结果，肿瘤发生的克隆演化假说和肿瘤干细胞假说均可用于解释肿瘤异质性是如何产生的。肿瘤异质性与肿瘤发生、肿瘤转移、肿瘤耐药、肿瘤复发密切相关。肿瘤患者体内存在很多不同的肿瘤细胞，这些异质性的肿瘤细胞往往对药物的敏感性不同。许多肿瘤患者使用了某一种药物治疗后有关症状得到明显缓解，甚至有的患者肿瘤病灶完全消失，但过了一段时间肿瘤又复发。其根本的原因在于肿瘤异质性，一种药物往往不能把所有的肿瘤细胞都赶尽杀绝，那些对药物敏感的肿瘤细胞被杀灭了，但那些携带不同的基因突变的肿瘤细胞因对药物具有耐受性而存活了下来，得以继续繁衍并导致肿瘤复发或形成新的转移灶。因此肿瘤异质性是肿瘤研究的一个热点和难点，对肿瘤的诊断和治疗也是一大挑战。

复习思考题

一、名词解释

细胞分化　干细胞　胚胎干细胞　成体干细胞　诱导多能干细胞　癌基因　抑癌基因　肿瘤干细胞　肿瘤微环境　肿瘤异质性

二、问答题

1. 什么是干细胞？为什么说干细胞的研究与应用是当今生命科学研究的重要热点领域之一？

2. 什么是肿瘤干细胞？简述肿瘤干细胞的基本特性。

3. 试述癌细胞的基本生物学特征。

4. 癌基因与抑癌基因在细胞癌变中的作用特点有何不同？

第十四章 >>>

细胞凋亡与细胞衰老

内容提要

细胞凋亡是一种受到细胞内与凋亡有关的基因严格调控的细胞死亡方式，所以常称为程序性细胞死亡。在细胞凋亡发生过程中，细胞在形态结构、新陈代谢等方面都会发生明显的变化，如细胞表面微绒毛和细胞间接触的消失、内质网囊腔膨胀、染色质固缩、凋亡小体的形成继而逐渐被邻近的细胞所吞噬并消化；DNA发生有控的核小体间断裂、体内组织转谷氨酰胺酶等物质积累并达到较高水平等。由于DNA在细胞凋亡过程中的特征性改变，DNA的断裂已经成为检测细胞凋亡的重要指标。诱导细胞凋亡的因子根据来源可分为外部信号和内部信号。外部信号通常通过死亡受体途径触发细胞凋亡；内部信号则通过线粒体途径触发细胞凋亡。2条途径均涉及凋亡相关蛋白酶Caspase家族成员的顺序活化，最终启动细胞的凋亡程序。细胞凋亡在胚胎发育、维持正常组织和器官的细胞数目、自稳平衡的保持等方面起着重要的作用；细胞凋亡的失调会导致疾病。

细胞在衰老过程中，其形态结构和生理生化上会发生一系列深刻变化，包括：①细胞体积变小，不再是正常的球形；②细胞核增大，核膜内折，染色质固缩；③细胞器中糙面内质网减少、线粒体变大，并且数量减少、出现致密体；④细胞膜常处于凝胶相或固相，细胞间间隙连接减少，组成间隙连接的膜内颗粒聚集体变小等。衰老细胞中的衰老相关β-半乳糖苷酶最适pH为6.0，可用于标记和检测衰老的细胞。细胞衰老机制涉及自由基学说、端粒假说等多种理论，但均未有最终定论。

第一节 细胞凋亡

一、细胞凋亡概述

（一）细胞凋亡的概念及其生物学意义

细胞凋亡（apoptosis）也称程序性细胞死亡（programmed cell death，PCD），是生物体发育过程中普遍存在的，由基因决定的细胞主动、有序的死亡方式，通过这种方式清除体内非必需细胞或即将发生特化的细胞。细胞受到内外环境因子刺激发生程序性死亡时，就像树叶或花的自然凋零一样，无炎症反应，不遗留瘢痕。发生凋亡的细胞被巨噬细胞或邻近细胞清除，不影响其他细胞的正常功能。

1972年，Kerr发现结扎大鼠肝的左、中叶门静脉后，其周围细胞发生缺血性坏死，但由肝动脉供应区的实质细胞仍存活，只是范围逐渐缩小，其间一些细胞不断转变成细胞质小块，不伴有炎症。正常鼠肝细胞在局部缺血条件下，也连续不断地转化为小的圆形的细胞质团。Kerr 将在生理条件下产生的细胞向圆形细胞质团转变的这一现象定名为细胞凋亡，认为细胞凋亡是一个主动的、由基因决定的自动结束生命的过程。

在生物的生长发育过程中，细胞凋亡是不可或缺的一个重要方面。细胞凋亡对于多细胞生物个体发育的正常进行、自稳平衡的保持以及抵御外界各种因素的干扰方面都起着非常关键的作用。通过细胞凋亡，有机体得以清除机体内部衰老、磨损、畸变、过剩、已完成生理功能或不再需要的细胞，而不引起免疫反应；另外，又可通过细胞增殖加以补充。胚胎发育过程中产生了过量的神经细胞，它们竞争靶细胞所分泌的生存因子，只有接受了足够量的生存因子的神经细胞才能存活，其他的细胞则发生凋亡。实际上，发育过程中手和足的成形过程就伴随着细胞的凋亡。胚胎时期，它们呈铲状，以后指或趾之间的细胞发生凋亡，才逐渐发育为成形的手和足（图 14-1）。在个体发育过程中，幼体器官的缩小和退化，如蝌蚪尾的消失等，都是通过细胞凋亡来实现的。在成熟个体的组织中，细胞的自然更新，被病原体感染细胞的清除也是通过细胞凋亡来完成的。在发育过程中和成熟组织中细胞发生凋亡的数量是惊人的。例如，健康的成人体内，在骨髓和肠中，每小时约有 10 亿个细胞凋亡。此外，各种免疫细胞对靶细胞的攻击并引起其死亡，也是基于细胞凋亡。细胞凋亡是机体自我保护机制，是长期遗传、进化的结果。

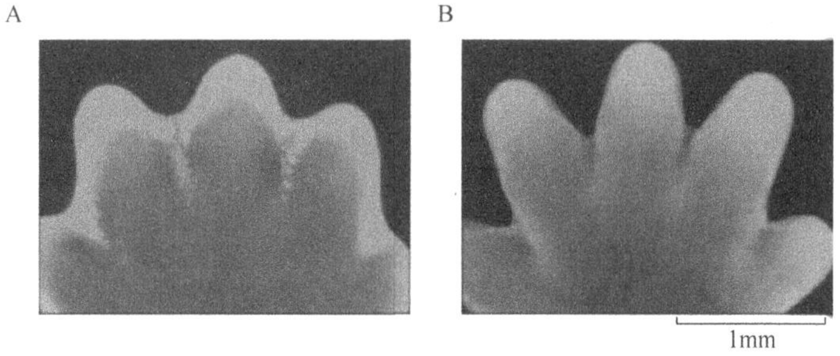

图 14-1 细胞凋亡在胎鼠趾发育中的作用（潘大仁，2007）

A. 细胞凋亡开始时的胎鼠趾；B. 细胞凋亡一天后的胎鼠趾

另外，细胞凋亡的失调（包括不恰当的激活或抑制）会导致疾病，如阿尔茨海默病、各种肿瘤、艾滋病以及自身免疫系统病等。有理由相信，细胞凋亡的研究成果，将为人类某些重大疾病的治疗和控制提供有力的武器。

（二）细胞凋亡的特征

1. 形态特征

细胞凋亡的发生过程，在形态学上可分为以下 3 个阶段。①凋亡的起始。这个阶段的形态学变化表现为：细胞表面的特化结构（如微绒毛）消失，细胞间接触消失，但细胞膜依然完整，未失去选择透性；细胞质中，线粒体大体完整，但核糖体逐渐从内质网上脱离，内质网囊腔膨胀，并逐渐与细胞膜融合；染色质固缩，形成新月形帽状结构等形态，沿着核膜分布。这一阶段经历数分钟，然后进入第二阶段。②凋亡小体的形成。首先，细胞核呈波纹状（rippled）或呈折缝样（creased），部分染色质出现浓缩状态、高度凝聚、边缘化，最后核染色质断裂为大小不等的片段，与某些细胞器如线粒体一起聚集，被反折的细胞膜所包围。从外观上看，细胞表面产生了许多泡状或芽状突起（图 14-2），之后，逐渐分隔，形成单个的凋亡小体（apoptotic body）。③凋亡小体逐渐被邻近的细胞所吞噬并消化。从细胞凋亡开始，到凋亡小体的出现才数分钟之久，而整个细胞凋亡过程可能延续 4～9h。

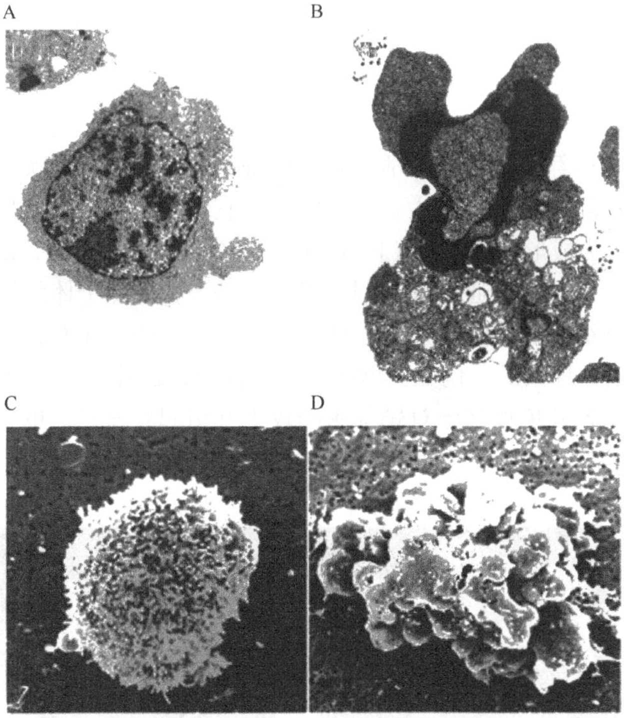

图 14-2 正常与凋亡细胞形态比较

A，C. 正常的胸腺细胞；B，D. 凋亡的胸腺细胞

2. 细胞凋亡的生化特征

细胞凋亡生化变化的最主要特征如下。① DNA 发生核小体间的有控断裂。在活化的核酸内切酶作用下，DNA 逐步断裂，结果产生含有不同数量核小体单位的片段。在进行琼脂糖凝胶电泳时，有控降解的基因组 DNA 形成特征性的梯状条带，其大小为 180～200bp 的整数倍。到目前为止，梯状条带（DNA ladder）仍然是鉴定细胞凋亡最可靠的方法。②组织转谷氨酰胺酶（tissue transglutaminase，tTG）的积累并达到较高的水平。tTG 催化某些蛋白质的翻译后修饰，主要是通过建立谷氨酰胺和赖氨酸之间的交联以及多胺掺入蛋白质而实现的，其结果导致蛋白质聚合。而这类蛋白聚合物不溶于水，不为溶酶体的酶所降解，它们进入凋亡小体，有助于保持凋亡小体暂时的完整性，防止有害物质的逸出。tTG 只在不再分裂的已完成分化的细胞中处于活性状态。tTG 是依赖于 Ca^{2+} 的酶，在正常细胞中，由于 Ca^{2+} 浓度较低（<1mmol/L），tTG 的活性很低；当凋亡起始时，Ca^{2+} 浓度上升，从而使 tTG 活化。此外，细胞凋亡过程中还有许多生化变化，如 3- 半乳糖酸的合成增加、膜磷脂不对称损失等。

（三）诱导细胞凋亡的因子

细胞凋亡属于诱发行为，其诱因很多。诱导细胞凋亡的因子包括来自生物组织外部的信号和内部产生的自杀信号、生存信号，细胞只有接受细胞内外的信号刺激时才启动凋亡。外部信号指能诱发细胞凋亡的化学因素、物理因素和生物因素。化学因素包括各种细胞生长抑制剂如秋水仙素等；物理因素包括射线（紫外线、β射线、X线等）、较温和的温度刺激（如热激、冷激）等；生物因素包括微生物抗原、病毒等。

内部信号指生物体正常生理活动中导致细胞凋亡的各种生理因子，包括活性氧基团和分子（超氧自由基、羟自由基、H_2O_2）、钙离子载体、视黄酸、细胞毒素（如fumonisin和AAL毒素）。正常生理因子（激素、细胞生长因子等）的失调、肿瘤坏死因子α（TNFα）、抗Fas/Apo-1/CD95抗体等也能引起细胞凋亡。

（四）细胞凋亡的检测

细胞凋亡的检测通常基于凋亡细胞所形成的形态学和生物化学特征，特别是DNA的断裂，已成为检测细胞凋亡的重要指标。

1. 形态学观测

细胞凋亡的主要特征是核染色质致密深染，形成致密块，有时可断裂。显微镜下观察未染色细胞可见：凋亡细胞的体积变小、变形，细胞膜完整但出现发泡现象，细胞凋亡晚期可见凋亡小体。贴壁细胞出现皱缩、变圆、脱落。对组织或细胞进行各种染色，可观察到凋亡细胞的各种形态学特征，如染色质固缩、边缘化，染色质分割，核膜裂解，凋亡小体出现，巨噬细胞吞噬现象等（图14-3）。

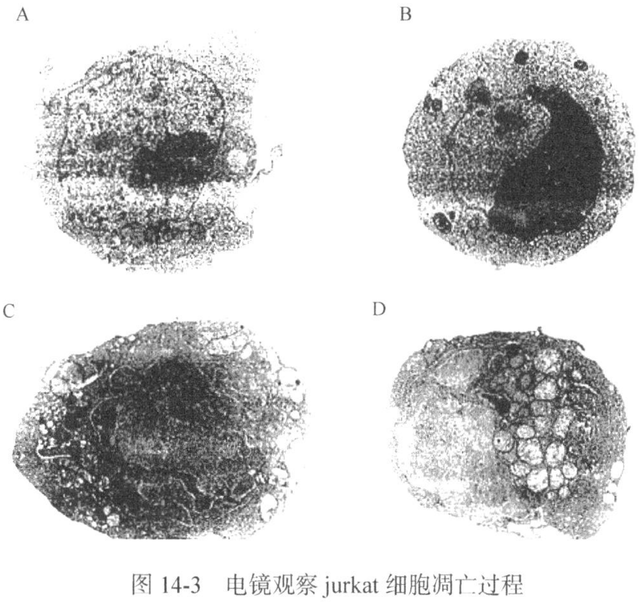

图14-3　电镜观察jurkat细胞凋亡过程

A. 细胞坏死，细胞核像爆炸一样；B. 细胞核浓缩，细胞质中有液泡出现；C. 凋亡小体形成；D. 凋亡小体被邻近细胞吞噬

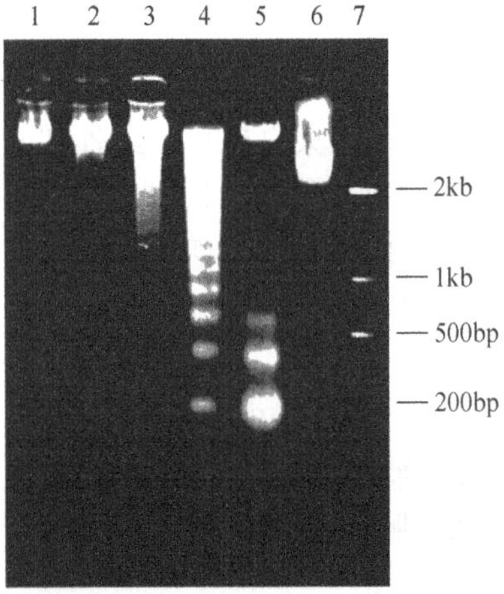

图 14-4 细胞色素 c 诱导的凋亡细胞 DNA 电泳图（翟中和等，2011）

1. 细胞色素 c 诱导 0h；2. 细胞色素 c 诱导 1h；3. 细胞色素 c 诱导 2h；4. 细胞色素 c 诱导 3h；5. 细胞色素 c 诱导 4h；6. 阴性对照；7. Marker

2. DNA 电泳

细胞凋亡时主要的生化特征是其染色质 DNA 在核酸内切酶的作用下，发生特征性的核小体间的断裂，产生大小不同的片段，但都是 180～200bp 的整数倍，在凝胶电泳上表现为梯形条带（图 14-4）。绝大多数凋亡细胞中 DNA 的断裂都表现出这种特征。如果细胞量很少，还可在分离提纯 DNA 后，用 ^{32}P-ATP 和脱氧核糖核苷酸末端转移酶（TdT）标记 DNA，再进行电泳，放射自显影观察凋亡细胞 DNA 呈现的特征条带。

3. 原位标记法

原位标记法即 TUNEL 测定法。TUNEL 是 terminal deoxynucleotidyl transferase（TdT）-mediated dUTP nick end labeling 的缩写，意指末端脱氧核苷酸移换酶介导的 dUTP 缺口末端标记测定法。由于凋亡细胞的核 DNA 被核酸内切酶降解，断裂处产生 3′-OH 的缺口和末端，故可用可观测标记物对其断裂缺口进行原位标记，然后进行观测。如用荧光素进行原位标记，可用荧光显微镜进行观察。但这种方法缺乏专一性，需结合形态学方法进行判断。

此外，细胞凋亡的检测方法常用的还有彗星电泳法（comet assay）、流式细胞术等。由于细胞凋亡的机制复杂，研究手段还很有限，有待进一步研究，故对凋亡的检测应用多种方法结合加以判断。

（五）细胞凋亡的机制

1. 线虫在细胞凋亡研究中的作用

秀丽隐杆线虫（*Caenorhabditis elegans*）形体小而透明（图 14-5），便于人们通过显微镜观察活的完整线虫的内部构造，并能直接观察到线虫发育过程中单个细胞的迁移、分裂及死亡。

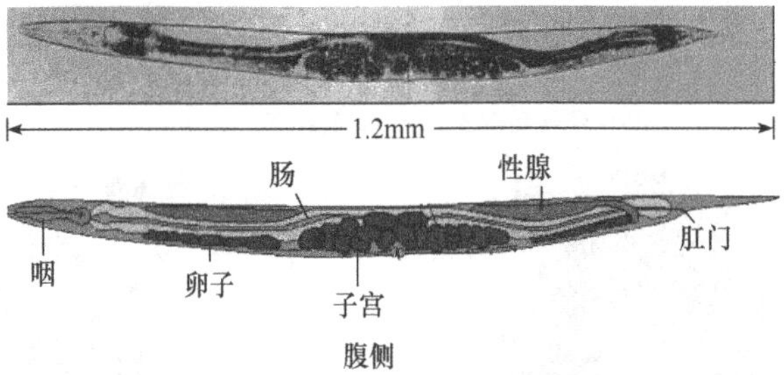

图 14-5 线虫模式图

研究发现，线虫在胚胎发育初期有 1090 个细胞，成年的雌雄同体线虫仅有 959 个细胞，在发育过程中有 131 个细胞发生凋亡。科学家们利用 Brenner 建立的线虫突变体，发现并分离了一系列影响细胞凋亡的基因，包括 *ced-1*、*ced-2* 和 *nuc-1* 等，因此提出了生物发育过程中细胞的凋亡是由一系列基因控制的观点。1986 年，美国科学家 Horvitz 及其学生发现了在线虫细胞凋亡过程中起关键作用的两种基因 *ced-3*、*ced-4*，这两种基因的缺失将改变细胞的命运，使线虫中正常情况下会死亡的细胞存活并继续分化下去。同时，对早期发现的在细胞凋亡中起作用的基因也探明了其确切作用。之后，袁钧瑛（Horvitz 的学生）等克隆了 *ced-3* 基因，并发现该基因表达的蛋白质与哺乳动物中的一种酶非常相似，随后的研究发现，该酶与细胞凋亡有关，这表明在哺乳动物中也存在引起细胞凋亡的基因，从而开启了细胞凋亡研究的一个新的阶段。

目前，人们认为与细胞凋亡相关的基因有 3 类：促进细胞死亡的基因、抑制细胞死亡的基因和在细胞死亡过程中表达的基因。

2. 细胞凋亡的基因调控

细胞凋亡是在生物机体生理条件下发生的，它受到严格的基因调控程序的控制，凋亡程序的启动、执行，直到凋亡细胞的吞噬、降解都是有序进行的。

1）线虫细胞凋亡的基因调控　在线虫中发现了十几个与细胞凋亡有关的基因。*ces-1*、*ces-2* 是细胞凋亡信号启动的调控基因，可决定细胞凋亡（启动基因）。*ced-3*、*ced-4* 促进细胞凋亡，直接决定细胞凋亡（死亡基因）。*ced-3* 基因表达的 ced-3 蛋白有 530 个氨基酸，其中含有约 100 个氨基酸长度的丝氨酸富含区，提示磷酸化在细胞凋亡中有十分重要的作用。*ced-9* 通过对 *ced-3*、*ced-4* 的负调节作用而抑制细胞凋亡（存活基因）。*ced-1*、*ced-2*、*ced-5*、*ced-6*、*ced-7*、*ced-10* 和 *ced-11* 是凋亡细胞被巨噬细胞所吞噬的相关基因（识别基因）。*nuc-1*、*nuc-2* 存在于吞噬细胞内，是使凋亡细胞在吞噬细胞内被降解的基因（消化基因），如缺乏只能使吞噬细胞内 DNA 裂解受阻，而不影响细胞凋亡（图 14-6）。

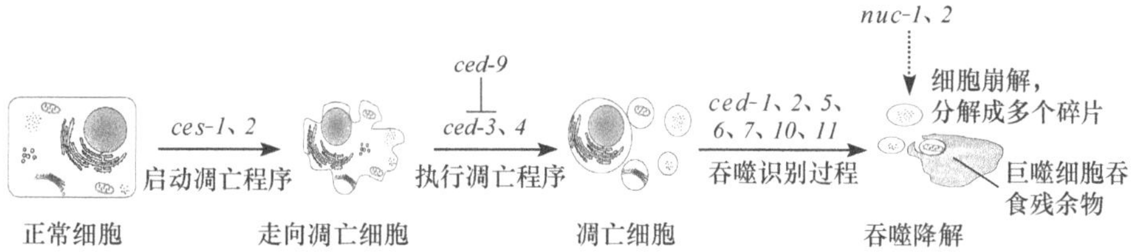

图 14-6　导致线虫细胞凋亡的基因及其作用过程示意图（潘大仁，2007）

2）果蝇细胞凋亡的基因调控　*rpr*（reaper）基因编码 65 个氨基酸的短肽，果蝇胚胎中选择表达 rpr mRNA 的细胞将进入凋亡，rpr 似乎可以激活由 IL-1β 转化酶（IL-1β converting enzyme，ICE）蛋白酶家族介导的死亡程序。各种刺激信号通过传导汇集于 rpr，经过它的整合，调节下游基因活动，激活 ced-3/ICE 则可诱导凋亡。rpr 介导的凋亡可被杆状病毒来源的抗凋亡蛋白 p53 或牛痘病毒来源的 crmA 蛋白等 ICE 抑制剂所阻止（图 14-7）。

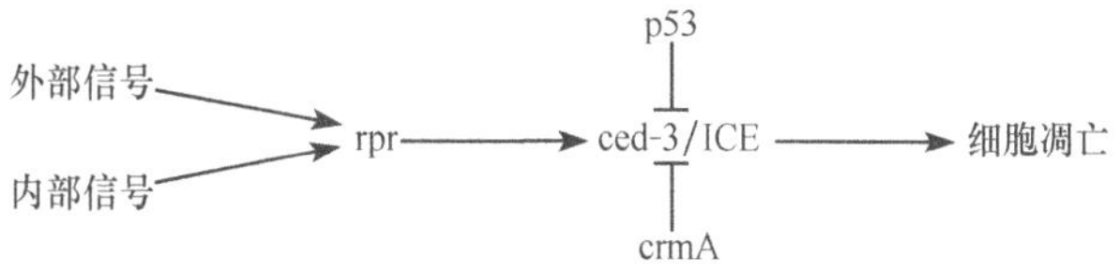

图 14-7　果蝇细胞凋亡的基因调控示意图

3）哺乳动物细胞凋亡的基因调控

（1）Caspase家族与细胞凋亡。分子遗传学和分子生物学的综合研究表明，在哺乳动物细胞质中裂解细胞结构分子的中心成分是Caspase家族成员（表14-1）。Caspases（cysteine aspartic acic specific protease）是近年来发现的一组存在于胞质溶胶中的结构上相关的半胱氨酸蛋白酶，它们均具有Cys（半胱氨酸）和Asp（天冬氨酸），活性位点是半胱氨酸，裂解靶蛋白位点是天冬氨酸残基后的肽键。由于这种特异性，Caspase能够高度选择性地切割某些蛋白质，这种切割只发生在少数（通常只有1个）位点，且主要是在结构域之间。切割的结果或是活化某种蛋白质，或是使某种蛋白质失活，但从不完全降解一种蛋白质。Caspase一词国内将其译为胱天蛋白酶，后缀的数字表示亚族的成员。

表14-1 Caspase家族成员及其相应底物

蛋白酶	别称	底物	功能
Casp-1	ICE	pro-IL-1β，pro-Casp-3，pro-Casp-4	炎症
Casp-2	ICE-1	PARP	启动因子
Casp-3	CPP32，Yama，apopain	PARP，DNA-PK，SREBP，rho-GDI	效应分子
Casp-4	ICErel-Ⅱ，TX，TCH-2		炎症
Casp-5	ICErel-Ⅲ，TY		炎症
Casp-6	Mch2	lamin A	效应分子
Casp-7	Mch3，ICE-LAP3，CMH-1	PARP，pro-Casp-6	效应分子
Casp-8	FLICE，MACH，Mch5		启动因子
Casp-9	ICE-LAP6，Mch6	PARP	启动因子
Casp-10	Mch4		启动因子
Casp-11	ICH3		炎症
Casp-12			
Casp-13			炎症
Casp-14			炎症

人们发现哺乳动物细胞中存在着ced-3的同源物Casp-1（即ICE），它催化切割白细胞介素-1β（IL-1β）的前体，使IL-1β活化。在大鼠成纤维细胞中过量表达Casp-1和ced-3都会引起细胞凋亡，表明了Casp-1和ced-3在结构和功能上的相似性；然而敲除*Casp-1*基因的小鼠表现型正常，细胞凋亡并未发生明显改变。进一步的研究发现，Caspase家族另一成员，后来被称为apopain、CPP32或Yama的Casp-3，催化聚ADP-核糖聚合酶［poly（ADP-ribose）polymerase，PARP］的裂解，结果导致细胞的凋亡，因而认为Casp-3执行着与线虫中的ced-3相同的功能。Casp-3被称为“死亡酶”，而PARP被认为是“死亡底物”。

目前发现的Caspase家族成员众多，根据它们在炎症和细胞凋亡中起着不同的作用可以分成3类：炎症Caspase、启动Caspase和效应Caspase亚族。炎症Caspase包括Casp-1、Casp-4、Casp-5、Casp-11、Casp-13、Casp-14，在多数情况下它们不直接参与凋亡信号的转导，而是主要参与白细胞介素前体的活化与炎症细胞因子的合成；启动 Caspase 包括 Casp-2、Casp-8、Casp-9、Casp-10，它们对细胞凋亡的刺激信号做出反应，启动细胞的自杀过程；效应 Caspase 包括 Casp-3、Casp-6、Casp-7，是凋亡过程的具体执行者，Casp-3、Casp-7 能降解 PARP，DNA 断裂因子 -45（DNA fragmentation factor-45，DFF-45）导致 DNA 修复的抑制并启动 DNA 的降解。Casp-6 的底物是 lamin A，lamin A 降解可导致核纤层和细胞骨架的断裂及崩解。

细胞中合成的 Caspase 以无活性的酶原状态存在，须经活化方能执行其功能。酶原的激活方式有两种：①利用在凋亡过程中起伴侣作用的蛋白质分子来使无活性的酶原聚集在一起，然后通过同位效应进行自我酶切而激活；②由另外的蛋白酶直接作用于酶的 Asp 位点，从而激活 Caspase，如 Casp-3、Casp-7。在凋亡信号刺激下，启动 Caspase 首先被活化，切割并激活下游的 Caspase 分子，由此构成一种逐级扩大的级联反应，将凋亡信号一级一级传到凋亡底物，从而完成细胞凋亡（图 14-8）。

（2）Bcl-2 家族与细胞凋亡。*bcl-2* 定位于人的第 18 号染色体，是一种原癌基因，是 *ced-9* 在哺乳动物中的同源物，因其表达的蛋白质 Bcl-2 最初在 B 淋巴细胞瘤 / 白血病 -2 中发现而得名。和一般促进细胞增殖的癌基因不同，*bcl-2* 能抑制细胞凋亡，延长细胞的生存。大量的实验证明，*bcl-2* 是多细胞动物中普遍存在的"长寿"基因，如神经元的寿命长，*bcl-2* 的表达则高于其他类型细胞。

Bcl-2 蛋白的羧基端有一穿膜的结构域，可与线粒体膜相结合，以维护其通透性。除了 *bcl-2* 基因以外，近年来还发现 Bcl-2 家族的其他成员（表 14-2），它们的基因序列在不同程度上与 *bcl-2* 相似，这些成员以不同方式调节细胞凋亡。

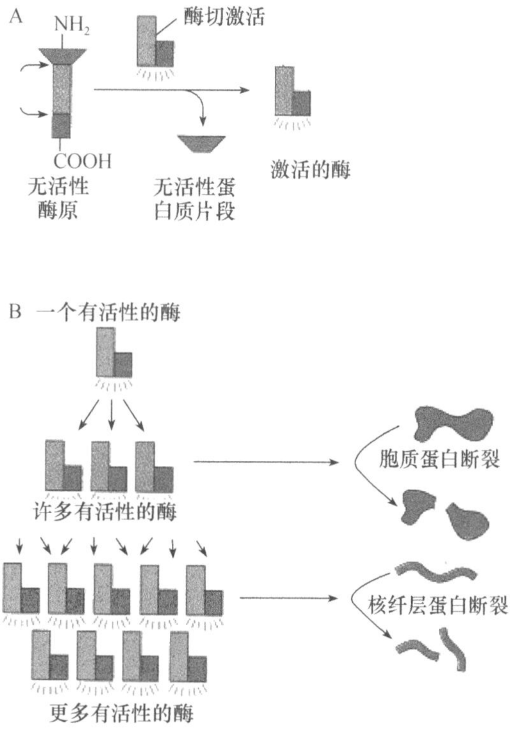

图 14-8　Caspase 酶原的激活（A）和级联放大反应（B）示意图（Alberts et al.，2002）

表 14-2　Bcl-2 家族的主要成员（翟中和等，2000）

基因产物	功能
Bcl-2	凋亡抑制剂，可和 Bax、Bak 结合
Bcl-x	其 L 型抑制细胞凋亡，S 型促进凋亡，与 Bax、Bak 结合
Bcl-w	凋亡抑制剂
Bax	凋亡促进剂，可与 Bcl-2、Bcl-xL、E1B19K 结合

续表

基因产物	功能
Bak	凋亡促进剂，也可作抑制剂，可与 Bcl-2、Bcl-xL、E1B19K 结合
Mcl-1	凋亡抑制剂
Bad	凋亡促进剂，可与 Bcl-2、Bcl-xL 结合
Ced-9	线虫中的凋亡抑制剂，Bcl-2 的同源物
E1B19K	腺病毒凋亡抑制剂，与 Bax、Bak 结合

Bcl-2 对细胞凋亡的调节表现在两个方面：一方面是 Bcl-2 亚家族（Bcl-xL）分子可以通过 BH4 结构域与凋亡蛋白酶激活因子 -1（apoptotic protease activating factor-1，Apaf-1）结合，使 Apaf-1 作为接头蛋白将 Bcl-xL 与 Caspase 聚集在一起，间接地引起 Caspase 失活，从而保护细胞不发生凋亡，而 BH3 亚家族（如 Bik 等）与 Bcl-xL 结合抑制上述活性；另一方面，Bax 亚家族可以在细胞器（如线粒体）膜上形成离子通道，允许一些离子（如 Ca^{2+}）和一些小分子（如细胞色素 c）穿过细胞器膜进入细胞质，激活 Caspase 级联反应，引起细胞凋亡。Bcl-2 可与 Bax 形成异二聚体，抑制 Bax 形成离子通道，从而保护细胞免于凋亡（图 14-9）。

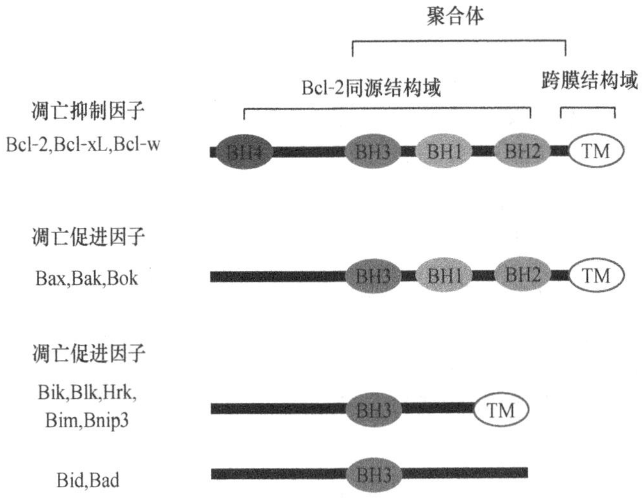

图 14-9　Bcl 家族

（3）p53 与细胞凋亡。*p53* 是肿瘤抑制基因，其产物 p53 主要存在于细胞核内，是一种相对分子质量为 5.3×10^4 的磷酸化蛋白质。*p53* 是人类肿瘤有关基因中突变频率最高的，人类肿瘤 50% 以上是由 *p53* 基因缺失造成的。如将 *p53* 基因重新导入已转化的细胞中，则可能产生两种不同的结果：生长阻遏和细胞凋亡。前者是可逆的，后者则不可逆。两种结果的导向取决于生理条件及细胞类型。在皮肤、胸腺及肠上皮细胞中，DNA 的损伤导致 p53 的积累并伴随着细胞凋亡，说明在这些细胞中，细胞凋亡是依赖于 p53 的。然而在另一些条件下，p53 并不是细胞凋亡的必要条件，如糖皮质激素诱导的胸腺的凋亡就与 p53

无关。缺少 p53 的小鼠发育过程基本正常，说明正常发育过程中出现的各种细胞凋亡并不要求 p53 的参与。

在依赖于 p53 的细胞凋亡中，p53 是通过调节 *bcl-2* 和 *Bax* 的基因表达来影响细胞凋亡的。p53 能特异地抑制 *bcl-2* 的表达，相反对 *Bax* 的表达则有明显的促进作用。研究表明，p53 是 *Bax* 基因的直接的转录活化因子。在这些细胞中，p53 的积累和活动引起了细胞凋亡。

3. 细胞凋亡的信号转导途径

不同种类、不同生长发育阶段的细胞，在不同的凋亡诱导因素下具有不同的细胞凋亡途径。至今已发现了多种与细胞凋亡相关的信号转导途径。在哺乳动物中研究较清楚的有两条：一是细胞外部信号触发的死亡受体途径；二是细胞内部信号触发的线粒体途径。

1）细胞外部信号触发的凋亡——死亡受体途径　　在细胞表面存在一类能与细胞外的凋亡刺激分子结合，并将信号传至细胞内引起细胞凋亡的受体，称为死亡受体（death receptor，DR）。这种受体是一类跨膜蛋白，隶属于肿瘤坏死因子受体（tumor necrosis factor receptor，TNFR）超家族，主要成员有 Fas（AP01/CD95）、TNFR1、TNFR2、DR3（AP03/WSL-1）、DR4（TRAIL-R1）、DR5（AP02/TRIAL-R2/KILLER）等。这些跨膜受体蛋白在序列上有同源性，N 端位于细胞质，C 端位于胞外。胞外区有约 150 个氨基酸，其中 20%～25% 是保守的，均含有一个富含半胱氨酸的重复区。细胞质内的部分各不相同，TNFR1 和 Fas 的胞质部具有一个同源的约含 68 个氨基酸的死亡结构域（death domain，DD）。

TNFR 的配体，即细胞外的凋亡刺激分子，属于 TNF 家族，成员包括 FasL、TNF、TRAM、TRAIL、CD30L、CD40L、CD27L、淋巴毒素等。配体与受体结合后，可通过一系列的信号转导过程，将凋亡信号向细胞内部传递。这个过程涉及多个家族的蛋白质，包括 TNF/TNFR 超家族、TRAF 超家族、死亡结构域蛋白等，最终引起细胞凋亡执行者——效应 Caspase 家族的活化，这些蛋白酶剪切相应的底物，使细胞发生凋亡。

以 Fas-FasL 介导的细胞凋亡为例：首先配体与受体结合，受体构象发生变化并聚合成三聚体形式。Fas 三聚体以其位于细胞内的 DD 为中介，与接头蛋白 Fas 相关死亡结构域蛋白（Fas-associated with death domain protein，FADD）的 DD 结合，随后 FADD 通过其死亡效应结构域（death effector domain，DED）和 Casp-8 的 DED 相互作用，形成死亡诱导信号复合体（death-inducing signaling complex，DISC）。DISC 中的 Casp-8 形成寡聚体，并具有自我剪切能力使其自身活化，然后进一步经过级联反应，使细胞发生凋亡（图 14-10）。

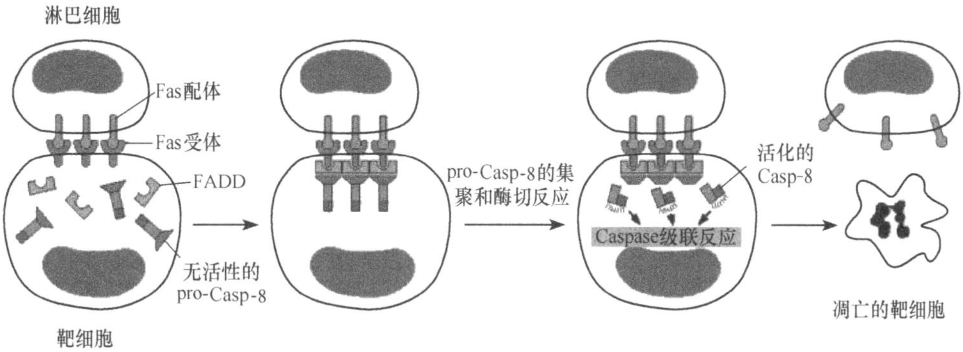

图 14-10　细胞凋亡的外部途径（沈振国和崔德才，2003）

以此途径转导的信号由于配体 - 受体复合物的效应不同而有两种情况：一种是促进细胞的凋亡；另一种是抑制细胞的凋亡。

2）细胞内部信号触发的凋亡——线粒体途径　线粒体是细胞生命活动控制的中心，它不仅是细胞呼吸链和氧化磷酸化的中心，而且是细胞凋亡的控制中心。实验表明，细胞色素 c 从线粒体释放是细胞凋亡的关键步骤。细胞应激反应或凋亡信号能引起线粒体细胞色素 c 释放，作为凋亡诱导因子，细胞色素 c 能与细胞质中的 Apaf-1、ATP/dATP 结合，诱导 Casp-9 活化，然后召集并激活 Casp-3 进而引发 Caspase 级联反应，最终导致细胞凋亡。

目前研究认为，线粒体途径中的细胞色素 c 是通过线粒体 PT 孔（permeability transition pore）或 Bcl-2 家族成员形成的线粒体跨膜通道释放到细胞质中的。在正常存活的细胞中，细胞色素 c 存在于膜间隙中，而 Casp-9 和 Apaf 存在于细胞质中，因此在正常情况下，Casp-9 不能被激活。但在多种细胞凋亡因素诱导下，如 DNA 损伤、紫外线照射、Bax 过表达、生长因子缺乏等，造成线粒体膜通透性改变，PT 孔开放，释放细胞色素 c、Smac、AIF 等凋亡相关因子，诱导细胞凋亡。实验证明，PT 孔的持续开放和关闭分别诱导和抑制细胞凋亡。

Bcl-2 家族的结构与一些能形成离子通道的毒素非常相似。插入膜结构中形成较大的通道，允许细胞色素 c 等蛋白质通过，这可能是细胞色素 c 释放的另一个途径。在正常情况下，线粒体外膜表达 Bcl-2 蛋白，并与 Apaf-1 结合。损伤情况下引起 Bcl-2 释放 Apaf-1，被释放到细胞质中的细胞色素 c 在 ATP 或 dATP 的辅助下可特异地与接头蛋白 Apaf-1 结合并促进 Apaf-1 寡聚化，Apaf-1 借其 N 端的 Caspase 激活与招募域（Caspase activation and recruitment domain，DARD）直接结合多个 Casp-9，形成凋亡复合体，并引起 Casp-9 活化。进而发生联级反应，诱导凋亡发生（图 14-11）。

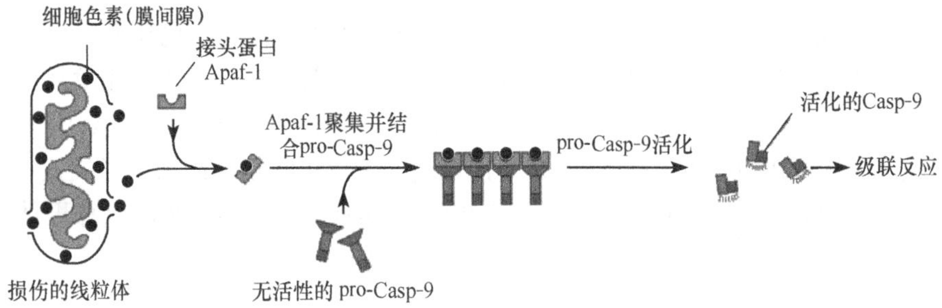

图 14-11　细胞凋亡的内部途径（沈振国和崔德才，2003）

（六）植物细胞的凋亡

植物细胞凋亡的研究开始较晚，与动物中一样，植物中也广泛存在细胞凋亡现象，如导管的分化、根尖生长过程中根冠细胞的凋亡、通气组织的形成、糊粉层的退化、绒毡层细胞的死亡、胚胎发育过程中胚柄的退化、单性植物中花器官的程序性退化等。细胞凋亡不仅是高等植物生长发育的必要组成部分，也是应对不良环境（如缺氧、高盐等）和病原体入侵的重要手段。

植物细胞凋亡和动物细胞凋亡的特征基本相似，但凋亡细胞的最后命运却有所不同，动物细胞凋亡后很快被巨噬细胞吞噬降解，植物细胞凋亡后并不被吞噬，有些时候反而转化成了植物体的重要组成部分，如木质部导管。

虽然有足够的证据表明，植物在生长发育和与环境相互作用过程中都可发生细胞凋亡，但对其细胞凋亡的机制并不清楚，目前仅有一些零散的研究报道，还有待进一步研究。它将为实现人工控制植物生长发育以及开辟植物抗病育种新途径奠定基础。

二、细胞坏死

1. 细胞坏死的特征

细胞坏死（necrosis）是细胞受到极端的化学因素（如强酸、强碱、有毒物质）、物理因素（如热、辐射）和生物因素（如病原体、缺氧）等环境因素的伤害，引起细胞急速死亡的现象，传统的细胞坏死被认为属于被动死亡。坏死细胞的形态改变主要是由酶消化和蛋白质变性两种病理过程引起的。细胞坏死初期，细胞质内线粒体和内质网肿胀、崩解，结构脂滴游离、空泡化，蛋白质颗粒增多，核发生固缩或断裂。随着细胞质内蛋白质变性、凝固或碎裂，以及嗜碱性核蛋白的降解，细胞质呈现强嗜酸性，苏木精 - 伊红染色细胞质呈均一的深伊红色，原有的微细结构消失。在含水量高的细胞，可因细胞质内水泡不断增大，发生溶解，导致细胞结构完全消失，最后细胞膜和细胞器破裂，DNA 降解，细胞内容物流出，引起周围组织炎症反应。

2. 细胞坏死与凋亡的区别

细胞坏死与凋亡是两种截然不同的细胞学现象。二者在起因、过程和死亡效应等方面有着本质的区别（表 14-3）。

表 14-3　细胞坏死和细胞凋亡的区别

区别点	细胞凋亡	细胞坏死
诱因	细胞内部生理性或病理性原因	急性病理性变化或剧烈损伤
调节过程	受基因调控，主动死亡	被动死亡
范围	单个散在细胞	大片组织或成群细胞
细胞体积	固缩变小	肿胀变大
细胞膜	保持完整，一直到形成凋亡小体	破裂
染色质	凝聚在核膜下呈半月状	降解呈絮状
细胞器	产生凋亡小体，其他细胞器无明显变化	不出现凋亡小体，其他细胞器肿胀、膨大，膜系统破裂
凋亡小体	有，被邻近细胞或巨噬细胞吞噬	无，细胞自溶，残余碎片被巨噬细胞吞噬
基因组 DNA	有控降解，电泳图谱呈梯状	随机降解，电泳图谱呈涂抹状
蛋白质合成	有	无
炎症反应	无，不释放细胞内容物	有，释放细胞内容物
后果	个体正常存活的需要	有损伤、破坏作用

细胞凋亡是一种主动的由基因决定的细胞自我破坏的过程，而坏死则是极端的物理、化学因素或严重的病理性刺激引起的细胞损伤和死亡。在细胞凋亡过程中，细胞膜反折，包裹断裂的染色质片段或细胞器，然后逐渐分离，形成众多的凋亡小体，凋亡小体则为邻近的细胞所吞噬。整个过程中，细胞膜的整合性保持良好，凋亡细胞的内容物不会逸散到胞外环境中去。在细胞坏死时，细胞膜通透性增高，细胞器变形、膨大，细胞肿胀，最后细胞破裂，将细胞内容物释放到胞外。在死亡效应方面，凋亡的细胞没有完全裂解，不会发生炎症反应；而坏死的细胞裂解释放出内含物，常导致炎症反应（图 14-12）。

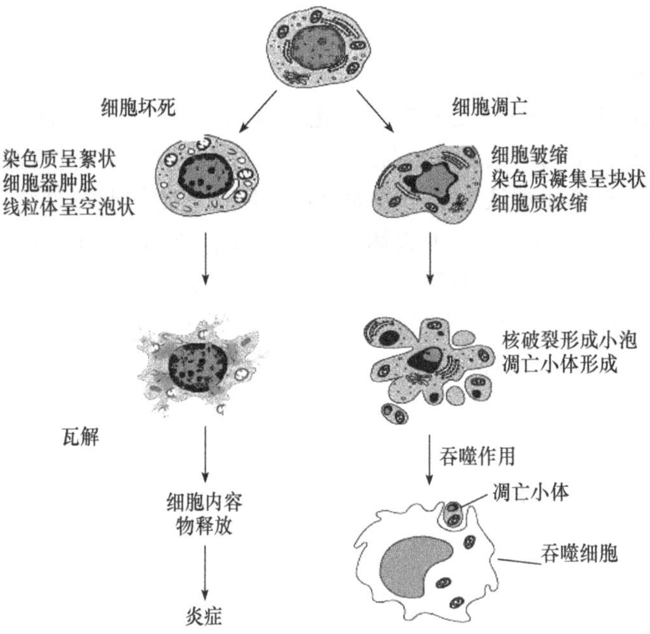

图 14-12 细胞坏死与凋亡的形态区别

三、非凋亡性程序性死亡

1. 细胞焦亡

细胞焦亡（pyroptosis）也是一种细胞程序性死亡方式，表现出和凋亡不同的形态特征和分子机制。细胞膜形成孔洞，由于渗透压的破坏，细胞逐渐膨胀直至细胞膜破裂，细胞内容物大量释放，激活强烈的炎症反应。

2001 年，Cookson 等首次用“pyroptosis”一词来形容在巨噬细胞中发现的 Casp-1 依赖的细胞死亡方式。Caspase 参与的炎症反应及细胞焦亡能有效提高机体抵抗内源性和外源性刺激的能力，达到保护宿主的目的。

细胞焦亡由活化的炎性 Caspase（Casp-1 和 Casp-4/5/11）切割“打孔蛋白”Gasdermin D（GSDMD）而引起。

经典焦亡途径中，在细菌、病毒等病原微生物的信号刺激下，细胞组装炎症小体（inflammasome）复合物。炎症小体复合物主要由识别分子、接头分子和效应分子组成。识别分子包括 NOD 样受体（NOD-like receptor，NLR）家族成员等；接头分子为具有 CARD 的凋亡相关斑点样蛋白（apoptosis-associated speck-like protein containing a CARD，ASC）；效应分子为 Casp-1。在炎症小体复合物中，Casp-1 被激活。非经典焦亡途径中，Casp-4/5/11 通过 CARD 直接与宿主细胞内的细菌内毒素脂多糖（LPS）结合而活化。

GSDMD 是所有炎性 Caspase 的共有底物，是 Gasdermin 蛋白家族的重要成员。Gasdermin 蛋白通常见于上皮细胞、造血细胞和其他具有免疫防御功能的组织中。GSDMD 完整蛋白约有 500 个氨基酸以及氨基端 gasdermin-N 和羧基端 gasdermin-C 两个结构域。非活性状态下，两个结构域相互"勾连"，活性抑制；当炎性 Caspase（Casp-1 和 Casp-4/5/11）活化后，可特异性切割 GSDMD 蛋白两个结构域之间的连接区域，释放的 N 端结构域可识别并结合细胞膜上的磷脂分子，在细胞膜上"打孔"，导致细胞渗透压变化，细胞胀大，细胞膜裂解，引发细胞焦亡。

活化的 Casp-1 也可以切割炎性细胞因子前体白细胞介素-1β（IL-1β）和白细胞介素-18（IL-18），产生活性 IL-1β 和 IL-18，从细胞膜的"打孔"区域释放，引起周围组织的炎症反应。

2017 年，北京生命科学研究所邵峰院士团队又发现了另一种 Gasdermin 家族蛋白 GSDME 引发细胞焦亡的机制。不同于 GSDMD，GSDME 仅能被 Casp-3 所切割、活化，释放出可导致细胞膜穿孔的 N 端片段。通常 Casp-3 被肿瘤坏死因子 α（TNFα）或化疗药物所激活，引起细胞凋亡；如果此时细胞中也存在 GSDME 蛋白，则会使细胞从凋亡迅速转入焦亡的进程，或者直接走向细胞焦亡。在人体的许多正常细胞中，都会有 GSDME 蛋白表达。如果对这些表达 GSDME 的正常细胞施以化疗药物，均会导致细胞焦亡。相比之下，GSDME 蛋白在大多数类型的癌细胞中均不表达。因此，这种 GSDME 介导的细胞焦亡是诱发广泛的炎症损伤和常规化疗引发的毒副作用的关键。

2. 坏死性凋亡

2005 年，Degterev 等（哈佛大学医学院袁钧瑛教授研究团队）报道了一种新的细胞死亡方式——坏死性凋亡（necroptosis）或称程序性坏死，并将其定义为：一种与坏死具有相似的形态学特征，但是在 Caspase 抑制的条件下，死亡受体与配体结合而触发的可调控的非 Caspase 依赖性的程序性细胞死亡。

尽管坏死性凋亡也最终导致细胞破裂，内容物流出，但与坏死不同的是，坏死性凋亡过程中细胞膜的通透性是受到严格调控的。外源的 TNF α 信号与其受体 TNFR 结合，进而招募受体相互作用丝 / 苏氨酸激酶 1（receptor-interacting serine/threonine-protein kinase 1，RIPK1）。在 Casp-8 被抑制或者 Casp-8 相关基因被敲除的情况下，RIPK1 和 RIPK3 相互作用，自磷酸化形成 necrosome 复合体。复合体中的 RIPK3 磷酸化混合谱系激酶结构域样蛋白（mixed lineage kinase domain like，MLKL，一种无激酶活性的假激酶）的 Thr357 和 Ser358，导致 MLKL 构象变化，受体酪氨酸激酶 TAM 家族成员得以磷酸化 MLKL 的 Tyr376。被激酶 RIPK3 和 TAM 先后磷酸化的 MLKL 从单体向多聚体转化。多聚化的 MLKL 可以结合磷酸肌醇等膜脂，插入细胞膜和细胞器膜上，形成通透性孔道，促使细胞内容物流出，启动坏死表型。

除此之外，细胞的死亡方式还包括自噬性细胞死亡、有丝分裂灾难、细胞胀亡、铁死亡等，此处不再一一描述。

第二节 细胞衰老

一、细胞衰老的早期研究与 Hayflick 界限

1. 细胞衰老的早期研究

人们对细胞衰老（cellular aging 或 cell senescence）的研究及其生物学意义的认识过程是漫长而曲折的。1883 年，德国生物学家 Weismann 提出"种质说"（germplasm theory），主张种质不死而体质会衰老、死亡，但这一观点在当时备受质疑。当 Carrel 和 Ebeling 宣布他们培养的鸡心脏细胞可以无限制地生长和分裂（直到他们报告时，已连续培养了 34 年）时，细胞"不死性"的观点几乎取得了决定性的胜利，并在 20 世纪早期一直占据主导地位。直到 20 世纪 60 年代初，这种细胞"不死性"的观点才由于 Hayflick 等的杰出工作而受到猛烈的冲击，并从根本上动摇了。

2. Hayflick 界限

1961 年，Hayflick 和 Moorehead 证明了正常的人类细胞在细胞培养过程中具有有限的复制潜力，大约 50 次分裂后，大多数培养的细胞在某种程度上失去了分裂的能力，但仍然存活并且具有新陈代谢活性。这种有限的增殖能力，即复制衰老（replicative senescence），被认为是伴随年龄增长而出现的细胞更替和组织修复能力衰退的基础。他们认为：细胞，至少是培养的细胞，不是不死的，而是有一定寿命的；它们的增殖能力不是无限的，而是有一定的界限，这就是有名的 Hayflick 界限（Hayflick limit）。

Hayflick 等进一步研究发现，胎儿肺成纤维细胞可在体外条件下传代 50 次，而成人肺成纤维细胞只能传代 20 次，可见细胞的增殖能力与供体年龄呈负相关。许多研究者也证明，体外培养的二倍体细胞的增殖能力反映了它们在体内的衰老状况。Hayflick 以间期有无巴氏小体作为供体细胞的标记，将取自老年男性个体的细胞（间期无巴氏小体）和取自年轻女性个体的细胞（间期可见巴氏小体）进行单独或混合培养，结果混合培养中的两类细胞的倍增次数与各自单独培养时相同，即在同一培养基中，年轻细胞旺盛增殖的同时，年老细胞就停止生长了。这一结果有力地说明：决定细胞衰老的因素在细胞内部，而不是外部的环境。

Wright 和 Hayflick 用去核后的细胞胞质体与完整的细胞进行融合杂交，以观察杂种细胞衰老的表达。结果发现，年轻的细胞胞质体与年老的完整细胞融合时，得到的杂种细胞不能分裂；而年老的细胞胞质体与年轻的完整细胞融合时，杂种细胞的分裂能力与年轻细胞几乎相同。实验说明，是细胞核而不是细胞质决定了细胞衰老的表达。对于细胞来说，衰老是不可避免的，衰老的原因在于细胞本身。

二、衰老细胞的特征

细胞衰老是细胞内部发生系列生理生化复杂变化的过程，最终表现在细胞的形态、结

构和功能的变化。

1. 细胞形态的变化

衰老细胞内水分减少，原生质中不溶性蛋白质增加导致原生质硬度增加。同时，细胞体积变小，不再是正常的球形。

2. 细胞核的变化

体外培养的二倍体细胞，细胞核的大小是倍增次数的函数，即随着细胞分裂次数的增加，核不断增大。

衰老过程中细胞核结构最明显的变化是核膜的内折（invagination），而且细胞衰老程度越高，内折越明显，这在培养的人肺成纤维细胞中比较明显。在体内细胞中也可观察到核膜不同程度的内折，神经细胞尤为明显。衰老细胞核中的另一个重要变化是染色质固缩化。体外培养的细胞中，晚代细胞的核中可看到明显的染色质固缩化，而早代细胞的核只有轻微的固缩作用。体内细胞，如老年果蝇的细胞、老年灵长类的垂体细胞及大鼠颌下腺的腺泡细胞中，都可观察到染色质的固缩化。此外，在酵母 Sgs1 突变体衰老细胞中还观察到了核仁裂解为小体的现象。

3. 细胞器的变化

1）内质网的变化　内质网作为蛋白质和脂质分子合成的重要场所，分布于整个细胞中。细胞衰老过程中，内质网不仅总量会逐渐减少，而且其形态结构也发生一定的变化，表现为失去典型结构，核糖体颗粒从内质网上脱落，内质网膜变厚，排列不规则，弥散在细胞质中。

2）线粒体的变化　细胞中线粒体的数量随龄减少，而体积则随龄增大。例如，在衰老小鼠的神经肌肉连接的前突触末梢中，可以观察到线粒体数量随龄减少。同时，许多报告表明，在小鼠、大鼠及人肝的衰老细胞中，线粒体发生膨大。膨大的线粒体中有时可见到清晰的嵴，偶尔亦会观察到线粒体内容物呈现网状化并形成多囊体，以及外膜破坏，多囊体释出的情况。

3）致密体的出现　衰老的细胞出现色素聚集现象，主要是脂褐质（lipofuscin）的堆积，由其沉积形成衰老细胞中常见的一种结构致密体（dense body）。这种物质是不饱和脂肪酸与氧发生化学反应产生的一种有害代谢产物，是一种不溶性的颗粒物，又称为老年色素（age or senile pigment）、血褐质（hemofuscin）、脂色素（lipochrome）等（图 14-13）。脂褐质来源于多种细胞器，尤其是线粒体、溶酶体和细胞膜等。

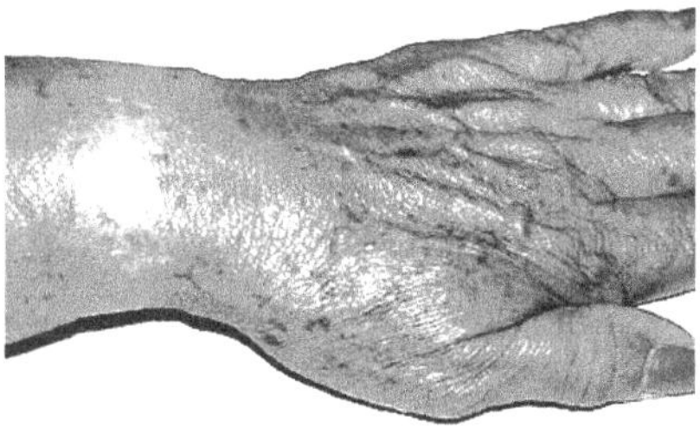

图 14-13　色素沉着与老年斑

4. 细胞膜的变化

衰老细胞的细胞膜流动性下降，刚性增加，膜变得容易破裂。这是由于随着年龄的增长，年轻的功能健全的液晶相细胞膜由于磷脂及磷脂中不饱和脂肪酸含量下降，变成凝胶相或固相。衰老细胞的细胞膜上受体 - 配体复合物的形成效率降低，以至于不能有效地接受和转导细胞外信号。

细胞衰老时，细胞间间隙连接减少，细胞间代谢协作也相应减少。间隙连接在细胞间离子和小分子代谢物的交换上起着重要的作用。研究发现，培养的 IMR-90（人胚胎肺成纤维细胞）晚代细胞的间隙连接明显减少，组成间隙连接的膜内颗粒聚集体变小。为了观察间隙连接的变化对细胞间的代谢联系产生的影响，研究者们还用放射自显影法来研究重建间隙连接的年轻或年老细胞间 ^{3}H- 尿嘧啶核苷酸的交换，结果发现，重新集聚 4h 后，70% 的年轻细胞从共同培养的年轻供体细胞得到 ^{3}H- 尿嘧啶，而只有 30% 的年老细胞从共同培养的年老供体细胞中得到这种物质。

5. 衰老细胞的新认识

衰老细胞最明显的特征是永久性的生长停滞。DNA 损伤、端粒缩短、DNA 复制的停止、癌基因的激活、活性氧类（reactive oxygen species，ROS）成分等信号，激活 p53-p21 和 p16^{INK4a} 细胞周期阻滞通路，分别抑制 CDK2、CDK4、CDK6。Rb 蛋白维持在低磷酸化状态，结合和抑制转录因子 E2F、DP1、DP2，并招募作用于异染色质的组蛋白去乙酰化酶（histone deacetylase，HDAC）来抑制 S 期基因的表达，导致细胞停滞在 G_1/S 期。

衰老细胞对细胞凋亡具有抵抗作用。衰老细胞中，Bcl-2 家族成员 Bcl-2、Bcl-xL 和 Bcl-w 上调表达，结合并隔离 Bax 和 Bad，阻断了 Bax-Bad 在线粒体外膜上产生的孔隙，抑制了线粒体外膜的通透性（mitochondrial outer membrane permeabilization，MOMP），促凋亡因子细胞色素 c 等不能释放，从而抑制线粒体介导的内源性的细胞凋亡途径。衰老细胞还可以通过在其膜上过表达诱饵受体 2（decoy receptor 2，DCR2）来阻断凋亡的外源途径。

衰老细胞仍然具有活跃的分泌能力，分泌大量的衰老相关分泌表型（senescence-associated secretory phenotype，SASP），包括炎性细胞因子、趋化因子、生长因子、蛋白酶等。目前，尚未对不同细胞来源的 SASP 进行详尽的分析，但研究 IMR-90 细胞发现，衰老的细胞会分泌 103 种不同的蛋白质，其中不少对衰老相关慢性疾病有潜在的直接因果关系。这也解释了为何衰老会带来一系列炎症相关的症状。

三、衰老细胞的检测

β- 半乳糖苷酶是一种溶酶体水解酶，常见的 β- 半乳糖苷酶亚型通常在 pH 4.0～4.5 时表现出最高酶活性；而在衰老细胞中，β- 半乳糖苷酶的最适 pH 为 6.0。这种具有独特 pH 活性的 β- 半乳糖苷酶被称为衰老相关 β- 半乳糖苷酶（senescence-associated β-galactosidase，SA-β-Gal），用简单的比色分析即可鉴定，因此，SA-β-Gal 现在已成为标记和检测衰老细胞广泛使用的标签。

p16^{INK4a} 是一种细胞周期蛋白依赖性激酶抑制剂（cyclin-dependent kinase inhibitor，CDKi），作为一个细胞周期的主要调节因子，抑制细胞从 G_1 期到 S 期的转化，从而抑制细胞增殖。同时，大量证据表明，p16^{INK4a} 在培养细胞的衰老过程中起着重要的作用。在早衰小鼠模型中，研究人员在其组织里发现了大量 p16^{INK4a} 阳性的衰老细胞，它们会引起一系列衰老症状，包括肌少症（sarcopenia）、白内障、脂肪代谢障碍；若抑制 p16^{INK4a} 的生成，就能抑制衰老细胞的产生，缓解症状。干扰培养的人成纤维细胞中 p16^{INK4a} 的表达，可延缓细胞的衰老表型，证明 p16^{INK4a} 在人类细胞衰老中发挥重要作用。目前已将 p16^{INK4a} 表达水平的上调作为哺乳动物细胞衰老的重要标志之一。

这些检测衰老细胞的工具以及其他的标记物，如细胞内脂褐素积累，有助于确定衰老是一种重要的体内活动，而不仅仅是一种细胞培养现象。例如，在人类动脉粥样硬化斑块中、许多年老的啮齿动物及老年灵长类组织中发现了 SA-β-Gal 活性升高及 CDKi 的水平升高。

四、细胞衰老的机制

衰老机制一直是生命科学研究的热点领域，人们对衰老的机制有各种各样的理解，许多学者提出了各种假说，试图来解释衰老的本质和机制。特别是进入 20 世纪 90 年代以来，随着细胞生物学和分子生物学的飞速发展，人们从分子水平和基因水平对细胞衰老的机制进行探讨，取得了重大进展。然而至今没有一种假说对衰老机制做出全面而合理的解释。

目前关于细胞衰老的学说概括起来主要有两大类：一是差错学派，强调细胞的衰老是由于细胞中各种错误累积引起的；二是遗传学派，强调衰老是由遗传因素决定的。

1. 自由基学说

差错学派认为细胞在生长、增殖过程中，细胞成分不断磨损，细胞里的核酸、蛋白质等生物大分子物质在合成中发生差错，因缺乏必要的修复，使差错积累，并不断扩大，严重影响了细胞的功能，最终导致细胞衰老死亡。差错学派中也有各种不同的假说，如自由基学说、DNA 损伤修复学说、线粒体 DNA 损伤修复学说、代谢废物积累学说等，但其中为人们普遍认可的是自由基学说。

早在 20 世纪 50 年代，Harman 就已提出衰老的自由基理论，以后又不断有所发展。这一理论认为，代谢过程中产生的活性氧类（ROS）基团或分子引发的氧化性损伤的积累，最终导致衰老。该理论的核心内容有 3 条：衰老是由自由基对细胞成分的有害进攻造成的；自由基主要是指氧自由基；维持体内适当水平的抗氧化剂和自由基清除水平可以延长寿命及推迟衰老。

所谓自由基，又称游离基，是指一类具有未配对电子的化学实体，包括原子（原子团）、分子或离子，如超氧自由基（$\cdot O_2^-$）、羟基自由基（$\cdot OH$）、过氧化氢（H_2O_2）等。自由基是在机体代谢过程中产生的，空气污染、辐射、化学物质等都可影响到自由基的产生。由于自由基有未配对的电子，具有高度活性，可与细胞内的生物大分子物质发生破坏性反应，从而导致细胞结构的损伤乃至破坏：自由基与核酸分子发生反应，造成基因突变或 DNA 共价键断裂和链分离；攻击肽链上的氨基酸残基，造成肽链断裂，还引起蛋白质交联、破坏蛋白质的高级结构；与膜脂及其他不饱和脂肪酸的双链结合，引起脂质过氧化，并产生新的自由基。例如，脂质过氧化可使线粒体损伤，导致能量代谢障碍；微粒体损伤，使多聚核糖体解聚，抑制蛋白质合成；溶酶体损伤，溶酶体膜通透性改变，使机体受到更大损伤。

2. 端粒假说

遗传学派包括遗传决定学说、端粒假说和各种基因决定学说，它们都认为衰老是遗传决定的自然演进过程，一切细胞均有内在的预定程序决定其寿命。寿命的长短与其长期进化所形成的各自遗传特性有关。

端粒（telomere）是染色体末端存在的一种特殊结构，由富含T和G碱基的简单重复序列组成，能防止染色体末端相互交联而发生畸变。端粒在细胞分裂过程中不能为DNA聚合酶完全复制，因而随着细胞分裂的不断进行而逐渐变短，端粒DNA丢失到一定程度，细胞随之发生衰老。

端粒的稳定性是由端粒酶（telomerase）维持的。端粒酶是一种核糖核蛋白酶，由RNA和蛋白质组成。端粒酶RNA是合成端粒DNA的模板，而端粒酶的反转录酶亚基则催化端粒DNA的合成，合成的端粒重复序列加在染色体的末端。在生殖细胞中，由于存在端粒酶的活性，端粒保持约15kb的长度，而在人的体细胞中，由于不存在端粒酶的活性，端粒要短得多。

1990年，Harley等用人工合成的（TTAGGG）$_3$作为探针，对胎儿、新生儿、青年人及老年人的成纤维细胞的端粒长度进行测定，发现端粒长度随年龄增长而下降。在体外培养的成纤维细胞中，端粒长度随着分裂次数的增加而下降。在这些研究的基础上，提出了细胞衰老的“有丝分裂钟”学说，该学说认为：随着细胞的每次分裂，端粒不断缩短；当端粒长度缩短达到一个阈值时，细胞就进入衰老。

1998年，Wright等将人的端粒酶反转录酶亚基（human telomerase reverse transcriptase，hTRT）基因通过转染，引入正常的人二倍体细胞（人视网膜色素上皮细胞和包皮成纤维细胞），发现表达端粒酶的转染细胞，其端粒长度明显增加，分裂旺盛，作为细胞衰老指标的β-半乳糖苷酶活性则明显降低，与对照细胞形成极鲜明的反差。此外，表达端粒酶的细胞寿命比正常细胞至少长20代，且其核型正常。这一研究提供的证据令人信服，说明端粒长度确实与衰老有着密切的关系。

复习思考题

一、名词解释

细胞凋亡　凋亡小体　Caspase　细胞坏死　Hayflick界限

二、问答题

1．细胞凋亡的形态特征及其与坏死的区别是什么？

2．鉴定细胞凋亡有什么常用方法？

3．细胞凋亡在有机体生长发育过程中有何重要意义？

4．细胞凋亡的基本途径是什么？

5．Caspase家族介导细胞凋亡的主要特点是什么？

6．细胞衰老的特征是什么？细胞衰老的可能机制有哪些？

主要参考文献

陈仁彪，孙岳平．2003．细胞与分子生物学基础．上海：上海科学技术出版社．

陈晔光，张传茂，陈佺．2011．分子细胞生物学．2版．北京：清华大学出版社．

褚海涛，李晓蕾，贾心善．2013．诱导多能干细胞的研究现状及展望．中国组织工程研究，(23)：4340-4346．

杜传书，刘祖洞．1992．医学遗传学．2版．北京：人民卫生出版社．

冯振月，潘敏慧，鲁成．2006．果蝇生殖腺干细胞和它们的微环境．细胞生物学杂志，(2)：169-172．

符星，石贞玉，金海啸，等．2013．海马微环境对细胞分化和极性化的影响．解剖学报，44(5)：586-593．

郭大东，张霞，邓学箴，等．2004．端粒、端粒酶与肿瘤治疗的研究．医学综述，10(9)：530-532．

郭晓霞，贺福初．2000．胚胎干细胞的研究与利用．科学通报，(5)：467-474．

韩榕．2011．细胞生物学．北京：科学出版社．

韩贻仁．1988．分子细胞生物学．北京：高等教育出版社．

韩贻仁．2001．分子细胞生物学．北京：科学出版社．

韩贻仁．2012．分子细胞生物学．4版．北京：科学出版社．

李芳兰，张国贞．2007．人胚胎干细胞研究现状及其应用前景．中国组织工程研究与临床康复，(3)：567-569．

李进，侯俊，胡敏．2012．干细胞基础研究热点及应用难题．解放军医学杂志，(6)：659-661．

林戈，卢光琇．2006．干细胞概述．生命科学，18(4)：313-317．

刘凌云，薛绍白，柳惠图．2002．细胞生物学．北京：高等教育出版社．

马迅，秦洁，许予明．2014．诱导多能干细胞的研究进展及其瓶颈．中国组织工程研究，(45)：7358-7363．

潘大仁．2007．细胞生物学．北京：科学出版社．

沈振国，崔德才．2003．细胞生物学．北京：中国农业出版社．

宋今丹．1999．医学细胞生物学．北京：人民卫生出版社．

汪堃仁，薛绍白，柳惠图．1998．细胞生物学．2版．北京：北京师范大学出版社．

王金发．2003．细胞生物学．北京：科学出版社．

杨抚华，胡以平．2002．医学细胞生物学．北京：科学出版社．

杨建一．2000．医学细胞生物学．北京：科学出版社．

翟中和，王喜忠，丁明孝．2000．细胞生物学．北京：高等教育出版社．

翟中和，王喜忠，丁明孝．2007．细胞生物学．3版．北京：高等教育出版社．

翟中和，王喜忠，丁明孝．2011．细胞生物学．4版．北京：高等教育出版社．

翟中和．1994．细胞生物学进展第三卷．北京：高等教育出版社．

赵星，黄元华，马燕琳．2013．诱导多能干细胞与细胞重编程技术的研究与未来．中国组织工程研究，(49)：8608-8614．

郑国锠．1992．细胞生物学．2 版．北京：高等教育出版社．

周洁民，王顺德，项维．1983．染色体显带和姐妹染色单体“色差”的电镜研究．实验生物学报，(4)：24-34．

Karp G．2005．分子细胞生物学．王喜忠，丁明孝，等译．北京：高等教育出版社．

Lewin B．2009．细胞．桑建利，连慕兰，等译．北京：科学出版社．

Alberts B, Bray D, Hopkin K, et al. 2013. Essential Cell Molecular Biology. 4th ed. New York: Garland Publishing, Inc.

Alberts B, Bray D, Lewis J, et al. 1994. Molecular Biology of the Cell. New York: Garland Publishing, Inc.

Alberts B, Johnson A, Lewis J, et al. 2002. Molecular Biology of the Cell. 4th ed. New York: Garland Science.

Alberts B, Johnson A, Lewis J, et al. 2008. Molecular Biology of the Cell. 5th ed. New York: Garland Science.

Alberts B, Johnson A, Lewis J, et al. 2014. Molecular Biology of the Cell. 6th ed. New York: Garland Publishing, Inc.

Arnott S. 2006. Historical article: DNA polymorphism and the early history of the double helix. TRENDS in Biochemical Sciences, 31 (6): 349-354.

Bainton DF. 1973. Sequential degranulation of the two types of polymorphonuclear leukocyte granules during phagocytosis of microorganisms. The Journal of Cell Biology, 58: 249-264.

Betzig E, Patterson GH, Sougrat R, et al. 2006. Imaging intracellular fluorescent proteins at nanometer resolution. Science, 313: 1642-1645.

Bloom W, Fawcett DW. 1994. A Textbook of Histology. Philadelphia: WB Saunders Company.

Boyer PD. 1997. The ATP synthase—a splendid molecular machine. Annu Rev Biochem, 66: 717-749.

Bruce A, Alexander DJ, Julian L, et al. 2014. Molecular Biology of the Cell. 6th ed. New York: W. W. Norton & Company.

Cassimeris L, Lingappa VR, Plopper G. 2010. Lewin's Cells. 2nd ed. Sudbury: Jones and Bartlett Publishers.

Childs BG, Gluscevic M, Baker DJ, et al. 2017. Senescent cells: an emerging target for diseases of ageing. Nature Reviews Drug Discovery, 16: 718-735.

Citti C, Blanchard A. 2013. Mycoplasmas and their host: emerging and re-emerging minimal pathogens. Trends in Microbiology, 21 (4): 196-203.

de Cuevas M, Matunis EL. 2011. The stem cell niche: lessons from the *Drosophila* testis. Development, 138 (14): 2861-2869.

Degterev A, Hitomi J, Germscheid M, et al. 2008. Identification of RIP1 kinase as a specific cellular target of necrostatins. Nature Chemical Biology, 4: 313-321.

Degterev A, Huang ZH, Boyce M, et al. 2005. Chemical inhibitor of nonapoptotic cell death with therapeutic potential for ischemic brain injury. Nature Chemical Biology, 1: 112-119.

Desai N, Rambhia P, Gishto A. 2015. Human embryonic stem cell cultivation: historical perspective and evolution of xeno-free culture systems. Reprod Biol Endocrinol, 13: 9.

Dixon SJ, Lemberg KM, Lamprecht MR, et al. 2012. Ferroptosis: an iron-dependent form of nonapoptotic cell death. Cell, 149: 1060-1072.

Duan JM, Zhang ZY, Tong TJ. 2001. Senescence delay of human diploid fibroblast induced by anti-sense p16INK4a expression. J Biol Chem, 276: 48325-48331.

Edmund BW. 1925. The Cell in Development and Heredity. 3rd ed. New York: The Macmillan Company.

Ellis HM, Horvitz HR. 1986. Genetic control of programmed cell death in the nematode *C. elegans*. Cell, 44 (6): 817-829.

Gerard JT, Berdell RF, Christine LC. 2003. Microbiology: An Introduction. 8th ed. London: Pearson Education.

Giampietri C, Starace D, Petrungaro S, et al. 2014. Necroptosis: molecular signalling and translational implications. International Journal of Cell Biology, 490275.

Green CA, Miles SJ. 1980. Chromosomal evidence for sibling species of the malaria vector *Anopheles* (*Cellia*) *culicifacies* Giles. The Journal of Tropical Medicine and Hygiene, 83:75-78.

Green DR. 2019. The coming decade of cell death research: five riddles. Cell, 177: 1094-1107.

Gu J, Zhang L, Zong S, et al. 2019. Cryo-EM structure of the mammalian ATP synthase tetramer bound with inhibitory protein IF1. Science, 364 (6445): 1068-1075.

Hamm HE. 2001. How activated receptors couple to G proteins. PNAS, 98: 4819-4821.

Hanahan D, Weinberg RA. 2011. Hallmarks of cancer: the next generation. Cell, 144 (5): 646-674.

Hayama R, Rout MP, Fernandez-Martinez J. 2017, The nuclear pore complex core scaffold and permeability barrier: variations of a common theme. Current Opinion in Cell Biology, 46: 110-118.

He S, Wang L, Miao L, et al. 2009. Receptor interacting protein kinase-3 determines cellular necrotic response to TNF-α. Cell, 137: 1100-1111.

Hetzer MW. 2010. The nuclear envelope. Cold Spring Harbor Perspectives in Biology, 2 (3): a000539.

Iwasa J, Marshall W. 2016. Karp's Cell and Molecular Biology: Concepts and Experiments. 8th ed. New York: Wiley.

Karp G. 1999. Cell and Molecular Biology: Concepts and Experiments. 2nd ed. Hoboken: John Wiley & Sons Inc.

Karp G. 2002. Cell and Molecular Biology: Concepts and Experiments. 3rd ed. Hoboken: John Wiley & Sons Inc.

Karp G. 2006. Cell and Molecular Biology. Concepts and Experiments. 4th ed. Hoboken: John Wiley & Sons Inc.

Karp G. 2013. Cell and Molecular Biology: Concepts and Experiments. 7th ed. Hoboken: John Wiley & Sons, Inc.

Karp G. 2015. Cell and Molecular Biology: Concepts and Experiments. 8th ed. Hoboken: John Wiley & Sons Inc.

Klar TA, Jakobs S, Dyba M, et al. 2000. Fluorescence microscopy with diffraction resolution barrier broken by stimulated emission. Proc Natl Acad Sci, 97: 8206-8210.

Kleinsmith LJ, Kish VM. 1995. Principles of Cell and Molecular Biology Harper. 2nd ed. New York: Collins College Publishers.

Kornberg RD, Klug A. 1981. The Nucleosome. Scientific American, 244(2):52-64.

Kruse E, Uehlein N, Kaldenhoff R. 2006. The aquaporins. Genome Biology, 7(2):206.

Lake J. 1976. Ribosome structure determined by electron microscopy of *Escherichia coli* small subunits, large subunits and monomeric ribosomes. Journal of Molecular Biology, 105 (1): 131-159.

Latunde-Dada GO. 2017. Ferroptosis: role of lipid peroxidation, iron and ferritinophagy. BBA - General Subjects, 1861: 1893-1900.

Levan A, Fredga K, Sandberg A.1964. Nomenclature for centromeric position on chromosomes. Hereditas, 52:201-220.

Lewin B. 2007. Genes Ⅸ. Burlington: Jones and Bartlett Learning.

Linda BS, Mark M, Allison W. 2015. Kaplan AP Biology 2016. New York: Simon and Schuster.

Lisa B, Julie MW, Prados-Rosales R, et al. 2015. Through the wall: extracellular vesicles in Gram-positive bacteria, mycobacteria and fungi. Nature Reviews Microbiology, 13 (10): 620-630.

Lodish H, Berk A, Kaiser CA, et al. 2008. Molecular Cell Biology. 6th ed. New York: W.H. Freeman & Company.

Lodish H, Berk A, Kaiser CA, et al. 2016. Molecular Cell Biology. 8th ed. New York: W.H. Freeman & Company.

Luger K, Mäder AW, Richmond RK, et al. 1997. Crystal structure of the nucleosome core particle at 2.8 A resolution. Nature, 389 (6648): 251-260.

Menon S, Shailendra S, Renda A, et al. 2016. An overview of direct somatic reprogramming: the ins and outs of iPSCs. Int J Mol Sci, 17 (1): E141.

Najafov A, Mookhtiar A, Luu H, et al. 2019. TAM kinases promote necroptosis by regulating oligomerization of MLKL. Molecular Cell, 75: 457-468.

Orci L. 1982. Macro- and micro-domains in the endocrine pancreas. Diabetes, 31: 538-565.

Parry MM, Gilbert AB. 1979. Yolk transport in the ovarian follicle of the hen (*Gallus domesticus*): lipoprotein-like particles at the periphery of the oocyte in the rapid growth phase. J Cell Sci, 39: 257-272.

Pollard TD, Earnshaw WC, Schwartz JL, et al. 2016. Cell Biology. 3rd ed. Amsterdam: Elsevier.

Rattner JB. 1991. The structure of the mammalian centromere. Bioessays, 13 (2): 51-56.

Robert BJ, Michael LC, Steven AW, et al. 2008. Mastering Biology with Pearson eText for Biology. 8th ed. London: Pearson Eduaction.

Roche JV, Törnroth-Horsefield S. 2017. Aquaporin protein-protein interactions. Int J Mol Sci, 18: 2255-2277.

Shi J, Zhao Y, Wang Y, et al. 2014. Inflammatory caspases are innate immune receptors for intracellular LPS. Nature, 514: 187-192.

Shi J, Zhao Y, Wang K, et al. 2015. Cleavage of GSDMD by inflammatory caspases determines pyroptotic cell death. Nature, 526: 660-665.

Stabler LB, Metz M, Wilkes A. 2015. Kaplan AP Biology 2016. New York:Simon and Schuster.

Stock D, Gibbons C, Arechaga I, et al. 2000. The rotary mechanism of ATP synthase. Curr Opin Struct Biol, 10: 672-679.

Sun F, Huo X, Zhai Y, et al. 2005. Crystal structure of mitochondrial respiratory membrane protein complex Ⅱ. Cell, 121 (7): 1043-1057.

Sun L, Wang H, Wang Z, et al. 2011. Mixed lineage kinase domain-like protein mediates necrosis signaling downstream of RIP3 kinase. Cell, 148: 213-227.

Talcott B, Moore MS. 1999. Getting across the nuclear pore complex. Trends in Cell Biology, 9 (8): 312-318.

Tang D, Kang R, Berghe TV, et al. 2019. The molecular machinery of regulated cell death. Cell Research, 29: 347-364.

Thomas DP, William CE, Jennifer LS, et al. 2016. Cell Biology. 3rd ed. Amsterdam: Elsevier.

Tortora GJ, Funke BR, Case CL. 2003. Microbiology: An Introduction. 8th ed. London: Pearson Education.

van Steensel B. 2011. Chromatin: constructing the big picture. The EMBO Journal, 30: 1885-1895.

Votteler M, Kluger PJ, Walles H, et al. 2010. Stem cell microenvironments—unveiling the secret of how stem cell fate is defined. Macromol Biosci, 10 (11): 1302-1315.

Wang X. 2001. The expanding role of mitochondria in apoptosis. Genes & Development, 15: 2922-2933.

Wang Y, Gao W, Shi X, et al. 2017. Chemotherapy drugs induce pyroptosis through Caspase-3 cleavage of a gasdermin. Nature, 547: 99-103.

Wolfe SL. 1993. Molecular and Cellular Biology. Belmont: Wadsworth Publishing Company.

Yuan J, Najafov A, Py BF. 2016. Roles of Caspases in Necrotic Cell Death. Cell, 167: 1693-1704.

Yuan J, Shaham S, Ledoux S, et al. 1993. The *C. elegans* cell death gene *ced-3* encodes a protein similar to mammalian interleukin-1 beta-converting enzyme. Cell, 75 (4): 641-652.